ERICH
SCHMIDT
VERLAG

D1700123

Spezialwissen Umsatzsteuer – Binnenmarkt

Umsatzsteuerliche Besonderheiten des Binnenmarkts anschaulich dargestellt, mit Übersichten und Beispielen

Von

Dipl.-Finanzwirt Ralf Sikorski

ERICH SCHMIDT VERLAG

Bibliografische Information der Deutschen Nationalbibliothek
Die Deutsche Nationalbibliothek verzeichnet diese Publikation in der
Deutschen Nationalbibliografie; detaillierte bibliografische Daten sind im
Internet über http://dnb.d-nb.de abrufbar.

Weitere Informationen zu diesem Titel finden Sie im Internet unter
http://ESV.info/978-3-503-20500-4

Zitiervorschlag:
Sikorski, Spezialwissen Umsatzsteuer – Binnenmarkt

ISBN 978-3-503-20500-4 (gedrucktes Werk)
ISBN 978-3-503-20501-1 (eBook)

Druck: docupoint, Barleben

Vorwort

Solange es Menschen gibt, die glauben, das Steuerrecht sei ein Geschenk des Gesetzgebers an die Wissenschaft, wird der Wunsch nach einem einfachen Steuerrecht unerfüllt bleiben.

Ursprünglich für eine Übergangszeit von vier Jahren gedacht feiern die zum 01.01.1993 eingeführten Übergangsregelungen für den umsatzsteuerlichen Binnenmarkt bald ihr 30-jähriges Jubiläum. Und trotz aller Beteuerungen der verantwortlichen Politiker und der Ministerialbürokratie sind weder eine ernsthafte Systemumstellung noch eine Vereinfachung des Systems in Sicht. Vielmehr hat in den letzten Jahren kaum ein Rechtsgebiet derart an Komplexität und Bedeutung gewonnen wie die Umsatzsteuer, die zu einem komplizierten Gebilde aus nationalem Umsatzsteuerrecht und EU-Recht wurde, flankiert durch eine bisweilen sehr stark pro fiskalische Sichtweise der Finanzverwaltung, eingebettet in eine eigentümliche Begriffswelt von richtlinienkonformer Auslegung und Anwendungsvorrang.

Ein nicht zu unterschätzendes Problem ist die Regelungswut der Deutschen, aber auch der Europäer. Mit ihrem „Aktionsplan Mehrwertsteuer" stellt die EU-Kommission in der entsprechenden Präambel selbst klar, dass *„das System der Mehrwertsteuer insbesondere kleinen und mittleren Unternehmen zu schaffen macht"*, weil es *„zu fragmentiert und zu kompliziert ist."* Wenn die Kosten zur Befolgung der ausgefeilten Mehrwertsteuer-Vorschriften in einigen Unternehmen höher sind als die damit verbundene Abgabe, ist das System in eine schwere Schieflage geraten. Der von der Kommission vorgelegte Arbeits- und Zeitplan sieht deshalb vor, das aktuelle Mehrwertsteuersystem zu modernisieren und hält einen Neustart für dringend erforderlich. Das Konzept erfordert aber dabei von allen Mitgliedstaaten erhebliche Veränderungen ihres nationalen Steuerrechts, wozu die meisten Mitgliedstaaten in der Vergangenheit eben gerade nicht bereit waren. So geht denn auch die Kommission davon aus, dass es *„politischer Führungskraft bedarf, um die tief verwurzelten Hindernisse zu überwinden, um endlich die notwendigen Reformen zu verabschieden."* Genau diese Führungskraft sieht der Autor dieser Zeilen bei den Verantwortlichen eher nicht. Und so werden wir wohl auch in den nächsten Jahren mit einem völlig unzureichenden Besteuerungssystem leben müssen, dem insbesondere der Makel anhaftet, dass es die an sich vorhandenen Grundsystematik der Umsatzsteuer verändert und sich immer mehr in der Lösung von Einzelproblemen verliert.

Kein Wunder, dass das Umsatzsteuerrecht in seiner Komplexität schon auf dem Weg in einen finanzwirtschaftlichen Beruf eine große Prüfungshürde darstellt, nachzufragen bei Generationen von Prüfungskandidaten.

Das vorliegende Werk „Spezialwissen Umsatzsteuer Binnenmarkt" behandelt nicht täglich benötigtes Sonderwissen, das man zu seinen grundsätzlich vorhandenen „BASICS" auffrischen muss, wenn man in einem Einzelfall einmal mit derartigen Fragen konfrontiert wird. Er eignet sich aufgrund seines konsequenten Aufbaus auch hervorragend für die Wiederholung dieser Themengebiete zur Prüfungsvorbereitung:

– innergemeinschaftlicher Erwerb aus dem übrigen Gemeinschaftsgebiet
– innergemeinschaftliche Lieferungen in das übrige Gemeinschaftsgebiet
– innergemeinschaftliche Reihen- und Dreiecksgeschäfte
– Konsignationslagerregelungen
– innergemeinschaftliche Fernverkäufe
– innergemeinschaftliche Dienstleistungen.

Die ergangene Rechtsprechung und der sehr umfangreiche Umsatzsteuer-Anwendungserlass wurden eingearbeitet und zur besseren Lesbarkeit des laufenden Textes jeweils als Fußnoten dargestellt.

Wer sich noch intensiver mit dem Umsatzsteuerrecht im Europäischen Binnenmarkt beschäftigen und sich insbesondere einen Überblick über das Umsatzsteuerrecht der übrigen Mitgliedstaaten verschaffen will, dem sei das Werk „Umsatzsteuer im Binnenmarkt" des NWB-Verlags empfohlen, das sich mit seinen 900 Seiten Umfang und seinem ausführlichen Länderteil zu allen Mitgliedstaaten der Europäischen Union zu einem echten Nachschlagewerk für den Praktiker entwickelt hat.

Dorsten, im Juli 2021   Ralf Sikorski

Inhaltsverzeichnis

A. Die internationalen Besteuerungsprinzipien bei der Umsatzsteuer

I. Allgemeiner Überblick

Die Europäische Union ist ein wirtschaftlicher und politischer **Zusammenschluss** von zurzeit siebenundzwanzig Staaten (Belgien, Bulgarien, Dänemark, Deutschland, Estland, Finnland, Frankreich, Griechenland, Irland, Italien, Kroatien, Lettland, Litauen, Luxemburg, Malta, Niederlande, Österreich, Polen, Portugal, Rumänien, Schweden, Slowakei, Slowenien, Spanien, Tschechien, Ungarn und Zypern). Nach dem sog. Brexit besteht für eine Übergangszeit für den Warenverkehr mit Nordirland eine Sonderregelung.[1] Auch wenn es sich beim Zusammenschluss dieser Staaten in erster Linie um eine Wirtschaftsunion handelt, haben die Mitgliedstaaten der Europäischen Union als solches bereits bestimmte Souveränitätsrechte übertragen. Viele nationale Gesetze, die das tägliche Leben betreffen, beruhen deshalb auf Entscheidungen, die in Brüssel getroffen werden, sei es durch Schaffung einer Norm für Euro-Paletten oder die Besteuerung des innergemeinschaftlichen Erwerbs neuer Fahrzeuge durch Privatpersonen.

Mit dem Wegfall der Binnengrenzen wurde nicht nur ein äußerlich sichtbares Zeichen zwischen den Staaten der Gemeinschaft gesetzt, sondern ein wesentlicher Schritt zur wirtschaftlichen Einheit verwirklicht. Mit der Aufhebung der innergemeinschaftlichen Grenzen musste zwangsläufig eine Beseitigung der Steuergrenzen zumindest für die indirekten Steuern erfolgen, denn diese gehören nicht unwesentlich zu den Verursachern der Grenzkontrollen. Daher stand in den letzten Jahren insbesondere die Harmonisierung der Mehrwertsteuern und der Verbrauchsteuern in der Europäischen Gemeinschaft im Vordergrund. Dabei hat sich allerdings die ursprüngliche Hoffnung, dass die Kräfte des Marktes allein eine Harmonisierung der Umsatzsteuersätze nach sich ziehen werden, als Trugschluss erwiesen.

Neben den grds. **Schwierigkeiten** wie unterschiedliche Sprachen und Kulturen bereiten heute die unterschiedlichen Finanzierungsmethoden der Staatshaushalte der einzelnen Mitgliedstaaten der Gemeinschaft die größten Probleme. Die einzelnen Mitgliedstaaten haben eine stark abweichende Gewichtung der staatlichen Aufgaben und entsprechend werden teilweise völlig verschiedene staatliche Abgaben erhoben, die Verteilung der direkten und indirekten Steuern ist uneinheitlich, die gewachsenen Steuersysteme sind anders aufgebaut. Zwar kennen alle Mitgliedstaaten das auch uns bekannte Mehrwertsteuersys-

---

1 Art. 8 Abs. 1 i. V.m. Anhang 3 des Protokolls zu Irland/Nordirland zum Abkommen über den Austritt des Vereinigten Königreichs Großbritannien und Nordirland aus der Europäischen Union und der Europäischen Atomgemeinschaft vom 24.12.2020 (ABl. EU vom 31.01.2021 Nr. L 29 Seite 7; BMF-Schreiben vom 10.12.2020, BStBl 2020 I Seite 1370).

tem und es wurden auch einheitliche Besteuerungsgrundlagen festgelegt. Allerdings führen unterschiedliche Steuersätze und zahlreiche nationale Ausnahmebestimmungen (z. B. beim Vorsteuerabzug oder beim Übergang der Steuerschuldnerschaft) sowie unterschiedliche Rechtsauslegungen in der Praxis immer noch zu erheblichen Schwierigkeiten. Trotz der Einführung eines gemeinsamen Mehrwertsteuersystems und der Schaffung des Umsatzsteuer-Binnenmarktes zum 01.01.1993 kann daher von einer endgültigen Vereinheitlichung noch nicht die Rede sein.

Bei einer wirklichen Harmonisierung wäre es erforderlich, eigene Interessen zurückzustellen, wozu aber viele Mitgliedstaaten nicht wirklich bereit sind. So wundert es nicht wirklich, dass Harmonisierungen nur sehr mühsam voranschreiten, denn statt einer demokratischen Mehrheitsfindung gilt für Entscheidungen der Gemeinschaft im steuerlichen Bereich ein Einstimmigkeitserfordernis, bei dem somit jedes noch so kleine Land de facto ein Vetorecht hat und wichtige und sinnvolle Regelungen blockieren und die Mehrheit der Reformstaaten unter Druck setzen kann. Die Entscheidungsverfahren müssen dringend vereinfacht werden, wenn sie auch bei der nunmehr bestehenden Vielzahl von Mitgliedstaaten noch funktionieren sollen. Vor jedem weiteren Reformversuch des materiellen Rechts sollten daher erst einmal die demokratischen Grundregeln überdacht werden, um einen Wirtschaftskoloss mit einer derart hohen Zahl von Mitgliedstaaten überhaupt noch steuern zu können.

Zudem ist europäisches Recht kompliziertes Recht. Die verabschiedeten Richtlinien, insbesondere die „Richtlinie 2006/112/EG des Rates vom 28.11.2006 über das gemeinsame Mehrwertsteuersystem" (kurz: „MwSt-System-Richtlinie" oder „MwStSystRL"),[2] sind für alle staatlichen Organe der Mitgliedstaaten bindendes Recht. Sie gelten aber im Gegensatz zu Verordnungen der EU nicht unmittelbar mit der Verkündung im Amtsblatt der EU in allen Mitgliedstaaten, sondern verpflichten diese nur, das jeweilige nationale Gesetz an diese Musterregelungen umzusetzen. Die Umsetzung im Inland erfolgt regelmäßig durch die entsprechenden Änderungen im UStG oder der UStDV, wenn diese Rechtsnormen noch nicht der Richtlinie der EU entsprechen. Bei der Umsetzung von Bestimmungen einer Richtlinie ist ein Mitgliedstaat nur an das zu erreichende Ziel, nicht aber an eine bestimmte Form und an besondere Mittel gebunden. Deshalb ist dem Mitgliedstaat auch nicht vorgeschrieben, in welcher gesetzlichen Form (förmliches Gesetz oder Rechtsverordnung) er Unionsrecht in nationales Recht umsetzt. Er muss die Richtlinie nur sinngetreu und ihrem Zweck entsprechend umsetzen. Eine bloße Verwaltungspraxis, die die Verwaltung naturgemäß beliebig ändern kann und die nur unzureichend benannt ist, kann jedoch nicht als rechtswirksame Erfüllung der Verpflichtungen der Mitgliedstaaten aus dem Vertrag angesehen werden. Betroffene Bürger können sich auf die Anwendbarkeit dieses Rechts berufen, wenn es dem nationalen Recht zu ihren Gunsten widerspricht oder auch auf die Umsetzung der Vorgaben der

---

2 ABl. EU 2006 Nr. L 347 S. 1.

Richtlinie klagen. Weder der Steuerbürger noch die Finanzverwaltung haben aber umsatzsteuerlich ein Vorlage- oder gar ein Klagerecht unmittelbar an den EuGH. Über die Einwirkungsmöglichkeiten der Regelungen der MwStSystRL auf das deutsche nationale Umsatzsteuerrecht entscheiden allein die nationalen Finanzgerichte. Bestehen Zweifel, *kann* ein Finanzgericht dem EuGH die Sache zur sog. Vorabentscheidung vorlegen, der BFH *muss* in diesen Fällen als letztinstanzliches Gericht vorlegen. Ob diese Zweifel aber überhaupt bestehen, entscheidet das nationale Gericht. Urteile im Verfahren zur Vorabentscheidung stellen zudem keine Urteile zur Regelung eines Einzelfalles im uns bekannten Sinne dar, sondern sind verfahrensrechtlich eher einem Rechtsgutachten gleichzusetzen. Hat der EuGH entschieden, wird der ursprüngliche nationale Prozess fortgesetzt, allerdings sind die staatlichen Organe und Gerichte an diese Entscheidung gebunden, was die Entscheidung des EuGHs wiederum zu einem Vorgang von grundsätzlicher Bedeutung macht.

Im Gegensatz zu Richtlinien sind **Verordnungen** unmittelbar geltendes Recht, eine (zusätzliche) Umsetzung in nationales Recht ist daher nicht erforderlich. Verordnungen treten ohne einen entsprechenden Umsetzungsakt in den Mitgliedstaaten in Kraft. Im Gegensatz zu einer Richtlinie hat eine Verordnung damit Gesetzeskraft und gilt unmittelbar in jedem Mitgliedstaat. Im Steuerrecht sind Verordnungen selten, die wichtigste zu beachtende Verordnung ist die Verordnung (EU) Nr. 282/2011 (sog. **MwStVO**),[3] die in erster Linie durch Auslegung von Begriffsbestimmungen der MwStSystRL begleiten soll.

Die Angleichung der Mehrwertsteuern allein ist zudem völlig unzureichend, um eine Wettbewerbsgleichheit im gesamten Markt zu erreichen. Eine Harmonisierung der übrigen indirekten Steuern ist ebenso unumgänglich wie langfristig eine Anpassung der direkten Steuern, wie sie zurzeit im Rahmen der sog. Mindeststeuer beraten wird. Gerade direkte Steuern wirken sich im Ergebnis wie andere Kostenfaktoren auf die Preiskalkulation aus und beeinflussen daher ebenfalls die Standortwahl eines Unternehmens. Gerade aber die Steuerharmonisierung bei den direkten Steuern greift in besonders starkem Maße in die Finanzautonomie der Mitgliedstaaten ein. Aber selbst wenn dies alles gelingen sollte, kann von Harmonisierung immer noch keine Rede sein, denn neben der Angleichung der materiellen Vorschriften müsste auf lange Sicht auch eine Anpassung des Verfahrensrechts erfolgen.

II. Warenlieferungen im Binnenmarkt

Die Besteuerung der Warenlieferungen in das Ausland (s. Abb. 1) erfolgt grds. nach dem sog. **Bestimmungslandprinzip**, d. h. das Land, für das die Ware zum Verbrauch bestimmt ist, erhält die Steuereinnahme. Die Exporte gelangen dabei unbelastet über die Grenze und werden im Bestimmungsland regelmäßig von der Einfuhrumsatzsteuer erfasst. Dadurch werden umgekehrt im Inland

---

3   ABl. EU 2011 Nr. L 77 S. 1.

Warenlieferungen aus dem Ausland wie inländische Warenlieferungen behandelt, die Produkte gelangen mit der gleichen (inländischen) Steuerbelastung auf den Markt. Gerade wegen dieser Wettbewerbsneutralität hat sich dieses Prinzip der Besteuerung bewährt. Da Produkte gleich welcher Herkunft nur mit der jeweils inländischen Umsatzsteuer belastet werden, sind die einzelnen Mitgliedsländer bei der Festsetzung des Umsatzsteuersatzes autonom und können mit ihrer Steuerpolitik uneingeschränkt nationale Interessen berücksichtigen.

Mit der Vollendung des Binnenmarktes zum 01.01.1993 war eine Anwendung des Bestimmungslandprinzips in dieser Form innerhalb der Europäischen Union nicht mehr möglich, da die zur Durchführung dieses Verfahrens erforderlichen Grenzkontrollen entfielen. Da aber die meisten Mitgliedsländer an diesem grundsätzlichen System festhalten wollten und das sog. Ursprungslandprinzip, bei dem sich die Umsatzsteuer in dem Land realisiert, in dem der liefernde Unternehmer seinen Sitz hat, aus haushaltspolitischen Gründen ablehnen, musste eine Übergangslösung gefunden werden. Sie wurde zunächst auf vier Jahre beschränkt, ab dem 01.01.1997 sollte sie durch eine endgültige Neuregelung, in der das Ursprungslandprinzip verwirklicht werden soll, ersetzt werden. Die Übergangsregelung verlängert sich jedoch automatisch, solange der EU-Ministerrat nicht rechtzeitig über die endgültige Neuregelung entscheidet. Mit einer Aufhebung dieser Übergangsregelungen ist auch nach über 20 Jahren in absehbarer Zeit nicht zu rechnen (vgl. Art. 402 MwStSystRL). Im Wesentlichen entspricht diese Übergangsregelung mit ihrem innergemeinschaftlichen Erwerb und ihrer innergemeinschaftlichen Lieferung nach wie vor den Regelungen über die Ausfuhr von Waren an andere Unternehmer, wenngleich insoweit nach dem Wegfall der physischen Grenzen keine Zollbehörde mehr involviert ist.

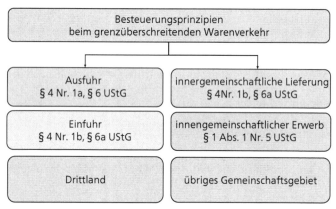

Abb. 1: Besteuerungsprinzipien beim grenzüberschreitenden Warenverkehr
(Quelle: Eigene Darstellung)

Die insoweit allgemeingültigen Anwendungsregelungen für Warenlieferungen im Binnenmarkt ohne Ausnahmeregelungen lassen sich wie folgt kurz zusammenfassen:

Abb. 2: Warenlieferungen im Binnenmarkt
(Quelle: Eigene Darstellung)

Beim **gewerblichen Handel** (Warenverkehr zwischen Unternehmern) wurde das sog. Bestimmungslandprinzip beibehalten, d. h. die Besteuerung erfolgt nach dem Recht des Verbrauchslandes. Daher sind Lieferungen an andere Unternehmer in das übrige Gemeinschaftsgebiet grds. steuerfrei, die Ware gelangt unbelastet über die innergemeinschaftliche Grenze. An die Stelle der bei Drittländern üblichen Einfuhrumsatzsteuer, die der Erwerber beim Zoll anzumelden hat, tritt insoweit die Besteuerung des innergemeinschaftlichen Erwerbs durch den Abnehmer im Rahmen seiner USt-Erklärung, da eine physische Steuergrenze nicht mehr besteht und eine Anmeldung beim Zoll nicht erfolgt. Um die Erwerbsbesteuerung durch den Abnehmer in der Praxis überschaubar zu halten, wurden grds. nur Unternehmer in dieses System einbezogen. Die Ausfuhrnachweise wurden neu geregelt, die Grenzformalitäten durch periodische Erklärungen der Unternehmer und die Zusammenarbeit der Mitgliedstaaten der Europäischen Union ersetzt. Wesentlicher Inhalt dieses Kontrollverfahrens ist die **Zusammenfassende Meldung** an das Bundesamt für Finanzen unter der **Umsatzsteuer-Identifikationsnummer** (USt-Identifikationsnummer, USt-IdNr.) der beteiligten Unternehmer. Ziel des Systems ist es, dass Lieferungen in der Unternehmerkette vom Abnehmer zu versteuern sind und somit im Land des Lieferers steuerfrei bleiben. Falls der Erwerber die

Versteuerung in seinem Land nicht vorzunehmen hat, ist die Lieferung vom Lieferer zu versteuern. Das Grundprinzip des Binnenmarktes ist somit im Ergebnis sehr einfach. Leider gibt es dazu eine viel zu große Zahl von Ausnahmeregelungen, die das System kompliziert und unübersichtlich machen.

Private Verbraucher innerhalb der Europäischen Union können grds. ohne wert- und mengenmäßige Beschränkung Waren aus einem anderen Mitgliedstaat in ihr eigenes Heimatland mitbringen. Die Ware bleibt mit der Umsatzsteuer des Ursprungslandes belastet, ein Grenzausgleich findet nicht statt. Die Lieferung wird und bleibt dort besteuert, wo die Ware an den privaten Käufer ausgehändigt wird. Dieses Ursprungslandprinzip gilt insbesondere bei privaten Abnehmern in den Fällen, in denen die Verbraucher die Ware selbst abholen, also beim Einkauf durch Touristen oder Einkäufen in grenznahen Regionen. Zur Vermeidung von Wettbewerbsverzerrungen wurden Sonderregelungen geschaffen, z. B. für den innergemeinschaftlichen Versandhandel (bis 30. 06. 2021) bzw. innergemeinschaftliche Fernverkäufe (ab 01. 07. 2021) an private Endverbraucher sowie für den Erwerb neuer Fahrzeuge durch Privatpersonen.

Bei Warenlieferungen an Privatpersonen wird der Unterschied zwischen Ausfuhrlieferungen in Drittländer und Lieferungen in das übrige Gemeinschaftsgebiet deutlich. Während private Abnehmer aus dem Drittland grds. steuerfrei einkaufen (vgl. § 6 Abs. 3a UStG), ist beim privaten Konsum im Gemeinschaftsgebiet das Ursprungslandprinzip verwirklicht und die Ware bleibt (mit wenigen Ausnahmen) mit der Umsatzsteuer dieses Landes belastet (vgl. § 6a Abs. 1 Nr. 2 UStG). Einen Grenzausgleich wie bei privaten Abnehmern aus dem Drittland gibt es nicht.

Während das Umsatzsteuerrecht im Allgemeinen an die Person des Leistenden anknüpft und die Steuerbarkeit von Umsätzen von der Unternehmereigenschaft abhängig macht, kommt es für die Besteuerungsvorgänge des Binnenmarktes im Wesentlichen auf die **Verhältnisse beim Leistungsempfänger** an. Gerade aber diese verschiedenen Fallgestaltungen in der Person des Abnehmers machen die grds. Regelungen des Binnenmarktes unnötig kompliziert. So ist die Lieferung eines Unternehmers in das übrige Gemeinschaftsgebiet steuerfrei, wenn der Abnehmer ebenfalls Unternehmer ist (§ 6a Abs. 1 Nr. 2 UStG). Ist dieser Abnehmer jedoch ein Unternehmer, der nur steuerfreie Umsätze ausführt, die zum Ausschluss des Vorsteuerabzugs führen, ein Kleinunternehmer oder ein Land- und Forstwirt, der nach Durchschnittssätzen versteuert (sog. atypische Unternehmer), so wird der Abnehmer nur dann als Unternehmer behandelt, wenn seine Einkäufe einen gewissen Umfang im Kalenderjahr überschreiten (sog. Erwerbsschwelle) oder er zur Erwerbsbesteuerung und damit zur Behandlung als typischer Unternehmer optiert. Ist der Abnehmer dagegen Privatperson, so ist die Lieferung an ihn steuerpflichtig. Der Lieferer wird in der Praxis kaum erkennen können, ob sein Kunde „normaler" oder „atypischer" Unternehmer ist, u. U. ist auch die Privatperson bei der Bestellung nicht als solche auszumachen. Daher kommt der USt-Identifikationsnummer (USt-IdNr.) als „Unternehmernachweis" in der Praxis eine erhebliche Bedeutung zu, zumal auch nichtunternehmerisch tätige juristische Personen des öffentlichen und privaten Rechts als Erwerber i. S. des Binnenmarktes auftreten können. Nimmt man nun noch den Erwerb und die Lieferung neuer Fahrzeuge (an Unternehmer bzw. Privatpersonen bzw. atypische Unternehmer) hinzu, wird der gesamte Umfang dieser Kompliziertheit deutlich.

III. Dienstleistungen im Binnenmarkt

Nach der Richtlinie über die Neuregelung des Orts von Dienstleistungen v. 12.02.2008[4] werden seit dem 01.01.2010 Dienstleistungen, die ein Unternehmer **für einen anderen Unternehmer** erbringt (sog. B2B-Umsätze[5]), zur Verfahrensvereinfachung grds. dort besteuert, wo der Leistungsempfänger ansässig ist. Liegt der Ort der Dienstleistung nach dieser Grundregelung in einem anderen Mitgliedstaat, geht die Steuerschuldnerschaft *zwingend* auf den Leistungsempfänger über. Diese Umsätze sind als sog. innergemeinschaftliche Dienstleistungen in der Zusammenfassenden Meldung des leistenden Unternehmers anzugeben. Abweichungen von diesem Empfängersitzprinzip gibt es nur, wenn diese ausdrücklich in der MwStSystRL geregelt sind. Im Gegensatz zu Dienstleistungen an private Abnehmer sind diese Ausnahmeregelungen in der Unternehmerkette jedoch sehr übersichtlich ausgefallen.

Bestimmt sich der Ort der Dienstleistung dagegen nach einem *Ausnahmetatbestand,* geht insoweit die Steuerschuldnerschaft nicht zwingend auf den Leistungsempfänger über. Ob sich der leistende Unternehmer dann im Ausland umsatzsteuerlich registrieren lassen muss oder ob die Steuerschuld im Wege des Übergangs der Steuerschuldnerschaft (sog. Reverse-Charge-Verfahren) auf den Empfänger der Dienstleistung übergeht, richtet sich nach den nationalen Vorschriften des Bestimmungslandes, die erheblich von den Regelungen in seinem Heimatland abweichen können.

Dienstleistungen an **Endverbraucher** (sog. B2C-Umsätze[6]) sollen möglichst dort versteuert werden, wo sie verbraucht werden. Dieser Grundgedanke führt jedoch zu sehr unübersichtlichen und manchmal wenig logisch erscheinenden Regelungen bei der Bestimmung des Ortes der Dienstleistung. Nur wenn keine der zahlreichen Ausnahmeregelungen zutrifft, gilt als Ort der Dienstleistung auch der Ort des Sitzes des leistenden Unternehmers. Liegt der Ort der sonstigen Leistung eines Unternehmers im Ausland, ist der Umsatz im Inland nicht steuerbar und die Besteuerung richtet sich folglich nach ausländischen Rechtsvorschriften. Gerade bei privaten Leistungsempfängern geht die Steuerschuldnerschaft aber nicht auf diesen über, so dass der leistende Unternehmer gezwungen ist, sich in diesem anderen Land umsatzsteuerlich registrieren zu lassen. Um eine Registrierung in anderen Mitgliedstaaten zu vermeiden, wurde zum

---

4 Richtlinie 2008/8/EG vom 12.02.2008, ABl. EU 2008 Nr. L 44 S. 11.
5 Business to Business.
6 Business to Consumer.

01.07.2021 ein besonderes Besteuerungsverfahren geschaffen (One-Stop-Shop).

IV. Die Umsatzsteuer-Identifikationsnummer

1. Sinn und Zweck

Mit der Einführung des Europäischen Binnenmarktes wurde ein neues **Ordnungsmerkmal** geschaffen, die Umsatzsteuer-Identifikationsnummer (USt-IdNr.). Sie gibt vorrangig Auskunft über den **Status des Abnehmers** (vgl. § 6a Abs. 1 Nr. 2 UStG i. V. m. § 17d Abs. 1 S. 1 UStDV sowie § 3a Abs. 2 UStG). Die USt-IdNr. dient als Anzeichen dafür, dass ihr Inhaber in seinem Heimatland Unternehmer ist und Leistungen für sein Unternehmen ohne umsatzsteuerliche Belastung im Ursprungsland beziehen möchte. So benötigt ein Lieferant die USt-IdNr. seines Leistungsempfängers aus dem übrigen Gemeinschaftsgebiet, um steuerfrei an ihn liefern zu können. Auch der Erbringer einer Dienstleistung wird durch die USt-IdNr. des Leistungsempfängers darauf aufmerksam gemacht, dass dieser die bezogene sonstige Leistung unversteuert beziehen und in seinem Heimatland im Wege des Übergangs der Steuerschuldnerschaft selbst versteuern will.

Die USt-IdNr. ist darüber hinaus Ordnungsmerkmal im Zusammenhang mit **formellen Pflichten.** So sind unversteuerte Leistungen (steuerfreie innergemeinschaftliche Lieferungen und nichtsteuerbare innergemeinschaftliche Dienstleistungen) in einer **Zusammenfassenden Meldung** unter Angabe der USt-IdNr. der Leistungsempfänger an das Bundeszentralamt für Steuern zu melden (§ 18a UStG), welches die Daten wiederum an die Finanzverwaltung im Bestimmungsland weitergibt. Unternehmer, die Fernverkäufe oder Dienstleistungen an Privatpersonen ausführen und dafür an einem besonderen Besteuerungsverfahren teilnehmen wollen (vgl. § 18i bis § 18k UStG), benötigen vorab eine USt-IdNr. ihres Heimatlandes.

Darüber hinaus wird die USt-IdNr. vom leistenden Unternehmer benötigt, um bei der Rechnungsausstellung den Verpflichtungen aus § 14a UStG und seinen Aufzeichnungspflichten nach § 22 UStG nachzukommen. Ein leistender inländischer Unternehmer benötigt die entsprechende USt-IdNr. seines ausländischen Geschäftspartners und hat diese im Rahmen seiner Aufzeichnungspflichten gesondert festzuhalten. Ein deutscher Unternehmer muss folglich seinem ausländischen Geschäftspartner, von dem er Leistungen bezieht, seine deutsche USt-IdNr. mitteilen. Ein inländischer Unternehmer benötigt eine USt-IdNr. eines anderen Mitgliedstaates, wenn er in diesem Land Umsätze ausführt, die er anzumelden hat. Dazu zählt bereits das innergemeinschaftliche Verbringen i. S. des § 3 Abs. 1a bzw. § 1a Abs. 2 UStG.

2. Erteilung einer Umsatzsteuer-Identifikationsnummer im Inland

Das Bundeszentralamt für Steuern erteilt **Unternehmern** i. S. d. § 2 UStG auf Antrag eine USt-IdNr. (§ 27a S. 1 UStG). Der schriftliche Antrag muss den

Namen, die Anschrift und die reguläre Steuernummer, unter der der Antragsteller umsatzsteuerlich geführt wird, enthalten sowie die Bezeichnung des für die Umsatzbesteuerung zuständigen Finanzamts (§ 27a Abs. 1 S. 5 UStG). Benötigt wird die Umsatzsteuer-Identifikationsnummer von allen Unternehmern, die sich am innergemeinschaftlichen Handel beteiligen, d. h. die innergemeinschaftliche Erwerbe tätigen oder innergemeinschaftliche Lieferungen ausführen, die unternehmensintern innerhalb der EU verbringen sowie bei der Ausführung bzw. Erteilung von Aufträgen und bei der anschließenden Abrechnung von innergemeinschaftlichen Dienstleistungen. Für Unternehmensteile im Ausland wird eine ausländische USt-IdNr. benötigt. Auch pauschal versteuernde Land- und Forstwirte benötigen eine USt-IdNr., wenn sie innergemeinschaftliche Lieferungen erbringen, denn im Gegensatz zu Kleinunternehmern sind sie nicht von der Verpflichtung zur Abgabe der Zusammenfassenden Meldung befreit. Inländische Unternehmer, unabhängig davon, ob sie der Regelbesteuerung unterliegen oder eine Sonderregelung in Anspruch nehmen, benötigen ggf. bei der Erteilung von Dienstleistungsaufträgen an ausländische Unternehmer eine deutsche USt-IdNr. Im Falle der **Organschaft** wird auf Antrag für jede juristische Person eine eigene USt-IdNr. erteilt (§ 27a S. 4 UStG), obwohl im Inland die einzelnen Organgesellschaften nicht als selbständige Unternehmer angesehen werden (§ 2 Abs. 2 Nr. 2 UStG).[7] Der Antrag ist vom Organträger zu stellen. Das Bundeszentralamt für Steuern erteilt darüber hinaus auch juristischen Personen, die nicht Unternehmer sind oder die Gegenstände nicht für ihr Unternehmen erwerben, eine USt-IdNr., wenn sie diese für ihre innergemeinschaftlichen Erwerbe benötigen (§ 27a Abs. 1 S. 2 und 3 UStG).

Voraussetzung für die Erteilung einer USt-IdNr. in Deutschland ist, dass der Antragsteller von der Steuerverwaltung der Länder **umsatzsteuerlich erfasst** ist. Das Bundeszentralamt für Steuern erteilt nur dann eine USt-IdNr., wenn es zuvor von den zuständigen Landesfinanzbehörden über das Vorliegen dieser Voraussetzungen unterrichtet worden ist. Das Bundeszentralamt für Steuern darf die von den Landesfinanzbehörden übermittelten Daten für Kontrollzwecke, z. B. für das Vergütungsverfahren, verwenden und für Zwecke der Amtshilfe im Verkehr mit anderen Staaten verwerten. Umgekehrt hat es die notwendigen Daten an das örtliche Finanzamt zu übermitteln. Der Unternehmer hat sich daher in der Praxis zunächst an sein zuständiges Finanzamt zu wenden und anzuzeigen, dass er am innergemeinschaftlichen Handel teilnimmt. Diese Angaben werden sodann automatisch an das Bundeszentralamt für Steuern weitergeleitet.

Fahrzeuglieferer i. S. d. § 2a UStG erhalten demnach aufgrund dieser Tätigkeit keine USt-IdNr., es sei denn, sie sind bereits den vorstehend genannten Personenkreisen zuzuordnen.

---

7   Abschn. 27a.1 Abs. 3 UStAE.

3. Bestätigungsverfahren

Das Bundeszentralamt für Steuern bestätigt dem Unternehmer i. S. des § 2 UStG auf Anfrage die Gültigkeit einer USt-IdNr. eines ausländischen Unternehmers (§ 18e UStG). Durch diese Bestätigung soll dem Unternehmer die korrekte Anwendung der umsatzsteuerlichen Regelungen erleichtert werden, soweit diese auf den umsatzsteuerlichen Status des Abnehmers abstellen (z. B. § 6a Abs. 1 Nr. 2 oder § 3a Abs. 2 UStG). Durch diese Regelung hat der Unternehmer die Möglichkeit, die Gültigkeit einer von einem anderen Mitgliedstaat erteilten USt-IdNr. zu erfahren, die ein Abnehmer verwendet. Er hat dazu dem Bundeszentralamt für Steuern die von einem anderen Mitgliedsland erteilte USt-IdNr. seines Geschäftspartners mitzuteilen und erhält eine Bestätigung, ob diese gültig ist. Gibt der anfragende Unternehmer auch Name und Anschrift seines Geschäftspartners an, so werden bei dieser sog. qualifizierten Anfrage auch diese Daten in die Bestätigung mit einbezogen.[8] Bei der Abfrage hat er auch seine eigene USt-IdNr. oder seine Steuernummer, unter der er im Inland beim zuständigen Finanzamt geführt wird, anzugeben.

Die Bestätigung ist eine bloße Auskunft und kein Verwaltungsakt, allerdings ist zu beachten, dass eine qualifiziert bestätigte USt-IdNr. eines ausländischen Geschäftspartners bei einer innergemeinschaftlichen Lieferung in aller Regel die Vertrauensschutzregelung des § 6a Abs. 4 UStG auslösen wird. Entsprechendes gilt in Zweifelsfällen für die Frage, ob eine sonstige Leistung für das Unternehmen des Abnehmers bezogen wurde. Die Aussage des Bundeszentralamts für Steuern bezieht sich stets auf den Zeitpunkt der Anfrage.

Die USt-IdNr. ausländischer Unternehmer kann auch im **Internet** überprüft werden.[9] Das Bundeszentralamt für Steuern bietet unter *www.bzst.de* eine Reihe von Informationen und Hinweisen, u. a. auch zur Umsatzsteuer.

Darüber hinaus hat auch die Europäische Union im Internet eine Überprüfungsmöglichkeit geschaffen. Insoweit können sogar USt-IdNr. inländischer Unternehmer geprüft werden. Der Link zum MIAS der Europäischen Kommission lautet:

http://ec.europa.eu/taxation_customs

Dort sollte man unter „Datenbanken" MIAS auswählen.

4. Begrenzung einer Umsatzsteuer-Identifikationsnummer

Nach § 27a Abs. 1a UStG kann eine bereits erteilte Umsatzsteuer-Identifikationsnummer begrenzt werden, wenn ernsthafte Anzeichen vorliegen oder nachgewiesen ist, dass diese für Zwecke der Gefährdung des Umsatzsteueraufkommens verwendet wird. Dies gilt auch, soweit das Umsatzsteueraufkommen anderer Mitgliedstaaten gefährdet wird.

---

8   Abschn. 18e.1 Abs. 4 UStAE.
9   Abschn. 18e.2 UStAE.

5. Umsatzsteuer-Identifikationsnummern in den übrigen Mitgliedstaaten

Der Aufbau der USt-Identifikationsnummer ist leider nicht einheitlich (vgl. auch Art. 214 MwStSystRL). Die Nummern haben zwar alle ein Präfix, aus dem sich der diese Nummer erteilende EU-Mitgliedstaat ergibt (Art. 215 MwSt SystRL). Die dann folgende Nummern- und/oder Buchstabenkombination ist jedoch in den einzelnen Mitgliedstaaten sehr unterschiedlich ausgestaltet, sowohl in der Länge als auch im Aufbau. Die Ziffernfolge selbst ist aus Datenschutzgründen willkürlich, obwohl eine Einteilung nach Unternehmensformen und Betriebsarten sicherlich zur schlüssigen Überprüfung wünschenswert gewesen wäre.

B. Der innergemeinschaftliche Erwerb aus dem übrigen Gemeinschaftsgebiet

I. Allgemeiner Überblick

Der Tatbestand des „**innergemeinschaftlichen Erwerbs gegen Entgelt**" wird in § 1 Abs. 1 Nr. 5 UStG geregelt (s. Abb. 3), die Voraussetzungen dazu regeln die §§ 1a bis 1c UStG. Ziel des innergemeinschaftlichen Erwerbs ist die Versteuerung der Ware durch den Erwerber im Bestimmungsland und die Steuerbefreiung der Lieferung an diesen Erwerber beim Lieferanten. Die Erfassung des innergemeinschaftlichen Erwerbs bei Warenimporten aus dem übrigen Gemeinschaftsgebiet entspricht im Wesentlichen wirtschaftlich der Erfassung der Einfuhr von Gegenständen aus dem Drittlandsgebiet (vgl. § 1 Abs. 1 Nr. 4 UStG). Neben dem Grundfall des Erwerbs von Gegenständen aus einem anderen Mitgliedstaat (§ 1a Abs. 1 UStG) werden daher in bestimmten Fällen Erwerbsvorgänge unterstellt (§ 1a Abs. 2 UStG), die bei vergleichbaren Warenbewegungen von der Einfuhrumsatzsteuer erfasst werden (sog. Verbringensfälle).

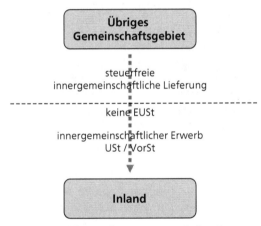

Abb. 3: Erwerb von Gegenständen im übrigen Gemeinschaftsgebiet
(Quelle: Eigene Darstellung)

Die auf den innergemeinschaftlichen Erwerb geschuldete Umsatzsteuer kann der regelbesteuerte Unternehmer andererseits grds. als Vorsteuer abziehen (§ 15 Abs. 1 S. 1 Nr. 3 UStG), so dass – wie bei der Einfuhrumsatzsteuer – für den Unternehmer regelmäßig keine steuerliche Belastung eintritt. Die Beachtung der Besteuerung des innergemeinschaftlichen Erwerbs hat daher insbesondere Bedeutung bei Unternehmern, die nicht oder nicht zum vollen Vorsteuerabzug berechtigt sind (§ 15 Abs. 2 sowie § 15 Abs. 4 UStG). Insoweit wird die nichtab-ziehbare Vorsteuer zum Kostenfaktor für das Unternehmen.

Wird bei einem bestimmten Personenkreis die sog. **Erwerbsschwelle** nicht erreicht (§ 1a Abs. 3 UStG), so liegt trotz Vorliegens der übrigen Voraussetzun-gen kein Fall des innergemeinschaftlichen Erwerbs vor. Für den innergemein-schaftlichen **Erwerb neuer Fahrzeuge** gilt zudem eine ergänzende Sonderrege-lung, wonach sogar Privatpersonen ggf. einen Erwerb zu versteuern haben (§ 1b UStG). Unternehmer fallen dagegen mit all ihren Erwerben bereits unter § 1a UStG.

II. Der innergemeinschaftliche Erwerb gegen Entgelt

1. Begriff

Als innergemeinschaftlicher Erwerb eines Gegenstandes gilt die Erlangung der Befähigung, wie ein Eigentümer über einen beweglichen Gegenstand zu verfü-gen, der durch den Verkäufer oder den Erwerber nach einem anderen Mitglied-staat als dem, in dem sich der Gegenstand zum Zeitpunkt des Beginns der Versendung oder Beförderung befand, an den Erwerber versandt oder befördert wird (Art. 20 MwStSystRL).

Bei der Lieferung eines Gegenstands durch einen Unternehmer von einem Mitgliedstaat der Europäischen Union in einen anderen Mitgliedstaat der Euro-päischen Union hat grds. der Erwerber die Besteuerung vorzunehmen, wenn der Erwerber ein Unternehmer ist, der den Gegenstand für sein Unternehmen erwirbt oder wenn es sich um eine juristische Person handelt, auch wenn diese nicht Unternehmer ist (§ 1a Abs. 1 UStG):

– Lieferung eines Gegenstands,

– aus dem Gebiet eines Mitgliedstaates,

– in das Gebiet eines anderen Mitgliedstaates,

– durch einen Unternehmer,

– an bestimmte Abnehmer:

  – Unternehmer, der den Gegenstand für sein Unternehmen erwirbt **oder**

  – juristische Person, die nicht Unternehmer ist oder nicht für ihr Unterneh-men erwirbt.

Hinweis:

Die Versteuerung des innergemeinschaftlichen Erwerbs durch den Erwer-ber ist nicht auf das Heimatland des Erwerbers beschränkt. Da der inner-gemeinschaftliche Erwerb de facto die Einfuhr des Gegenstandes in einem anderen Mitgliedstaat erfassen soll, muss ein inländischer Unternehmer beim Wareneinkauf im übrigen Gemeinschaftsgebiet ggf. einen inner-gemeinschaftlichen Erwerb in einem anderen Mitgliedstaat erklären, wenn

---

die Ware vom Ursprungsland nicht in das Inland, sondern in ein anderes Mitgliedsland der EU gelangt, z. B. in ein Warenlager im übrigen Gemeinschaftsgebiet oder zu einer dortigen Baustelle.

2. Die Warenbewegung

Die **Beförderung oder Versendung** durch den Lieferer oder Abnehmer muss beim innergemeinschaftlichen Erwerb in einem Mitgliedstaat beginnen und in einem anderen Mitgliedstaat enden. Dies gilt auch dann, wenn die Beförderung oder Versendung in einem Drittland beginnt, aber der Gegenstand in einem **Mitgliedstaat der Einfuhrumsatzsteuer** unterworfen wurde.[10] Kein innergemeinschaftlicher Erwerb liegt dagegen vor, wenn die Ware aus dem Drittland im Wege der **Durchfuhr** durch das Gebiet eines anderen Mitgliedstaates in das Inland gelangt und hier zollrechtlich und einfuhrumsatzsteuerlich zur Überlassung zum freien Verkehr abgefertigt wird.[11] Die Ware bleibt dann vom Zeitpunkt des Verbringens in das Gemeinschaftsgebiet bis zur Ankunft im Bestimmungsland unter zollamtlicher Überwachung. In diesem Zollverfahren verbleibt die Ware, bis sie im Bestimmungsland zum freien Verkehr abgefertigt und die entsprechende Einfuhrumsatzsteuer entrichtet wird (gemeinsames Versandverfahren). Die Abfertigung im eigentlichen Bestimmungsland dürfte in der Praxis i. d. R. für den Unternehmer vorteilhafter sein, insbesondere weil er Verwaltungsaufwand im anderen Mitgliedstaat vermeiden kann.

Beispiel:

Eine Ware aus den USA wird in den Niederlanden einfuhrumsatzsteuerlich zum freien Verkehr abgefertigt; anschließend wird sie von einem Transportunternehmer zum deutschen Abnehmer gebracht.

Die Versendung beginnt zwar in den USA und nicht in einem EU-Staat. Durch die Erhebung der EUSt in den Niederlanden ist allerdings die Warenbewegung aus den USA zollrechtlich beendet. Es liegt somit im Inland ein innergemeinschaftlicher Erwerb vor, da der (anschließende) freie Verkehr in einem EU-Staat begann und in Deutschland endete. Der deutsche Abnehmer kann sich die niederländische EUSt in den Niederlanden als Vorsteuer anrechnen lassen. An diesem Beispiel wird deutlich, dass die Grenzzollstellen an den sog. Außengrenzen der Europäischen Union (Grenze eines Mitgliedstaates zu einem Drittland) auch für Mitgliedsländer gelten, die keine unmittelbare Grenzen zum Drittlandsgebiet haben. Dies gilt auch für die Zollämter im Inland, die Einfuhrumsatzsteuer aus Einfuhren aus Drittländern erheben, insbesondere in Häfen und Flughäfen.

Fertigt der Einführer die Ware in dem EU-Mitgliedsland zum zoll- und steuerrechtlichen Verkehr ab, in dem die Drittlandsware in das Gemeinschaftsgebiet gelangt, so hat er die Einfuhrumsatzsteuer dieses Landes bei der Einfuhr zu entrichten. Wird die Ware anschließend vom Einführenden weiterverkauft, hat er sich in diesem Mitgliedstaat für umsatzsteuerliche Zwecke zu registrieren zu

---

10 Abschn. 1a.1 Abs. 1 S. 4 UStAE.
11 Abschn. 1a.1 Abs. 1 S. 5 UStAE.

lassen und Steuererklärungen abzugeben, denn der Ort dieser Lieferung liegt dort, wo die Warenbewegung an den Abnehmer beginnt, mithin im Einfuhrland (§ 3 Abs. 6 S. 1 UStG). Wird die eingeführte Ware an einen Erwerber in einem anderen EU-Mitgliedstaat geliefert, der seine Erwerbe im Bestimmungsland der Umsatzsteuer zu unterwerfen hat, so ist diese Lieferung als innergemeinschaftliche Lieferung unter den allgemeinen Voraussetzungen im Einfuhrmitgliedstaat steuerfrei (Art. 138 MwStSystRL), falls nicht bereits die Einfuhr des Gegenstandes steuerfrei ist.[12] Entsprechendes gilt für den Weiterverkauf der Ware durch den Einführenden an Abnehmer aus Drittländern. Dieser Vorgang stellt für den einführenden Unternehmer im Mitgliedstaat der Einfuhr eine steuerfreie Ausfuhrlieferung dar. Wird die Ware vom Einführenden nach Anmeldung der Einfuhr zu seiner eigenen Verfügung in einen anderen Mitgliedstaat gebracht (insbesondere in sein Heimatland), so liegt hierin ein im Mitgliedstaat der erklärten Einfuhr ein einer Lieferung gleichgestelltes Verbringen, das sich an die Einfuhr anschließt, vor.[13] Dieses Verbringen ist im Mitgliedstaat der Einfuhr als steuerfreie innergemeinschaftliche Lieferung zu erklären.[14] Im Mitgliedsland des Endes des Verbringens hat der Einführende einen innergemeinschaftlichen Erwerb der Umsatzsteuer zu unterwerfen (§ 1a Abs. 2 UStG). Im Rahmen seiner Steuererklärung kann der einführende Unternehmer regelmäßig die gezahlte Einfuhrumsatzsteuer in diesem Mitgliedsland als Vorsteuer berücksichtigen. Wird der Gegenstand von einem Mitgliedstaat über das Drittlandsgebiet in einen anderen Mitgliedstaat befördert oder versendet (z. B. von Italien nach Deutschland über die Schweiz), liegt ein innergemeinschaftlicher Erwerb im Bestimmungsland vor.

Voraussetzung für einen innergemeinschaftlichen Erwerb ist, dass der Erwerber über den erworbenen Gegenstand verfügen kann, d. h., dass ihm Verfügungsmacht an diesem Gegenstand verschafft worden ist. Nicht unter die Erwerbsbesteuerung fallen daher die sog. **Montagelieferungen.** In den Fällen der Werklieferungen, bei denen das fertige Werk vom Auftraggeber abzunehmen ist, liegt der Ort der Lieferung dort, wo das fertige Werk montiert und abgenommen wird (§ 3 Abs. 7 S. 1 UStG). Um in derartigen Fällen eine Registrierung des ausländischen Unternehmers in Deutschland weitgehend zu vermeiden, geht bei bestimmten Auftraggebern regelmäßig die Umsatzsteuer im Wege des Übergangs der Steuerschuldnerschaft auf den Leistungsempfänger über (§ 13b Abs. 2 Nr. 1 i. V. m. Abs. 5 S. 1 UStG).[15] Ist dagegen bereits das fertige Werk Gegenstand der Warenbewegung vom übrigen Gemeinschaftsgebiet in das Inland, greift gleichwohl die Besteuerung des innergemeinschaftlichen Erwerbs.[16]

---

12 Art. 143 MwStSystRL, vgl. nach deutschem Recht § 5 Abs. 1 Nr. 3 UStG.
13 Art. 17 Abs. 1 MwStSystRL, vgl. nach deutschem Recht § 3 Abs. 1a UStG.
14 Art. 138 Abs. 1 und 2 Buchst. c MwStSystRL, vgl. nach deutschem Recht § 6a Abs. 2 UStG.
15 Unionsrechtliche Grundlage für diese Regelung ist Art. 199 MwStSystRL, wonach die Mitgliedstaaten bei Werklieferungen den Übergang der Steuerschuldnerschaft einführen können, aber nicht müssen.
16 Vgl. Abschn. 3.12 Abs. 4 S. 7 UStAE.

Bei der Lieferung von **Gas** über das Erdgasnetz und von **Elektrizität** liegt kein innergemeinschaftlicher Erwerb und kein innergemeinschaftliches Verbringen vor.[17] **Unentgeltliche Warenbewegungen,** wie z.B. Lieferungen von Warenproben oder Gebrauchsmustern, sind nichtsteuerbare Vorgänge und folglich auch nicht als innergemeinschaftlicher Erwerb zu behandeln.

3. Der Lieferer

Der Lieferer muss **Unternehmer** sein, wobei Lieferungen eines Kleinunternehmers nicht unter die genannte Regelung fallen (§ 1a Abs. 1 Nr. 3 UStG). Der Erwerber kann davon ausgehen, dass der Lieferer diese vorgenannten Bedingungen erfüllt, wenn in der Rechnung des Lieferers die USt-IdNr. des Lieferers angegeben und unter Hinweis auf die Steuerbefreiung für die innergemeinschaftliche Lieferung keine ausländische Umsatzsteuer in Rechnung gestellt wird.

Beispiel:

Ein deutscher Unternehmer erwirbt in Frankreich eine Maschine und holt diese mit eigenem Lkw aus Frankreich ab. Der Franzose erteilt eine Rechnung unter Angabe seiner USt-IdNr. Außerdem enthält die Rechnung einen Vermerk „umsatzsteuerfrei".

Der französische Unternehmer erbringt eine Lieferung, die in Frankreich steuerbar und steuerfrei ist. Der deutsche Abnehmer hat den Erwerbsvorgang im Inland zu versteuern (§ 1a Abs. 1 i.V.m. § 1 Abs. 1 Nr. 5 UStG), denn der Ort des Erwerbs liegt dort, wo die Beförderung endet (§ 3d S. 1 UStG). An diesem Beispiel wird deutlich, dass im Ergebnis die Einfuhr aus dem übrigen Gemeinschaftsgebiet der inländischen Besteuerung unterliegt. Die Umsatzsteuer auf den Erwerb kann U als Vorsteuer abziehen (§ 15 Abs. 1 S. 1 Nr. 3 UStG). Im Ergebnis ergibt sich daher für ihn keine Belastung.

Hat der deutsche Unternehmer Zweifel an der umsatzsteuerlichen Behandlung im Inland, z.B. weil auf der Eingangsrechnung Angaben über die Steuerbefreiung oder zur USt-IdNr. fehlen, muss er beim Lieferanten nachfragen, um eine unnötige Erfassung des innergemeinschaftlichen Erwerbs in Deutschland zu verhindern. Dies ist besonders wichtig bei Unternehmern, die nicht oder nicht uneingeschränkt zum Vorsteuerabzug berechtigt sind, denn wenn die Lieferung bereits zutreffend im Ausland der Umsatzsteuer unterlag, muss eine Erfassung eines innergemeinschaftlichen Erwerbs im Inland regelmäßig nicht mehr erfolgen.

4. Der Abnehmer

Der Erwerber muss einem bestimmten Personenkreis angehören (§ 1a Abs. 1 Nr. 2 UStG), unter den grds. alle **Unternehmer** fallen, die den Gegenstand **für ihr Unternehmen** erwerben, sowie juristische Personen, auch soweit sie nicht Unternehmer sind bzw. nicht für ihr Unternehmen erwerben. Diese Regelung

---

17 Abschn. 1a.1 Abs. 1 S. 7 UStAE.

betrifft in erster Linie die öffentliche Hand, aber auch Universitäten, eingetragene Vereine und viele andere. Alle Gegenstände, die regelbesteuerte Unternehmer für ihren unternehmerischen Bereich erwerben, unterliegen in jedem Falle der Erwerbsbesteuerung auch ohne Prüfung der sog. Erwerbsschwelle (siehe dazu weiter hinten).[18] Auch die Sonderregelung für neue Fahrzeuge (§ 1b UStG) oder verbrauchsteuerpflichtige Wirtschaftsgüter ist nur subsidiär, d. h. auch der Einkauf dieser Gegenstände durch einen regelbesteuerten Unternehmer unterliegt stets der Erwerbsbesteuerung nach § 1a UStG. Nur für Personen, die nicht bereits unter § 1a UStG fallen, wurde ergänzend § 1b UStG beim Erwerb neuer Fahrzeuge geschaffen. Dies sind in erster Linie private Verbraucher.

Ob ein Unternehmer einen Gegenstand für sein Unternehmer erwirbt, entscheidet er innerhalb gewisser Grenzen der Zuordnungsfreiheit i. d. R. selbst. Eine Zuordnung zum Unternehmen scheidet danach nur aus, wenn der Erwerb von vornherein für den nichtunternehmerischen Bereich vorgesehen war. Dies gibt der Erwerber grds. durch die Angabe seiner USt-IdNr. bei der Auftragserteilung zu erkennen.

Beispiel:

Der deutsche Unternehmer U erwirbt in Frankreich ein Notebook für seinen Betrieb und ein Notebook für seinen Sohn.

U bewirkt einen innergemeinschaftlichen Erwerb hinsichtlich des Computers, den er in seinem Betrieb verwenden will. Er hat gegenüber dem französischen Lieferer seine deutsche USt-IdNr. zu verwenden und zeigt dadurch an, dass er den Gegenstand für sein Unternehmen erwerben möchte. Folglich hat F eine steuerfreie Lieferung in Frankreich, da U die Besteuerung des Erwerbs in Deutschland selbst vornimmt.

Hinsichtlich des für den Sohn bestimmten Computers hat U keinen innergemeinschaftlichen Erwerb bewirkt, denn die Lieferung an ihn ist nicht für sein Unternehmen erfolgt. Folglich hat F insoweit eine steuerpflichtige Lieferung bewirkt und muss den Computer unter Berechnung der französischen Umsatzsteuer verkaufen. Im Regelfall sind daher in derartigen Fällen zwei Rechnungen zu erteilen.

Der Erwerb von Gegenständen i. S. d. § 1a UStG für den nichtunternehmerischen Bereich hat nur für **juristische Personen** Bedeutung (§ 1a Abs. 1 Nr. 2 Buchst. b UStG). Die Vorschrift ist in erster Linie aus haushaltsrechtlichen Gründen für die Gebietskörperschaften geschaffen worden, da diese verpflichtet sind, dem günstigeren Anbieter den Zuschlag zu erteilen.

Beispiel:

Die Stadt Aachen erwirbt in Belgien 200 neue Bürostühle für das Rathaus für umgerechnet 32.000 €.

---

18 Abschn. 1a.1 Abs. 2 S. 1 UStAE.

Die Stadt Aachen hat einen innergemeinschaftlichen Erwerb bewirkt, denn sie ist eine juristische Person des öffentlichen Rechts, die für den nichtunternehmerischen Bereich erwirbt. Daher hat die Stadt Aachen eine USt-IdNr. zu beantragen und eine Umsatzsteuer-Voranmeldung beim Finanzamt abzugeben. Da der Steuersatz in Belgien aber zurzeit 21 % beträgt und die Lieferung des belgischen Unternehmers wegen des innergemeinschaftlichen Erwerbs in Deutschland steuerfrei erfolgt, ist der Vorgang für die Stadt Aachen aus haushaltspolitischer Sicht interessant. In Deutschland hat die Stadt Aachen 19 % von 32.000 € = 6.080 € Umsatzsteuer anzumelden und abzuführen, hat aber in Belgien Umsatzsteuer i. H. von 6.720 € gespart. Auch unter der Berücksichtigung, dass die Stadt Aachen keinen Vorsteueranspruch hat, da sie nicht für ihr Unternehmen, sondern hoheitlich erwirbt, verbleibt eine Ersparnis von 6.720 € − 6.080 € = 640 €.

III. Innergemeinschaftliches Verbringen

1. Begriff

Als innergemeinschaftlicher Erwerb gilt auch das Verbringen eines zum Unternehmen gehörenden Gegenstands aus dem übrigen Gemeinschaftsgebiet in das Inland zur nicht nur vorübergehenden Verwendung im Inland (§ 1a Abs. 2 UStG). Derartige innergemeinschaftliche Verbringensfälle werden wie Lieferungen behandelt und unterliegen daher ggf. im Bestimmungsland der Erwerbsbesteuerung. Der Unternehmer selbst gilt dabei im Ausgangsmitgliedstaat als Lieferer und im Bestimmungsmitgliedstaat als Erwerber.

Beispiel:

Ein deutscher Unternehmer lässt durch Angestellte seiner niederländischen Zweigstelle eine Maschine in seine deutsche Niederlassung bringen, wo sie nunmehr auf Dauer für die Produktion eingesetzt werden soll.

Grds. stellt die Überführung von der niederländischen in die deutsche Niederlassung einen sog. nichtsteuerbaren Innenumsatz dar, der umsatzsteuerlich unbeachtlich ist, da der Gegenstand das Unternehmen nicht verlassen hat. Der Vorgang unterliegt im Zusammenhang mit Drittländern der Einfuhrumsatzsteuer, folglich stellt rechtssystematisch das Verbringen aus der niederländischen Zweigstelle einen (fiktiven) Erwerb in Deutschland dar, der vom deutschen Unternehmer im Inland zu versteuern ist (§ 1a Abs. 2 i. V. m. § 3d S. 1 UStG). In gleicher Höhe steht ihm jedoch ein Vorsteueranspruch zu, sofern er regelbesteuerter Unternehmer ist (§ 15 Abs. 1 S. 1 Nr. 3 UStG) und die Maschine für Umsätze verwendet, die den Vorsteuerabzug nicht ausschließen (§ 15 Abs. 2 Nr. 1 UStG).

Ein Verbringen ist innergemeinschaftlich, wenn der Gegenstand auf Veranlassung des Unternehmers vom Ausgangsmitgliedstaat in den Bestimmungsmitgliedstaat gelangt. Dabei muss er bereits im Ausgangsmitgliedstaat dem Unternehmen zugeordnet sein.[19] Es ist unerheblich, ob der Unternehmer den Gegenstand selbst befördert oder ob er die Beförderung durch einen selbständigen

---

19 Abschn. 1a.2 Abs. 4 UStAE.

Beauftragten ausführen oder besorgen lässt.[20] Kein Verbringen liegt vor, wenn die Warenbewegung im Rahmen einer steuerbaren Lieferung erfolgt, denn die Bestimmungen des § 1a Abs. 1 UStG (bzw. § 3 Abs. 1 UStG) gehen der Regelung in § 1a Abs. 2 UStG bzw. § 3 Abs. 1a UStG vor.

Fälle **vorübergehender Verwendung** sind vom Gesetzgeber ausdrücklich ausgenommen, um unnötigen Verwaltungsaufwand zu vermeiden, wenn die Rückführung in das Ursprungsland von vornherein feststeht. Unter die gesetzliche Fiktion des Verbringens fallen somit alle Fälle, in denen Gegenstände zur Nutzung als **Anlagevermögen** oder zum **Verkauf oder Verbrauch** (Waren oder Roh-, Hilfs- und Betriebsstoffe) ins Bestimmungsland verbracht werden, denn dem Begriff der vorübergehenden Verwendung ist die Rückführung ins Ausgangsland immanent.[21]

Hinweis:

Ein Fall der vorübergehenden Verwendung setzt voraus, dass der Gegenstand, ggf. auch nach einer Be- oder Verarbeitung, zwingend an den Steuerpflichtigen in den Mitgliedstaat zurückgeschickt werden muss, von dem aus er ursprünglich versandt oder befördert worden war.[22] Kehrt der Gegenstand nicht in den ursprünglichen Mitgliedstaat zurück, sondern wird in einen anderen Mitgliedstaat befördert oder versendet, liegt nach dem System des Binnenmarktes ein innergemeinschaftliches Verbringen im Ursprungsland vor.

Eine nicht nur vorübergehende Verwendung liegt auch vor, wenn der Unternehmer den Gegenstand in ein **Auslieferungslager** in einen anderen Mitgliedstaat verbringt, wobei dieses Lager nicht den Begriff der Betriebsstätte (§ 12 AO) bzw. einer festen Niederlassung erfüllen muss.[23] Steht der Abnehmer bei einer im übrigen Gemeinschaftsgebiet beginnenden Beförderung oder Versendung bereits fest, liegt kein innergemeinschaftliches Verbringen, sondern eine Beförderungs- oder Versendungslieferung vor, die grds. mit Beginn der Beförderung oder Versendung im übrigen Gemeinschaftsgebiet als ausgeführt gilt (§ 3 Abs. 6 S. 1 UStG). Ein im Zeitpunkt des Beginns der Beförderung oder Versendung nur wahrscheinlicher Abnehmer ohne tatsächliche Abnahmeverpflichtung ist dagegen nicht einem zu diesem Zeitpunkt bereits feststehenden Abnehmer gleichzustellen. Daher stellt in derartigen Fällen die Einlagerung von Ware aus dem übrigen Gemeinschaftsgebiet in ein inländisches Auslieferungslager ein innergemeinschaftliches Verbringen durch den liefernden Unternehmer i. S. d. § 1a Abs. 2 UStG dar. Die Lieferung an den Abnehmer findet in diesen Fällen erst

---

20 Abschn. 1a.2 Abs. 3 UStAE.
21 Abschn. 1a.2 Abs. 4 und 5 UStAE.
22 Abschn. 1a.2 Abs. 10 Nr. 3 UStAE; EuGH vom 06. 03. 2014, C-606/12 und C-607/12, UR 2015 S. 933.
23 Abschn. 1a.2 Abs. 6 UStAE.

mit der Entnahme der Ware aus dem Lager statt und ist dann folglich im Inland steuerbar.

Hinweis:

Zu den besonderen Regelungen für Konsignationslager vgl. ausführlich Block E.

Ein Verbringen i. S. d. § 1a Abs. 2 UStG liegt auch vor, wenn ein Unternehmer einen Gegenstand aus dem Drittland in das übrige Gemeinschaftsgebiet einführt und im Anschluss an die Einfuhr in das Inland verbringt.

Bei einer grenzüberschreitenden Organschaft stellen Warenbewegungen zwischen den im Inland und den im übrigen Gemeinschaftsgebiet gelegenen Unternehmensteilen innergemeinschaftliches Verbringen dar.[24]

2. Vereinfachungsmaßnahmen

Aus Vereinfachungsgründen kann in den Fällen, in denen anschließend die nicht verkauften Waren unmittelbar wieder in den Ausgangsmitgliedstaat zurück gelangen, die Besteuerung des Verbringens auf die **tatsächlich verkaufte Warenmenge** beschränkt werden, d. h. hinsichtlich der nicht veräußerten Ware hat der Unternehmer weder einen Erwerb (bei der „Einfuhr") noch eine steuerfreie Lieferung (bei der späteren „Ausfuhr") zu erklären.[25] Diese Regelung hat insbesondere Bedeutung für Händler im grenznahen Bereich, die Waren außerhalb ihrer festen Niederlassung verkaufen, damit diese nicht ständig mit ihrem gesamten Warensortiment den Regelungen des Binnenmarktes unterworfen werden müssen.

Beispiel:

Ein Blumenhändler aus den Niederlanden verkauft Blumen auf dem Wochenmarkt in Ahaus.

Der niederländische Unternehmer bewirkt bei „Grenzübertritt" einen innergemeinschaftlichen Erwerb im Inland (§ 1a Abs. 2 UStG), da er grds. beabsichtigt, sämtliche Waren in Deutschland zu veräußern. Die im Inland verkauften Blumen unterliegen als Lieferungen dem deutschen Umsatzsteuerrecht (§ 3 Abs. 6 S. 1 UStG), insbesondere ist die Kleinunternehmerregelung nicht auf ausländische Unternehmer anwendbar (§ 19 Abs. 1 S. 1 UStG). Der innergemeinschaftliche Erwerb kann auf die verkauften Blumen beschränkt werden, d. h. hinsichtlich der nicht veräußerten Waren hat der niederländische Unternehmer weder einen Erwerb (bei der „Einfuhr") noch eine steuerfreie Lieferung (bei der späteren „Rückausfuhr") zu erklären. Im Ergebnis hat daher der niederländische Unternehmer die in Deutschland verkaufte Ware als Lieferung sowie als innergemeinschaftlichen Erwerb zu erklären, wobei zu beachten ist, dass die Umsatz-

---

24 Abschn. 1a.1 Abs. 8 UStAE.
25 Abschn. 1a.2 Abs. 6 S. 4 UStAE.

steuer auf den Erwerb regelmäßig zugleich als Vorsteuer abzugsfähig ist (§ 15 Abs. 1 S. 1 Nr. 3 UStG). Der niederländische Unternehmer muss sich in Deutschland registrieren lassen.

Bei der **Verkaufskommission** liegt zwar eine Lieferung des Kommittenten an den Kommissionär erst im Zeitpunkt der Lieferung des Kommissionsguts an den Abnehmer vor.[26] Gelangt das Kommissionsgut bei der Zurverfügungstellung an den Kommissionär vom Ausgangs- in den Bestimmungsmitgliedstaat, kann die Lieferung jedoch nach dem Sinn und Zweck der Regelung bereits zu diesem Zeitpunkt als erbracht angesehen werden. Dementsprechend ist der innergemeinschaftliche Erwerb beim Kommissionär der Besteuerung zu unterwerfen.[27] Gleichwohl bestimmt sich die Bemessungsgrundlage sowohl für die innergemeinschaftliche Lieferung des Kommittenten als auch für den innergemeinschaftlichen Erwerb des Kommissionärs nach dem Entgelt, wobei zu beachten ist, dass die endgültige Rechnungslegung durch den Kommissionär nach dem Verkauf des Kommissionsguts mittels Gutschrift erfolgen wird. Bei Anwendung der o. g. Vereinfachungsregelung müsste daher der Kommissionär das Entgelt für den innergemeinschaftlichen Erwerb schätzen und später die entsprechenden Voranmeldungen berichten. Aus Vereinfachungsgründen kann jedoch auf eine Korrektur der umsatzsteuerlichen Bemessungsgrundlagen und die Abgabe einer berichtigten Umsatzsteuer-Voranmeldung durch den Kommissionär verzichtet werden, wenn er in Bezug auf die Kommissionsgeschäfte zum vollen Vorsteuerabzug berechtigt ist.[28]

3. Ausnahmen

Nicht steuerbar ist das Verbringen, wenn der Gegenstand nur zu einer vorübergehenden Verwendung ins Inland gelangt. Unter Berücksichtigung des Katalogs in Art. 17 und 23 MwStSystRL sind daher eine Reihe von Fällen von der Erfassung als innergemeinschaftliche Verbringenstatbestände ausgenommen, wenn die Verwendung des Gegenstands im Bestimmungsland befristet ist:[29]

– Die Verwendung von Gegenständen, die im Bestimmungsland im Rahmen einer steuerbaren Werklieferung erfasst werden: unbeachtlich sind daher **Materialtransporte** von einem anderen Mitgliedstaat auf inländische Baustellen;[30] während die eingesetzten Maschinen aufgrund ihrer nur vorübergehenden Verwendung keinen Fall des Verbringens darstellen können, hat die Finanzverwaltung die bei einer Werklieferung verwendeten Gegenstände aus Vereinfachungsgründen ebenfalls ausgenommen, obwohl diese im Inland verbraucht werden. Sie gehen aber anschließend in die Werklieferung ein und werden daher über den Preis dieser Werkleistung der inländi-

---

26 BFH vom 25.11.1986, V R 102/78, BStBl. II 1987 S. 278.
27 Abschn. 1a.2 Abs. 7 UStAE.
28 OFD Frankfurt vom 04.04.2014, UR 2014 S. 786.
29 Abschn. 1a.2 Abs. 9 ff. UStAE.
30 Abschn. 1a.2 Abs. 10 Nr. 1 UStAE.

schen Umsatzsteuer unterworfen (vgl. § 3 Abs. 7 S. 1 i. V. m. § 10 Abs. 1 S. 2 UStG).

– zur Ausführung von im Bestimmungsland ausgeführten **sonstigen Leistungen** mitgenommene Gegenstände, z. B. Maschinen, Werkzeuge, Arbeitsmaterialien.[31]
– **Reparatur, Wartung** oder dergleichen an einem Gegenstand im Bestimmungsland.[32]
– Überlassung eines Gegenstands an eine **Arbeitsgemeinschaft** als Gesellschafterbeitrag und Verbringen des Gegenstands ins Bestimmungsland.[33]
– **Zwischenlagerung** im übrigen Gemeinschaftsgebiet.
– Fälle vorübergehender **Vermietung und Verpachtung** von beweglichen Gegenständen.

Darüber hinaus ist von einer befristeten Verwendung auszugehen, wenn der Unternehmer einen Gegenstand in das Bestimmungsland im Rahmen eines Vorgangs verbringt, für den bei einer entsprechenden Einfuhr aus dem Drittlandsgebiet wegen vorübergehender Verwendung eine vollständige **Befreiung von den Einfuhrabgaben** bestehen würde.[34] Die zu der zoll- und einfuhrumsatzsteuerrechtlichen Abgabenbefreiung erlassenen Rechts- und Verwaltungsvorschriften sind entsprechend anzuwenden.[35] Dabei beträgt die Höchstdauer der Verwendung regelmäßig 24 Monate (Art. 251 Abs. 2 UZK), für bestimmte Gegenstände jedoch nur 12 bzw. 6 Monate. Werden die im Zollrecht genannten Verwendungsfristen überschritten, ist im Zeitpunkt des Überschreitens ein innergemeinschaftliches Verbringen anzunehmen.[36]

In den Fällen des vorübergehenden Verbringens ist sowohl das Verbringen als auch das Zurückgelangen des Gegenstands umsatzsteuerlich unbeachtlich. Geht der Gegenstand aber wider Erwarten im Bestimmungsland unter (bspw. durch Unfall oder Diebstahl) oder wird er nunmehr tatsächlich doch im Bestimmungsland veräußert, so gilt er in diesem Zeitpunkt als geliefert.[37]

> *Beispiel:*
>
> Unternehmer D aus Deutschland versendet zwei Maschinen nach Brüssel, wo er sie auf der Messe ausstellen will; ein Verkauf ist nicht beabsichtigt. Am letzten Messetag wird eine Maschine an einen Interessenten veräußert. Die andere Maschine gelangt wieder von Brüssel nach Deutschland.
>
> Das Verbringen der Maschinen von Deutschland durch D war nur vorübergehend angelegt. Es liegt im Zeitpunkt des Überführens noch kein innergemeinschaftliches Verbringen vor, der Vorgang ist zu diesem Zeitpunkt umsatzsteuer-

---

31 Abschn. 1a.2 Abs. 10 Nr. 2 UStAE.
32 Abschn. 1a.2 Abs. 10 Nr. 3 UStAE.
33 Abschn. 1a.2 Abs. 10 Nr. 4 UStAE.
34 Abschn. 1a.2 Abs. 12 UStAE.
35 Einzelheiten dazu regelt das BMF, Schreiben vom 19. 11. 1993, BStBl. II 1993 S. 1004.
36 Abschn. 1a.2 Abs. 13 UStAE.
37 Abschn. 1a.2 Abs. 11 UStAE.

lich unbeachtlich. Durch den Verkauf der einen Maschine an den Abnehmer steht jedoch zu diesem Zeitpunkt fest, dass die Maschine endgültig (zunächst zur Verfügung des D) im Bestimmungsland verbleibt. Daher liegt zu diesem Zeitpunkt durch D ein innergemeinschaftlicher Erwerb in Belgien vor, den D in Belgien unter Angabe einer belgischen USt-IdNr. zu erklären hat (in Deutschland hat D eine innergemeinschaftliche steuerfreie Lieferung bewirkt). Im Rahmen seiner belgischen Umsatzsteuererklärung kann D die Umsatzsteuer auf den Erwerb zudem entsprechend als Vorsteuer berücksichtigen. Darüber hinaus tätigt D in Brüssel eine Lieferung, die in Belgien steuerbar und steuerpflichtig ist.

4. Formelle Pflichten

Obwohl in den Fällen des innergemeinschaftlichen Verbringens kein Leistungsaustausch vorliegt und eine Rechnung daher nicht zu erteilen ist („Leistungsempfänger" ist der Unternehmer selbst), sind die Vorschriften des UStG zumindest insoweit zu beachten, als sie das Ausstellen einer sog. **Pro-forma-Rechnung** betreffen.[38] Zur Abwicklung von Verbringensfällen hat der „liefernde inländische Unternehmer" nach Auffassung der Finanzverwaltung einen Beleg auszustellen, in dem die verbrachten Gegenstände aufgeführt sind und der die inländische und die ausländische USt-IdNr. enthält. Darüber hinaus hat der Unternehmer Aufzeichnungspflichten zu beachten. Diese gelten als erfüllt, wenn sich die aufzeichnungspflichtigen Angaben aus Buchführungsunterlagen, Versandpapieren, Karteien, Dateien oder anderen im Unternehmen befindlichen Unterlagen entnehmen lassen.

IV. Ausnahmen von der Erwerbsbesteuerung

1. Atypische Unternehmer

Die Vorschrift des innergemeinschaftlichen Erwerbs ist nicht anwendbar, wenn der Erwerber dem **Personenkreis** des § 1a Abs. 3 Nr. 1 UStG angehört **und** der Gesamtbetrag der Entgelte für innergemeinschaftliche Erwerbsvorgänge die **Erwerbsschwelle** des § 1a Abs. 3 Nr. 2 UStG nicht erreicht:

- Unternehmer, die nur steuerfreie Umsätze ausführen, die zum Ausschluss des Vorsteuerabzugs führen (§ 1a Abs. 3 Nr. 1 UStG),

- Unternehmer, für deren Umsätze Umsatzsteuer nach § 19 Abs. 1 UStG nicht erhoben wird (§ 1a Abs. 3 Nr. 2 UStG),

- Unternehmer, die den Gegenstand zur Ausführung von Umsätzen verwenden, für die die Steuer nach Durchschnittssätzen des § 24 UStG festgesetzt wird (§ 1a Abs. 3 Nr. 3 UStG), oder

- juristische Personen, die nicht Unternehmer sind oder die den Gegenstand nicht für ihr Unternehmen erwerben (§ 1a Abs. 3 Nr. 4 UStG).

Insbesondere Kleinunternehmer und juristische Personen, die nicht Unternehmer sind, sollen zur Vermeidung eines unnötigen Verwaltungsaufwands bei

---

38   Vgl. Abschn. 1a.2 Abs. 15, Abschn. 14a.1 Abs. 3, Abschn. 22.3 Abs. 1 UStAE.

geringfügigen Erwerbsvorgängen nicht verpflichtet werden, Steuererklärungen abzugeben. Auch Unternehmer, die **nur** steuerfreie Umsätze erbringen, die einen Vorsteuerabzug nicht ermöglichen (z. B. Bausparkassen- und Versicherungsvertreter, Versicherungsmakler, Angehörige der Heilberufe, Wohnungsvermietungsunternehmen, Krankenhäuser, Altenheime, Theater, Tierparks, berufsbildende Einrichtungen), sowie Land- und Forstwirte, für die die Steuer nach Durchschnittssätzen festgesetzt wird, fallen unter diese Erwerbergruppe. Kleinunternehmer fallen nur dann unter diese Ausnahmeregelung, wenn sie nicht zur Regelbesteuerung optiert haben (§ 19 Abs. 2 UStG). Erwirbt eine juristische Person des öffentlichen Rechts einen Gegenstand für ihr Unternehmen, ist die Ausnahmeregelung ebenfalls nicht anzuwenden, da ja bereits der Grundfall des innergemeinschaftlichen Erwerbs vorliegt.

Abb. 4: Erwerbsbesteuerung durch atypische Unternehmer
(Quelle: Eigene Darstellung)

Beispiel:
Ein durchschnittsbesteuerter Landwirt aus Ahaus erwirbt in den Niederlanden Saatgut für umgerechnet 20.000 €. Einkäufe in diesen Größenordnungen und mehr tätigt der Landwirt seit Jahren in den Niederlanden.

Der Landwirt hat einen innergemeinschaftlichen Erwerb bewirkt (§ 1a Abs. 1 UStG), wegen des Überschreitens der Erwerbsschwelle kommt die Ausnahmeregelung des § 1a Abs. 3 UStG nicht zur Anwendung. Der Landwirt hat daher 7 % von 20.000 € (§ 12 Abs. 2 Nr. 1 UStG) = 1.400 € an das Finanzamt zu entrichten, ein Vorsteuerabzug ist nicht möglich (§ 24 Abs. 1 S. 4 UStG). Damit kommt es zu einer steuerlichen Belastung, da die Steuer für Erwerbe außerhalb der Pauschalierung des § 24 UStG zu berechnen ist.

Als Erwerbschwelle wird der Gesamtbetrag der Entgelte für alle innergemeinschaftlichen Erwerbe aus allen übrigen Mitgliedstaaten zusammen zugrunde gelegt.[39] Hat dieser Betrag im vorangegangenen Jahr 12.500 € nicht überschritten **und** wird diese Schwelle im laufenden Jahr ebenfalls voraussichtlich nicht überschritten werden (§ 1a Abs. 3 Nr. 2 UStG), so muss der genannte Personenkreis die Erwerbsbesteuerung nicht vornehmen, auch wenn die tatsächlichen innergemeinschaftlichen Erwerbe im Laufe des Kalenderjahres die Grenze von 12.500 € übersteigen.[40]

Beispiel:

Ein deutscher Arzt erwirbt in 03 für umgerechnet 7.500 € in Dänemark ein medizinisches Gerät für seine Praxis in Deutschland. Weitere Einkäufe sind nicht vorgesehen. Entgegen dieser Absicht erwirbt der Deutsche Ende 03 Büromöbel für seine Praxis in Belgien für 9.000 €. In 04 kauft er lediglich für 2.000 € Produkte in Belgien.

Grds. hat der Erwerber den Erwerbsvorgang aus Dänemark im Inland zu versteuern; die Lieferung des Dänen wäre in Dänemark steuerbar und steuerfrei. Da der deutsche Abnehmer jedoch ein sog. atypischer Unternehmer ist, gilt diese Erwerbsbesteuerung nur, wenn er die sog. Erwerbschwelle überschreitet. Der Deutsche hatte ursprünglich nicht vor, weitere Einkäufe zu tätigen. Daher hat er in 03 beide Einkäufe nicht der Erwerbsbesteuerung zu unterwerfen, obwohl er diese Grenze tatsächlich überschreitet. Die Versteuerung erfolgt durch die jeweiligen Lieferer in Dänemark bzw. in Belgien. Der Einkauf in 04 ist in jedem Falle vom deutschen Arzt im Inland der Erwerbsbesteuerung zu unterwerfen, da er im Vorjahr 03 die Erwerbschwelle überschritten hat (7.500 € + 9.000 € = 16.500 €), obwohl er in 04 nur geringfügige Einkäufe getätigt hat. Der deutsche Abnehmer hat daher für 04 eine USt-IdNr. beim Bundesamt für Finanzen zu beantragen und mit dieser USt-IdNr. einzukaufen. In der Praxis ist ein solcher Vorgang mit Sorgfalt zu behandeln. Sollte der deutsche Abnehmer gegenüber dem belgischen Lieferanten in 04 keine USt-IdNr. verwenden, wird dieser mit belgischer Umsatzsteuer liefern. Aber auch ohne Verwendung einer USt-IdNr. hat der deutsche Unternehmer einen innergemeinschaftlichen Erwerb (kraft Gesetzes) in Deutschland bewirkt, sodass es somit zu einer Doppelbelastung kommt. Ihm ist also dringend anzuraten, diese USt-IdNr. in derartigen Fällen zu beantragen und zu verwenden.

Ein entsprechender Erwerber kann zur Erwerbsbesteuerung **optieren** (§ 1a Abs. 4 UStG), d. h. auch bei Nichterreichen der Erwerbschwelle kann er gleichwohl die Besteuerung selbst vornehmen. Dies ist ggf. sinnvoll, um die Belastung mit einer höheren ausländischen Umsatzsteuer zu vermeiden. Als Verzicht gilt dabei die Verwendung einer USt-IdNr. gegenüber dem Lieferer (§ 1a Abs. 4 S. 2 UStG).[41] Die Option bindet den Erwerber für zwei Kalenderjahre (§ 1a Abs. 4 S. 3 UStG). Daher wird in der Praxis erst nach umsatzsteuerlicher Erfassung durch die Finanzverwaltung diesem Erwerber die USt-IdNr. durch das Bundeszentral-

---

39 Abschn. 1a.1 Abs. 2 S. 2 UStAE.
40 Abschn. 1a. Abs. 2 S. 5 UStAE.
41 Abschn. 1a.1 Abs. 2 S. 6 UStAE.

amt für Steuern erteilt (§ 27a UStG). Verwendet der entsprechende Unternehmer bei Einkäufen im übrigen Gemeinschaftsgebiet seine USt-IdNr., so wird er wie jeder andere Unternehmer behandelt, d. h. die Lieferung an ihn erfolgt im übrigen Gemeinschaftsgebiet steuerfrei, ungeachtet der vorher genannten Erwerbsschwelle.

Die Ausnahmeregelung zur Erwerbsbesteuerung gilt nicht für den Erwerb **neuer Fahrzeuge** und **bestimmter verbrauchsteuerpflichtiger Wirtschaftsgüter** (Mineralöle, Alkohol und alkoholische Getränke sowie Tabakwaren). Insoweit ist auch durch den genannten Personenkreis stets die Erwerbsbesteuerung durchzuführen, eine Erwerbsschwelle ist nicht zu prüfen (§ 1a Abs. 5 UStG). Daher sind auch die Einkäufe neuer Fahrzeuge und verbrauchsteuerpflichtiger Wirtschaftsgüter nicht in die Prüfung der Erwerbschwelle einzubeziehen.[42] Eine Befreiung von der Erwerbsteuerpflicht ist für diese Personengruppe uninteressant, da sogar Privatpersonen als Käufer den Erwerb neuer Fahrzeuge im Bestimmungsland versteuern müssen (vgl. § 1b UStG) bzw. verbrauchsteuerpflichtige Ware von jedem Unternehmer als Käufer in jedem Fall im Bestimmungsland deklariert werden muss, nämlich für Verbrauchsteuerzwecke.

Beispiel:

Ein praktischer Arzt aus Kehl kauft in Frankreich sechs Flaschen Wein für eine Betriebsfeier mit seinen Mitarbeiterinnen für 50 €.

Der Kauf des Weins löst beim Arzt in Deutschland die Erwerbsbesteuerung aus, denn er erwirbt im übrigen Gemeinschaftsgebiet verbrauchsteuerpflichtige Ware für sein Unternehmen. Die Prüfung einer Erwerbschwelle entfällt in diesen Fällen. Da der Arzt nicht zum Vorsteuerabzug berechtigt ist (§ 15 Abs. 2 Nr. 1 UStG), kommt es auch zu einer steuerlichen Belastung in Deutschland. Es ist aber zu beachten, dass der Arzt dafür den Wein in Frankreich steuerfrei erwerben kann. Dazu muss er jedoch aus Sicht des französischen Unternehmers den entsprechenden Abnehmernachweis erbringen, also eine deutsche USt-IdNr. verwenden. Tut er dies nicht, ist der Franzose gezwungen, die Ware steuerpflichtig zu veräußern und der Arzt hat gleichwohl einen innergemeinschaftlichen Erwerb in Deutschland. Er wird somit zweifach mit Umsatzsteuer belastet.

Abwandlung 1:

Der Arzt erwirbt den Wein für 50 € im Jahr 03 sowie Druckerpapier für 1.000 € in Belgien.

Der Kauf des Weins unterliegt als innergemeinschaftlicher Erwerb der Besteuerung in Deutschland, während hinsichtlich des Papiers eine Erwerbsbesteuerung entfallen kann, denn insoweit hat der Arzt die Möglichkeit, von der Ausnahmeregelung des § 1a Abs. 3 UStG Gebrauch zu machen. Die Erwerbschwelle beträgt in diesem Fall nur 1.000 € (die verbrauchsteuerpflichtige Ware wird in die Berech-

---

42   Abschn. 1a.1 Abs. 2 S. 2 UStAE.

nung nicht einbezogen). Ob es allerdings sinnvoll ist, die verbrauchsteuerpflichtige Ware der Erwerbsbesteuerung zu unterwerfen und den Erwerb des Papiers nicht, soll an dieser Stelle nicht näher untersucht werden.

Abwandlung 2:

Der Arzt erwirbt den Wein für 50 € im Jahr 03 sowie Druckerpapier für 1.000 € in Belgien. Außerdem kauft er medizinisches Gerät für 30.000 € in Dänemark. Alle Einkäufe waren so bereits zu Jahresbeginn geplant.

Der Arzt hat – ungeachtet einer Erwerbschwelle – den Kauf des Weins der Erwerbsbesteuerung zu unterwerfen. Da nunmehr allerdings alle anderen Erwerbe zusammen (31.000 €) die Erwerbschwelle von 12.500 € überschreiten, hat auch die Erwerbsbesteuerung für die übrigen Einkäufe zu erfolgen. Insoweit hat der Arzt kein Wahlrecht.

Kleinunternehmer sowie **Land- und Forstwirte,** die ihre Umsätze nach Durchschnittssätzen versteuern, haben ebenfalls ihre innergemeinschaftlichen Erwerbe nur dann im Inland zu versteuern, wenn diese Erwerbe die Erwerbschwelle überschreiten oder zur Besteuerung der innergemeinschaftlichen Erwerbe im Inland optiert haben. Erwerben sie dagegen neue Fahrzeuge oder verbrauchsteuerpflichtige Waren aus einem anderen Mitgliedstaat, unterliegt dieser Erwerb stets – ohne Überprüfung einer Erwerbschwelle – der Besteuerung als innergemeinschaftlicher Erwerb im Inland. Diese Unternehmer erhalten daher für solche Vorgänge eine USt-IdNr. Ein Vorsteuerabzug für diese innergemeinschaftlichen Erwerbe ist nicht möglich.[43]

Juristische Personen des öffentlichen Rechts haben grds. alle in ihrem Bereich vorgenommenen innergemeinschaftlichen Erwerbe zusammenzufassen. Bei den Gebietskörperschaften lässt die Finanzverwaltung zu, dass diese auch einzelnen Organisationseinheiten (z. B. Ressorts, Ämter, Behörden) zugerechnet werden. Dabei wird aus Vereinfachungsgründen davon ausgegangen, dass die Erwerbsschwelle überschritten ist. In diesem einzelnen Fall erhalten die Organisationseinheiten eine eigene USt-IdNr.[44]

Die Verwendung einer USt-IdNr. durch einen atypischen Unternehmer gegenüber einem ausländischen Lieferer führt grds. dazu, dass der ausländische Unternehmer die Gegenstände steuerfrei liefert, unabhängig davon, ob die Erwerbschwelle des Abnehmers überschritten wurde, denn der ausländische Unternehmer kann nicht erkennen, ob sein Kunde in seinem Herkunftsland der Regelbesteuerung unterliegt (§ 1a Abs. 1 UStG), die Erwerbschwelle überschreitet (§ 1a Abs. 3 UStG) oder ob in der Verwendung der USt-IdNr. eine Option des Erwerbers nach § 1a Abs. 4 UStG zu sehen ist. Zwar ist allein die Erteilung einer

---

43   Vgl. auch OFD Erfurt vom 14.01.1997, DStR 1997 S. 498 sowie BFH vom 24.09.1998, V R 17/98, BStBl. II 1999 S. 39.
44   Abschn. 1a.1 Abs. 3 UStAE.

USt-IdNr. durch die Finanzverwaltung noch keine Option i. S. der Vorschrift,[45] wohl aber die Verwendung der USt-IdNr. gegenüber dem Lieferanten (§ 1a Abs. 4 S. 2 UStG). Dieser liefert bei Einsatz einer ausländischen USt-IdNr. durch seinen Abnehmer die Ware steuerfrei und hat den Vorgang in seiner Zusammenfassenden Meldung zu erklären.

> *Hinweis:*
>
> Die Verwendung einer USt-IdNr. durch einen Unternehmer bei an ihn erbrachten Dienstleistungen führt nicht automatisch dazu, dass er nunmehr auch seine innergemeinschaftlichen Erwerbe zu versteuern hat (Art. 4 MwStVO).

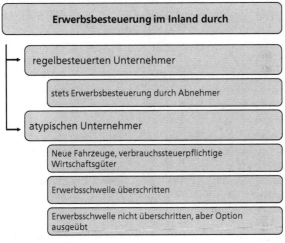

Abb. 5: Erwerbsbesteuerung im Inland
(Quelle: Eigene Darstellung)

2. Erwerb durch bestimmte Einrichtungen

Entgegen der Regelung des § 1a Abs. 1 Nr. 2 Buchst. b UStG liegt bei bestimmten Abnehmern **kein innergemeinschaftlicher Erwerb** vor, soweit diese nicht Unternehmer sind (§ 1c Abs. 1 UStG):

- im Inland ansässige ständige diplomatische Missionen (ausländische Botschaften) und berufskonsularische Vertretungen (ausländische Konsulate),
- im Inland ansässige zwischenstaatliche Einrichtungen (internationale Organisationen),

---

45   OFD Hannover vom 06. 01. 1999, UR 1999 S. 462; OFD Nürnberg vom 29. 08. 2002, UStB 2003 S. 102.

– im Inland stationierte Streitkräfte anderer Vertragsparteien des Nordatlantikvertrags (NATO) oder
– im Inland stationierte Streitkräfte anderer Mitgliedstaaten, die an einer Verteidigungsanstrengung der Gemeinsamen Sicherheits- und Verteidigungspolitik teilnehmen (gültig ab 01.07.2022).

Die Regelung bewirkt, dass die o. g. Einrichtungen keinen innergemeinschaftlichen Erwerb tätigen und demzufolge **keine USt-IdNr. benötigen** (§ 27a Abs. 1 S. 2 und 3 UStG). Die Erfassung des innergemeinschaftlichen Erwerbs **neuer Fahrzeuge** durch diese Einrichtungen bleibt davon unberührt, d. h. bei diesen Erwerbsvorgängen unterliegen auch die genannten Einrichtungen der Erwerbsbesteuerung nach § 1b UStG (§ 1c Abs. 1 S. 3 UStG). Dies war erforderlich, da auch Privatpersonen den innergemeinschaftlichen Erwerb neuer Fahrzeuge zu versteuern haben (§ 1b UStG). Der innergemeinschaftliche Erwerb eines neuen Fahrzeugs durch diese Einrichtungen ist allerdings steuerfrei, wenn auch die Einfuhr eines solchen Fahrzeugs steuerfrei wäre (§ 4b Nr. 3 UStG).

Treten die vorgenannten Einrichtungen dagegen als **Unternehmer** auf und haben sie den Gegenstand für ihr Unternehmen erworben (z. B. Kantinenbetrieb), bleibt es bei der Anwendung der allgemeinen Vorschriften, d. h. es liegt regelmäßig eine steuerfreie innergemeinschaftliche Lieferung an diese Einrichtungen und ein entsprechender innergemeinschaftlicher Erwerb durch diese Einrichtungen vor.[46]

Verbringen **deutsche Streitkräfte** Gegenstände aus dem übrigen Gemeinschaftsgebiet in das Inland für den Gebrauch oder Verbrauch dieser Streitkräfte oder ihres zivilen Begleitpersonals, so steht dies einem innergemeinschaftlichen Erwerb i. S. d. § 1a Abs. 2 UStG gleich, wenn die Lieferungen dieser Gegenstände an die deutschen Streitkräfte oder die Einfuhr durch diese Streitkräfte im übrigen Gemeinschaftsgebiet nicht der Besteuerung unterlegen haben (§ 1c Abs. 2 UStG). Diese „grenzüberschreitenden Warenbewegungen" innerhalb der deutschen Streitkräfte mussten dem sog. **innergemeinschaftlichen Verbringen** gleichgestellt werden, um einen unbelasteten Letztverbrauch zu vermeiden, da Lieferungen an im übrigen Gemeinschaftsgebiet stationierte Bundeswehreinheiten unter den Voraussetzungen des § 4 Nr. 7b UStG steuerfrei sind und der Abnehmer gleichwohl in diesem Land keinen innergemeinschaftlichen Erwerb bewirkt hat. Bei „Rücküberführung" dieser unbelasteten Gegenstände ins Inland muss daher ein fiktiver Erwerbsvorgang angenommen werden. Dabei ist dieser „Erwerbsvorgang" wie beim Verbringen nach § 1a Abs. 2 UStG mit dem Einkaufspreis anzusetzen (§ 10 Abs. 4 Nr. 1 UStG).

---

46 Vgl. auch Abschn. 1c.1 S. 4 UStAE.

V. Innergemeinschaftlicher Erwerb neuer Fahrzeuge

1. Allgemeiner Überblick

Auch Privatpersonen sind ggf. in das Umsatzsteuersystem einbezogen, sofern sie neue Fahrzeuge in einem anderen EU-Mitgliedstaat erwerben oder an einen Abnehmer aus einem anderen EU-Mitgliedstaat veräußern. Diese Regelungen wurden auf Wunsch der meisten Mitgliedstaaten eingeführt, um bei der Lieferung neuer Fahrzeuge stets eine **Versteuerung im Bestimmungsland** sicherzustellen, um so bis zur Angleichung der Mehrwertsteuersätze Wettbewerbsverzerrungen zu vermeiden. Obwohl man bei dieser Regelung wohl in erster Linie an Personenkraftwagen gedacht hat, wurden auch bestimmte Luft- und Wasserfahrzeuge in die Neuregelung einbezogen. Wegen der Erfassung im Bestimmungsland findet auch die Differenzbesteuerung auf die innergemeinschaftliche Lieferung neuer Fahrzeuge keine Anwendung (§ 25a Abs. 7 Nr. 1b UStG), die bei der Erwerbsbesteuerung für atypische Unternehmer geltenden Einschränkungen (Erwerbsschwelle oder Option) gelten nicht beim Erwerb neuer Fahrzeuge (§ 1a Abs. 5 UStG).

Die Regelungen zu den neuen Fahrzeugen führen zu einer konsequenten Versteuerung des Erwerbs des Fahrzeugs im Land der erstmaligen Zulassung (Bestimmungsland), ganz gleich, von welcher Person das Fahrzeug erworben wurde.

2. Personenkreis

Der innergemeinschaftliche Erwerb neuer Fahrzeuge **durch einen Unternehmer** oder durch eine juristische Person fällt bereits unter § 1a UStG. Für diese Abnehmergruppe, die unter Angabe ihrer Umsatzsteuer-Identifikationsnummer einkauft, ergeben sich keine Besonderheiten, denn für diese Erwerber wird ein Fahrzeug wie jede andere Ware behandelt. Dies gilt auch für die sog. atypischen Unternehmer (§ 1a Abs. 3 UStG), denn diese müssen, wenn sie ein neues Fahrzeug für ihr Unternehmen erwerben, stets die Erwerbsbesteuerung des § 1a UStG beachten (§ 1a Abs. 5 UStG), auch wenn sie die sog. Erwerbsschwelle nicht überschreiten. Ein ergänzender § 1b UStG regelt darüber hinaus den Erwerb **durch eine andere Person,** die nicht bereits unter § 1a UStG fällt. Damit wird der Tatbestand des innergemeinschaftlichen Erwerbs auch auf Privatpersonen sowie nicht unternehmerisch tätige Personenzusammenschlüsse und Unternehmer, die neue Fahrzeuge für ihren privaten Bereich erwerben, erweitert und somit auf alle denkbaren Erwerber übertragen.[47] Es kommt nicht darauf an, wie das neue Fahrzeug in das Inland gelangt, z. B. ob die Lieferung durch den Verkäufer veranlasst wird oder ob der Käufer es im übrigen Gemeinschaftsgebiet abholt. Die Besteuerung erfolgt in dem Land, in dem die erste **Zulassung** erfolgt. Steuerschuldner ist derjenige, der die Erstzulassung vornimmt (§ 13 Abs. 2 Nr. 2 UStG). Dies entspricht der Behandlung bei der Einfuhr, denn auch

---

47   Abschn. 1b.1 UStAE.

insoweit sind Privatpersonen ggf. bereits Steuerschuldner (§ 1 Abs. 1 Nr. 4 UStG). Die Regelung bringt in der praktischen Ausführung einige Probleme mit sich, zumal dieser Personenkreis ohne Umsatzsteuer-Identifikationsnummer einkauft.

3. Begriffe

Fahrzeuge i. S. d. Vorschrift sind zur Personen- oder Güterbeförderung bestimmte Wasserfahrzeuge, Luftfahrzeuge und motorbetriebene Landfahrzeuge, die die im Gesetz genannten Merkmale aufweisen, insbesondere motorbetriebene Landfahrzeuge mit einem Hubraum von mehr als 48 cm³ Hubraum oder einer Leistung von mehr als 7,2 kW (§ 1b Abs. 2 UStG). Erfasst werden somit neben Pkw und Lkw auch Motorräder, Motorroller, Mopeds, sog. Pocket-Bikes, Wohnmobile, Caravans und landwirtschaftliche Zugmaschinen[48] sowie größere Motorboote, Segeljachten und z. B. Sportflugzeuge. Die straßenverkehrsrechtliche Zulassung ist nicht erforderlich. Keine Landfahrzeuge sind dagegen Wohnwagen, Packwagen und andere Anhänger ohne eigenen Motor, die nur von Kraftfahrzeugen mitgeführt werden können, und selbstfahrende Arbeitsmaschinen, die nach ihrer Bauart oder ihren besonderen, mit dem Fahrzeug fest verbundenen Einrichtung nicht zur Beförderung von Personen oder Gütern bestimmt und geeignet sind (Art. 2 Abs. 2 Buchst. a MwStSystRL).[49] Für diese Fahrzeuge gelten die allgemeinen Grundsätze für den innergemeinschaftlichen Erwerb von Gegenständen, sie sind von der Sonderregelung des § 1b UStG ausgenommen. Unter diese Regelungen fallen aber auch Wasserfahrzeuge mit einer Länge von mehr als 7,5 m sowie Luftfahrzeuge, deren Starthöchstmasse mehr als 1.550 kg beträgt.

Neu ist ein Fahrzeug unter bestimmten gesetzlichen Voraussetzungen (§ 1b Abs. 3 UStG). Der maßgebende Beurteilungszeitpunkt ist der Zeitpunkt der Lieferung im übrigen Gemeinschaftsgebiet und nicht der Zeitpunkt des Erwerbs im Inland.[50] Als erste Inbetriebnahme eines Fahrzeugs ist die erste Nutzung zur Personen- oder Güterbeförderung zu verstehen. Bei Fahrzeugen, die einer Zulassung bedürfen, ist grds. davon auszugehen, dass der Zeitpunkt der Zulassung mit dem Zeitpunkt der ersten Inbetriebnahme identisch ist.[51] Danach ist z. B. ein Landfahrzeug neu, wenn zwischen dem Zeitpunkt der ersten Inbetriebnahme und des nun folgenden Erwerbs nicht mehr als sechs Monate liegen **oder** das Fahrzeug nicht mehr als 6.000 km zurückgelegt hat.

> *Beispiel:*
>
> Ein deutscher Privatmann erwirbt in Eindhoven von einem Autohändler ein Fahrzeug, das vier Monate alt ist und 7.500 km gelaufen hat. Er holt das Fahrzeug selbst ab.

---

48 Abschn. 1b.1 S. 3 UStAE.
49 Abschn. 1b.1 S. 5 UStAE.
50 EuGH vom 18. 11. 2010, C-84/09, UR 2011 Seite 103.
51 Abschn. 1b.1 Satz 8 UStAE.

Das Fahrzeug ist neu, da nicht beide Grenzen des § 1b Abs. 3 UStG überschritten sind. Der Erwerb des Fahrzeugs fällt unter die Erwerbsbesteuerung, d. h. der Käufer hat das Fahrzeug in Deutschland im Rahmen einer Umsatzsteuer-Voranmeldung der Umsatzsteuer zu unterwerfen.

Der Nachweis, ob ein Fahrzeug neu ist, dürfte in der Praxis insbesondere in Grenzfällen (z. B. Vorführwagen) nicht immer ganz einfach sein. Dies gilt wohl auch insbesondere hinsichtlich der Feststellung der Betriebsstunden bei Wasserfahrzeugen, denn ein Wasserfahrzeug gilt als neu, wenn es entweder nicht mehr als 100 Betriebsstunden auf dem Wasser zurückgelegt hat oder dessen erste Inbetriebnahme im Zeitpunkt des Erwerbs nicht mehr als drei Monate zurückliegt. Ein Luftfahrzeug gilt als neu, wenn es entweder nicht länger als 40 Betriebsstunden genutzt worden ist oder dessen erste Inbetriebnahme im Zeitpunkt des Erwerbs nicht mehr als drei Monate zurückliegt.

Hinweis:

Da für die Beurteilung der Frage, ob ein Fahrzeug, das Gegenstand eines innergemeinschaftlichen Erwerbs ist, neu ist, auf den Zeitpunkt der Lieferung des betreffenden Gegenstandes vom Verkäufer an den Käufer und nicht auf den (späteren) Zeitpunkt der Verbringung in das Zielland abzustellen ist, hat der Erwerber folglich einen innergemeinschaftlichen Erwerb bewirkt, wenn der Veräußerer zutreffend die Steuerbefreiung für innergemeinschaftliche Lieferungen in Anspruch nimmt. Er kann die Besteuerung nicht dadurch umgehen, dass er das Fahrzeug längere Zeit außerhalb des Bestimmungslands nutzt, bevor er es in das Bestimmungsland einführt.

Bemessungsgrundlage ist das Entgelt (§ 10 Abs. 1 UStG) einschließlich der Nebenkosten, die der Lieferer dem Erwerber in Rechnung stellt. Ein Kaufpreis in fremder Währung ist umzurechnen (§ 16 Abs. 6 UStG). Es ist der Regelsteuersatz anzuwenden (§ 12 Abs. 1 UStG).

4. Verfahren

Die Steuer entsteht am Tag des Erwerbs (§ 13 Abs. 1 Nr. 7 UStG), weil eine sog. **Fahrzeugeinzelbesteuerung** durchgeführt wird (§ 16 Abs. 5a UStG). Der Erwerber ist Steuerschuldner (§ 13a Abs. 1 Nr. 2 UStG). Der genannte Personenkreis hat abweichend vom üblichen Anmeldungsverfahren für jeden einzelnen steuerpflichtigen Erwerb die Steuer zu berechnen, auf amtlich vorgeschriebenem Vordruck anzumelden und zu entrichten (§ 18 Abs. 5a UStG). Die Abgabe weiterer Voranmeldungen entfällt. Die Steuererklärung ist vom Erwerber spätestens 10 Tage nach dem Tag des Erwerbs auf amtlich vorgeschriebenem Vordruck bei dem Finanzamt abzugeben, welches auch für die Einkommensteuerfestsetzung des Erwerbers zuständig ist (§ 21 Abs. 2 AO). Gerade in diesem Zusammenhang ist zu beachten, dass bei Nichtabgabe der Steuererklärung Zwangsmittel (§§ 328 ff AO) bzw. Verspätungszuschläge (§ 152 AO) festgesetzt werden können. Die vorsätzliche Nichtabgabe der Steuererklärung kann als Steuerhinterziehung geahndet werden (§ 370 Abs. 1 Nr. 2 AO).

Insbesondere zur **Sicherung des Steueranspruchs** in den Fällen des innergemeinschaftlichen Erwerbs von neuen Landfahrzeugen haben die für die Zulassung von Fahrzeugen zuständigen Behörden den Finanzbehörden die erstmalige Zulassung neuer Fahrzeuge mitzuteilen und dabei neben dem amtlichen Kennzeichen eine Reihe von Angaben zu übermitteln (§ 18 Abs. 10 UStG), z. B. Name und Anschrift des Antragstellers sowie des Lieferers, Tag der Lieferung und der ersten Inbetriebnahme, Kilometerstand am Tag der Lieferung. Die Zulassungsstelle darf den Fahrzeugschein erst aushändigen, wenn der Antragsteller die erforderlichen Angaben erteilt hat. Die Erstellung der Kontrollmitteilung knüpft dabei an die Ausgabe des Fahrzeugbriefs an. Bei Nichtentrichtung der fälligen Umsatzsteuer kann eine Abmeldung von Amts wegen erfolgen (§ 18 Abs. 10 Nr. 2b UStG). Ähnliche Regelungen gelten für die Registrierung von Luftfahrzeugen beim Luftfahrt-Bundesamt, wonach bei Nichtentrichtung der Steuer auf Antrag des Finanzamts die Betriebserlaubnis zu widerrufen ist (§ 18 Abs. 10 Nr. 3 UStG).

Von der Fahrzeugeinzelbesteuerung nach § 16 Abs. 5a i. V. m. § 18 Abs. 5a UStG kann abgesehen werden, wenn das betreffende Fahrzeug von einem anderen Unternehmer aus dem übrigen Gemeinschaftsgebiet über einen im Inland ansässigen Unternehmer geliefert wurde und der inländische Unternehmer sowohl den innergemeinschaftlichen Erwerb gem. § 1 Abs. 1 Nr. 5 i. V. m. § 1a UStG als auch die Lieferung an den Letztverbraucher nach § 1 Abs. 1 Nr. 1 UStG der Umsatzsteuer unterworfen hat. Dabei ist unbeachtlich, ob gemäß vertraglicher Vereinbarung oder Rechnung der deutsche Zwischenhändler als Eigenhändler, als Kommissionär oder Vermittler gehandelt hat. § 14 Abs. 3 UStG ist insoweit nicht anzuwenden. Eine entsprechende Bescheinigung kann der Händler erstellen.[52]

5.   Vorsteuerabzug für den Fahrzeuglieferer

Korrespondierend zum Tatbestand des innergemeinschaftlichen Erwerbs wurden Regelungen über die Lieferungen von neuen Fahrzeugen durch Privatpersonen geschaffen. Die Lieferung eines neuen Fahrzeugs durch einen Unternehmer unterliegt den allgemeinen Bestimmungen des UStG (§ 1 Abs. 1 Nr. 1 UStG), sie ist regelmäßig steuerfrei, denn für die Steuerfreiheit kommt es nicht darauf an, ob der Abnehmer Unternehmer ist oder nicht (vgl. § 6a Abs. 1 Nr. 2 Buchst. c UStG). Der Lieferer hat jedoch gleichwohl darauf zu achten, ob der Abnehmer unter Angabe seiner Umsatzsteuer-Identifikationsnummer erwirbt oder nicht, denn sofern der ausländische Abnehmer ohne Umsatzsteuer-Identifikationsnummer (USt-IdNr.) einkauft, hat der Lieferer besondere Verpflichtungen bei der Ausstellung der Rechnung zu beachten (§ 14a Abs. 3 UStG). Insbesondere muss anhand der Rechnung erkennbar sein, dass es sich um ein neues Fahr-

---

52   OFD Cottbus vom 13.07.1994, DB 1994 S. 1547.

zeug handelt. Eine Erklärung in der Zusammenfassenden Meldung entfällt in diesen Fällen. Verwendet der Abnehmer dagegen seine USt-IdNr., so wird diese Lieferung wie jede andere innergemeinschaftliche Lieferung behandelt, der Vorgang ist in der Zusammenfassenden Meldung anzugeben.

Ein Fahrzeuglieferer, der nicht Unternehmer ist, wird insoweit wie ein Unternehmer behandelt, wenn er im Inland ein neues Fahrzeug liefert und dieses im Rahmen dieser Lieferung in das übrige Gemeinschaftsgebiet gelangt (§ 2a UStG). Die Vorschrift beinhaltet die **Fiktion eines Unternehmers** und betrifft jeden Nichtunternehmer bzw. Unternehmer, die außerhalb ihres Unternehmens neue Fahrzeuge liefern, also Fahrzeuge des Privatvermögens. Die Vorschrift steht im Zusammenhang mit der umfassenden Erwerbsbesteuerung neuer Fahrzeuge im Bestimmungsland (§ 1b UStG). Sie hat die Aufgabe, die Belastung mit deutscher Umsatzsteuer bei der Weiterlieferung neuer Fahrzeuge rückgängig zu machen, um eine Doppelbesteuerung zu vermeiden. Dies geschieht durch die Gewährung eines **nachträglichen Vorsteuerabzugs** für den gelegentlichen Fahrzeuglieferer (§ 15 Abs. 4a UStG). Dieser Fahrzeuglieferer erhält nunmehr aus dem seinerzeitigen Kauf des neuen Fahrzeugs nachträglich einen Vorsteuerabzug, da der Erwerb des neuen Fahrzeugs im Bestimmungsland der Erwerbsbesteuerung unterliegt. Der Vorsteuerabzug wird jedoch auf die Umsatzsteuer aus dem Kauf des Fahrzeugs begrenzt (§ 15 Abs. 4a Nr. 1 UStG), ein weiterer Vorsteuerabzug, z. B. aus Nebenkosten, wird ausgeschlossen. Wird das Fahrzeug unter seinen Anschaffungskosten weiterveräußert, so ist der Vorsteuerabzug zudem auf den Teil begrenzt, der (bei unterstellter Steuerpflicht) für die Lieferung des Fahrzeugs als Umsatzsteuer geschuldet würde (§ 15 Abs. 4a Nr. 2 UStG). Der Vorsteuerabzug kann erst in dem **Zeitpunkt** in Anspruch genommen werden, in dem das Fahrzeug weiterveräußert wird (§ 15 Abs. 4a Nr. 3 UStG). Die Regelungen über den Vorsteuerabzug gelten auch für Kleinunternehmer, da diese für die Frage der Lieferung neuer Fahrzeuge im Ergebnis wie Privatpersonen behandelt werden (§ 19 Abs. 4 UStG).

Beispiel:

Eine deutsche Privatperson erwirbt am 1.4. ein neues Fahrzeug bei einem Neuwagenhändler für 40.000 € zzgl. 7.600 USt = 47.600 € und verkauft dieses Fahrzeug bereits am 20.7. wieder an einen privaten Abnehmer aus Dänemark für 38.000 €. Zu diesem Zeitpunkt hat das Fahrzeug 7.000 km gelaufen.

Die deutsche Privatperson hat ein neues Fahrzeug verkauft, ein Vorgang, der umsatzsteuerlich in aller Regel ohne Bedeutung ist. Während aber ein vergleichbarer Verkauf im Inland nicht steuerbar ist (§ 1 Abs. 1 Nr. 1 UStG), wird bei einem Verkauf in das übrige Gemeinschaftsgebiet der Verkäufer insoweit wie ein Unternehmer behandelt (§ 2a UStG). Er erbringt folglich eine innergemeinschaftliche Lieferung (§ 4 Nr. 1 Buchst. b i. V. m. § 6a Abs. 1 Nr. 2 Buchst. c UStG). Der Abnehmer hat im Bestimmungsland die Anschaffung des Fahrzeugs als innergemeinschaftlichen Erwerb zu versteuern, obwohl auch er eine Privatperson ist. Der dänische Käufer muss daher 25 % auf 38.000 € an sein zuständiges Finanzamt in Dänemark anmelden und abführen. Der deutsche Verkäufer kann zum Ausgleich dafür die bei der Anschaffung seinerzeit gezahlte Umsatzsteuer bei seinem

Finanzamt als Vorsteuer geltend machen, wobei allerdings nicht 7.600 €, sondern nur 7.220 € (19 % auf 38.000 €) zu vergüten sind (§ 15 Abs. 4a UStG). Die Vorsteuer kann er für den Voranmeldungszeitraum Juli anmelden.

VI. Ort des innergemeinschaftlichen Erwerbs

1. Grundfall

Der Ort des innergemeinschaftlichen Erwerbs bestimmt sich nach dem **Ende der Beförderung oder Versendung** (§ 3d S. 1 UStG).

Beispiel:

Ein belgischer Baustoffhändler liefert Baumaterial an einen deutschen Abnehmer nach Deutschland. Dieser verbringt einige Tage später das Baumaterial zu seiner Baustelle nach Frankreich.

Die Lieferung des belgischen Unternehmers ist in Belgien steuerbar (Art. 31 MwStSystRL), aber dort als innergemeinschaftliche Lieferung steuerfrei (Art. 138 MwStSystRL). Der deutsche Abnehmer hat einen innergemeinschaftlichen Erwerb in Deutschland bewirkt (§ 1a Abs. 1 UStG), da sich der Gegenstand am Ende der Beförderung der Ware in Deutschland befindet (§ 3d S. 1 UStG). Das spätere Transportieren des Baumaterials durch den deutschen Unternehmer nach Frankreich hat keine Auswirkung auf die rechtliche Würdigung dieses genannten Vorgangs.

2. Verwendung einer vom Bestimmungsland abweichenden USt-IdNr. durch den Erwerber

Auch bei Verwendung einer anderen USt-IdNr. gilt ebenfalls diese Ortsbestimmung des § 3d S. 1 UStG, wobei jedoch die Versteuerung im Land der verwendeten USt-IdNr. **solange** erfolgt, bis der Leistungsempfänger die Versteuerung im Land des Endes der Beförderung oder Versendung nachgewiesen hat (§ 3d S. 2 UStG). Um diese ggf. dann eintretende Doppelbesteuerung zu vermeiden, ist später die Umsatzsteuer im Land der verwendeten USt-IdNr. wieder zu berichtigten (vgl. § 17 Abs. 2 Nr. 4 UStG). Tatsächlich ist aber der Erwerb *immer* im Land der Beendigung der Warenbewegung zu erfassen (§ 3d S. 1 UStG), ein Wahlrecht durch Einsatz einer anderen USt-IdNr. hat der Erwerber nicht.

Beispiel:

Der deutsche Unternehmer D bestellt beim Baustoffhändler B aus Belgien Baustoffe, die von B auf Wunsch des D unmittelbar nach Frankreich zu einer Baustelle des D gebracht werden. D verwendet bei der Auftragserteilung gegenüber B seine deutsche USt-IdNr. und führt in Deutschland die Erwerbsbesteuerung mit gleichzeitigem Vorsteuerabzug durch. In Frankreich gibt er keine Steuererklärung ab, da die Abrechnung einer Bauleistung in Frankreich dem sog. Reverse-Charge-Verfahren unterliegt. Der belgische Unternehmer hat eine Nettorechnung erteilt, in der seine belgische USt-IdNr. und die deutsche USt-IdNr. des Abnehmers angegeben sind.

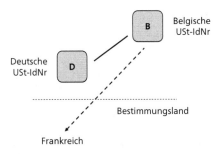

B führt eine innergemeinschaftliche Lieferung im Ursprungsland Belgien aus, folglich hat D einen innergemeinschaftlichen Erwerb bewirkt (§ 1 Abs. 1 Nr. 5 i. V. m. § 1a UStG in sinngemäßer Anwendung). Der Ort des Erwerbs liegt in Frankreich, nämlich am Ende der Beförderung (§ 3d S. 1 UStG). D hat sich daher in Frankreich registrieren zu lassen und eine entsprechende USt-Erklärung abzugeben, auch wenn diese de facto ohne Zahllast endet, da er in Frankreich zugleich die Vorsteuer aus dem innergemeinschaftlichen Erwerb berücksichtigen kann.

Die Verwendung der deutschen USt-IdNr. durch den Erwerb D führt dazu, dass D zusätzlich einen innergemeinschaftlichen Erwerb in Deutschland zu versteuern hat (§ 3d S. 2 UStG *„so lange"*). Eine Ortsverlagerung nach Deutschland anstelle der Besteuerung in Frankreich findet dadurch jedoch nicht statt. D hat sich daher in Frankreich registrieren zu lassen und eine entsprechende USt-Erklärung abzugeben, auch wenn diese de facto ohne Zahllast endet, da er in Frankreich zugleich die Vorsteuer aus dem innergemeinschaftlichen Erwerb berücksichtigen kann. Solange D den Nachweis über diese umsatzsteuerliche Behandlung des Vorgangs in Frankreich nicht erbringt, hat er einen innergemeinschaftlichen Erwerb in Deutschland zu erfassen – allerdings ohne Vorsteuerabzug (§ 15 Abs. 1 S. 1 Nr. 3 UStG).[53] Die so in Deutschland eintretende Belastung durch eine Versteuerung des Erwerbsvorgangs ohne Vorsteuerabzug ist erst rückgängig zu machen, wenn der deutsche Unternehmer nachweist, dass bereits die Erfassung des Erwerbs in Frankreich erfolgte (§ 17 Abs. 2 Nr. 4 UStG).

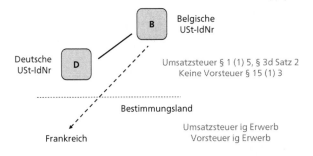

---

53   EuGH vom 22. 04. 2010, C-535/08, C-539/08, UVR 2010 S. 293.

Die Besteuerung des innergemeinschaftlichen Erwerbs hat stets im Mitgliedstaat der „Einfuhr" des Gegenstands zu erfolgen. Bei Verwendung einer abweichenden USt-IdNr. ist dieses Besteuerungsprinzip gestört. Nach der Rechtsprechung des EuGH ist der Erwerber in diesen Fällen der **zusätzlichen** Erwerbsbesteuerung i. S. d. § 3d S. 2 UStG nicht zum Vorsteuerabzug aus dem fehlerhaften innergemeinschaftlichen Erwerb berechtigt (§ 15 Abs. 1 S. 1 Nr. 3 UStG).[54] Die Entlastung kann nur dadurch erfolgen, dass der Erwerber die Besteuerung des innergemeinschaftlichen Erwerbs im Bestimmungsmitgliedstaat nachweist und die zusätzliche Umsatzsteuer auf den innergemeinschaftlichen Erwerb im Land der verwendeten USt-IdNr. rückgängig gemacht wird.[55] Der Anwendung der Sonderregelung wäre der Sinn entzogen, weil für den Unternehmer kein Anreiz bestünde, die Besteuerung im Mitgliedsland der Beendigung der Beförderung nachzuweisen.

Durch die Regelung in § 17 UStG wird sichergestellt, dass die Erwerbsbesteuerung in einem der Mitgliedstaaten, in dem der Erwerber unberechtigterweise zur Besteuerung herangezogen wurde, rückgängig gemacht wird. In der Wahl der Mittel des Nachweises ist der Unternehmer frei. Regelmäßig ist eine Besteuerung im Bestimmungsland als nachgewiesen anzusehen, wenn anhand der steuerlichen Aufzeichnungen des Unternehmers nachvollziehbar ist, dass der Umsatz in eine von ihm in diesem Mitgliedstaat abgegebene Steuererklärung eingeflossen ist.[56]

Hinweis:

Meines Erachtens ist eine Lieferung in das übrige Gemeinschaftsgebiet nur dann steuerfrei, wenn der Erwerber dem Lieferer auch eine USt-IdNr. des Bestimmungslands mitteilt, denn nur dadurch kann sichergestellt werden, dass der Lieferer eine zutreffende Zusammenfassende Meldung abgibt und der Erwerber auch die Besteuerung im Bestimmungsland vornimmt (§ 6a Abs. 1 S. 1 Nr. 1, Nr. 3 und Nr. 4 UStG i. V. m. § 17b Abs. 1 S. 1 und § 17b Abs. 2 Nr. 2 Buchst. c und § 17d Abs. 2 Nr. 9 UStDV). Nach Auffassung der Finanzverwaltung in Deutschland ist es unschädlich, wenn die ausländische USt-IdNr. nicht durch den Mitgliedstaat erteilt worden ist, in dem die Beförderung oder Versendung endet.[57] Diese Auffassung ist m. E. rechtswidrig und daher abzulehnen, da sie dem Systemgedanken des Binnenmarktes widerspricht.

---

54 Abschn. 15.10 Abs. 2 S. 2 und Abschn. 3d.1 Abs. 4 Sätze 1 und 2 UStAE.
55 BFH vom 08.09.2010, XI R 40/08, BStBl. II 2011 S. 661; BFH vom 01.09.2010, V R 39/08, BStBl. II 2011 S. 658.
56 Abschn. 3d.1 Abs. 4 UStAE.
57 Abschn. 6a.1 Abs. 19 S. 4 UStAE.

VII. Steuerbefreiungen

In § 4b UStG werden Fälle geregelt, in denen der innergemeinschaftliche Erwerb von **bestimmten** Gegenständen steuerfrei ist. Dies sind regelmäßig Erwerbsvorgänge, deren Lieferung im Inland steuerfrei wäre (§ 4b Nr. 1 und 2 UStG), z. B. Gold an Zentralbanken (§ 4 Nr. 4 UStG), Wertpapiere (§ 4 Nr. 8e UStG), menschliche Organe (§ 4 Nr. 17a UStG). Diese Befreiung gilt auch für Gegenstände, deren **Einfuhr** steuerfrei wäre (§ 4b Nr. 3 i. V. m. § 5 UStG).[58]

Beispiel:

Ein Krankenhaus führt zur Behandlung seiner Patienten Blutkonserven aus Frankreich ein.

Es liegt ein innergemeinschaftlicher Erwerb vor, da eine juristische Person, die nicht Unternehmer ist, Gegenstände im übrigen Gemeinschaftsgebiet erwirbt und diese Gegenstände vom übrigen Gemeinschaftsgebiet in das Inland gelangen (§ 1a Abs. 1 UStG). Regelmäßig wird man davon ausgehen können, dass auch die Erwerbsschwelle überschritten wurde. Der innergemeinschaftliche Erwerb ist somit im Inland (§ 3d S. 1 UStG) steuerbar (§ 1 Abs. 1 Nr. 5 UStG), aber steuerfrei (§ 4b Nr. 3 i. V. m. § 5 Abs. 1 Nr. 1 i. V. m. § 4 Nr. 17a UStG).

Steuerfrei ist darüber hinaus der innergemeinschaftliche Erwerb von Gegenständen, die der Unternehmer für **steuerfreie Umsätze** verwendet, für die er zum vollen Vorsteuerabzug berechtigt ist (§ 4b Nr. 4 UStG).

Beispiel:

Ein deutscher Großhändler erwirbt Gegenstände in Belgien, die teilweise im Inland verkauft werden sollen, teilweise aber auch für den Export gedacht sind.

Die späteren Lieferungen ins Ausland sind steuerfrei (§ 4 Nr. 1 Buchst. a und Buchst. b i. V. m. § 6 bzw. § 6a UStG), mithin auch der innergemeinschaftliche Erwerb dieser Gegenstände (§ 4b Nr. 4 UStG). Da regelmäßig zum Zeitpunkt des Einkaufs die spätere Verwendung nicht eindeutig feststeht, ist ein Verzicht auf die Steuerbefreiung möglicherweise sinnvoll. Unterwirft der deutsche Großhändler den Erwerb der Besteuerung, so kann er diese Erwerbsteuer gleichzeitig als Vorsteuer abziehen (§ 15 Abs. 1 S. 1 Nr. 3 UStG). Es entsteht ihm kein wirtschaftlicher Nachteil und er vermeidet Verwaltungsaufwand.

Es ist nicht zu beanstanden, wenn in derartigen Fällen der innergemeinschaftliche Erwerb steuerpflichtig behandelt wird,[59] zumal der Erwerber in der Praxis häufig beim Einkauf von Gegenständen die spätere Verwendung noch gar nicht kennt. Daher haben die vorgenannten Steuerbefreiungen nur Bedeutung für Erwerber, die nicht oder nicht zum vollen Vorsteuerabzug berechtigt sind.

---

58 Abschn. 4b.1 Abs. 2 UStAE.
59 Abschn. 4b.1 Abs. 3 S. 2 UStAE.

Hinweis:

Die Finanzverwaltung lässt die Anwendung des § 4b UStG nicht auf sog. fiktive innergemeinschaftliche Erwerbe i. S. d. § 3d S. 2 UStG zu. Folge ist die Steuerbarkeit und Steuerpflicht des Vorgangs ohne Vorsteuerabzug bis zum Nachweis der Besteuerung in einem anderen Mitgliedstaat.[60]

Es besteht für einen Lagerhalter die Möglichkeit, nach Bewilligung des für ihn zuständigen Finanzamts ein **Umsatzsteuerlager** einzurichten. Dort können bestimmte Waren umsatzsteuerfrei (zwischen-)gelagert werden. Die Einfuhr dieser Waren ist ebenso steuerfrei wie der innergemeinschaftliche Erwerb solcher Waren oder der Handel im Lager befindlicher Waren ohne Warenbewegung (§ 4 Nr. 4a Buchst. a UStG). Auch Leistungen, die in unmittelbarem Zusammenhang mit der Lagerung, Erhaltung etc. der Waren stehen, sind steuerfrei, wenn sie nicht zur Aufbereitung der Waren für die Einzelhandelsstufe geeignet sind (§ 4 Nr. 4a Buchst. b UStG). Ein Verbringen in ein anderes Umsatzsteuerlager führt nicht zur Versteuerung.

Bei der Auslagerung der Waren aus dem Umsatzsteuerlager unterliegen die Umsätze nunmehr der Besteuerung. Die Steuer entsteht mit Ablauf des Voranmeldungszeitraums, in dem die Auslagerung erfolgt (§ 13 Abs. 1 Nr. 9 UStG). Steuerschuldner ist der Auslagerer (§ 13a Abs. 1 Nr. 6 UStG), die Steuer fällt nicht unter die Kleinunternehmerregelung. Der Lagerhalter ist neben diesem Auslagerer Gesamtschuldner, wenn er die USt-IdNr. des Auslagerers (oder dessen Fiskalvertreters) nicht oder nicht zutreffend aufzeichnet. Der Lagerhalter hat daher die Möglichkeit, sich durch das Bundeszentralamt für Steuern auch die inländische USt-IdNr. bestätigen zu lassen (§ 18e Nr. 2 UStG). Die Steuer ist unter den übrigen Voraussetzungen als Vorsteuer abzugsfähig (§ 15 Abs. 1 S. 1 Nr. 5 UStG), naturgemäß auch ohne gesonderten Steuerausweis in einer Rechnung.

Die nicht für eine endgültige Verwendung, einen Endverbrauch oder zur Lieferung auf der Einzelhandelsstufe bestimmten Waren sind der Anlage 1 zum Gesetz zu entnehmen. Betroffene Waren sind z. B. nichtgerösteter Kaffee, Tee, Rohzucker, Getreide, Mineralöle, Erzeugnisse der chemischen Industrie, Silber, Gold und Platin jeweils in Rohform oder als Pulver, Eisen- und Stahlerzeugnisse, bestimmtes Kupfer sowie Nickel, Aluminium, Blei, Zink und Zinn – jeweils in Rohform.

Hinweis:

Zu den darüber hinaus geltenden Regelungen für Konsignationslager im Sinne des § 6b UStG für Waren aller Art vgl. ausführlich Kapitel E.

---

60 BayLfSt vom 02.04.2012, UR 2012 S. 653.

VIII. Bemessungsgrundlage, Steuersatz

Der innergemeinschaftliche **Erwerb** wird wie die Lieferungen und sonstigen Leistungen nach dem Entgelt bemessen (§ 10 Abs. 1 S. 1 UStG). Verbrauchsteuern, die nicht im Entgelt enthalten sind, aber vom Erwerber geschuldet oder entrichtet werden, sind in die Bemessungsgrundlage einzubeziehen (§ 10 Abs. 1 S. 4 UStG). Dabei sind Verbrauchsteuern nicht nur die der in § 1a Abs. 5 S. 2 UStG bezeichneten Art (Mineralöle, Alkohol und alkoholische Getränke, Tabakwaren), sondern alle Verbrauchsteuern, auch soweit sie von einem anderen Mitgliedstaat erhoben werden, sofern sie im Zeitpunkt der Entstehung des Steueranspruchs für den innergemeinschaftlichen Erwerb entstanden sind. Dies entspricht der Regelung für die Einfuhr (§ 11 Abs. 3 Nr. 2 UStG). Wird in fremder Währung abgerechnet, so hat der deutsche Abnehmer das Entgelt für Zwecke der Erwerbsbesteuerung für den Monat der Entstehung der Umsatzsteuer (§ 13 Abs. 1 Nr. 6 UStG) in Euro umzurechnen (§ 16 Abs. 6 UStG).

Beim **Verbringen** eines Gegenstands des Unternehmens aus dem übrigen Gemeinschaftsgebiet in das Inland durch einen Unternehmer zu seiner eigenen Verfügung wird der Umsatz nach den gleichen Grundsätzen bemessen wie beim Gegenstandseigenverbrauch (§ 10 Abs. 4 Nr. 1 UStG). Als Bemessungsgrundlage ist der Einkaufspreis zuzüglich der Nebenkosten anzusetzen oder mangels eines Einkaufspreises die Selbstkosten, jeweils zum Zeitpunkt des Umsatzes.

Der **Steuersatz** ist nach § 12 UStG zu ermitteln, beim innergemeinschaftlichen Erwerb der in der Anlage bezeichneten Gegenstände gilt daher der ermäßigte Steuersatz. Fehler in der Zuordnung sind jedoch für voll vorsteuerabzugsberechtigte Unternehmer ohne Auswirkung.

IX. Entstehung der Steuer

Beim innergemeinschaftlichen Erwerb nach § 1a UStG entsteht die Steuerschuld mit Ausstellung der Rechnung (§ 13 Abs. 1 Nr. 6 UStG). Wird die Rechnung später oder gar nicht ausgestellt, so entsteht die Steuer jedoch spätestens mit Ablauf des **Monats,** der auf den Monat folgt, in dem der innergemeinschaftliche Erwerb bewirkt worden ist.

Beispiel:

Ein dänischer Unternehmer liefert am 15.12.03 mit eigenem Lkw eine Maschine an einen deutschen Unternehmer. Die Rechnung über 800.000 DKK wird am 03.02.04 ausgestellt und am 10.03.04 beglichen.

Der deutsche Abnehmer hat den Erwerb der Maschine im Inland zu versteuern (§ 1 Abs. 1 Nr. 5 i. V. m. § 1a UStG). Der Ort des Erwerbs liegt im Inland (§ 3d S. 1 UStG), der Vorgang ist somit steuerbar und mangels Befreiungsvorschrift auch steuerpflichtig. Die Bemessungsgrundlage ist das Entgelt (§ 10 Abs. 1 UStG). Die Umsatzsteuer entsteht grds. am 03.02.04, da hier die Rechnung ausgestellt wurde. Da die Lieferung an den inländischen Abnehmer bereits im Dezember 03 ausgeführt wurde, ist der Vorgang jedoch spätestens im Rahmen der Voranmeldung für Januar 04 zu erfassen. Der Rechnungsbetrag ist in Euro umzurechnen (§ 16 Abs. 6 UStG), und zwar zum entsprechenden Wert des Monats der Entstehung der Steuer, d. h. für den Monat Januar.[61]

Dies bedeutet im Einzelnen:

- Wird eine Rechnung vom Lieferer in dem Monat ausgestellt, in dem diese Lieferung ausgeführt worden ist, so entsteht der Steueranspruch für den innergemeinschaftlichen Erwerb der Ware mit Ablauf des Voranmeldungszeitraums, in dem dieser Monat liegt.

- Wird eine Rechnung vom Lieferer in dem auf den Monat der Ausführung der Lieferung folgenden Monat ausgestellt, so entsteht der Steueranspruch für den innergemeinschaftlichen Erwerb der Ware mit Ablauf des Voranmeldungszeitraums, in dem der Monat der Rechnungsausstellung liegt.

- Wird eine Rechnung vom Lieferer nicht spätestens in dem auf den Monat der Ausführung der Lieferung folgenden Monat ausgestellt, so entsteht der Steueranspruch für den innergemeinschaftlichen Erwerb der Ware mit Ablauf des Voranmeldungszeitraums, in dem der auf den Monat der Lieferung folgende Monat liegt.

Unbeachtlich ist es nach dem eindeutigen Gesetzeswortlaut, wann die Rechnung tatsächlich beim Empfänger ankommt.

Die Anforderung von **Abschlagzahlungen** durch den ausländischen Lieferer löst noch keine Erwerbsbesteuerung aus. In diesen Fällen entsteht die Erwerbsteuer in voller Höhe erst beim Ausstellen der Schlussrechnung, dann jedoch naturgemäß in voller Höhe. Beim innergemeinschaftlichen Erwerb i. S. d. § 1 Abs. 1 Nr. 5 UStG ist **Steuerschuldner** der Erwerber (§ 13 Abs. 2 Nr. 2 UStG). Danach kommen nicht nur Unternehmer als Steuerschuldner in Betracht, sondern auch nichtsteuerpflichtige juristische Personen (vgl. § 1a Abs. 1 Nr. 2 UStG) und beim Erwerb neuer Fahrzeuge i. S. d. § 1b UStG auch Privatpersonen. Voranmeldungen sind jedoch von diesem Personenkreis nur abzugeben, wenn eine Steuer auf Erwerbsvorgänge auch tatsächlich zu erklären ist (§ 18 Abs. 4a UStG).

X. Vorsteuerabzug

Der Unternehmer kann die Steuer für den innergemeinschaftlichen Erwerb von Gegenständen als Vorsteuer abziehen, wenn er den Gegenstand für sein Unternehmen erworben hat (§ 15 Abs. 1 S. 1 Nr. 3 UStG). Weitere Voraussetzungen sind für den Vorsteuerabzug der Erwerbsteuer nicht erforderlich, insbesondere **nicht das Vorliegen einer Rechnung.**[62] Das Recht auf Vorsteuerabzug der Erwerbsteuer entsteht in demselben Zeitpunkt, in dem auch die Erwerbsteuer

---

61   OFD Saarbrücken vom 15. 03. 1994, USt-Kartei S 7277 Karte 1, UR 1994 S. 411.
62   EuGH vom 01. 04. 2004, C-90/02, DStR 2004 S. 172; vgl. auch Abschn. 13b.15 Abs. 2 UStAE.

entsteht. Hierdurch kann der Unternehmer den Vorsteuerabzug bereits in derselben Umsatzsteuer-Voranmeldung geltend machen, in der er den innergemeinschaftlichen Erwerb zu versteuern hat. Hat er dies nicht getan, sind sowohl Umsatzsteuer als auch Vorsteuer rückwirkend für den zutreffenden Voranmeldungszeitraum anzusetzen.[63] Im Ergebnis wird daher ein regelbesteuerter Unternehmer, der zum vollen Vorsteuerabzug berechtigt ist, mit der Erwerbsteuer nicht belastet. Lediglich bei Unternehmern, die ganz oder teilweise vom Vorsteuerabzug ausgeschlossen sind (§ 15 Abs. 2 bis 4 UStG), wirkt sich daher die Erwerbsbesteuerung des § 1 Abs. 1 Nr. 5 UStG aus. Der nichtabziehbare Teil der Erwerbsteuer wird somit in diesen Fällen entsprechend der Gesetzessystematik zum Kostenfaktor. Dies gilt auch für Kleinunternehmer (§ 19 Abs. 1 S. 4 UStG) und für Land- und Forstwirte, die ihre Umsätze nach Durchschnittssätzen versteuern (§ 24 Abs. 1 S. 4 UStG).

Beispiel:

Der deutsche Unternehmer U aus Ulm erwirbt am 08.04.04 in Frankreich eine Maschine zur Herstellung von Produkten, die U sowohl steuerfrei (ca. 20 %) als auch steuerpflichtig (ca. 80 %) liefert. Die Rechnung des französischen Lieferanten vom 10.05.04 lautet über 400.000 € und wurde von U im Juni 04 beglichen.

U bewirkt einen innergemeinschaftlichen Erwerb, da er als Unternehmer in Frankreich von einem Unternehmer eine Maschine für sein Unternehmen erwirbt (§ 1a Abs. 1 UStG). Der Erwerb ist steuerbar (§ 1 Abs. 1 Nr. 5 UStG) und mangels Befreiung auch steuerpflichtig. Die Umsatzsteuer auf den innergemeinschaftlichen Erwerb beträgt 19 % von 400.000 € = 76.000 € (§ 12 Abs. 1, § 10 Abs. 1 UStG) und entsteht mit Ablauf des Voranmeldungszeitraums Mai 04 (§ 13 Abs. 1 Nr. 6 UStG). Im gleichen Voranmeldungszeitraum kann U die Erwerbsteuer als Vorsteuer abziehen, allerdings nur i. H. v. 80 % von 76.000 € = 60.800 € (§ 15 Abs. 1 S. 1 Nr. 3, § 15 Abs. 2 Nr. 1, § 15 Abs. 4 UStG).

Hinweis:

Bei Besteuerung des innergemeinschaftlichen Erwerbs im Mitgliedstaat der verwendeten USt-IdNr. (§ 3d S. 2 UStG) anstelle der zutreffenden Besteuerung im Bestimmungsland kommt kein Vorsteuerabzug in Betracht (§ 15 Abs. 1 S. 1 Nr. 3 UStG). Die Entlastung kann nur dadurch erfolgen, dass der Erwerber die Besteuerung des innergemeinschaftlichen Erwerbs im Bestimmungsmitgliedstaat nachweist und die zusätzliche Umsatzsteuer auf den innergemeinschaftlichen Erwerb im Land der verwendeten USt-IdNr. rückgängig gemacht wird.[64]

---

63 EuGH vom 18.03.2021, C-895/19, MwStR 2021 S. 464.
64 EuGH vom 22.04.2010, C-536/08 und 539/08, UVR 2010 S. 293; Abschn. 15.10 Abs. 2 S. 2 UStAE.

XI. Aufzeichnungspflichten

Der innergemeinschaftliche Erwerb von Gegenständen ist ein Umsatztatbestand; es ist daher auch insoweit erforderlich, Aufzeichnungen über die Höhe der Bemessungsgrundlagen und die hierauf entfallenden Steuerbeträge zu führen (§ 22 Abs. 2 Nr. 7 UStG). Da im Rahmen der Umsatzsteuer-Voranmeldungen und der Umsatzsteuer-Jahreserklärung sowohl die Bemessungsgrundlagen für innergemeinschaftliche Erwerbe als auch die entsprechende Erwerbsteuer gesondert zu erklären sind (§ 18b UStG), empfiehlt sich die Einrichtung besonderer Konten für Einkäufe aus EU-Mitgliedstaaten, z. B. Unterkonten der Wareneinkaufskonten. Auch die als Vorsteuer abzugsfähige Steuer auf innergemeinschaftliche Erwerbe ist gesondert von den übrigen Vorsteuerbeträgen auszuweisen.[65]

Im Rahmen der Aufzeichnungspflichten sollte man an die **Eingangsrechnungen** folgende Anforderungen stellen:

- Rechnungsdatum,
- Entgelt,
- Hinweis auf Steuerfreiheit im Lieferland und Erwerbsbesteuerung durch Abnehmer,
- USt-IdNr. des Lieferers und des Abnehmers.

Zu beachten ist jedoch, dass in derartigen Fällen die Vorschriften des Heimatlandes des Lieferanten zur Ausstellung von Rechnung gelten, nicht die Regelungen des Bestimmungslandes (§ 14 Abs. 7 UStG). In der Rechnung wird verständlicherweise keine ausländische Umsatzsteuer ausgewiesen sein, denn die Erwerbsbesteuerung setzt systematisch eine steuerfreie innergemeinschaftliche Lieferung in einem anderen Mitgliedstaat voraus.

Für Zwecke der Vorsteueraufteilung brauchen die innergemeinschaftlichen Erwerbe nicht gesondert aufgezeichnet zu werden (§ 22 Abs. 3 S. 2 UStG), sie wie auch Einfuhren keinen Einfluss auf den Aufteilungsmaßstab haben (§ 15 Abs. 4 UStG). Die Aufzeichnungspflichten betreffen auch die Fälle des Verbringens von Gegenständen in das übrige Gemeinschaftsgebiet als auch den Erhalt von Gegenständen von einem Unternehmer aus einem anderen Mitgliedstaat zur Ausführung von Werkleistungen (§ 22 Abs. 4a und Abs. 4b UStG).

Die Angaben sind für den **Voranmeldungszeitraum** des Ausstellens der Rechnung, spätestens für den auf den Erwerb folgenden Monat zu machen (§ 13 Abs. 1 Nr. 6 UStG). Wird in ausländischer Währung abgerechnet, so hat der deutsche Abnehmer das Entgelt für Zwecke der Erwerbsbesteuerung für den Voranmeldungszeitraum der Entstehung der Umsatzsteuer in Euro umzurechnen (§ 16 Abs. 6, § 13 Abs. 1 Nr. 6 UStG).[66]

---

65 Vgl. auch ausführlich Abschn. 22.3 UStAE.
66 OFD Saarbrücken vom 15. 03. 1994, USt-Kartei S 7277 Karte 1, UR 1994 S. 411.

Im Binnenmarkt haben neben den regelbesteuerten Unternehmern auch andere Unternehmer und juristische Personen, die ausschließlich Steuern auf Erwerbsvorgänge zu entrichten haben, Steuererklärungen abzugeben (§ 18 Abs. 4a UStG). Voranmeldungen sind jedoch von diesem Personenkreis nur abzugeben, wenn eine Steuer auf Erwerbsvorgänge auch tatsächlich zu erklären ist (§ 18 Abs. 4a S. 3 UStG), wodurch der Verwaltungsaufwand in Grenzen gehalten werden soll. Fälle des innergemeinschaftlichen Verbringens sind im Ergebnis wie die übrigen Erwerbe zu behandeln, sie müssen ebenfalls in der Umsatzsteuer-Voranmeldung und in der Umsatzsteuer-Jahreserklärung ausgewiesen werden.

C. Innergemeinschaftliche Lieferungen in das übrige Gemeinschaftsgebiet

I. Steuerbare Lieferungen

1. Grundfall

Voraussetzung für die Annahme einer steuerfreien innergemeinschaftlichen Lieferung i. S. d. § 6a UStG ist zunächst, dass es sich bei dem zu beurteilenden Umsatz um eine steuerbare Lieferung im Inland handelt (§ 1 Abs. 1 Nr. 1 UStG).[67] Nur die steuerbare und dann steuerfreie Lieferung wird als innergemeinschaftliche Lieferung bezeichnet.

> *Hinweis:*
> Liegt der Ort der Lieferung im übrigen Gemeinschaftsgebiet, ist die Lieferung im Inland nicht steuerbar. Der Lieferer ist aber verpflichtet, sich mit dem Umsatzsteuerrecht dieses Mitgliedstaates zu beschäftigen, da er möglicherweise verpflichtet ist, sich in diesem Land registrieren zu lassen. Ob es in diesem Mitgliedstaat für derartige Umsätze den Übergang der Steuerschuldnerschaft oder ein besonderes Besteuerungsverfahren gibt, richtet sich nach den Regelungen dieses Mitgliedstaats. Verbindliche einheitliche Regelungen gibt es (noch) nicht, da zwar das materielle Umsatzsteuerrecht größtenteils harmonisiert ist, nicht aber das Verfahrensrecht.

Lieferung ist die Verschaffung der Verfügungsmacht an einem Gegenstand (§ 3 Abs. 1 UStG). Sie gilt regelmäßig als ausgeführt mit der Übergabe des Gegenstands oder mit dem Beginn der Beförderung oder Versendung.[68] Liegt der Ort der Verschaffung der Verfügungsmacht nicht im Inland, erübrigt sich eine Prüfung der Steuerbefreiung als innergemeinschaftliche Lieferung.

> *Beispiel:*
> Der deutsche Unternehmer U verkauft einem französischen Unternehmer telefonisch am 05.05. einen Gabelstapler für dessen Unternehmen und beauftragt einen Frachtführer mit dem Transport nach Frankreich. Der Frachtführer holt am 07.05. den Gabelstapler bei U ab und liefert ihn am nächsten Tag beim Abnehmer an. Es gelten die Regelungen der §§ 447 ff. BGB, beide Unternehmer verwenden eine Ust-IdNr. ihres jeweiligen Heimatlandes.
>
> U führt am 07.05. eine Lieferung aus (§ 3 Abs. 1 UStG), der Ort der Lieferung liegt im Inland (§ 3 Abs. 6 S. 1 UStG). Die Lieferung ist somit steuerbar (§ 1 Abs. 1 Nr. 1 UStG), aber steuerfrei (§ 6a Abs. 1 UStG). Der Gegenstand der Lieferung gelangt vom Inland in das übrige Gemeinschaftsgebiet (§ 6a Abs. 1 Nr. 1 UStG), der Abnehmer ist ein in einem anderen Mitgliedstaat erfasster Unternehmer (§ 6a Abs. 1

---

67 Abschn. 6a.1 Abs. 1 UStAE.
68 Abschn. 15.8 Abs. 4 UStAE.

Nr. 2 Buchst. a UStG), der Erwerb unterliegt in diesem Mitgliedstaat beim Abnehmer den Vorschriften der Umsatzbesteuerung (§ 6a Abs. 1 Nr. 3 UStG) und der Abnehmer hat gegenüber dem Lieferer eine entsprechende USt-IdNr. verwendet (§ 6a Abs. 1 Nr. 4 UStG).

Innergemeinschaftliche **Reparaturleistungen** können aus Vereinfachungsgründen als Lieferungen und damit als steuerfreie Lieferung behandelt werden, wenn der Entgeltteil, der auf das bei der Reparatur verwendete, vom Werkunternehmer selbst beschaffte Material entfällt, mehr als 50 % des für die Reparatur berechneten Gesamtentgelts beträgt.[69] Andernfalls liegt eine Werkleistung vor, der Ort der Leistung bestimmt sich dann nach § 3a UStG.

Das Vorliegen einer innergemeinschaftlichen Lieferung kommt nicht in Betracht für die Lieferungen von **Gas über das Erdgasnetz** oder die Lieferungen von **Elektrizität** i. S. d. § 3g UStG.[70]

2. Innergemeinschaftliches Verbringen

a) Begriff

Auch das **Verbringen** eines Gegenstands des Unternehmens vom Inland in das übrige Gemeinschaftsgebiet durch einen Unternehmer zu seiner eigenen Verfügung gilt ebenfalls als Lieferung, ausgenommen ist die nur vorübergehende Verwendung (§ 3 Abs. 1a UStG). Diese Regelung über die Lieferfiktion entspricht der Erwerbsfiktion in Verbringensfällen (§ 1a Abs. 2 UStG).

Hinweis:

Die Ausführungen zum innergemeinschaftlichen Verbringen in Block B gelten entsprechend.

Auch das Verbringen ist als innergemeinschaftliche Lieferung von der Umsatzsteuer befreit (§ 4 Nr. 1 Buchst. b i. V. m. § 6a Abs. 2 UStG), ohne dass es dazu weiterer Voraussetzungen bedarf.[71] In diesen Fällen ist die Steuerbefreiung nur zu versagen, wenn der Steuerpflichtige sich an einer Steuerhinterziehung beteiligt hat oder wenn der sichere Nachweis, dass die materiellen Anforderungen der Steuerbefreiungen erfüllt sind, nicht geführt werden kann. Derartige innergemeinschaftliche Verbringensfälle werden wie fiktive Lieferungen behandelt und unterliegen daher im Bestimmungsland der Erwerbsbesteuerung.

Beispiel:

Der deutsche Unternehmer U bringt am 02.02. mit eigenem Lkw eine Maschine im Wert von 100.000 € zu seiner niederländischen Betriebsstätte. Diese Maschine soll dort für drei Monate auf einer Baustelle eingesetzt werden.

---

69 Abschn. 3.8 Abs. 6 UStAE.
70 Abschn. 6a.1 Abs. 1 UStAE.
71 EuGH vom 20.10.2016, C-24/15, DStR 2016 S. 2525; BFH vom 02.11.2016, V B 72/16, BFH/NV 2017 S. 329.

Obwohl kein Entgelt gezahlt wird, handelt es sich am 02.02. grds. um eine fiktive Lieferung des Unternehmers U an seine ausländische Betriebsstätte (§ 3 Abs. 1a UStG). Dieser Verbringensvorgang ist jedoch nicht steuerbar, da die Maschine nur vorübergehend in das übrige Gemeinschaftsgebiet gelangt.

Der Unternehmer selbst gilt dabei im Ausgleichsmitgliedstaat als Lieferer und im Bestimmungsmitgliedstaat als Erwerber. Ein Verbringen ist innergemeinschaftlich, wenn der Gegenstand auf Veranlassung des Unternehmers vom Ausgangsmitgliedstaat in den Bestimmungsmitgliedstaat gelangt. Dabei muss er bereits im Ausgangsmitgliedstaat dem Unternehmen zugeordnet sein.[72] Es ist unerheblich, ob der Unternehmer den Gegenstand selbst befördert oder ob er die Beförderung durch einen selbständigen Beauftragten ausführen oder besorgen lässt.[73] Kein Verbringen liegt vor, wenn die Warenbewegung im Rahmen einer steuerbaren Lieferung erfolgt, denn die Bestimmungen des § 1a Abs. 1 UStG bzw. § 3 Abs. 1 UStG gehen der Regelung in § 1a Abs. 2 UStG bzw. § 3 Abs. 1a UStG vor.

Bei einer grenzüberschreitenden Organschaft stellen Warenbewegungen zwischen den im Inland und den im übrigen Gemeinschaftsgebiet gelegenen Unternehmensteilen innergemeinschaftliches Verbringen dar.[74]

Fälle **vorübergehender Verwendung** sind vom Gesetzgeber ausdrücklich ausgenommen, da die Rückführung in das Ursprungsland von vornherein feststeht und so nur unnötiger Verwaltungsaufwand entstehen würde. Dem Begriff der vorübergehenden Verwendung ist die Rückführung ins Ausgangsland immanent.[75] Unter die gesetzliche Fiktion des Verbringens fallen somit alle Fälle, in denen Gegenstände zur Nutzung als **Anlagevermögen** oder zum **Verkauf oder Verbrauch** (Waren oder Roh-, Hilfs- und Betriebsstoffe) ins Bestimmungsland verbracht werden, denn eine nicht nur vorübergehende Verwendung liegt auch vor, wenn der Unternehmer den Gegenstand in ein **Auslieferungslager** in einen anderen Mitgliedstaat verbringt, wobei dieses Lager nicht den Begriff der Betriebsstätte (§ 12 AO) erfüllen muss.[76] Ein Fall der vorübergehenden Verwendung setzt voraus, dass der Gegenstand, ggf. auch nach einer Be- oder Verarbeitung, zwingend an den Steuerpflichtigen in den Mitgliedstaat zurückgeschickt werden muss, von dem aus er ursprünglich versandt oder befördert worden war.[77] Kehrt der Gegenstand nicht in den ursprünglichen Mitgliedstaat zurück, sondern wird in einen anderen Mitgliedstaat befördert oder versendet, liegt nach dem System des Binnenmarktes ein innergemeinschaftliches Verbringen im Ursprungsland vor. Steht aber der Abnehmer im übrigen Gemeinschaftsgebiet bei Beginn der Beförderung oder Versendung bereits fest, liegt kein inner-

---

72 Abschn. 1a.2 Abs. 4 UStAE.
73 Abschn. 1a.2 Abs. 3 UStAE.
74 Abschn. 1a.1 Abs. 8 UStAE.
75 Abschn. 1a.2 Abs. 5 UStAE.
76 Abschn. 1a.2 Abs. 6 UStAE.
77 Abschn. 1a.2 Abs. 10 Nr. 3; EuGH vom 06.03.2014, C-606/12 und C-607/12, UR 2015 S. 933.

gemeinschaftliches Verbringen, sondern eine Beförderungs- oder Versendungslieferung vor, die grds. mit Beginn der Beförderung oder Versendung im Inland als ausgeführt gilt (§ 3 Abs. 6 S. 1 UStG). Ein im Zeitpunkt des Beginns der Beförderung oder Versendung nur wahrscheinlicher Abnehmer ohne tatsächliche Abnahmeverpflichtung ist nicht einem zu diesem Zeitpunkt bereits feststehenden Abnehmer gleichzustellen. Daher stellt in derartigen Fällen die Einlagerung von Ware aus dem Inland in ein Auslieferungslager im übrigen Gemeinschaftsgebiet ein innergemeinschaftliches Verbringen durch den liefernden Unternehmer i. S. d. § 3 Abs. 1a UStG dar. Die Lieferung an den Abnehmer findet in diesen Fällen erst mit der Entnahme der Ware aus dem Lager statt und ist dann folglich im übrigen Gemeinschaftsgebiet steuerbar.[78]

Hinweis:
Zu den Regelungen für Konsignationslager vgl. ausführlich Kapitel E.

---

b) Vereinfachungsmaßnahmen

Aus Vereinfachungsgründen kann in den Fällen, in denen anschließend die nicht verkauften Waren unmittelbar wieder in den Ausgangsmitgliedstaat zurückgelangen, die Besteuerung des Verbringens auf die **tatsächlich verkaufte Warenmenge** beschränkt werden, d. h. hinsichtlich der nicht veräußerten Waren hat der Unternehmer weder einen Erwerb (bei der „Einfuhr") noch eine steuerfreie Lieferung (bei der späteren „Ausfuhr") zu erklären.[79] Diese Regelung hat insbesondere Bedeutung für Händler im grenznahen Bereich, die Waren außerhalb ihrer festen Niederlassung oder Betriebsstätte verkaufen, damit diese nicht ständig mit ihrem gesamten Warensortiment den Regelungen des Binnenmarktes unterworfen werden müssen.

Bei der **Verkaufskommission** liegt zwar eine Lieferung des Kommittenten an den Kommissionär erst im Zeitpunkt der Lieferung des Kommissionsguts an den Abnehmer vor.[80] Gelangt das Kommissionsgut bei der Zurverfügungstellung an den Kommissionär vom Ausgangs- in den Bestimmungsmitgliedstaat, kann die Lieferung jedoch nach dem Sinn und Zweck der Regelung bereits zu diesem Zeitpunkt als erbracht angesehen werden. Dementsprechend ist der innergemeinschaftliche Erwerb beim Kommissionär der Besteuerung zu unterwerfen.[81] Gleichwohl bestimmt sich die Bemessungsgrundlage sowohl für die innergemeinschaftliche Lieferung des Kommittenten als auch für den innergemeinschaftlichen Erwerb des Kommissionärs nach dem Entgelt, wobei zu beachten ist, dass die endgültige Rechnungslegung durch den Kommissionär nach dem Verkauf des Kommissionsguts mittels Gutschrift erfolgen wird. Bei Anwendung der o. g. Vereinfachungsregelung müsste daher der Kommissionär

---

78 Abschn. 3.12 Abs. 3 UStAE.
79 Abschn. 1a.2 Abs. 6 S. 4 UStAE.
80 BFH vom 25.11.1986, V R 102/78, BStBl. II 1987 S. 278.
81 Abschn. 1a.2 Abs. 7 i. V. m. Abschn. 3.1 Abs. 3 S. 8 UStAE.

das Entgelt für den innergemeinschaftlichen Erwerb schätzen und später die entsprechenden Voranmeldungen berichtigen. Aus Vereinfachungsgründen kann jedoch auf eine Korrektur der umsatzsteuerlichen Bemessungsgrundlagen und die Abgabe einer berichtigten Umsatzsteuer-Voranmeldung durch den Kommissionär verzichtet werden, wenn er in Bezug auf die Kommissionsgeschäfte zum vollen Vorsteuerabzug berechtigt ist.[82]

c) Ausnahmen

Nicht steuerbar ist das Verbringen, wenn der Gegenstand nur zu einer vorübergehenden Verwendung ins übrige Gemeinschaftsgebiet gelangt, insbesondere wenn die Verwendung im Bestimmungsland von vornherein befristet ist (Art. 17 Abs. 1 und Art. 23 MwStSystRL):[83]

- Die Verwendung von Gegenständen, die im Bestimmungsland im Rahmen einer steuerbaren Werklieferung erfasst werden: unbeachtlich sind daher **Materialtransporte** vom Inland auf Baustellen im übrigen Gemeinschaftsgebiet.[84] Während die eingesetzten Maschinen aufgrund ihrer nur vorübergehenden Verwendung keinen Fall des Verbringens darstellen können, wurden die bei einer Werklieferung verwendeten Gegenstände aus Vereinfachungsgründen ebenfalls ausgenommen, obwohl diese im Bestimmungsland verbraucht werden. Sie gehen aber anschließend in die Werklieferung (Lieferung) im übrigen Mitgliedstaat ein und werden daher über den Preis dieser Lieferung der entsprechenden Umsatzsteuer unterworfen (vgl. im Inland § 3 Abs. 7 S. 1 i. V. m. § 10 Abs. 1 S. 2 UStG).
- Zur Ausführung von im Bestimmungsland ausgeführten **sonstigen Leistungen** mitgenommene Gegenstände, z. B. Maschinen, Werkzeug, Arbeitsmaterial.[85]
- **Reparatur, Wartung** oder dergleichen an einem Gegenstand im Bestimmungsland.[86]
- Überlassung eines Gegenstands an eine **Arbeitsgemeinschaft** als Gesellschafterbeitrag und Verbringen des Gegenstands ins Bestimmungsland.[87]
- **Zwischenlagerung** im übrigen Gemeinschaftsgebiet.
- Fälle vorübergehender **Vermietung und Verpachtung** von beweglichen Gegenständen.

Darüber hinaus ist von einer befristeten Verwendung auszugehen, wenn der Unternehmer einen Gegenstand in das Bestimmungsland im Rahmen eines Vorgangs verbringt, für den bei einer entsprechenden Einfuhr aus dem Drittlandsgebiet wegen vorübergehender Verwendung eine vollständige **Befreiung**

---

82   OFD Frankfurt vom 18.12.1995, UR 1996 S.206.
83   Abschn. 1a.2 Abs. 9 ff. UStAE.
84   Abschn. 1a.2 Abs. 10 Nr.1 UStAE.
85   Abschn. 1a.2 Abs. 10 Nr.2 UStAE.
86   Abschn. 1a.2 Abs. 10 Nr.3 UStAE.
87   Abschn. 1a.2 Abs. 10 Nr.4 UStAE.

von den Einfuhrabgaben bestehen würde.[88] Dabei beträgt die Höchstdauer der Verwendung regelmäßig 24 Monate (Art. 251 Abs. 2 UZK), für bestimmte Gegenstände jedoch nur 12 bzw. 6 Monate. Werden die genannten Verwendungsfristen überschritten, ist im Zeitpunkt des Überschreitens der Frist ein innergemeinschaftliches Verbringen anzunehmen.[89]

In den Fällen des vorübergehenden Verbringens ist sowohl das Verbringen als auch das Zurückgelangen des Gegenstandes umsatzsteuerlich unbeachtlich. Geht der Gegenstand aber im Bestimmungsland unter (Unfall, Diebstahl u. a.) oder wird er nunmehr dort tatsächlich veräußert, so gilt er in diesem Zeitpunkt als geliefert.[90] Bei Messeausstellern und vergleichbaren Unternehmern ist eine innergemeinschaftliche Lieferung u. a. nur dann anzunehmen, wenn die verbrachten Gegenstände mit Verkaufsabsicht in das übrige Gemeinschaftsgebiet gelangen. Hinsichtlich der später dann doch in das Inland zurückgebrachten Gegenstände ist eine Rückgängigmachung des Vorgangs vorzunehmen (§ 17 Abs. 2 Nr. 3 UStG).[91]

Beispiel:

Unternehmer D aus Deutschland versendet am 28.02. zwei Maschinen nach Brüssel, wo er sie auf der Messe ausstellen will; ein Verkauf ist nicht beabsichtigt. Am 03.03., dem letzten Messetag, wird eine Maschine an einen Interessenten als Ausstellungsstück veräußert. Die andere Maschine gelangt wie beabsichtigt wieder von Brüssel nach Deutschland.

Das Verbringen der Maschinen von Deutschland nach Belgien durch D war nur vorübergehend angelegt und somit umsatzsteuerlich unbeachtlich.[92] Es liegt im Zeitpunkt des Überführens nach Belgien insbesondere noch kein innergemeinschaftliches Verbringen vor. Durch den Verkauf der einen Maschine an den Abnehmer am 03.03. in Belgien bewirkt D eine Lieferung in Belgien (§ 3 Abs. 6 S. 1 UStG). Die Lieferung ist in Belgien steuerbar und steuerpflichtig, D hat sich in Belgien umsatzsteuerlich registrieren zu lassen und Steuererklärungen über diese Lieferung abzugeben, insbesondere eine USt-Voranmeldung für den Monat März. Nunmehr steht zudem zu diesem Zeitpunkt fest, dass die Maschine endgültig (zunächst zur Verfügung des D) im Bestimmungsland Belgien verbleibt. Daher liegt zu diesem Zeitpunkt durch D ein innergemeinschaftlicher Erwerb in Belgien vor, den D in Belgien unter Angabe einer belgischen USt-IdNr. zu erklären hat. Folglich hat D in Deutschland eine innergemeinschaftliche steuerfreie Lieferung bewirkt (§ 3 Abs. 1a i. V. m. § 6a Abs. 2 UStG).

---

88 Abschn. 1a.2 Abs. 12 UStAE.
89 Abschn. 1a.2 Abs. 13 UStAE.
90 Abschn. 1a.2 Abs. 11 UStAE.
91 OFD Frankfurt vom 16. 04. 1994, UR 1994 Seite 440.
92 Vgl. OFD Frankfurt vom 16. 04. 1994, UR 1994 S. 440.

3. Innergemeinschaftliche Lieferung neuer Fahrzeuge

a) Einbeziehung neuer Fahrzeuge in den Erwerbstatbestand

Auch Privatpersonen sind ggf. in das Umsatzsteuersystem einbezogen, sofern sie neue Fahrzeuge in einem anderen EU-Mitgliedstaat erwerben oder an einen Abnehmer aus einem anderen EU-Mitgliedstaat veräußern. Diese Regelungen wurden auf Wunsch der meisten Mitgliedstaaten eingeführt, um bei der Lieferung neuer Fahrzeuge eine **Versteuerung im Bestimmungsland** sicherzustellen, um so Wettbewerbsverzerrungen zu vermeiden. Obwohl man bei dieser Regelung wohl in erster Linie an Pkw gedacht hat, wurden auch bestimmte Luft- und Wasserfahrzeuge in die Regelung einbezogen. Wegen der Erfassung im Bestimmungsland findet auch die Differenzbesteuerung auf die innergemeinschaftliche Lieferung neuer Fahrzeuge keine Anwendung (§ 25a Abs. 7 Nr. 1 Buchst. b UStG), die bei der Erwerbsbesteuerung für atypische Unternehmer geltenden Ausnahmen gelten nicht beim Erwerb neuer Fahrzeuge (§ 1a Abs. 5 UStG). Die Regelungen führen so zu einer konsequenten Versteuerung des Erwerbs des Fahrzeugs im Land der erstmaligen Zulassung (Bestimmungsland), ganz gleich, von welcher Person das Fahrzeug erworben wurde.

> *Beispiel:*
>
> Der dänische Privatmann D kauft in einem deutschen Autohaus in Flensburg ein neues Fahrzeug, das zu einem Preis von 40.000 € zzgl. 7.600 € USt angeboten wird. D holt das Auto nach seiner Auslieferung im Autohaus ab und bringt es mit den entsprechenden Überführungskennzeichen selbst nach Dänemark, wo er es selbst zum Straßenverkehr zulässt.
>
> Das deutsche Autohaus führt eine Lieferung aus (§ 3 Abs. 1 UStG), die in Flensburg erbracht wurde (§ 3 Abs. 6 S. 1 UStG) und folglich im Inland steuerbar ist (§ 1 Abs. 1 Nr. 1 UStG). Da es sich aber um ein neues Fahrzeug im Sinne des § 1b UStG handelt, ist die Lieferung steuerfrei (§ 4 Nr. 1 Buchst. b i. V. m. § 6a Abs. 1 UStG). Bei der Lieferung neuer Fahrzeuge kommt die Steuerbefreiung auch zur Anwendung, wenn der Abnehmer eine Privatperson ist (§ 6a Abs. 1 Nr. 2 Buchst. c UStG). Der Lieferer erteilt also eine Nettorechnung über 40.000 € und weist den Abnehmer auf die Steuerfreiheit hin. D hat in Dänemark einen innergemeinschaftlichen Erwerb bewirkt (vgl. nach deutschem Recht § 1b UStG). Bei der Zulassung des Fahrzeugs in Dänemark hat er also eine Umsatzsteuer von 25 % von umgerechnet 40.000 € = 10.000 € als Umsatzsteuer bei seinem Finanzamt anzumelden.[93]

b) Personenkreis

Der innergemeinschaftliche Erwerb neuer Fahrzeuge **durch einen Unternehmer** oder durch eine juristische Person fällt bereits unter § 1a UStG. Für diese Abnehmergruppe, die unter Angabe ihrer Umsatzsteuer-Identifikationsnummer (USt-IdNr.) einkauft, ergeben sich keine Besonderheiten, denn für diese Erwerber wird ein Fahrzeug wie jede andere Ware behandelt. Dies gilt auch für die sog. atypischen Unternehmer (§ 1a Abs. 3 UStG), denn diese müssen, wenn

---

93   In Dänemark gilt die dänische Krone, nicht der Euro als gesetzliches Zahlungsmittel.

sie ein neues Fahrzeug für ihr Unternehmen erwerben, stets die Erwerbsbesteuerung des § 1a beachten (§ 1a Abs. 5 UStG).

Ein ergänzender § 1b UStG regelt darüber hinaus den Erwerb **durch eine andere Person,** die nicht bereits unter § 1a UStG fällt. Damit wird der Tatbestand des innergemeinschaftlichen Erwerbs bei neuen Fahrzeugen auch auf Privatpersonen sowie nicht unternehmerisch tätige Personenzusammenschlüsse und Unternehmer, die neue Fahrzeuge für ihren privaten Bereich erwerben, erweitert und somit auf alle denkbaren Erwerber übertragen.[94] Es kommt nicht darauf an, wie das neue Fahrzeug in das Bestimmungsland gelangt, z. B. ob die Lieferung durch den Verkäufer veranlasst wird oder ob der Käufer es abholt. Die Besteuerung erfolgt in dem Land, in dem die erste **Zulassung** erfolgt. Steuerschuldner ist derjenige, der die Erstzulassung vornimmt (§ 13 Abs. 2 Nr. 2 UStG). Dies entspricht der Behandlung bei der Einfuhr, denn auch insoweit sind Privatpersonen ggf. bereits Steuerschuldner (§ 1 Abs. 1 Nr. 4 UStG). Die Regelung bringt in der praktischen Ausführung einige Probleme mit sich, zumal dieser Personenkreis ohne Umsatzsteuer-Identifikationsnummer einkauft.

Die Lieferung eines neuen Fahrzeugs durch einen Unternehmer ist regelmäßig steuerfrei, denn bei neuen Fahrzeugen kommt es für die Steuerfreiheit nicht darauf an, ob der Abnehmer Unternehmer ist oder nicht (vgl. § 6a Abs. 1 Nr. 2 Buchst. c UStG). Der Lieferer hat jedoch gleichwohl darauf zu achten, ob der Abnehmer unter Angabe seiner USt-IdNr. erwirbt oder nicht, denn sofern der ausländische Abnehmer ohne USt-IdNr. einkauft, hat der Lieferer besondere Verpflichtungen bei der Ausstellung der Rechnung zu beachten (§ 14a Abs. 3 UStG). Insbesondere muss anhand der Rechnung erkennbar sein, dass es sich um ein neues Fahrzeug handelt. Eine Erklärung in der Zusammenfassenden Meldung entfällt, wenn der Abnehmer keine USt-IdNr. verwendet. Verwendet der Abnehmer dagegen seine USt-IdNr., so wird diese Lieferung wie jede andere innergemeinschaftliche Lieferung nach § 6a UStG behandelt, der Vorgang ist in der Zusammenfassenden Meldung anzugeben.

---

94 Abschn. 1b.1 UStAE.

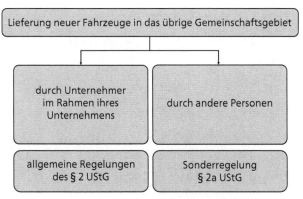

Abb. 6: Lieferung neuer Fahrzeuge in das übrige Gemeinschaftsgebiet
(Quelle: Eigene Darstellung)

c) Begriffe

Fahrzeuge i. S. d. Vorschrift sind zur Personen- oder Güterbeförderung bestimmte Wasserfahrzeuge, Luftfahrzeuge und motorbetriebene Landfahrzeuge, die die im Gesetz genannten Merkmale aufweisen, insbesondere motorbetriebene Landfahrzeuge mit einem Hubraum von mehr als 48 cm³ Hubraum oder einer Leistung von mehr als 7,2 kW (§ 1b Abs. 2 UStG). Erfasst werden somit neben Pkw und Lkw auch Motorräder, Motorroller, Mopeds, sog. Pocket-Bikes, Wohnmobile, Caravans und landwirtschaftliche Zugmaschinen[95] sowie größere Motorboote, Segeljachten und z. B. Sportflugzeuge. Die straßenverkehrsrechtliche Zulassung ist nicht erforderlich. Keine Landfahrzeuge sind dagegen Wohnwagen, Packwagen und andere Anhänger ohne eigenen Motor, die nur von Kraftfahrzeugen mitgeführt werden können, und selbstfahrende Arbeitsmaschinen, die nach ihrer Bauart oder ihren besonderen, mit dem Fahrzeug fest verbundenen Einrichtung nicht zur Beförderung von Personen oder Gütern bestimmt und geeignet sind.[96] Für diese Fahrzeuge gelten die allgemeinen Grundsätze für den innergemeinschaftlichen Erwerb von Gegenständen, sie sind von der Sonderregelung des § 1b UStG ausgenommen. Unter diese Regelungen fallen auch Wasserfahrzeuge mit einer Länge von mehr als 7,5 m sowie Luftfahrzeuge, deren Starthöchstmasse mehr als 1.550 kg beträgt.

Neu ist ein Fahrzeug unter bestimmten gesetzlichen Voraussetzungen (§ 1b Abs. 3 UStG). Der maßgebende Beurteilungszeitpunkt ist der Zeitpunkt der Lieferung im übrigen Gemeinschaftsgebiet und nicht der Zeitpunkt des Erwerbs im Inland.[97] Als erste Inbetriebnahme eines Fahrzeugs ist die erste Nutzung zur Personen- oder Güterbeförderung zu verstehen. Bei Fahrzeugen, die einer Zu-

---

95 Abschn. 1b.1 S. 3 UStAE.
96 Abschn. 1b.1 S. 5 UStAE.
97 EuGH vom 18.11.2010, C-84/09, UR 2011 S. 103.

lassung bedürfen, ist grds. davon auszugehen, dass der Zeitpunkt der Zulassung mit dem Zeitpunkt der ersten Inbetriebnahme identisch ist.[98] Danach ist z. B. ein Landfahrzeug neu, wenn zwischen dem Zeitpunkt der ersten Inbetriebnahme und des nun folgenden Erwerbs nicht mehr als sechs Monate liegen **oder** das Fahrzeug nicht mehr als 6.000 km zurückgelegt hat. Der Nachweis, ob ein Fahrzeug neu ist, dürfte in der Praxis insbesondere in Grenzfällen (z. B. Vorführwagen) nicht immer ganz einfach sein. Dies gilt wohl auch insbesondere hinsichtlich der Feststellung der Betriebsstunden bei Wasserfahrzeugen, denn ein Wasserfahrzeug gilt als neu, wenn es entweder nicht mehr als 100 Betriebsstunden auf dem Wasser zurückgelegt hat oder dessen erste Inbetriebnahme im Zeitpunkt des Erwerbs nicht mehr als drei Monate zurückliegt. Ein Luftfahrzeug gilt als neu, wenn es entweder nicht länger als 40 Betriebsstunden genutzt worden ist oder dessen erste Inbetriebnahme im Zeitpunkt des Erwerbs nicht mehr als drei Monate zurückliegt.

Beispiel:

Ein deutscher Privatmann erwirbt in Eindhoven von einem Autohändler ein Fahrzeug, das vier Monate alt ist und 7.500 km gelaufen hat. Er holt das Fahrzeug selbst ab.

Das Fahrzeug ist neu, da nicht beide Grenzen des § 1b Abs. 3 UStG zur Annahme eines „Gebrauchtfahrzeugs" überschritten sind. Der Erwerb des Fahrzeugs fällt unter die Erwerbsbesteuerung, d. h. der Käufer hat das Fahrzeug in Deutschland im Rahmen einer Umsatzsteuer-Voranmeldung der Umsatzsteuer zu unterwerfen.

Hinweis:

Da für die Beurteilung der Frage, ob ein Fahrzeug, das Gegenstand eines innergemeinschaftlichen Erwerbs ist, neu ist, auf den Zeitpunkt der Lieferung des betreffenden Gegenstandes vom Verkäufer an den Käufer und nicht auf den (späteren) Zeitpunkt der Verbringung in das Zielland abzustellen ist, hat der Erwerber folglich einen innergemeinschaftlichen Erwerb bewirkt, wenn der Veräußerer zutreffend die Steuerbefreiung für innergemeinschaftliche Lieferungen in Anspruch nimmt. Er kann die Besteuerung nicht dadurch umgehen, dass er das Fahrzeug längere Zeit außerhalb des Bestimmungslands nutzt, bevor er es in das Bestimmungsland einführt.

d) Vorsteuerabzug bei der Lieferung neuer Fahrzeuge

Korrespondierend zum Tatbestand des innergemeinschaftlichen Erwerbs wurden Regelungen über die **Lieferungen** von neuen Fahrzeugen **durch Privatpersonen** geschaffen. Ein Fahrzeuglieferer, der nicht Unternehmer ist, wird insoweit wie ein Unternehmer behandelt, wenn er im Inland ein neues Fahrzeug liefert und dieses im Rahmen dieser Lieferung in das übrige Gemein-

---

98   Abschn. 1b.1 S. 8 UStAE.

schaftsgebiet gelangt (§ 2a UStG). Die Vorschrift beinhaltet die **Fiktion eines Unternehmers** und betrifft jeden Nichtunternehmer bzw. Unternehmer, der außerhalb seines Unternehmens neue Fahrzeuge liefert, also Fahrzeuge des Privatvermögens. Die Vorschrift steht im Zusammenhang mit der umfassenden Erwerbsbesteuerung neuer Fahrzeuge im Bestimmungsland (§ 1b UStG). Sie hat die Aufgabe, die Belastung mit deutscher Umsatzsteuer bei der Weiterlieferung neuer Fahrzeuge rückgängig zu machen, um eine Doppelbesteuerung zu vermeiden. Dies geschieht durch die Gewährung eines **nachträglichen Vorsteuerabzugs** für den gelegentlichen Fahrzeuglieferer (§ 15 Abs. 4a UStG). Diese Vorschriften gelten auch für den Kleinunternehmer (§ 19 Abs. 4 UStG).

Beispiel:

Ein deutscher Privatmann P erwirbt am 01.04. ein neues Fahrzeug bei seinem Händler für 50.000 € zzgl. 19 % USt und verkauft dieses bereits am 20.06. wieder an einen privaten Abnehmer aus den Niederlanden für 42.000 €. Zu diesem Zeitpunkt hat das Fahrzeug 7.000 km gelaufen.

P verkauft ein neues Fahrzeug (vgl. § 1b Abs. 2 UStG) an einen Abnehmer aus dem übrigen Gemeinschaftsgebiet und wird daher insoweit wie ein Unternehmer behandelt (§ 2a UStG). E erbringt eine Lieferung (§ 3 Abs. 1 UStG), die im Inland steuerbar (§ 3 Abs. 6 S. 1 i. V. m. § 1 Abs. 1 Nr. 1 UStG) und als innergemeinschaftliche Lieferung steuerfrei ist (§ 4 Nr. 1 Buchst. b i. V. m. § 6a Abs. 1 Nr. 2 Buchst. c UStG). Der Verkäufer hat daher eine entsprechende Rechnung über eine umsatzsteuerfreie innergemeinschaftliche Lieferung zu erteilen (§ 14a Abs. 3 S. 1 i. V. m. § 14 Abs. 4 Nr. 8 UStG). Er ist auch als Privatperson verpflichtet, jeweils eine USt-Voranmeldung und eine USt-Jahreserklärung abzugeben (§ 18 Abs. 4a UStG), denn für diesen einen Vorgang gilt er als Unternehmer. Der Abnehmer hat die Anschaffung des Fahrzeugs im Bestimmungsland als innergemeinschaftlichen Erwerb zu versteuern, auch als Privatmann. Der niederländische Käufer muss daher 21 % von 42.000 € bei seinem zuständigen Finanzamt in den Niederlanden anmelden und abführen. Um diese Doppelbelastung zu vermeiden, kann wiederum P die seinerzeit bei der Anschaffung gezahlte Umsatzsteuer bei seinem Finanzamt als Vorsteuer geltend machen, wobei allerdings nicht 9.500 €, sondern nur 7.980 € (19 % von 42.000 €) zu vergüten sind (§ 15 Abs. 4a UStG), und zwar für den Voranmeldungszeitraum Juni. Der Vorsteuerabzug kann erst in dem Zeitpunkt in Anspruch genommen werden, in dem das Fahrzeug weiterveräußert wird (§ 15 Abs. 4a Nr. 3 UStG). Diese Vorschriften gelten auch für den Kleinunternehmer (§ 19 Abs. 4 UStG), der damit so behandelt wird wie jede andere Person, die ein neues Fahrzeug in einen anderen Mitgliedstaat liefert. In der Praxis wird der Käufer – entsprechende Kenntnisse im Umsatzsteuerrecht unterstellt – vom Verkäufer erwarten, dass er den Preisvorteil der Vergütung der Vorsteuer in die Wertfindung des Preis für den aus seiner Sicht gebrauchten Wagen einrechnet, denn den niederländischen Käufer kostet in diesem Beispiel das Fahrzeug 42.000 € zzgl. 21 % niederländische Umsatzsteuer von 8.820 € = 50.820 €.

Bei der innergemeinschaftlichen Lieferung neuer Fahrzeuge gelten die Vorschriften über das **Ausstellen einer Rechnung** mit dem Hinweis auf die Steuerfreiheit (§ 14 Abs. 4 Nr. 8 i. V. m. § 14a Abs. 3 S. 1 und 3 UStG) und die Aufbewahrungsfristen (§ 14b UStG) entsprechend auch für den Fahrzeuglieferer i. S. d. § 2a UStG (§ 14b Abs. 1 S. 4 UStG). Bei der Lieferung neuer Fahrzeuge an Privatpersonen und für die Besteuerung gleichgestellter Personen (§ 1b Abs. 1 UStG) müssen die Rechnungen bestimmte Angaben enthalten (§ 14a Abs. 4 i. V. m. § 1b Abs. 2 und 3 UStG). Hierdurch können Erwerber und Finanzbehörden feststellen, ob ein Fahrzeug neu ist und der Erwerbsbesteuerung unterliegt. Darüber hinaus ist zu beachten, dass der Fahrzeuglieferer die Voraussetzungen für die Steuerbefreiung seiner Lieferung **nachzuweisen** hat (§ 6a Abs. 3 UStG). Dabei gelten auch für den „privaten" Fahrzeuglieferer grds. die belegmäßigen Nachweise des § 17b UStDV. Darüber hinaus fordert die Finanzverwaltung den Nachweis der Erwerbsbesteuerung in einem anderen Mitgliedsland oder den Nachweis, dass das Fahrzeug in einem anderen Mitgliedstaat amtlich zum Straßenverkehr zugelassen worden ist.[99]

Für einen gelegentlichen Fahrzeuglieferer im Sinne des § 2a UStG, der nicht Unternehmer i. S. d. § 2 UStG ist, wurde eine Regelung hinsichtlich des **Vorsteuerabzugs** eingeführt (§ 15 Abs. 4a UStG). Dieser Fahrzeuglieferer erhält nunmehr aus dem Kauf des neuen Fahrzeugs nachträglich einen Vorsteuerabzug, um eine Doppelbelastung des neuen Fahrzeugs mit Umsatzsteuer zu vermeiden, da der Erwerb des neuen Fahrzeugs im Bestimmungsland der Erwerbsbesteuerung unterliegt. Der Vorsteuerabzug wird jedoch auf die Umsatzsteuer aus dem Kauf des Fahrzeugs begrenzt (§ 15 Abs. 4a Nr. 1 UStG), ein weiterer Vorsteuerabzug, z. B. aus Nebenkosten, wird ausgeschlossen. Wird das Fahrzeug unter seinen Anschaffungskosten weiterveräußert, so ist der Vorsteuerabzug zudem auf den Teil begrenzt, der (bei unterstellter Steuerpflicht) für die Lieferung des Fahrzeugs als Umsatzsteuer geschuldet würde (§ 15 Abs. 4a Nr. 2 UStG). Der Vorsteuerabzug kann erst in dem **Zeitpunkt** in Anspruch genommen werden, in dem das Fahrzeug weiterveräußert wird (§ 15 Abs. 4a Nr. 3 UStG).

Die Regelungen über die Abgabe von Steuererklärungen gelten auch für die Fahrzeuglieferer nach § 2a UStG, sodass ggf. auch Privatpersonen eine **Umsatzsteuer-Voranmeldung** *und* eine **Umsatzsteuer-Jahreserklärung** abzugeben haben, sofern Vorsteuerbeträge geltend gemacht werden (§ 18 Abs. 4a UStG). Zusammenfassende Meldungen haben diese Personen nicht abzugeben (§ 18a Abs. 1 S. 1 UStG), womit diese Umsätze nicht durch das übliche Kontrollsystem und durch den Informationsaustausch erfasst werden. Die Lieferungen von neuen Fahrzeugen an Abnehmer ohne USt-IdNr. sind aber in einem gesonderten Verfahren dem Bundeszentralamt für Steuern zu melden (§ 18c UStG i. V. m. FzgLiefgMeldV).[100]

---

99 OFD Frankfurt vom 08. 11. 1993, UR 1994 S. 482.
100 Fahrzeuglieferungs-Meldepflichtverordnung vom 18. 03. 2009, BGBl. I 2009 S. 630.

4. Ort der Lieferung

a) Grundsätze zum Ort der Lieferung

Bei Lieferungen in das übrige Gemeinschaftsgebiet ist bereits im Rahmen der Bestimmung des Ortes der Lieferung der **Abnehmerkreis** von entscheidender Bedeutung, nicht etwa erst bei der Frage der Steuerbefreiung. Bei bestimmten Abnehmern (i. d. R. Privatpersonen ohne USt-IdNr.) ist vorrangig die Versandhandelsregelung (bis 30.06.2021) bzw. die Regelung über Fernverkäufe (ab 01.07.2021) des § 3c UStG zu beachten, nicht etwa § 3 Abs. 6 UStG (vgl. § 3 Abs. 5a UStG).

– Liefert der Unternehmer einen Gegenstand an diesen Personenkreis in das übrige Gemeinschaftsgebiet, so ist zunächst zu prüfen, ob ein Fall des innergemeinschaftlichen Versandhandels bzw. Fernverkaufs vorliegt. In diesen Fällen ist der Umsatz regelmäßig in einem anderen Mitgliedstaat steuerbar und steuerpflichtig (§ 3c Abs. 1 S. 1 UStG).

– Greift dagegen die Vorschrift über den innergemeinschaftlichen Versandhandel bzw. über innergemeinschaftliche Fernverkäufe nicht, insbesondere weil nicht der Abnehmerkreis des § 3c UStG betroffen ist, so gelten für die Steuerbarkeit die üblichen Regelungen. Der Umsatz ist dann in aller Regel im Inland steuerbar (§ 3 Abs. 6 S. 1 UStG), aber ggf. als innergemeinschaftliche Lieferung steuerfrei (§ 4 Nr. 1 Buchst. b i. V. m. § 6a Abs. 1 UStG).

Hinsichtlich des Ortes der Lieferung ergeben sich ansonsten bei innergemeinschaftlichen Lieferungen keine Besonderheiten. Die Ortsbestimmung erfolgt nach § 3 Abs. 6 und ggf. Abs. 7 UStG.

b) Ort der Werklieferung

Bei einer grenzüberschreitenden **Montagelieferung** im übrigen Gemeinschaftsgebiet ist zu beachten, dass die Verfügungsmacht an dem fertigen Werk in aller Regel erst im Bestimmungsland verschafft wird (§ 3 Abs. 7 S. 1 UStG). In diesen Fällen liegt keine innergemeinschaftliche Lieferung vor, da der Umsatz im Inland nicht steuerbar ist. In diesem Fall ist auch der Transport der Materialien und Arbeitsmittel nicht als Verbringen i. S. d. § 3 Abs. 1a UStG anzusehen.[101] Wird dagegen das fertige Werk in das übrige Gemeinschaftsgebiet befördert oder versendet, kann gleichwohl eine steuerfreie innergemeinschaftliche Lieferung im Inland anzunehmen sein.[102]

c) Innergemeinschaftliche Reihengeschäfte

Ein Reihengeschäft liegt vor, wenn mehrere Unternehmer über denselben Gegenstand Umsatzgeschäfte abschließen und bei diesen dieser Gegenstand im Rahmen einer Beförderung oder Versendung unmittelbar vom ersten Unternehmer in der Reihe an den letzten Abnehmer gelangt (§ 3 Abs. 6a S. 1 UStG).[103]

---

101 Abschn. 1a.2 Abs. 10 Nr. 1 UStAE.
102 Abschn. 3.12 Abs. 4 S. 7 i. V. m. Abschn. 6a.1 Abs. 1 S. 4 UStAE.
103 Abschn. 3.14 Abs. 1 UStAE.

Ein *innergemeinschaftliches* Reihengeschäft liegt vor, wenn zudem die Warenbewegung im Gebiet eines Mitgliedstaates beginnt und im Gebiet eines anderen Mitgliedstaates endet, unabhängig davon, welcher Nationalität die beteiligten Unternehmer angehören.

Unmittelbarkeit bedeutet dabei, dass beim Transport der Ware vom Abgangsort zum Bestimmungsort nur ein Unternehmer in der Kette die Transportverantwortung innehaben kann. Liegt diese Transportverantwortung dagegen bei mehreren an der Reihe beteiligten Unternehmern, liegt eine sog. gebrochene Beförderung oder Versendung vor, die Regelungen über das Reihengeschäft finden keine Anwendung.

Zum 01.01.2020 wurde mit Art. 36a MwStSystRL erstmalig der Begriff des Reihengeschäfts auch unionsrechtlich eingeführt. Die innergemeinschaftliche Beförderung oder Versendung eines Gegenstandes wird dabei nur einer der Lieferungen zugeordnet, nur diese Lieferung kommt in den Genuss der für innergemeinschaftliche Lieferungen vorgesehenen Steuerbefreiung. Die anderen Lieferungen in der Reihe sind als unbewegte Lieferungen im Land des Beginns oder des Endes der Beförderung umsatzsteuerpflichtig und können die mehrwertsteuerpflichtige Registrierung des Lieferers im Mitgliedstaat der Lieferung erforderlich machen.

Bei Lieferungen vom Inland in das übrige Gemeinschaftsgebiet liegt folglich durch einen Abnehmer in der Reihe ein innergemeinschaftlicher Erwerb vor. Dabei ist zu beachten, dass nur eine innergemeinschaftliche Lieferung und damit korrespondierend nur ein innergemeinschaftlicher Erwerb vorliegen kann.[104] Nach dem System der Umsatzsteuer im Binnenmarkt muss eine innergemeinschaftliche Lieferung stets mit einem innergemeinschaftlichen Erwerb einhergehen.[105]

Hinweis:

Eine ausführliche Darstellung der innergemeinschaftlichen Reihengeschäfte findet sich in Kapitel D.

---

d) Innergemeinschaftliche Dreiecksgeschäfte

Die Grundsätze zur Ortsbestimmung führen bei Lieferungen in der Reihe ggf. zu verfahrensrechtlichen Problemen, da sich Unternehmer in der Lieferkette nicht selten in einem anderen Mitgliedstaat umsatzsteuerlich registrieren lassen müssen. Daher wurde mit der Einführung der Regelungen zur Bestimmung des Ortes der Lieferungen im Rahmen von Reihengeschäften auch eine Sonderregelung für innergemeinschaftliche Dreiecksgeschäfte geschaffen (§ 25b UStG). Kerninhalt der Regelung ist der Übergang der Steuerschuldnerschaft vom ersten Abnehmer (Zwischenhändler) auf den letzten Abnehmer und der Wegfall

---

104 Abschn. 3.14 Abs. 2 UstAE.
105 EuGH vom 26.07.2017, C-386/16, UR 2017 S. 678.

der Besteuerung des innergemeinschaftlichen Erwerbs durch den Zwischenhändler. Die Regelung ist aber nur anwendbar bei drei beteiligten Unternehmern aus drei verschiedenen Mitgliedsländern und versagt bei anderen Konstellationen.

Hinweis:

Eine ausführliche Darstellung der innergemeinschaftlichen Dreiecksgeschäfte findet sich in Kapitel D.

---

e) Ort der Lieferung während einer Beförderungsleistung

Wird ein Gegenstand an Bord eines Schiffes, in einem Luftfahrzeug oder in einer Eisenbahn während einer **Beförderungsleistung innerhalb des Gemeinschaftsgebiets** geliefert, so gilt insoweit nach § 3e UStG eine Sonderregelung für die Ortsbestimmung dieser Lieferung. Die Vorschrift des § 3e UStG ist nur „während" einer Beförderung im Gemeinschaftsgebiet anwendbar und gilt nicht für während der Fahrt oder des Fluges im Drittlandsgebiet übergebene Gegenstände.

Nach der Regelung des § 3e UStG gilt für sämtliche Gegenstände, die während einer Beförderung im Gemeinschaftsgebiet geliefert werden, der Abgangsort des jeweiligen Beförderungsmittels im Gemeinschaftsgebiet als Ort der Lieferung (§ 3e Abs. 1 UStG). **Abgangsort** ist danach der erste Ort innerhalb des Gemeinschaftsgebiets, an dem Reisende in das Beförderungsmittel einsteigen können (§ 3e Abs. 2 S. 2 UStG). Wird eine Beförderungsleistung nur innerhalb des Gemeinschaftsgebiets erbracht, so steht allein dem Abgangsland das Besteuerungsrecht der Lieferungen zu. Für eine solche Beförderungsleistung ist insgesamt darauf abzustellen, wo der frühestmögliche Zeitpunkt überhaupt liegt, an dem Reisende in das Beförderungsmittel zusteigen können. Es kommt nicht darauf an, wo der Beginn der Beförderungsleistung für den einzelnen Reisenden liegt.

Erstreckt sich eine Beförderungsleistung auch auf das **Drittlandsgebiet** und wird ein **Zwischenaufenthalt** eingelegt, so ist die Beförderungsleistung entsprechend auf Drittlandsgebiet und Gemeinschaftsgebiet aufzuteilen (§ 3e Abs. 2 S. 1 UStG). Hin- und Rückfahrt gelten jeweils als gesonderte Beförderungsleistungen (§ 3e Abs. 2 S. 4 UStG).

Hinweis:

Hinsichtlich der Restaurationsleistungen (Verzehr an Ort und Stelle als Dienstleistung) während einer Beförderungsleistung vergleiche § 3a Abs. 3 Nr. 3 Buchst. b UStG. Bei Verpflegungsleistungen handelt sich nicht um Nebenleistungen zur Beförderungsleistung.[106]

---

106 Abschn. 3e.1 Satz 5 UStAE; BFH vom 27.02.2014, V R 14/13, BStBl 2014 II Seite 869.

II. Steuerbefreiung für innergemeinschaftliche Lieferungen

1. Überblick

a) Sinn und Zweck der Regelung

Trotz des Wegfalls der Einfuhrumsatzsteuer im Zusammenhang mit der Einführung des Europäischen Binnenmarktes hat die Europäische Gemeinschaft beim gewerblichen Warenverkehr am Bestimmungslandprinzip festgehalten, d. h., die Lieferung eines Unternehmers an einen anderen Unternehmer im übrigen Gemeinschaftsgebiet ist regelmäßig steuerfrei und vom Abnehmer im Bestimmungsland zu versteuern (§ 4 Nr. 1 Buchst. b i. V. m. § 6a Abs. 1 UStG). Da die Europäische Union die konsequente Anwendung des Ursprungslandprinzips noch ablehnt, wurde der Grundgedanke der Entlastung bei der Ausfuhr und der Belastung bei der Einfuhr auch bei innergemeinschaftlichen Lieferungen beibehalten, wenngleich sich nach dem Gesetzeswortlaut die Steuerbefreiung für „Ausfuhren" nur noch auf Lieferungen in das Drittland beziehen kann (§ 4 Nr. 1 Buchst. a i. V. m. § 6 Abs. 1 UStG). Die Regelung des § 6a UStG ersetzt im Warenverkehr mit anderen Mitgliedstaaten der EU die Steuerbefreiung für Ausfuhrlieferungen.

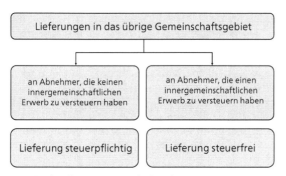

Abb. 7: Lieferungen in das übrige Gemeinschaftsgebiet
(Quelle: Eigene Darstellung)

Unschädlich ist, wenn der Gegenstand der Lieferung vor der Warenbewegung in das übrige Gemeinschaftsgebiet **be- oder verarbeitet** wird (§ 6a Abs. 1 S. 2 UStG). Der Ort, an dem diese Leistungen tatsächlich erbracht werden, kann sich im Inland, im Drittland oder im übrigen Gemeinschaftsgebiet mit Ausnahme des Bestimmungsmitgliedslands befinden. Die genannten Leistungen dürfen unter den Voraussetzungen des § 6a Abs. 1 S. 2 UStG nur von einem Beauftragten des Abnehmers erbracht werden. Erteilt der liefernde Unternehmer den Bearbeitungs- oder Verarbeitungsauftrag, ist die Ausführung dieses Auftrags ein der innergemeinschaftlichen Lieferung des Unternehmers vorgelagerter

Umsatz. Gegenstand der anschließenden Lieferung des Unternehmers ist dann der bearbeitete oder verarbeitete Gegenstand.[107]

Die Steuerbefreiung für innergemeinschaftliche Lieferungen kommt nicht in Betracht, wenn für die Lieferung des Gegenstand in das übrige Gemeinschaftsgebiet auch die Voraussetzungen der Steuerbefreiungen nach § 4 Nr. 17, 19 oder 28 UStG oder nach § 25c UStG vorliegen.[108] Diese Beurteilung hat Bedeutung für die Frage des Vorsteuerabzugs, der dann ausgeschlossen ist (§ 15 Abs. 2 UStG).

b) Gesetzliche Voraussetzungen für die Steuerbefreiung
Eine Lieferung ist im Inland steuerfrei (§ 4 Nr. 1 Buchst. b UStG), wenn

- der Gegenstand durch Beförderung oder Versendung vom Inland in das übrige Gemeinschaftsgebiet gelangt (§ 6a Abs. 1 Nr. 1 UStG), unabhängig davon, wer befördert oder versendet,
- der Abnehmer einem bestimmten Abnehmerkreis angehört (§ 6a Abs. 1 S. 1 Nr. 2 UStG); dies sind:
  - Unternehmer, die in einem anderen Mitgliedstaat für Umsatzsteuerzwecke erfasst sind und den Gegenstand für ihr Unternehmen erwerben (§ 6a Abs. 1 S. 1 Nr. 2 Buchst. a UStG) oder
  - juristische Personen, die in einem anderen Mitgliedsland für Umsatzsteuerzwecke erfasst sind und nicht Unternehmer sind oder den Gegenstand nicht für ihr Unternehmen erwerben (§ 6a Abs. 1 S. 1 Nr. 2 Buchst. b UStG) oder
  - jedermann, also auch Privatpersonen, wenn ein neues Fahrzeug erworben wird (§ 6a Abs. 1 S. 1 Nr. 2 Buchst. c UStG),
- der Erwerb des Gegenstandes im Bestimmungsland den Vorschriften über die Erwerbsbesteuerung unterliegt (§ 6a Abs. 1 S. 1 Nr. 3 UStG),
- der Abnehmer gegenüber dem Unternehmer eine ihm von einem anderen Mitgliedstaat erteilte gültige Umsatzsteuer-Identifikationsnummer verwendet hat (§ 6a Abs. 1 S. 1 Nr. 4 UStG). Diese Regelung gilt naturgemäß nur in den Fällen des § 6a Abs. 1 S. 1 Nr. 2 Buchst. a und b UStG.

Die gesetzlichen Voraussetzungen für das Vorliegen einer Steuerbefreiung sind vom Unternehmer **nachzuweisen** (§ 6a Abs. 3 UStG). Dazu gehört insbesondere der Nachweis, dass der Gegenstand ins übrige Gemeinschaftsgebiet gelangt ist, der Nachweis der Unternehmereigenschaft des Abnehmers und der unternehmerischen Verwendung des Gegenstandes durch den Abnehmer sowie der Nachweis der Verpflichtung des Abnehmers zur Erwerbsbesteuerung im übrigen Gemeinschaftsgebiet, wozu auch die Aufzeichnung der verwendeten gültigen USt-IdNr. gehört.

---

107 Abschn. 6a.1 Abs. 20 UStAE.
108 Abschn. 6a.1 Abs. 2a UStAE.

2. Der Lieferer

Die Person, die eine steuerfreie innergemeinschaftliche Lieferung bewirken kann, muss ein Unternehmer sein, der seine Umsätze nach den allgemeinen Vorschriften des Umsatzsteuergesetzes besteuert (Regelversteuerer).[109] Nur Lieferungen in der Unternehmerkette sollen nach dem Willen der Europäischen Union unter die Wechselwirkung „steuerfreie innergemeinschaftliche Lieferung/steuerpflichtiger innergemeinschaftlicher Erwerb" fallen, um eine Überprüfbarkeit überhaupt zu ermöglichen. Für Unternehmer, die nicht der Regelbesteuerung unterliegen, bestehen zwangsläufig Sonderregelungen. Auch der gelegentliche Fahrzeuglieferer i. S. d. § 2a UStG ist eine systemwidrige Besonderheit.

Soweit bei **Kleinunternehmern** die Umsatzsteuer nicht erhoben wird (§ 19 Abs. 1 S. 1 UStG), findet § 6a UStG auf ihre Lieferungen keine Anwendung. Diese Lieferungen gelten im Inland als steuerpflichtig, unabhängig davon, dass die Umsatzsteuer nicht erhoben wird. Folglich kann der Erwerber im übrigen Gemeinschaftsgebiet keinen innergemeinschaftlichen Erwerb bewirkt haben, wenn er von einem Kleinunternehmer einkauft, da schon die Lieferung an ihn steuerpflichtig war. Ausgenommen davon ist die Lieferung von neuen Fahrzeugen, denn insoweit gilt auch der Kleinunternehmer als Fahrzeuglieferer.

Auch bei **Land- und Forstwirten**, die ihre Umsätze nach Durchschnittssätzen des § 24 UStG versteuern, ist die Regelung des § 6a UStG ausgeschlossen. Die innergemeinschaftlichen Lieferungen dieser Land- und Forstwirte fallen unter die Durchschnittsbesteuerung, die innergemeinschaftlichen Lieferungen von Land- und Forstwirten i. S. d. § 24 UStG sind folglich steuerpflichtig (§ 24 Abs. 1 S. 2 UStG). Die Abgabe einer Umsatzsteuer-Voranmeldung für den Land- und Forstwirt ist zwar wegen der Durchschnittsbesteuerung nicht erforderlich,[110] der Land- und Forstwirt stellt aber im Gegensatz zum Kleinunternehmer für seine steuerpflichtige Lieferung Umsatzsteuer in Rechnung. Der Empfänger der Leistung kann sich diese in Rechnung gestellte Umsatzsteuer im Vergütungsverfahren als Vorsteuer zurückerstatten lassen, hat aber gleichwohl einen innergemeinschaftlichen Erwerb bewirkt. Daher hat der liefernde Land- und Forstwirt in der Rechnung trotz des Steuerausweises seine eigene und die USt-IdNr. des Empfängers anzugeben und eine Zusammenfassende Meldung abzugeben (§ 18a Abs. 1 S. 1 UStG).

3. Gelangen des Gegenstandes in das übrige Gemeinschaftsgebiet

a) Allgemeines zum Nachweis der Warenbewegung

aa) Nachweis des Bestimmungsorts
Die Beförderung oder Versendung des Gegenstands der Lieferung in das übrige Gemeinschaftsgebiet erfordert, dass die Beförderung oder Versendung im In-

---

109 Abschn. 6a.1 Abs. 3 UStAE.
110 OFD Erfurt vom 14. 01. 1997, DStR 1997 S. 498.

land beginnt und im Gebiet eines anderen Mitgliedstaats endet, wobei es nicht darauf ankommt, wer den Gegenstand befördert oder versendet (§ 6a Abs. 1 S. 1 Nr. 1 UStG). Es können auch Lieferungen an inländische Abnehmer steuerfrei sein, wenn der Gegenstand nachweislich in das übrige Gemeinschaftsgebiet gelangt ist, z. b. zu einer in einem anderen Mitgliedstaat gelegenen Betriebsstätte des inländischen Abnehmers.[111] Unschädlich ist, wenn der Gegenstand der Lieferung vor der Warenbewegung in das übrige Gemeinschaftsgebiet be- oder verarbeitet wird (§ 6a Abs. 1 S. 2 UStG).

Die Voraussetzungen für die Steuerbefreiung sind vom leistenden Unternehmer nachzuweisen (§ 6a Abs. 3 S. 1 UStG). Gerade der Nachweis des Bestimmungsorts ist zu führen, er ist zwingender Bestandteil der Besteuerung eines innergemeinschaftlichen Erwerbs im Rahmen des Bestimmungslandprinzips.[112] Die Begriffe des Ortes des Erhalts des Liefergegenstandes bzw. des Ortes des Endes der Beförderung des Liefergegenstandes im übrigen Gemeinschaftsgebiet in § 17b Abs. 2 S. 1 Nr. 2 Buchst. c UStDV sind dahingehend zu verstehen, dass aus den Belegen der jeweilige EU-Mitgliedstaat, in den der gelieferte Gegenstand im Rahmen der innergemeinschaftlichen Lieferung gelangt ist, und der dort belegene Bestimmungsort des Liefergegenstandes (z. B. Stadt, Gemeinde) hervorgehen. Entspricht der Ort des Erhalts des Gegenstands im übrigen Gemeinschaftsgebiet nicht den Angaben des Abnehmers, ist dies nicht zu beanstanden, wenn es sich bei dem tatsächlichen Ort um einen Ort im übrigen Gemeinschaftsgebiet handelt. Zweifel über das Gelangen des Gegenstands in das übrige Gemeinschaftsgebiet gehen aber zu Lasten des Steuerpflichtigen.[113] Für die Lieferortbestimmung nach § 3 Abs. 6 UStG muss der Abnehmer bereits bei Beginn der Versendung feststehen. Eine Versendungslieferung kann dann auch vorliegen, wenn der Liefergegenstand nach dem Beginn der Versendung für kurze Zeit in einem Auslieferungslager gelagert wird.[114]

Hinweis:

Eine Steuerbefreiung für eine innergemeinschaftliche Lieferung kommt m. E. nur in Betracht, wenn der Erwerb eines Gegenstands vom Erwerber auch im Bestimmungsland und nicht etwa in einem weiteren Mitgliedstaat der EU versteuert wird. Denn nur so kann dem Grundgedanken des Zusammenspiels von innergemeinschaftlicher Lieferung und innergemeinschaftlichem Erwerb Rechnung getragen werden.[115] Daher hat der Lieferer darauf zu achten, dass die vom Kunden verwendete USt-IdNr. mit dem Bestimmungsort (Bestimmungsland) übereinstimmt.

---

111 Abschn. 6a.1 Abs. 11 UStAE.
112 Abschn. 6a.3 Abs. 2 UStAE; BFH vom 15.02.2012, XI R 42/10, BFH/NV 2012 S. 1188; BFH vom 07.12.2006, V R 52/03, BStBl. II 2007 S. 420.
113 Abschn. 6a.3 Abs. 3 UStAE.
114 BFH vom 20.10.2016, V R 31/15, BStBl. II 2017 S. 1076.
115 BFH vom 10.08.2016, V R 45/15, BFH/NV 2016 S. 1860; Abschn. 3.12 Abs. 3 UStAE; Abschn. 1a.2 Abs. 6 UStAE.

Die Finanzverwaltung lässt dagegen die Verwendung einer anderen ausländischen USt-IdNr., die nicht vom Mitgliedstaat des Endes der Beförderung oder Versendung erteilt wurde, zu.[116] Diese Rechtsauffassung erscheint im Hinblick auf § 15 Abs. 1 S. 1 Nr. 3 UStG und die dazu ergangene Rechtsprechung bedenklich und ist abzulehnen.[117]

Beispiel:

D aus Deutschland erhält von P aus Polen den Auftrag, Baumaterial zu einer Baustelle nach Österreich zu bringen, da P dort eine Baustelle unterhält. P verwendet seine polnische USt-IdNr.

D führt grds. eine innergemeinschaftliche Lieferung aus, denn er liefert Waren von Deutschland nach Österreich (§ 6a Abs. 1 S. 1 Nr. 1 UStG). Folglich hat sein Abnehmer P einen innergemeinschaftlichen Erwerb bewirkt – in Österreich (§ 3d S. 2 UStG).

Die Lieferung des D an P ist in diesem Fall nicht nach § 6a UStG steuerfrei und folglich in Deutschland mit Umsatzsteuer abzurechnen. Eine innergemeinschaftliche Lieferung ist steuerfrei, wenn der Gegenstand der Lieferung in das übrige Gemeinschaftsgebiet gelangt (§ 6a Abs. 1 S. 1 Nr. 1 UStG). Dies ist hier der Fall, der Gegenstand gelangt nach Österreich. Die weiteren Voraussetzungen des § 6a Abs. 1 UStG sprechen übereinstimmend von einem Abnehmer, der in einem „anderen" Mitgliedstaat registriert ist und entsprechend Pflichten wahrzunehmen hat. Diese Formulierungen müssen dahingehend interpretiert werden, dass es sich bei diesem anderen Mitgliedstaat um das Bestimmungsland der Ware nach § 6a Abs. 1 S. 1 Nr. 1 UStG handelt. „Anderer" Mitgliedstaat bedeutet dabei, dass der Abnehmer nicht im Land des Beginns der Beförderung oder Versendung registriert sein muss, sondern eben im übrigen Gemeinschaftsgebiet. Und dies kann nur das Bestimmungsland sein, denn der Abnehmer hat gerade im anderen Mitgliedstaat nach § 6a Abs. 1 S. 1 Nr. 3 UStG einen innergemeinschaftlichen Erwerb zu versteuern. Folglich muss er eine gültige USt-IdNr. dieses Bestimmungsmitgliedstaates verwenden (§ 6a Abs. 1 S. 1 Nr. 4 UStG).

bb) Beleg- und Buchnachweis
Für den Nachweis des Gelangens des Gegenstands der Lieferung in das übrige Gemeinschaftsgebiet ist ein Beleg- und Buchnachweis (s. Abb. 6) zu führen (§ 6a Abs. 3 S. 2 UStG i. V. m. §§ 17a bis 17d UStDV).

---

116 Abschn. 6a.1 Abs. 19 UStAE.
117 BFH vom 01.09.2010, V R 39/08, BStBl. II 2011 S. 658; BFH vom 08.09.2010, XI R 40/08, BStBl. II 2010 S. 661.

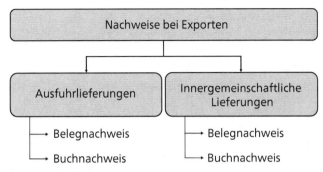

Abb. 8: Gelangensnachweis bei Exporten
(Quelle: Eigene Darstellung)

Der Nachweis ist zwingend erforderlich und so zu führen, dass er eindeutig und leicht nachprüfbar ist. Dies ist dann der Fall, wenn sich aus den Unterlagen des Unternehmens die Warenbewegung in das übrige Gemeinschaftsgebiet und der Abnehmer zweifelsfrei ergeben. Leicht nachprüfbar ist ein Nachweis, wenn ein sachkundiger Dritter mit angemessenem Zeitaufwand die nachzuweisenden Merkmale in den Unterlagen erkennen und nachvollziehen kann. Unter einem solchen Nachweis, ist ein Nachweis durch Bücher oder Aufzeichnungen in Verbindung mit Belegen zu verstehen. Der Buchnachweis verlangt daher stets mehr als den bloßen Nachweis, entweder nur durch Aufzeichnungen oder nur durch Belege. Belege werden durch die entsprechenden und erforderlichen Hinweise bzw. Bezugnahmen in den stets notwendigen Aufzeichnungen Bestandteil der Buchführung und damit des Buchnachweises, so dass beide eine Einheit bilden.[118]

Die Nachweispflichten sind **formelle**, keine materiell-rechtlichen Voraussetzungen für die Steuerbefreiung. Sie sind als **Mussvorschriften** ausgestaltet, d. h., dass in den Fällen, in denen der Unternehmer seinen Nachweispflichten überhaupt nicht nachkommt, ist davon auszugehen, dass die Voraussetzungen einer innergemeinschaftlichen Lieferung nicht erfüllt sind. Fehlende Belege oder Nachweise können aber vom Unternehmer jederzeit nachgeholt und beschafft werden, der erforderliche Belegnachweis kann bis zum Ende der mündlichen Verhandlung vor dem Finanzgericht nachgeholt werden.[119] Zudem kann in begründeten Ausnahmefällen der Nachweis in jeder denkbaren Form und allen zulässigen Belegen und Beweismitteln erfolgen, da insbesondere § 17b Abs. 2 S. 1 UStDV als beispielhafte Aufzählung gestaltet ist.[120]

---

118 Abschn. 6a.2 Abs. 1 UStAE.
119 Abschn. 6a.3 Abs. 1 S. 1 UStAE, EuGH vom 27.09.2007, C-146/05, DStR 2007 S. 1811.
120 EuGH vom 27.09.2007, C-409/04, UR 2007 S. 774.

cc) Belegvorhaltepflicht des Lieferanten

Die Verpflichtung des Unternehmers, die Voraussetzungen der Steuerbefreiung nachzuweisen, verstößt nicht gegen Unionsrecht.[121] Nach europäischem Recht kommt die Steuerbefreiung für innergemeinschaftliche Lieferungen in Betracht, wenn das Recht, wie ein Eigentümer über den Gegenstand zu verfügen, auf den Erwerber übertragen worden ist und der gelieferte Gegenstand den Liefermitgliedstaat physisch verlassen hat.[122] Weil entsprechende Grenzkontrollen fehlen, kann der Nachweis häufig nur durch Eigenbelege erbracht werden. Dabei ist es **Sache des Lieferanten**, den Nachweis dafür zu erbringen, dass die Voraussetzungen für die Steuerbefreiung erfüllt sind.[123] Der Unternehmer hat kein Recht, von seiner Finanzbehörde zu fordern, dass diese im Wege der Amtshilfe die Behörden des anderen Mitgliedstaats um Auskunft ersucht, ob die Gegenstände in dem anderen Mitgliedstaat angekommen sind oder dort als innergemeinschaftlicher Erwerb versteuert wurden. Der EuGH stellte aber auch fest, dass die MwStSystRL keine Vorschriften enthält, die sich unmittelbar mit der Frage befassen, welche Nachweise im Einzelnen zu erbringen sind. Vielmehr sei es Sache der Mitgliedstaaten, diese Bedingungen selbst festzulegen. Dabei sind aber die Grundsätze der Rechtssicherheit, der Verhältnismäßigkeit und der steuerlichen Neutralität zu beachten.

Der Grundsatz der **Rechtssicherheit** verbietet es, dass ein Mitgliedstaat einen Lieferanten im Nachhinein wegen eines vom Erwerber begangenen Betrugs mit Mehrwertsteuer belastet, nachdem er zunächst die vom Lieferanten als Nachweise für das Recht auf Steuerbefreiung vorgelegten Unterlagen akzeptiert hat. Nach dem Grundsatz der **Verhältnismäßigkeit** müssen sich die Mitgliedstaaten solcher Mittel bedienen, die es zwar erlauben, das verfolgte Ziel zu erreichen, die jedoch die Ziele der Regelungen nicht beeinträchtigen. Die einzelnen Maßnahmen dürfen also nicht über das hinausgehen, was zur Erreichung dieser Ziele erforderlich ist. Der Grundsatz der **Neutralität** schließlich verbietet es, gleichartige Leistungen unterschiedlich zu behandeln. Hat der Lieferer alle ihm zur Verfügung stehenden zumutbaren Maßnahmen ergriffen, um sicher zu stellen, dass die von ihm vorgenommene innergemeinschaftliche Lieferung wirksam wird, darf er für diese Lieferung später nicht mit Mehrwertsteuer belastet werden, wenn sich die Beweise als falsch herausstellen, jedoch nicht erwiesen ist, dass er an der Steuerhinterziehung des Erwerbers beteiligt war.[124] Die Behörden dürfen das Risiko eines betrügerischen Erwerbers nicht auf einen gutgläubigen Lieferanten übertragen. Damit bestätigt der EuGH de facto den Regelungsgehalt des § 6a Abs. 4 UStG, der einen Gutglaubensschutz für den Lieferanten formuliert.

---

121 BFH vom 08.11.2007, V R 26/05, BStBl 2009 II S. 49 und V R 71/05, BStBl 2009 II S. 52.
122 EuGH vom 27.09.2007, C-409/04, UR 2007 S. 774.
123 EuGH vom 27.09.2007, C-184/05, UR 2007 S. 782; Abschn. 6a.2 Abs. 3 UStAE.
124 EuGH vom 27.09.2007, C-409/04, UR 2007 S. 774.

Hinweis:

Auch wenn fehlende Belege oder Nachweise vom Unternehmer jederzeit nachgeholt werden können,[125] ist in der Praxis eine frühzeitige Beweisvorsorge angeraten, denn eine spätere Beschaffung von Beweismitteln ist nicht ganz risikolos, da regelmäßig der ausländische Abnehmer in diese Beschaffung eingebunden werden muss. In Betrugsfällen dürfte dieser nachträgliche Nachweis in aller Regel unmöglich sein.

Bei der sog. **gebrochenen Beförderung oder Versendung** eines Gegenstands durch mehrere Beteiligte ist für die Annahme der Steuerbefreiung einer innergemeinschaftlichen Lieferung unschädlich, wenn der Abnehmer zu Beginn des Transports feststeht und der Transport ohne nennenswerte Unterbrechung erfolgt. Der liefernde Unternehmer muss nachweisen, dass ein zeitlicher und sachlicher Zusammenhang zwischen der Lieferung des Gegenstands und seiner Beförderung oder Versendung sowie ein kontinuierlicher Ablauf dieses Vorgangs gegeben sind.[126] Die Erklärung eines innergemeinschaftlichen Erwerbs durch einen Abnehmer in der Mehrwertsteuererklärung seines Landes ist allenfalls Indiz, nicht aber Nachweis dafür, dass ein Gegenstand das Inland physisch verlassen hat.

dd) Gelangensbestätigung oder andere Alternativnachweise

Das Gelangen des Liefergegenstandes in das übrige Gemeinschaftsgebiet muss sich aus den Belegen **eindeutig und leicht nachprüfbar** ergeben (§ 17b Abs. 1 S. 2 UStDV). Als eindeutig und leicht nachprüfbar gilt dabei insbesondere die sog. **Gelangensbestätigung** (§ 17b Abs. 2 S. 1 Nr. 2 UStDV).

Der Unternehmer muss aber den Belegnachweis nicht zwingend mit einer Gelangensbestätigung führen, die Gelangensbestätigung ist nur eine mögliche Form des Belegnachweises, mit dem das Gelangen des Gegenstands in das übrige Gemeinschaftsgebiet nachgewiesen werden kann.[127] Eine ordnungsgemäße Gelangensbestätigung ist von der Finanzverwaltung stets als Nachweis anzuerkennen, selbst wenn sich später herausstellt, dass dieser Nachweis vom Abnehmer fehlerhaft erstellt wurde.[128]

Macht der Unternehmer von dieser Vereinfachung keinen Gebrauch oder ist die Gelangensbestätigung nicht ordnungsgemäß ausgefüllt, sind auch andere Nachweise möglich, da § 17b Abs. 2 S. 1 UStDV nur eine beispielhafte Aufzählung enthält *(„insbesondere")*. So enthält bereits § 17b UStDV weitere Nachweismöglichkeiten (§ 17b Abs. 3 UStDV), darüber hinaus kann der Unternehmer nach der Rechtsprechung den entsprechenden Nachweis mit allen anderen

---

125 EuGH vom 27.09.2007, C-146/05, DStR 2007 S. 1811; Abschn. 6a.3 Abs. 1 S. 1 UStAE.
126 Abschn. 6a.1 Abs. 8 UStAE.
127 Abschn. 6a.2 Abs. 6 UStAE.
128 Abschn. 6a.2 Abs. 8 UStAE.

zulässigen Belegen und Beweismitteln erbringen.[129] De facto ist daher ein Belegnachweis alternativ wie folgt zu führen:

– Durch eine Gelangensvermutung (problemlos in den Fällen der Versendung durch den Unternehmer möglich, in den Fällen der Beförderung durch den Unternehmer oder der Beförderung oder Versendung durch den Abnehmer nahezu unmöglich, da diese Belege kaum vorhanden sind) oder

– durch eine Gelangensbestätigung (in allen Fällen der Beförderung oder Versendung möglich) oder

– durch eine Spediteurbescheinigung (naturgemäß nur in den Fällen der Versendung möglich) oder

– durch Anwendung einer Generalklausel letztlich auf jede andere zulässige Art und Weise, die eine Ankunft des gelieferten Gegenstands im Bestimmungsland belegen kann.

Dem Unternehmer steht frei, den Belegnachweis mit allen geeigneten Belegen und Beweismitteln zu führen, aus denen sich das Gelangen des Liefergegenstandes in das übrige Gemeinschaftsgebiet an den umsatzsteuerrechtlichen Abnehmer in der Gesamtschau nachvollziehbar glaubhaft ergibt.

Hinweis:

Die gesetzlichen Erleichterungen der Nachweisregelungen in § 17b Abs. 3 Nr. 1 und Nr. 2 UStDV greifen nur in Versendungsfällen, nicht aber in den Fällen der Beförderung durch den Unternehmer oder Abnehmer. In den Fällen, in denen der Unternehmer selbst den Gegenstand zum Abnehmer befördert oder der Abnehmer den Gegenstand beim Lieferer abholt, fordert der Verordnungsgeber zwingend eine Gelangensbestätigung. Zwar können sowohl die in § 17b Abs. 2 UStDV geforderte Gelangensbestätigung als auch die in § 17b Abs. 3 UStDV geforderten Belege nach der Generalklausel in § 17b Abs. 2 S. 1 UStDV gleichwohl wieder durch andere Beweismittel ersetzt werden. Gerade aber in den sog. Abholfällen ist es in der Praxis sehr schwierig, andere Nachweise nachträglich zu erbringen, in Missbrauchsfällen geradezu unmöglich.[130] Der EuGH entschied zwar, dass der Nachweis, dass der Gegenstand in das übrige Gemeinschaftsgebiet gelangt ist, jederzeit auch nachträglich erbracht werden kann, dabei ist aber zwangsläufig eine spätere Zusammenarbeit mit dem Abnehmer erforderlich. Obwohl der Gesetzgeber unerklärlicherweise im Rahmen der Gelangens*vermutung* verlangt, dass diese in Abholfällen spätestens am zehnten Tag des auf die Lieferung folgenden Monats vorliegen muss (§ 17a Abs. 1 Nr. 2 Buchst. a UStDV), kann eine Gelangens*bestätigung* als Nachweis des Gelangens des Gegenstands in einen anderen Mitgliedstaat jederzeit und damit sogar rückwirkend erfolgen.

---

129 EuGH vom 27.09.2007, C-409/04, UR 2007 S. 774; BFH vom 06.12.2007, V R 59/03, BStBl. II 2009 Seite 57; Abschn. 6a.2 Abs. 6 UStAE.

130 EuGH vom 27.09.2007, C-146/05, DStR 2007 S. 1811.

ee) Folgen eines fehlenden Belegnachweises

Liegen dem liefernden Unternehmer Belege der in § 17b Abs. 2 oder 3 UStDV genannten Art nicht vor und kann der Unternehmer den Nachweis der Steuerbefreiung auch nicht mit anderen Belegen oder Beweismitteln führen (§ 17b Abs. 2 S. 1 UStDV), ist die Lieferung ausnahmsweise gleichwohl steuerfrei, wenn objektiv zweifelsfrei feststeht, dass der Gegenstand in das übrige Gemeinschaftsgebiet gelangt ist.[131] Ein Nachweis muss daher nicht geführt werden, wenn eine Finanzbehörde aus dem übrigen Gemeinschaftsgebiet das Gelangen des Gegenstandes bestätigt und nur Zweifel an seiner weiteren zutreffenden steuerlichen Behandlung bestehen.[132]

So ist auch die Lieferung *verbrauchsteuerpflichtiger* Waren steuerfrei, wenn der Lieferer alle ihm zumutbaren Maßnahmen ergriffen hat, die belegen können, dass der Erwerber ein Steuerpflichtiger ist, der bei dem betreffenden Vorgang als solcher gehandelt hat.[133]

Erweisen sich die vom Unternehmer aufgezeichneten Nachweisangaben als unzutreffend oder bestehen zumindest berechtigte Zweifel an der inhaltlichen Richtigkeit seiner Angaben, die der Unternehmer nicht nach allgemeinen Beweisregeln ausräumen kann, ist die Lieferung steuerpflichtig.

Eine Steuerbefreiung kommt unabhängig davon auf keinen Fall in Betracht, wenn die unrichtige Nachweisführung dazu dient, die Identität des Abnehmers der innergemeinschaftlichen Lieferung zu verschleiern, um diesem im Bestimmungsmitgliedstaat eine Mehrwertsteuerhinterziehung zu ermöglichen.[134]

Entscheidend ist nicht die Verwendung eines bestimmten Vordrucks oder bestimmter Formulare. Die Aufzeichnung des Namens und der Anschrift des Ausstellers eines Nachweisbelegs und ein Bezug zu einer konkreten Lieferung sind jedoch Mindestanforderungen an die Nachweisfunktion eines Belegs. So kommt einem Beleg, der weder selbst noch durch Verbindung mit anderen Unterlagen den Namen und die Anschrift des Ausstellers und des Bestimmungsorts erkennen lässt und der darüber hinaus keinen Zusammenhang zu der Lieferung, auf die er sich beziehen soll, aufweist, kein Beweiswert zu, zumal die Belegangaben dann nicht leicht und eindeutig nachprüfbar sind.[135]

Hinsichtlich des Belegnachweises sollte man in der Praxis unterscheiden, ob der Gegenstand durch Einschaltung eines selbständigen Frachtführers versendet wird oder ob der Unternehmer oder der Abnehmer den Liefergegenstand selbst in das übrige Gemeinschaftsgebiet befördert:

---

131 BFH vom 06.12.2007, V R 59/03, BStBl. II 2009 S. 57; BFH vom 26.09.2019, V R 38/18, DStR 2019 S. 2579; Abschn. 6a.2 Abs. 3 S. 5 UStAE.
132 Abschn. 6a.2 Abs. 4 UStAE.
133 BFH vom 21.01.2015, XI R 5/13, BStBl. II 2015 S. 724.
134 EuGH vom 07.12.2010, C-285/09, BStBl. II 2011 S. 846; BFH vom 17.02.2011, V R 30/10, BStBl. II 2011 S. 769; BFH vom 14.12.2011, XI R 33/10, BFH/NV 2012 S. 1009; BVerfG vom 16.06.2011, 2 BvR 542/09, DStRE 2012 S. 379; Abschn. 6a.2 Abs. 3 UStAE.
135 BFH vom 12.05.2009, V R 65/06, BStBl. II 2010 S. 511.

- Versendungsfälle, in denen der Gegenstand der Lieferung durch einen vom Unternehmer beauftragten, selbstständigen Dritten transportiert wird,
- Beförderungsfälle, in denen der Unternehmer selbst den Transport des Gegenstandes vornimmt,
- Versendungsfälle, in denen der Gegenstand der Lieferung durch einen vom Abnehmer beauftragten, selbstständigen Dritten transportiert wird,
- Beförderungsfälle, in denen der Abnehmer selbst den Transport des Gegenstandes durchführt.

ff) Doppel der Rechnung

Darüber hinaus hat der Unternehmer ein Doppel der Rechnung aufzubewahren (§ 17b Abs. 2 S. 1 Nr. 1 UStDV). Eine Vielzahl der erforderlichen Angaben können in der Praxis regelmäßig durch die Gestaltung der Rechnung sowie eines Lieferscheins erbracht werden. Der in § 14 Abs. 4 S. 1 Nr. 8 UStG geforderte Hinweis auf eine Steuerbefreiung in der Rechnung ist für die Inanspruchnahme der Steuerbefreiung nicht zwingend im Wortlaut erforderlich. Es reicht aus, wenn sich dieser Hinweis eindeutig und zweifelsfrei aus der Zusammenschau der Rechnung mit ihr beigefügten Anlagen oder Unterlagen ergibt.[136] Wenn die Voraussetzungen des § 6a UStG vorliegen und die Nachweise der Steuerbefreiung ansonsten erbracht werden, steht eine fehlerhafte Rechnung als einziger Mangel der Inanspruchnahme der Steuerbefreiung nicht entgegen.[137] Mit einer Rechnung, die nicht auf die Steuerbefreiung hinweist, und einer nicht gegenüber dem liefernden Unternehmer abgegebenen Verbringenserklärung, die den Unternehmer auch nicht namentlich bezeichnet, kann der Belegnachweise nach § 17a UStDV allerdings nicht geführt werden, da der Gesamtzusammenhang der Unterlagen nicht ohne Weiteres hergestellt werden kann.[138]

b) Gelangensvermutung

Zum 01.01.2020 wurde für den Nachweis einer innergemeinschaftlichen Warenbewegung in Art. 45a MwStVO ein **EU-einheitlicher Rahmen** gesetzt und eine Vermutungsregelung mit Vertrauensschutzcharakter sowie einheitliche Inhalte für eine **Abnehmerbestätigung** eingeführt.[139]

Dazu werden widerlegbare Vermutungen genannt, die gelieferte Ware gilt hiernach im Rahmen der Beförderung oder Versendung als über die EU-Grenze gelangt, wenn der Lieferer im Besitz verschiedener, nunmehr gesetzlich genannter Handelsdokumente ist. Diese Nachweisregeln ergeben sich bereits un-

---

136 BFH vom 26.11.2014, XI R 37/12, BFH/NV 2015 S. 358.
137 BFH vom 15.02.2012, XI R 24/09, BStBl. II 2013 S. 712; BFH vom 30.03.2006, V R 47/03, BStBl. II 2006 S. 634; BFH vom 01.02.2007, V R 41/04, DStR 2007 S. 754.
138 BFH vom 14.11.2012, XI R 8/11, BFH/NV 2013 S. 596; BFH vom 12.05.2011, V R 46/10, BStBl. II 2011 S. 957.
139 Durchführungsverordnung (EU) 2018/1912 des Rates vom 04.12.2018 zur Änderung der Durchführungsverordnung (EU) Nr. 282/2011 hinsichtlich bestimmter Befreiungen bei innergemeinschaftlichen Lieferungen, ABl. EU 2018 Nr. L 311 S. 10.

mittelbar aus Art. 45a MwStVO als auch in Deutschland unmittelbar geltendes Recht, gleichwohl hat der deutsche Gesetzgeber diese *„zum Zweck einer besseren Verständlichkeit dieser Bestimmungen und zum Zweck einer besseren Rechtsanwendung"* in § 17a UStDV übernommen.

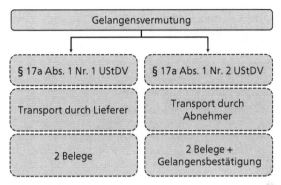

Abb. 9: Gelangensvermutung
(Quelle: Eigene Darstellung)

Bei der Gelangensvermutung wird unterschieden zwischen der Nachweisführung beim Transport der Gegenstände durch den Lieferer (§ 17a Abs. 1 Nr. 1 UStDV entspricht Art. 45a Abs. 1 Buchst. a MwStVO) oder beim Transport der Gegenstände durch den Abnehmer (§ 17a Abs. 1 Nr. 2 UStDV entspricht Art. 45a Abs. 1 Buchst. b MwStVO).[140] In Lieferfällen mit Transportveranlassung durch den Lieferer ist eine Kombination aus zwei, in Lieferfällen mit Transportveranlassung durch den Abnehmer ist eine Kombination aus drei Belegen erforderlich.

Beispiel:

D aus Deutschland verschickt eine Ware an den Abnehmer I nach Italien mit einem von ihm beauftragten Frachtführer. Er ist im Besitz eines unterzeichneten CMR-Frachtbriefs als Nachweis für die innergemeinschaftliche Lieferung.

Der CMR-Frachtbrief reicht allein für die Anwendung der Gelangensvermutung nicht aus. Allerdings ist dieser Beleg i. S. d. § 17a Abs. 2 Nr. 1 UStDV (Art. 45a Abs. 3 Buchst. a MwStSystRL) in Kombination mit weiteren Nachweisen, z. B. mit einem Kontoauszug der Bank über die Bezahlung des Frachtführers als Beleg i. S. d. § 17a Abs. 2 Nr. 2 Buchst. a UStDV (Art. 45a Abs. 3 Buchst. b MwStSystRL) in der Summe ausreichend, um gesetzlich zu unterstellen, dass die Ware auch nach Italien verbracht wurde (§ 17a Abs. 1 Nr. 1 UStDV, Art. 45a Abs. 1 Buchst. a MwStSystRL).

---

140 Abschn. 6a.3a Abs. 1 UStAE.

Hätte I die Ware in Deutschland selbst abgeholt, ginge die Gelangensvermutung ohne Mithilfe des I ins Leere, da D die im Gesetz genannten Belege selbst gar nicht haben kann und folglich I ihm diese zur Verfügung stellen müsste. Darüber hinaus benötigt D noch eine Bestätigung des Abnehmers I über die Tatsache, dass der Gegenstand in Italien angekommen ist (§ 17a Abs. 1 Nr. 2 Buchst. a UStDV bzw. Art. 45a Abs. 1 Buchst. b Nr. i MwStVO). Hat D aber eine solche Bestätigung des Abnehmers, liegt nach deutschem Recht regelmäßig ein Gelangens**nachweis** vor (§ 17b Abs. 2 S. 1 Nr. 2 UStDV), die Regelungen über die Gelangens**vermutung** ist daher obsolet.

Hinweis:

Erforderlich ist für die Gelangensvermutung, dass jeweils Belege von zwei voneinander unabhängigen Personen vorgelegt werden können, wobei Verkäufer und Käufer nicht als Beteiligte an der Erstellung dieser Belege anzusehen sind. In Abholfällen hat der Erwerber zusätzlich eine Abnehmerbestätigung bzw. Gelangensbestätigung zu erstellen. Allein ist diese Gelangensbestätigung aber im Rahmen des § 17a UStDV nicht ausreichend.

Art. 45a MwStVO ist völlig misslungen, folglich auch die Regelung in § 17a UStDV, die der Gesetzgeber fast wörtlich aus der Verordnung übernommen hat. De facto ist die Vermutungs- und damit die Vereinfachungsregelung nur problemlos anwendbar, wenn der Unternehmer einen Frachtführer oder einen Spediteur mit dem Transport der Ware zum Abnehmer beauftragt hat. In allen anderen Fällen ist er häufig gar nicht in der Lage, die gesetzlich normierten Belege zu erbringen, weil sie schlicht nicht existieren oder sich nicht in seinem Besitz befinden.

Zu beachten ist dabei aber, dass es sich bei Art. 45a MwStVO bzw. § 17a UStDV lediglich um Vermutungsregelungen handelt, die dem Lieferer Vertrauensschutz einräumen sollen. Sie bestehen aber neben den nationalen Nachweisregelungen insbesondere in § 17b UStDV unabhängig.

---

c) Gelangensnachweis

aa) Nachweis vor Vermutung
Die Gelangensvermutung i. S. d. § 17a UStDV ist in der Praxis immer dann problemlos einschlägig, wenn der leistende Unternehmer die Ware durch einen selbstständigen Frachtführer oder eine Spedition transportieren lässt, da die dort geforderten Belege regelmäßig vom leistenden Unternehmer vorgehalten werden.

Hinweis:

Offenbar hat der Gesetzgeber bei Schaffung der Gelangensvermutung übersehen, dass bei anderen Transportwegen (Befördern mit eigenem Lkw durch den Unternehmer, Befördern oder Versenden durch den Abnehmer)

---

die geforderten Belege in dieser Summe gar nicht vorgehalten werden (können). Daher kommt dem Gelangensnachweis nach § 17b UStDV auch über den 31. 12. 2019 in der Praxis erhebliche Bedeutung zu.

Zudem sollte man als Praktiker den Fehler des Gesetzgebers, zunächst mit einer Vermutung (§ 17a UStDV) und ersatzweise (!) mit Nachweisen (§ 17b UStDV) zu arbeiten, nicht wiederholen und dem Gelangensnachweis in § 17b UStDV erhöhte Aufmerksamkeit schenken. Gerade die Gelangensbestätigung oder die Spediteurbescheinigung bieten der Wirtschaft unionskonforme anderweitige Nachweismöglichkeiten.

Bei Erfüllung der Voraussetzungen des § 17b UStDV gilt der Belegnachweis stets als erbracht, denn der Unternehmer kann den Nachweis entweder nach § 17a oder nach § 17b UStDV führen.[141]

Besteht keine Vermutung nach § 17a Abs. 1 UStDV, hat der Unternehmer bei innergemeinschaftlichen Lieferungen durch Belege nachzuweisen, dass er oder der Abnehmer den Gegenstand der Lieferung in das übrige Gemeinschaftsgebiet befördert oder versendet hat (§ 17b Abs. 1 S. 1 UStDV). Als eindeutig und leicht nachprüfbar gilt folgende Nachweisführung für das Gelangen des Gegenstandes in das übrige Gemeinschaftsgebiet (§ 17b Abs. 2 S. 1 UStDV):[142]

– durch das **Doppel der Rechnung** (§ 17b Abs. 2 S. 1 Nr. 1 UStDV) und
– durch eine **Bestätigung des Abnehmers,** dass der Gegenstand der Lieferung in das übrige Gemeinschaftsgebiet gelangt ist (§ 17b Abs. 2 S. 1 Nr. 2 UStDV).

bb) Inhalt der Gelangensbestätigung

Die Gelangensbestätigung muss dabei in Verbindung mit dem Doppel der Rechnung einen **Zusammenhang zu der Lieferung,** auf die sich die Bestätigung bezieht, erkennen lassen.

Das Gelangen in den Bestimmungsmitgliedstaat ist regelmäßig durch eine entsprechende Bestätigung des Abnehmers über das Gelangen des Liefergegenstands in das übrige Gemeinschaftsgebiet nachzuweisen (§ 17b Abs. 2 S. 1 Nr. 2 UStDV). Diese Art der Nachweisführung gilt stets als eindeutig und leicht nachprüfbar im Sinne des Gesetzes, unabhängig davon, ob der Unternehmer oder der Abnehmer den Liefergegenstand über einen selbstständigen Dritten versenden lassen oder ob der Unternehmer oder der Abnehmer den Gegenstand der Lieferung jeweils selbst befördern will. Führt der Unternehmer den Nachweis mit der Gelangensbestätigung, gilt dieser Belegnachweis als für die Finanzverwaltung eindeutig und leicht nachprüfbar. Weitere Nachweise sind dann nicht erforderlich.

Die Gelangensbestätigung i. S. d. § 17b Abs. 2 Nr. 2 UStDV ist so ausgestaltet, dass sie nur die für das Gelangen des Liefergegenstands in das übrige Gemeinschaftsgebiet erforderlichen Anforderungen enthält:

---

141 Abschn. 6a.2 Abs. 6 UStAE.
142 Abschn. 6a.4 Abs. 1 UStAE.

- Name und Anschrift des Abnehmers,
- handelsübliche Bezeichnung und Menge des Liefergegenstandes,
- im Fall der Beförderung/Versendung durch den Unternehmer oder der Versendung durch den Abnehmer der Ort und der Monat des Erhalts des gelieferten Gegenstandes im übrigen Gemeinschaftsgebiet, bzw. im Fall der Beförderung des Gegenstandes durch den Abnehmer der Ort und der Monat der Beendigung der Beförderung des Gegenstandes im übrigen Gemeinschaftsgebiet,
- Ausstellungsdatum der Bestätigung,
- Unterschrift des Abnehmers oder eines von ihm zur Abnahme Beauftragten.

Die Gelangensbestätigung muss u. a. die **Unterschrift** des Abnehmers enthalten. Auch ein vom Abnehmer zu Abnahme des Liefergegenstands Beauftragter kann die Gelangensbestätigung unterschreiben. Dies kann z. B. ein selbstständiger Lagerhalter sein, der für den Abnehmer den Liefergegenstand entgegennimmt, ein anderer Unternehmer, der mit der Warenannahme beauftragt wurde, oder in einem Reihengeschäft der tatsächlich (letzte) Abnehmer. Die Unterschrift des Abnehmers kann auch von einem Arbeitnehmer des Abnehmers geleistet werden. Sofern an der Vertretungsberechtigung für das Leisten der Unterschrift des Abnehmers im konkreten Fall Zweifel bestehen, ist der Nachweis der Vertretungsberechtigung zu führen. Ein mit dem Warentransport beauftragter selbstständiger Dritter kann für Zwecke der Gelangensbestätigung nicht zur Abnahme der Ware beauftragt sein.[143]

Hinweis:

Die Vorlage einer schriftlichen Vollmacht zum Nachweis einer Abholberechtigung für den eigentlichen Abnehmer zählt nicht zu den zwingenden Erfordernissen eines ordnungsgemäßen Belegnachweises.[144] Die Finanzverwaltung hat jedoch stets die Möglichkeit, diesen Nachweis zu überprüfen, wovon sie aber nur beim Vorliegen konkreter Zweifel Gebrauch machen soll.[145] Es empfiehlt sich für den Praktiker, eine solche Vollmacht zu verlangen, denn kennt der Unternehmer bereits die Identität des Abnehmers nicht, ist die innergemeinschaftliche Lieferung ggf. an den vollmachtlosen Vertreter als Abnehmer steuerpflichtig.[146]

Bei einer **elektronischen Übermittlung** der Gelangensbestätigung ist eine Unterschrift nicht erforderlich, sofern erkennbar ist, dass die elektronische Übermittlung im Verfügungsbereich des Abnehmers oder des Beauftragten begonnen hat (§ 17b Abs. 2 S. 1 Nr. 2 Buchst. e S. 2 UStDV). Dies bedeutet z. B. für den Fall der Übermittlung einer Gelangensbestätigung per E-Mail, dass ihr

---

143 Abschn. 6a.4 Abs. 2 UStAE.
144 BFH vom 12.05.2009, V R 65/06, BStBl 2010 II S. 511.
145 Abschn. 6a.4 Abs. 2 UStAE.
146 Abschn. 6a.7 Abs. 5 UStAE; BFH vom 25.04.2013, V R 28/11, BStBl 2013 II S. 656.

entnommen werden kann, dass sie aus dem Verfügungsbereich des Abnehmers oder dessen Beauftragten heraus abgesendet wurde.[147] Von der Erkennbarkeit des Beginns der elektronischen Übermittlung im Verfügungsbereich des Abnehmers ist insbesondere auszugehen, wenn bei der elektronischen Übermittlung der Gelangensbestätigung keine begründeten Zweifel daran bestehen, dass die Abgaben dem Abnehmer zugerechnet werden können (z. B. Absenderangabe und Datum der Erstellung der E-Mail im sog. Header-Abschnitt der Mail, Nutzung einer im Zusammenhang mit dem Abschluss oder der Durchführung des Liefervertrags bekannt gewordenen E-Mail-Adresse). Eine bei der Übermittlung der Gelangensbestätigung verwendete E-Mail-Adresse muss dem liefernden Unternehmer nicht bereits vorher bekannt gewesen sein. Für die Erkennbarkeit des Übermittlungsbeginns im Verfügungsbereich des Abnehmers ist es unschädlich, wenn die E-Mail-Adresse eine Domain enthält, die nicht auf den Ansässigkeitsmitgliedstaat des Abnehmers oder auf den Bestimmungsmitgliedstaat der Lieferung hinweist.[148]

Die Gelangensbestätigung kann auf **elektronischem Weg**, z. B. der E-Mail, ggf. mit PDF- oder Textanhang, per Computer-Telefax oder Fax-Server, per Web-Download oder im Wege des elektronischen Datenaustauschs (EDI) übermittelt werden. Eine wirksame Übermittlung ist auch dann möglich, wenn der Ort der elektronischen Übermittlung nicht mit dem Bestimmungsort des Liefergegenstands übereinstimmt. Eine auf elektronischem Weg erhaltene Gelangensbestätigung kann nach Auffassung der Finanzverwaltung für umsatzsteuerliche Zwecke auch in ausgedruckter Form aufbewahrt werden.[149]

Hinweis:

Wird die Gelangensbestätigung per Mail übersandt, sollte ungeachtet dessen auch die Mail archiviert werden, um den Nachweis der Herkunft des Dokuments später vollständig führen zu können.

Die Gelangensbestätigung kann aber auch als **Sammelbestätigung** ausgestellt werden (§ 17b Abs. 2 S. 2 UStDV). In der Sammelbestätigung können Umsätze aus bis zu einem Quartal zusammengefasst werden, es ist nicht erforderlich, die Gelangensbestätigung für jeden einzelnen Liefergegenstand auszustellen. Die Sammelbestätigung nach einem Quartal ist auch bei der Pflicht zur monatlichen Übermittlung von USt-Voranmeldungen zulässig.[150]

Die Gelangensbestätigung kann in jeder die erforderlichen Angaben enthaltenden Form erbracht werden. Sie kann auch aus **mehreren Dokumenten** bestehen, aus denen sich die geforderten Angaben insgesamt ergeben. Die Bestätigung muss sich also nicht zwingend aus einem einzigen Beleg ergeben. Sie kann

---

147 Abschn. 6a.4 Abs. 3 UStAE.
148 Abschn. 6a.4 Abs. 3 UStAE.
149 Abschn. 6a.4 Abs. 6 UStAE.
150 Abschn. 6a.4 Abs. 4 UStAE.

z. B. auch aus einer Kombination des Lieferscheins mit einer entsprechenden Bestätigung über den Erhalt des Liefergegenstands bestehen. Die Gelangensbestätigung kann auch aus einer Kopie der Rechnung über die innergemeinschaftliche Lieferung, ergänzt um die weiteren erforderlichen Angaben, bestehen. In den Fällen der Versendung des Liefergegenstands durch den Unternehmer oder durch den Abnehmer können die Angaben der Gelangensbestätigung auch auf einem Versendungsbeleg enthalten sein.[151]

Hinweis:

Eine Gelangensbestätigung, die dem Muster des Umsatzsteuer-Anwendungserlasses entspricht (Anlagen 1–3 UStAE), ist stets als Beleg i. S. d. § 17b Abs. 2 S. 1 Nr. 2 UStDV anzuerkennen.[152] Das Muster der Finanzverwaltung ist kein amtlich vorgeschriebener Vordruck, sondern soll lediglich verdeutlichen, welche Angaben für eine Gelangensbestätigung erforderlich sind. Sinnvoll ist sicherlich eine mehrsprachige Bestätigung.

Bei **Fahrzeugen** im Sinne des § 1b UStG muss die Bestätigung zudem die Fahrzeug-Identifikationsnummer enthalten.[153] Mit einer Bescheinigung des Kraftfahrt-Bundesamts, wonach ein vorgeblich innergemeinschaftlich geliefertes Fahrzeug nicht in Deutschland für den Straßenverkehr zugelassen ist, kann der Nachweis, dass ein Fahrzeug in das übrige Gemeinschaftsgebiet befördert worden ist, allein nicht geführt werden.[154]

d) Möglichkeit des Nachweises durch andere Belege bei Versendung durch den Unternehmer

In § 17b Abs. 3 UStDV sind die Belege aufgeführt, mit denen der Unternehmer **anstelle der Gelangensbestätigung** den Nachweis der Steuerbefreiung einer innergemeinschaftlichen Lieferung ebenfalls führen kann. Führt der Unternehmer den Nachweis über die hier genannten Belege, gelten diese für die Finanzverwaltung als eindeutig und leicht nachprüfbare Nachweise.[155]

In den Fällen der Versendung durch einen selbständigen Dritten kann der Nachweis, dass der Gegenstand in das übrige Gemeinschaftsgebiet gelangt ist, auch durch einen **Versendungsbeleg** erbracht werden, insbesondere durch einen handelsrechtlichen Frachtbrief, der vom Auftraggeber des Frachtführers unterzeichnet ist und der eine Unterschrift des Empfängers als Bestätigung des Erhalts des Gegenstandes der Lieferung enthält (§ 17b Abs. 3 S. 1 Nr. 1 Buchst. a UStDV). Entsprechendes gilt für ein Konnossement oder Doppelstücke des Frachtbriefs oder Konnossements.[156] Die Unterschrift eines zur Besorgung des

---

151 Abschn. 6a.4 Abs. 5 UStAE.
152 Abschn. 6a.4 Abs. 5 S. 6 UStAE.
153 Abschn. 6a.3 Abs. 1 S. 3 UStAE.
154 Abschn. 6a.3 Abs. 2 UStAE.
155 Abschn. 6a.2 Abs. 8 UStAE, Abschn. 6a.5 Abs. 1 UStAE.
156 Abschn. 6a.5 Abs. 1 UStAE.

Warentransports eingeschalteten Dritten ist nicht erforderlich. Ist der Versendungsbeleg ein Frachtbrief (z. B. CMR-Frachtbrief),[157] muss dieser vom Absender als Auftraggeber des Frachtführers, also dem Versender des Liefergegenstandes, unterzeichnet sein.[158] Der Auftraggeber kann hierbei von einem Dritten vertreten werden (z. B. Lagerhalter). Auf die eigenhändige Unterschrift des mit der Beförderung beauftragten Frachtführers kann verzichtet werden, wenn die zuständige Landesfinanzbehörde die Verwendung eines Unterschriftstempels oder einen Auftrag im Namen der verantwortlichen Person genehmigt hat.[159]

Der Belegnachweis kann auch mit einem anderen handelsüblichen Beleg geführt werden (§ 17b Abs. 3 S. 1 Nr. 1 Buchst. b UStDV). Als anderer handelsüblicher Beleg gilt insbesondere eine **Bescheinigung des beauftragten Spediteurs**.[160] Diese Bescheinigung muss die in der Verordnung näher aufgeführten Angaben enthalten. Sie entsprechen inhaltlich den Angaben, die für die Anerkennung einer Spediteurbescheinigung bei Ausfuhrlieferungen erforderlich sind.

Hinweis:

Der Umsatzsteuer-Anwendungserlass enthält ein Muster einer Spediteurbescheinigung (Anlage 4 UStAE). Eine diesem Muster entsprechende, vollständig und richtig ausgefüllte Spediteurbescheinigung ist als Beleg im Sinne des § 17b Abs. 3 S. 1 Nr. 1 Buchst. b UStDV anzusehen. Im Falle der elektronischen Übermittlung dieses Belegs ist eine Unterschrift des mit der Beförderung beauftragten Unternehmers nicht erforderlich, wenn die elektronische Übermittlung des Belegs erkennbar im Verfügungsbereich des Belegausstellers begonnen hat (§ 17b Abs. 3 S. 2 UStDV).[161]

Wird ein **Kurierdienstleister** mit der Beförderung eines Gegenstandes beauftragt, kann der Unternehmer den Belegnachweis mit der schriftlichen oder elektronischen Auftragserteilung und dem vom mit der Beförderung Beauftragten erstellten **Protokoll** führen, das den Warentransport lückenlos bis zur Ablieferung beim Empfänger nachweist (§ 17b Abs. 3 S. 1 Nr. 1 Buchst. c UStDV). Die Finanzverwaltung lässt aus Vereinfachungsgründen bei Versendung von Gegenständen, deren Wert insgesamt 500 € nicht übersteigt, den Nachweis der innergemeinschaftlichen Lieferung auch durch eine schriftliche oder elektroni-

---

157 Frachtbrief nach Maßgabe des Übereinkommens vom 19.05.1956 über den Beförderungsvertrag im internationalen Straßengüterverkehr (CMR), BGBl. II 1961 S. 1120.

158 BFH vom 14.12.2011, XI R 18/10, BFH/NV 2012 S. 1006; BFH vom 17.02.2011, V R 28/10, BFH/NV 2011 S. 1448; BFH vom 22.07.2015, V R 38/14, BFH/NV 2015 S. 1543; Abschn. 6a.5 Abs. 2 UStAE.

159 OFD Niedersachen vom 02.12.2013, UR 2013 S. 499.

160 Abschn. 6a.5 Abs. 3 UStAE.

161 Abschn. 6a.5 Abs. 4 UStAE.

sche Auftragserteilung und Nachweis der Entrichtung des Entgelts für die Lieferung der Gegenstände zu.[162]

Ist bei **Postsendungen** eine Beweisführung auf diese Weise nicht möglich (insbesondere wegen des fehlenden Protokolls über den Warentransport), genügen als Belegnachweis die **Empfangsbescheinigung** des Postdienstleisters über die Entgegennahme der Postsendung an den Abnehmer und der Nachweis über die Bezahlung der Lieferung (§ 17b Abs. 3 S. 1 Nr. 1 Buchst. d UStDV).[163] Die Empfangsbescheinigung muss im Wesentlichen die in der UStDV geforderten Angaben enthalten. Die Angaben in der Empfangsbescheinigung über den Empfänger und die gelieferten Gegenstände können durch einen entsprechenden Verweis auf die Rechnung, einen Lieferschein oder entsprechende andere Dokumente über die Lieferung ersetzt werden.[164]

Hinweis:

Schwierigkeiten bereiten in der Praxis verständlicherweise gerade einfache Postsendungen sowie die Versendung von Druck-Erzeugnissen (Zeitungen, Zeitschriften u. a.). Hier wird der Unternehmer durch geeignete Maßnahmen dafür Sorge tragen müssen, die Lieferung in das übrige Gemeinschaftsgebiet schlüssig darzulegen, z. B. durch ein Postausgangsbuch, Auslieferungslisten oder die Aufbewahrung von Einlieferungsscheinen und Paketabschnitten.

---

e) Möglichkeit des Nachweises durch andere Belege bei Versendung durch den Abnehmer

Als weitere Belegnachweismöglichkeit für den Fall der Versendung des Liefergegenstandes durch den Abnehmer sieht § 17a Abs. 3 S. 1 Nr. 2 UStDV vor, dass der Unternehmer den Nachweis auch mit einem Nachweis über die Bezahlung des Liefergegenstandes von einem Bankkonto des Abnehmers zusammen mit einer **Bescheinigung des beauftragten Spediteurs** führen kann.[165]

Zusätzlich wird eine **Versicherung** des mit der Beförderung beauftragten Unternehmers gefordert, dass er den Gegenstand der Lieferung an den Bestimmungsort im übrigen Gemeinschaftsgebiet befördern wird (§ 17b Abs. 3 S. 1 Nr. 2 Buchst. e UStDV).

Auch bei diesen Belegen können wie bei der Gelangensbestätigung die Umsätze aus bis zu einem Quartal zusammengefasst werden (§ 17b Abs. 3 S. 3 i. V. m. § 17a Abs. 2 S. 2 UStDV). Außerdem kann auch dieser Beleg jeweils aus mehreren Dokumenten bestehen, aus denen sich die geforderten Angaben insgesamt ergeben.

---

162 Abschn. 6a.5 Abs. 5 UStAE.
163 Abschn. 6a.5 Abs. 7 UStAE.
164 Abschn. 6a.5 Abs. 8 UStAE.
165 Abschn. 6a.5 Abs. 9 UStAE.

Hinweis:

Der Unternehmer kann in diesem Fall den Belegnachweis auch mit einem Nachweis über die Bezahlung des Liefergegenstandes von einem Bankkonto des Abnehmers zusammen mit einer Bescheinigung des beauftragten Spediteurs führen. Durch den Nachweis der Bezahlung des Liefergegenstandes unter Einbeziehung der Bankverbindung des ausländischen Abnehmers soll es der Finanzverwaltung ermöglicht werden, dem Mitgliedstaat, in dem der innergemeinschaftliche Erwerb zu versteuern ist, einen konkreteren Anknüpfungspunkt mitteilen zu können als bei letztlich anonymen Bargeschäften.

Hinsichtlich der Bescheinigung des Spediteurs bestehen höhere Anforderungen als bei einer Versendung durch den leistenden Unternehmer. Bestehen begründete Zweifel daran, dass der Gegenstand in das übrige Gemeinschaftsgebiet gelangt ist, hat nach § 17b Abs. 3 S. 4 UStDV der Unternehmer den Nachweis auf Verlangen der Finanzverwaltung wiederum mit den übrigen im Gesetz genannten Belegen zu erbringen. Damit will der Verordnungsgeber dem Umstand Rechnung tragen, dass einer Bescheinigung, in der der vom Abnehmer beauftragte Spediteur versichert, den Gegenstand in das übrige Gemeinschaftsgebiet zu befördern, im Vergleich zu den übrigen in § 17b UStDV aufgeführten Nachweisen eine niedrigere oder gar keine Beweiskraft beigemessen werden kann.[166]

Der Anwendungserlass enthält ein Muster einer Spediteurversicherung (Anlage 5 UStAE). Eine diesem Muster entsprechend vollständig und richtig ausgefüllte Spediteurversicherung ist als Beleg im Sinne des § 17b Abs. 3 S. 1 Nr. 2 UStDV anzuerkennen.

f) Möglichkeit des Nachweises durch andere Belege bei Beförderung durch den Unternehmer

Befördert der Unternehmer den Gegenstand der Lieferung selbst in das übrige Gemeinschaftsgebiet und führt er den Nachweis mit der Gelangensbestätigung i. S. d. § 17b Abs. 2 S. 1 Nr. 2 UStDV, gilt dieser Belegnachweis als für die Finanzverwaltung eindeutig und leicht nachprüfbar im Sinne des Gesetzes. Da § 17b Abs. 3 S. 1 Nr. 1 und Nr. 2 UStDV näher bestimmte und vereinfachte Nachweise anstelle der Gelangensbestätigung nur für die Fälle der Versendung auflistet, kann in Beförderungsfällen der Unternehmer andere Nachweise als die Gelangensbestätigung nur nach der Generalklausel in § 17b Abs. 2 S. 1 UStDV führen. Bei dieser Generalklausel trägt jedoch der Unternehmer das Risiko einer Auseinandersetzung mit der Finanzverwaltung, insbesondere im Hinblick auf die Frage, ob Belege eindeutig und leicht nachprüfbar sind.

---

166 Abschn. 6a.5 Abs. 10 UStAE.

g) Möglichkeit des Nachweises durch andere Belege bei Beförderung durch den Abnehmer

Befördert der Abnehmer den Liefergegenstand selbst und will der Unternehmer den Belegnachweis mit der sog. Gelangensbestätigung führen, ist zu beachten, dass die Steuerbefreiung einer innergemeinschaftlichen Lieferung erst dann anwendbar ist, wenn der Lieferant nachweist, dass der Gegenstand den Liefermitgliedstaat physisch verlassen hat.[167] Der erforderliche Nachweis kann folglich erst dann geführt werden, wenn der Gegenstand tatsächlich in dem anderen Mitgliedstaat angekommen ist. Der Abnehmer hat nach Ankunft in seinem Heimatland in der Gelangensbestätigung zu vermerken, zu welchem Zeitpunkt und an welchem Bestimmungsort im übrigen Gemeinschaftsgebiet die Beförderung des Liefergegenstandes geendet hat, und diese dann dem Lieferanten ausgefüllt zurückzusenden.

Hinweis:
De facto entspricht der Wille des Verordnungsgebers hinsichtlich der Nachweisregelungen der Behandlung von Ausfuhrlieferungen in Abholfällen.

Viele Lieferer verlangen daher in der Praxis zur eigenen Sicherheit zunächst einmal den Bruttobetrag und zahlen den Mehrbetrag nach Erhalt der Nachweise durch den Ausländer wieder zurück. Die Risiken des Nachweises der Voraussetzungen einer innergemeinschaftlichen Lieferung trägt grds. der liefernde Unternehmer.[168]

h) Belegnachweis in Be- oder Verarbeitungsfällen

Die Nachweise wie in Beförderungs- und Versendungsfällen hat der Unternehmer auch dann zu führen, wenn der Gegenstand der Lieferung vor der Beförderung oder Versendung in das übrige Gemeinschaftsgebiet durch einen Beauftragten be- oder verarbeitet wurde (§ 17c S. 1 UStDV). Der Nachweis ist durch Belege zu führen, die auch für innergemeinschaftliche Lieferungen gelten (§ 17c S. 2 i. V. m. § 17b Abs. 2 und 3 UStDV). Zudem müssen diese Belege die Angaben enthalten, die auch in Be- oder Verarbeitungsfällen bei Ausfuhrlieferungen gelten (§ 17c S. 2 i. V. m. § 11 Abs. 1 UStDV).

i) Alternativnachweise

Sowohl die Gelangensbestätigung (§ 17b Abs. 2 S. 1 Nr. 2 UStDV) als auch die anderen normierten Belege (§ 17b Abs. 3 UStDV) sollen nach dem Willen des Verordnungsgebers Vereinfachungen darstellen. Folglich bleibt es dem Unternehmer unbenommen, die Nachweise für die Inanspruchnahme der Steuerbefreiung auch anders zu führen, letztlich mit allen zulässigen Belegen und Beweismitteln.[169] Im Gegensatz zu den normierten Nachweisen trägt aber in die-

---

167 EuGH vom 27. 09. 2007, C-409/09, UR 2007 S. 774.
168 Abschn. 6a.3 Abs. 2 UStAE.
169 Abschn. 6a.2 Abs. 6 S. 7 UStAE; EuGH vom 27. 09. 2007, C-409/04, UR 2007 S. 774; BFH vom 06. 12. 2007, V R 59/03, BStBl. II 2009 S. 57.

sen Fällen der Unternehmer das Risiko, das sich aus dieser freien Beweiswürdigung zwangsläufig ergibt.[170]

Die bei der Abwicklung einer innergemeinschaftlichen Lieferung anfallenden **Geschäftspapiere** (z. B. Rechnungen, Auftragsschreiben, Lieferscheine oder deren Durchschriften, Kopien oder Abschriften von Versendungsbelegen, Spediteur-Übernahmebescheinigungen, Frachtabrechnungen, sonstiger Schriftwechsel) können als Versendungsbelege in Verbindung mit anderen Belegen anerkannt werden, wenn sich aus der Gesamtheit der Belege die Angaben nach § 17a UStDV eindeutig und leicht nachprüfbar ergeben. Unternehmer oder Abnehmer, denen Belege über die innergemeinschaftliche Lieferung eines Gegenstands (z. B. Versendungsbelege) ausgestellt worden sind, obwohl sie diese für Zwecke des Belegnachweises nicht benötigen, können diese Belege mit einem Übertragungsvermerk versehen und an den Unternehmer, der die Lieferung bewirkt hat, zur Führung des Versendungsbelegnachweises weiterleiten.

In **Beförderungsfällen** wird in der Praxis regelmäßig vom Lieferanten ein **Lieferschein** angefertigt, der vom Abnehmer gegenzuzeichnen ist. Sofern dieser Lieferschein aufgrund seiner Gestaltung und seiner Inhalte nicht bereits die Voraussetzungen für eine Gelangensbestätigung erfüllt, kann sie als anderer Beleg im Sinne eines ordnungsgemäßen Nachweises dienen. Die Empfangsbestätigung des Abnehmers muss dabei einen Zusammenhang zu der Lieferung, auf die sie sich bezieht, erkennen lassen. Bei Lieferungen, die mehrere Gegenstände umfassen, oder bei mehreren gleichzeitigen Abrechnungen ist es regelmäßig ausreichend, wenn sich die Berechtigung auf die jeweilige Lieferung bzw. Sammelrechnung bezieht.

j) Unionsversandverfahren und EMCS-Eingangsmeldung

Wird der Gegenstand der Lieferung vom Unternehmer oder Abnehmer im **Unionsversandverfahren** in das übrige Gemeinschaftsgebiet befördert, kann der Unternehmer den Nachweis hierüber auch durch eine Bestätigung der Abgangsstelle über die innergemeinschaftliche Lieferung führen, die nach Eingang des Beendigungsnachweises für das Versandverfahren erteilt wird, sofern sich daraus die Lieferung in das übrige Gemeinschaftsgebiet ergibt (§ 17b Abs. 3 S. 1 Nr. 3 UStDV).[171]

Wird ein Gegenstand in das übrige Gemeinschaftsgebiet befördert oder versendet und dabei das Drittlandsgebiet durchquert, so muss aus zollrechtlichen Gründen die Ware im Unionsversandverfahren befördert werden, denn es muss sichergestellt werden, dass die gelieferte Ware im Ursprungsland mit der Ware identisch ist, die im anderen Mitgliedstaat ankommt. Zum Nachweis des Gemeinschaftscharakters muss die Ware bei der Abgangszollstelle mit einer Versandanmeldung angemeldet werden. Die Zollstelle im Bestimmungsland übersendet der Abgangszollstelle später einen Rückschein, auf dem sie die Ankunft

---

170 Abschn. 6a.2 Abs. 8 UStAE.
171 Abschn. 6a.5 Abs. 11 UStAE.

dieser Ware bestätigt. Nunmehr kann die Abgangszollstelle dem liefernden Unternehmer eine Bestätigung über das Gelangen der Ware in einen anderen Mitgliedstaat erteilen, die der Unternehmer als Nachweis verwenden kann.

Für die Lieferung **verbrauchsteuerpflichtiger Waren** gelten ggf. Sonderregelungen. § 17b Abs. 3 S. 1 Nr. 4 UStDV regelt die Beweismöglichkeit anstelle einer Gelangensbestätigung. Werden verbrauchsteuerpflichtige Waren unter Steueraussetzung und Verwendung des IT-Verfahrens EMCS (Excise Movement and Control System) in das übrige Gemeinschaftsgebiet befördert oder versendet, kann der Unternehmer den Nachweis darüber auch durch eine validierte EMCS-Eingangsmeldung der zuständigen Behörde des anderen Mitgliedstaates (Bestimmungsmitgliedstaat) führen.[172]

Der Nachweis kann auch geführt werden durch die sog. Dritte Ausfertigung des vereinfachten Begleitdokuments, das dem zuständigen Hauptzollamt für Zwecke der Verbrauchsteuerentlastung vorzulegen ist.[173]

k) Lieferung von Fahrzeugen

Bei der Lieferung von Fahrzeugen, die durch den Abnehmer befördert werden und für die eine Zulassung für den Straßenverkehr erforderlich ist, kann anstelle der Gelangensbestätigung der Belegnachweis auch durch den Nachweis der Zulassung des Fahrzeugs auf den Erwerber im Bestimmungsmitgliedstaat der Lieferung geführt werden (§ 17b Abs. 3 S. 2 Nr. 5 UStDV). Dieser Beleg muss – wie auch die Gelangensbestätigung – die Identifikationsnummer des gelieferten Fahrzeugs enthalten (§ 17b Abs. 3 S. 2 UStDV).[174]

l) Innergemeinschaftliches Verbringen

Auch das Verbringen eines Gegenstands des Unternehmens vom Inland in das übrige Gemeinschaftsgebiet durch einen Unternehmer zu seiner Verfügung (§ 3 Abs. 1a UStG) ist ebenfalls von der Umsatzsteuer befreit (§ 4 Nr. 1 Buchst. b i. V. m. § 6a Abs. 2 UStG), ohne dass es dazu weiterer Voraussetzungen bedarf.[175] In diesen Fällen ist die Steuerbefreiung nur zu versagen, wenn der Steuerpflichtige sich an einer Steuerhinterziehung beteiligt hat oder wenn der sichere Nachweis, dass die materiellen Voraussetzungen für die Steuerbefreiung erfüllt sind, nicht geführt werden kann. Die Nachweis- und Aufzeichnungspflichten im Rahmen des § 6a UStG gelten entsprechend, insbesondere ist die USt-IdNr. der ausländischen festen Niederlassung oder Betriebsstätte aufzuzeichnen (§ 17d Abs. 3 Nr. 2 UStDV).[176]

---

172 Abschn. 6a.5 Abs. 12 und 13 UStAE.

173 Abschn. 6a.5 Abs. 14 und 15 UStAE.

174 Abschn. 6a.5 Abs. 16 und 17 UStAE; BFH vom 03.02.2015, XI B 53/15, BFH/NV 2016 S. 954; BFH vom 25.04.2013, V R 10/11, BFH/NV 2013 S. 1453; BFH vom 26.11.2014, XI R 37/12, BFH/NV 2015 S. 358.

175 EuGH vom 20.10.2016, C-24/15, DStR 2016 S. 2525; BFH vom 02.11.2016, V B 72/16, BFH/NV 2017 S. 329.

176 Abschn. 14a.1 Abs. 3 UStAE; Abschn. 22.3 Abs. 1 S. 5 UStAE.

4. Der Abnehmer einer innergemeinschaftlichen Lieferung

a) Im übrigen Gemeinschaftsgebiet registrierter Unternehmer
Der Abnehmer der innergemeinschaftlichen Lieferung muss zu einem bestimmten Personenkreis gehören (§ 6a Abs. 1 S. 1 Nr. 2 UStG). Dazu gehören in erster Linie **Unternehmer,** die den Gegenstand für ihr Unternehmen erworben haben (§ 6a Abs. 1 Nr. 2 Buchst. a UStG). Davon kann in der Praxis regelmäßig ausgegangen werden, wenn der Abnehmer seine USt-IdNr. angibt und sich aus der Art und der Menge der erworbenen Gegenstände keine Zweifel an der unternehmerischen Verwendung ergeben.[177] Eine Steuerbefreiung kommt seit dem 01.01.2020 unionsrechtlich nur noch in Betracht, wenn der **Erwerber** in einem anderen Mitgliedstaat als dem des Beginns der Beförderung oder Versendung des Gegenstands **für Zwecke der Mehrwertsteuer registriert ist.** Das bedeutet, der Erwerber muss im Zeitpunkt der an ihn bewirkten Lieferung eine ihm von dem anderen Mitgliedstaat (Bestimmungsland des Gegenstands) erteilte Umsatzsteuer-Identifikationsnummer besitzen. Ist ein Abnehmer (noch) nicht im Bestimmungsland für Mehrwertsteuerzwecke erfasst, kann somit die Lieferung an ihn nicht steuerfrei erfolgen. Auch die spätere Erteilung einer USt-Identifikationsnummer hat keine Auswirkung mehr auf die ursprüngliche Lieferung, da die USt-IdNr. des Abnehmers seit dem 01.01.2020 materielle und nicht nur formelle Voraussetzung für die Steuerbefreiung einer innergemeinschaftlichen Lieferung ist.

Hinweis:
Durch die gesetzliche Qualifizierung der USt-IdNr. als **materielles Tatbestandsmerkmal für die Steuerbefreiung** wird der Unternehmer zu seiner eigenen Rechtssicherheit nicht umhinkommen, die USt-IdNr. des Abnehmers beim innergemeinschaftlichen Warenverkehr bei jedem Geschäftsvorfall zu verifizieren. Eine rückwirkende Steuerbefreiung wie unter der bis zum 31.12.2019 gültigen Rechtslage ist m. E. nicht mehr möglich. Ist der ausländische Abnehmer im Besitz einer gültigen USt-IdNr., wurde diese aber aufgrund eines internen Versehens vom inländischen Lieferer nicht abgefragt und folglich nicht im Buchführungssystem aufgezeichnet, ist die Lieferung an den ausländischen Abnehmer steuerpflichtig. Dieser ist allerdings aufgrund dieser geänderten Rechtslage berechtigt, die in Rechnung gestellte Umsatzsteuer im Vorsteuer-Vergütungsverfahren beim BZSt geltend zu machen, da sie ihm berechtigterweise in Rechnung gestellt wurde.

Die Finanzverwaltung lässt die nachträgliche Verwendung einer im Zeitpunkt der Lieferung gültigen USt-IdNr. durch den Abnehmer mit Rückwirkung für Zwecke der Steuerbefreiung zu.[178] Die Anweisung widerspricht

---

177 Abschn. 6a.1 Abs. 12 UStAE.
178 Abschn. 6a.1 Abs. 19 UStAE.

dem Gesetzeswortlaut sowie dem Willen des Gesetzgebers und ist abzulehnen, auch wenn die genannten Verwaltungsprobleme in der Praxis damit eingeschränkt werden. Sie ist auch strafrechtlich nicht unbedenklich.[179] Nach dem Austritt des Vereinigten Königreichs aus der Europäischen Union zum 31.12.2020 wurde für eine Übergangszeit beschlossen, bei der Umsatzbesteuerung des Warenverkehrs mit dem Vereinigten Königreich zwischen Großbritannien und Nordirland zu unterscheiden. Während Großbritannien nunmehr insoweit als Drittlandsgebiet zu behandeln ist, wird Nordirland für eine Übergangszeit als zum Gemeinschaftsgebiet gehörig behandelt. Für nordirische USt-Identifikationsnummern findet das Präfix „XI" Anwendung, zuständig für die Anwendung und Durchführung der für Nordirland weiter geltenden Vorschriften des Unionsrechts sind die Behörden des Vereinigten Königreichs.[180]

b) Verwendung einer gültigen Umsatzsteuer-Identifikationsnummer

Darüber hinaus ist die Steuerbefreiung davon abhängig, dass der Abnehmer einer innergemeinschaftlichen Lieferung eine **gültige USt-Identifikationsnummer** gegenüber dem liefernden Unternehmer **verwendet** hat (§ 6a Abs. 1 Nr. 4 UStG).

Der Lieferer kann sich die Gültigkeit einer USt-IdNr. des Abnehmers beim BZSt bestätigen lassen (§ 18e UStG), was sinnvollerweise ebenfalls vor Ausführung der Lieferung geschehen sollte. Neben der **qualifizierten Bestätigungsabfrage** kommt auch die Möglichkeit der automatisierten Abfrage über eine sog. „XML-RPC-Schnittstelle" in Betracht. Die dann vom BZSt übermittelte elektronische Antwort in Form eines Datensatzes kann unmittelbar in das System des Unternehmers eingebunden werden und wird auch von der Finanzverwaltung als Nachweis akzeptiert.[181]

Hinweis:

Um sich vor Betrugsfällen zu schützen, kann nur zu einer Abfrage der USt-IdNr. vor jeder einzelnen Lieferung angeraten werden. Hat der ausländische Abnehmer dem Lieferer eine gültige USt-IdNr. genannt, dieser aber keine Bestätigungsabfrage gestellt, ist dies ohne Bedeutung, wenn eine spätere Abfrage dann die Gültigkeit dieser USt-IdNr. bestätigt. Nur wenn gar keine USt-IdNr. aufgezeichnet wurde, kommt keine rückwirkende Korrektur des steuerpflichtigen Vorgangs in Betracht.

---

179 So Grommes, Die neue Bedeutung der USt-IdNr., UR 2021 S. 461.
180 Art. 8 Abs. 1 i. V. m. Anhang 3 des Protokolls zu Irland/Nordirland zum Abkommen über den Austritt des Vereinigten Königreichs Großbritannien und Nordirland aus der Europäischen Union und der Europäischen Atomgemeinschaft vom 24.12.2020, ABl. EU vom 31.01.2021 Nr. L 29 S. 7; BMF-Schreiben vom 10.12.2020, BStBl 2020 I S. 1370.
181 Abschn. 18e.1 Abs. 2 Satz 5 UStAE.

> Eine einfache Bestätigungsabfrage ist verwaltungstechnischer Unfug und sollte unterbleiben, da der Zusammenhang mit dem Erwerber ja gar nicht hergestellt werden kann.

Hat der liefernde Unternehmer nicht die richtige USt-Identifikationsnummer des wirklichen Abnehmers aufgezeichnet, kommt eine Steuerbefreiung nicht in Betracht.[182] Die Aufzeichnung der richtigen USt-IdNr. des wirklichen Abnehmers ist Teil des Buchnachweises, ohne den keine Steuerbefreiung möglich ist.[183] Entsprechendes gilt, wenn die vom Abnehmer angegebene USt-IdNr. im Zeitpunkt der Lieferung durch den liefernden Unternehmer nicht mehr gültig ist. Tritt bei einer innergemeinschaftlichen Lieferung nach den konkreten Umständen des Falles für den liefernden Unternehmer erkennbar eine andere Person als sein „Vertragspartner" unter dessen Namen auf, so dass der Leistende zumindest mit der Nichtbesteuerung des innergemeinschaftlichen Erwerbs durch den Empfänger rechnen muss, kommt die Steuerbefreiung ebenfalls nicht in Betracht.[184] Zu den Nachweispflichten des § 6a UStG gehört es auch, die Identität des Abnehmers einer angeblichen innergemeinschaftlichen Lieferung nachzuweisen. Hierfür reicht die Aufzeichnung der USt-IdNr. allein ohne entsprechende Überprüfung der Zugehörigkeit zu diesem Abnehmer nicht aus.[185]

Da ein **„Verwenden"** i. S. d. § 6a Abs. 1 Nr. 4 UStG ein positives, aktives Tun des Abnehmers voraussetzt, muss die Verwendung der USt-IdNr. spätestens bei Ausführung der Lieferung erfolgen. Ein rückwirkender Einsatz einer USt-IdNr. ist damit m. E. ausgeschlossen, selbst wenn sie gültig ist, es sei denn es erfolgt eine Korrektur einer verwendeten, aber unzutreffend aufgezeichneten USt-IdNr. (z. B. bei einem Zahlendreher). Es erscheint ratsam, bereits im Rahmen des Bestellvorgangs einer Ware für einen ausländischen Abnehmer nach der verwendeten USt-IdNr. zu fragen und nicht erst bei Versendung der Ware.

Hinweis:

Die Finanzverwaltung lässt die nachträgliche Verwendung einer im Zeitpunkt der Lieferung gültigen USt-IdNr. durch den Abnehmer mit Rückwirkung für Zwecke der Steuerbefreiung zu.[186] Die Anweisung widerspricht dem Gesetzeswortlaut sowie dem Willen des Gesetzgebers, soll aber offenbar die genannten praktischen Probleme beseitigen.

---

182 Abschn. 6a.7 Abs. 1 UStAE.
183 BFH vom 02.04.1997, V B 159/96, BFH/NV 1997 S. 629; BFH vom 05.02.2004, V B 180/03, BFH/NV 2004 S. 988; Abschn. 6a.2 Abs. 7 UStAE; Abschn. 6a.7 Abs. 2 UStAE.
184 BFH vom 05.02.2004, V B 180/03, BFH/NV 2004 S. 988; BFH vom 11.03.2020, XI R 38/18, DStR 2020 S. 1850; Abschn. 6a.7 Abs. 2 UStAE.
185 BFH vom 22.07.2015, V R 23/14, BStBl. II 2015 S. 914; BFH vom 08.11.2007, V R 26/05, BStBl. II 2009 S. 49.
186 Abschn. 6a.1 Abs. 19 UStAE.

Beispiel:

P aus Polen bestellt bei D aus Deutschland am 2.2.02 eine Ware, die noch am gleichen Tag ausgeliefert wird. P ist ein neu gegründetes Unternehmen und hat eine polnische USt-IdNr. beantragt, die ihm am 3.3.02 mitgeteilt wird. Diese USt-IdNr. gilt in Polen

a) rückwirkend mit dem Tag der Beantragung zum 1.2.02
b) ab dem 3.3.02, dem Tag der Erteilung.

Die Lieferung des D an P ist sowohl nach deutschem als auch nach europäischem Recht steuerpflichtig, da E am Tag der Lieferung (2.2.) über keine USt-Identifikationsnummer verfügt und somit den Nachweis eines in Polen registrierten Unternehmers nicht erbringen kann. Aufgrund der Verwaltungsanweisung des BMF könnte aber D im Fall a) die rückwirkende Nennung der USt-IdNr. akzeptieren und die Lieferung als steuerfrei behandeln. Die Verwaltungsauffassung hilft in erster Linie der Verwaltung selbst, vermeidet doch P das Vergütungsverfahren beim BZSt in Deutschland, was er berücksichtigen müsste, würde ihm deutsche USt in Rechnung gestellt werden. Auch wenn dies den Interessen des P entgegenkommt, entspricht diese „Lockerung" nicht dem Willen des Europäischen Gesetzgebers und es bleibt abzuwarten, wie die Finanzgerichte diese Verwaltungsanweisung eines Tages würdigen werden. Es wäre nicht das erste Mal, dass auch eine großzügige Regelung im Sinne des Steuerpflichtigen von der Gerichtsbarkeit verworfen würde, weil die Finanzverwaltung ihre Kompetenzen überschritten hat. Im Fall b) ist die Lieferung nicht nur nach dem Gesetz steuerpflichtig, sondern auch nach der Verwaltungsanweisung, weil die USt-Identifikationsnummer am Tag der Lieferung noch nicht gültig war.

Die Beförderung oder Versendung des Gegenstands der Lieferung in das übrige Gemeinschaftsgebiet erfordert, dass die Beförderung oder Versendung im Inland beginnt und im Gebiet eines anderen Mitgliedsstaates endet (§ 6a Abs. 1 Nr. 1 UStG). Daher können auch Lieferungen an inländische Abnehmer steuerfrei sein, wenn der Gegenstand nachweislich in das übrige Gemeinschaftsgebiet gelangt ist, z.B. zu einer in einem anderen Mitgliedstaat gelegenen festen Niederlassung, zu einem ausländischen Kunden oder zu einer ausländischen Baustelle des inländischen Abnehmers. Ist der Leistungsempfänger ein deutscher Unternehmer, muss er folglich mit der USt-IdNr. des anderen Mitgliedstaates (Bestimmungsland) auftreten.

Hat der Unternehmer eine im Zeitpunkt der Lieferung gültige USt-IdNr. des Abnehmers aufgezeichnet, kann die Feststellung, dass der Adressat einer Lieferung den Gegenstand nicht für sein Unternehmen verwendet hat, die Feststellung, der Empfänger der Lieferung habe die mit Hilfe der bezogenen Lieferungen ausgeführten Umsätze nicht versteuert oder die Mitteilung eines anderen Mitgliedstaates, bei dem Abnehmer handele es sich um einen sog. „missing trader", für sich genommen nicht zu dem Schluss führen, nicht der Vertragspartner, sondern eine andere Person sei Empfänger der Lieferung gewesen.[187] Für die Unternehmereigenschaft des Abnehmers ist es zudem unerheblich, ob

---

187 Abschn. 6a.7 Abs. 3 UStAE.

dieser im Bestimmungsmitgliedsstaat des Gegenstandes der Lieferung seinen umsatzsteuerlichen Pflichten nachkommt.[188] Voraussetzung ist ausschließlich, dass er in einem anderen Mitgliedstaat für Zwecke der Mehrwertsteuer registriert und seine USt-IdNr. zum Zeitpunkt der Lieferung gültig ist. Dem Verkäufer kann die Steuerbefreiung einer innergemeinschaftlichen Lieferung nicht allein deshalb versagt werden, weil die Steuerverwaltung eines anderen Mitgliedstaates eine Löschung der USt-IdNr. des Erwerbers vorgenommen hat, wenn diese Löschung nach der Lieferung des Gegenstandes erfolgt ist, auch wenn sie rückwirkend vorgenommen wurde.[189]

Darüber hinaus hat der leistende Unternehmer den **Beruf oder Gewerbezweig** des Abnehmers festzuhalten, da er den Nachweis führen muss, dass der Abnehmer den Gegenstand für sein Unternehmen erworben hat.[190] Von der Unternehmereigenschaft des Abnehmers und einem Erwerb für das Unternehmen des Abnehmers kann regelmäßig ausgegangen werden, wenn der Abnehmer mit einer ihm von einem anderen Mitgliedstaat erteilten, im Zeitpunkt der Lieferung gültigen USt-IdNr. auftritt und sich aus der Art und der Menge der erworbenen Gegenstände keine berechtigten Zweifel an der unternehmerischen Verwendung ergeben.[191]

Abnehmer einer innergemeinschaftlichen Lieferung kann auch eine **juristische Person** des öffentlichen oder des privaten Rechts sein, die nicht Unternehmer ist oder die den Gegenstand für ihren nichtunternehmerischen Bereich erworben hat (§ 6a Abs. 1 Nr. 2b UStG).[192] In Betracht kommen hier vor allem Körperschaften des öffentlichen Rechts mit ihrem Hoheitsbereich oder Vereine mit ihrem Idealbereich. Auch sie haben jedoch insoweit eine gültige USt-IdNr. zu verwenden.

Bei der **Lieferung neuer Fahrzeuge** kommt auch **jede andere Person** als Abnehmer in Betracht (§ 6a Abs. 1 Nr. 2 Buchst. c UStG), also insbesondere Privatpersonen oder Unternehmer außerhalb ihrer Unternehmenssphäre.[193] Da dieser Personenkreis über keine USt-Identifikationsnummer verfügt, gelten die vorherigen Einschränkungen insoweit nicht.

5. Erwerbsbesteuerung im übrigen Gemeinschaftsgebiet

Die Steuerbefreiung ist außerdem davon abhängig, dass der Erwerb des Gegenstands in einem anderen Mitgliedstaat den Vorschriften der Umsatzbesteuerung unterliegt (§ 6a Abs. 1 S. 1 Nr. 3 UStG i. V. m. § 17d Abs. 1 S. 1 UStDV). Der Unternehmer hat aber nicht nachzuweisen, dass der Erwerber des Gegenstands

188 Abschn. 6a.7 Abs. 4 UStAE; BFH vom 14. 12. 2011, XI R 32/09, BFH/NV 2012 S. 1004.
189 EuGH vom 06. 09. 2012, C-273/11, DStR 2012 S. 1917; EuGH vom 27. 09. 2012, C-587/10, DStR 2012 S. 2014, nachfolgend BFH vom 28. 05. 2013, XI R 11/09, BFH/NV 2013 S. 1524; EuGH vom 09. 10. 2014, C-492/13, UR 2015 S. 943.
190 Abschn. 6a.7 Abs. 1 S. 3 UStAE.
191 Abschn. 6a.1 Abs. 13 UStAE.
192 Abschn. 6a.1 Abs. 14 UStAE.
193 Abschn. 6a.1 Abs. 15 UStAE.

für den Erwerb Umsatzsteuer tatsächlich entrichtet hat,[194] was er naturgemäß auch gar nicht kann. Der liefernde Unternehmer läuft aber Gefahr, die Leistung wegen fehlender Nachweise als steuerpflichtig behandeln zu müssen, wenn er keine Bestätigungsabfrage der USt-IdNr. beim Bundeszentralamt für Steuern (BZSt) vorgenommen hat (vgl. § 18e UStG). Zweifel an der USt-IdNr. des Abnehmers und damit an seiner Besteuerungsabsicht im übrigen Gemeinschaftsgebiet sind immer dann angebracht, wenn es sich um Lieferungen (insbesondere Abhollieferungen) an Neukunden handelt und/oder Art und Umfang der Lieferung nicht auf eine unternehmerische Veranlassung schließen lassen. Da die einfache Bestätigungsabfrage per Internet lediglich das Bestehen irgendeiner USt-IdNr. bestätigt, sollte stets eine qualifizierte Abfrage beim BZSt gestellt werden. Auch die MwStVO geht (wenngleich im Hinblick auf innergemeinschaftliche Dienstleistungen) davon aus, dass eine qualifizierte Abfrage der USt-IdNr. eines Vertragspartners stets einen Vertrauensschutz auslöst (Art. 18 MwStVO).

Das Bundeszentralamt für Steuern (BZSt) bietet einen Internetservice zur Automatisierung der Bearbeitung von Anträgen auf Erteilung einer USt-Identifikationsnummer: *www.bzst.de.*

Hierbei wird über ein Formular-Management-System des Bundes ein Onlineformular zur Verfügung gestellt, über das eine voll automatisierte Beantragung ermöglicht wird. Der Antragsteller muss je nach Rechtsform unterschiedliche Identifikationsmerkmale in das Formular eingeben. Diese werden nach der Übermittlung sofort mit dem vorliegenden Datenbestand des Bundeszentralamts verglichen und auf Übereinstimmung geprüft. Im Ergebnis erhält der berechtigte Antragsteller unmittelbar einen entsprechenden Onlinehinweis hinsichtlich der automatisierten Bearbeitung. Die Bekanntgabe der Bestätigung der gültigen USt-IdNr. erfolgt in diesem Verfahren jedoch ausschließlich auf dem Postweg an die Anschrift des jeweils betroffenen Unternehmers, die dem BZSt zur Verfügung steht. Dadurch soll vermieden werden, dass einem nicht berechtigten Antragsteller die USt-IdNr. unmittelbar bekannt gegeben wird, was eine missbräuchliche Verwendung verhindern soll. Steuerliche Vertreter können die USt-IdNr. für ihre Mandanten beantragen. Die schriftliche Bekanntgabe der zugeteilten USt-IdNr. erfolgt jedoch auch in diesen Fällen unmittelbar an den Unternehmensinhaber bzw. das Unternehmen selbst. Bei Anfragen zu einzelnen USt-IdNrn. kann der Nachweis der durchgeführten qualifizierten Bestätigungsabfrage auch durch die Übernahme des vom BZSt übermittelten Ergebnisses als Screenshot in das System des Unternehmers geführt werden. Bei der Durchführung gleichzeitiger Abfragen zu mehreren USt-IdNrn. über eine XML-RPC-Schnittstelle kann die vom BZSt übermittelte elektronische Antwort in Form eines Datensatzes unmittelbar in das System des Unternehmers einge-

---

194 Abschn. 6a.1 Abs. 18 S. 3 UStAE; BFH vom 14.12.2011, XI R 32/09, BFH/NV 2012 S. 1004.

bunden werden, was von der Finanzverwaltung ebenfalls als qualifizierter Nachweis anerkannt wird.[195]

Bei der Lieferung an bestimmte Unternehmer (sog. **atypische Unternehmer**) ist die Lieferung nur dann steuerfrei, wenn diese Unternehmer in ihrem Mitgliedstaat einen innergemeinschaftlichen Erwerb zu versteuern haben (§ 6a Abs. 1 S. 1 Nr. 3 UStG). Die Lieferung von neuen Fahrzeugen und verbrauchsteuerpflichtigen Wirtschaftsgütern an diese Abnehmer ist stets steuerfrei, da insoweit zwingend ein innergemeinschaftlicher Erwerb durch diese Unternehmer vorliegt (vgl. dazu nach deutschem Recht § 1a Abs. 5 UStG). In allen anderen Fällen ist die Lieferung als innergemeinschaftliche Lieferung nur steuerfrei, wenn der Abnehmer die Erwerbschwelle in seinem Mitgliedsland überschritten oder zur Erwerbsbesteuerung optiert hat (vgl. dazu nach deutschem Recht § 1a Abs. 3 und Abs. 4 UStG). Da der leistende Unternehmer ggf. nicht prüfen kann, ob die Erwerbschwelle durch den Erwerber überschritten wurde, kann daher in der Praxis nur die Verwendung einer USt-IdNr. des Abnehmers Aufschluss über die Durchführung der Erwerbsbesteuerung durch ihn im Bestimmungsland geben. Teilt der Unternehmer einem Lieferer seine gültige USt-IdNr. mit, gilt dies bereits als Option zur Besteuerung des innergemeinschaftlichen Erwerbs in seinem Heimatland (Art. 4 MwStVO). Hat der Gelegenheitseinkäufer aus dem übrigen Gemeinschaftsgebiet weder die Erwerbschwelle seines Mitgliedslandes überschritten noch zur Besteuerung des innergemeinschaftlichen Erwerbs optiert, ist die Lieferung an ihn steuerpflichtig. Die Steuerbarkeit richtet sich sodann vorrangig nach § 3c UStG (vgl. § 3 Abs. 5a UStG).

Hinweis:

Die Erwerbsschwellen der einzelnen Mitgliedstaaten der EU ergeben sich aus dem UStAE[196] und werden im Internet aktualisiert veröffentlicht[197].

---

6.   Abgabe einer zutreffenden Zusammenfassenden Meldung

Zum 01.01.2020 wurden die Voraussetzungen für die Steuerbefreiungen für innergemeinschaftliche Lieferungen erheblich verschärft. Neben der Überprüfung des Status des Abnehmers (§ 6a Abs. 1 Nr. 2 Buchst. a und b und § 6a Abs. 1 Nr. 4 UStG) vor Ausführung der Lieferung, d. h. regelmäßig schon bei Vertragsabschluss, ist nunmehr auch die richtige und vollständige Abgabe der zur innergemeinschaftlichen Lieferung gehörenden Zusammenfassenden Meldung erforderlich. Die Steuerbefreiung für eine innergemeinschaftliche Lieferung wird versagt, wenn der liefernde Unternehmer seiner Pflicht zur Abgabe der Zusammenfassenden Meldung nicht, nicht vollständig und richtig im Hinblick auf die jeweilige Lieferung nachgekommen ist. Eine etwaige Versagung der

---

195 Abschn. 18e.1 Abs. 2 UStAE.
196 Abschn. 3c.1 Abs. 2 UStAE.
197 Vgl. *https://ec.europa.eu/taxation_customs/sites/taxation/files/resources/documents/taxation/vat/traders/vat_community/vat_in_ec_annexi.pdf*, zuletzt abgerufen am 14.06.2021.

Steuerbefreiung tritt zeitlich regelmäßig nach Bewirken des Umsatzes ein, weil die Abgabe einer Zusammenfassenden Meldung zu einer innergemeinschaftlichen Lieferung immer erst später (bis zum 25. Tag nach Ablauf eines jeden Kalendermonats), in dem die innergemeinschaftliche Lieferung ausgeführt wurde (§ 18a Abs. 1 S. 1 UStG), erfolgt und somit frühestens erst in diesem Zeitpunkt feststehen kann, ob die Abgabe der Zusammenfassenden Meldung ordnungsgemäß war. Außerdem ist der Unternehmer, der nachträglich erkennt, dass eine von ihm abgegebene Zusammenfassende Meldung unrichtig oder unvollständig war, verpflichtet, die ursprüngliche Meldung innerhalb eines Monats zu berichtigen (§ 18a Abs. 10 UStG). Der Gesetzgeber hat daher diese besondere Voraussetzung für die Steuerbefreiung einer innergemeinschaftlichen Lieferung nicht wie naheliegend in § 6a UStG verankert, sondern nach eigenem Bekunden § 4 Nr. 1 Buchst. b UStG ergänzt, weil die Richtigkeit und Vollständigkeit einer Zusammenfassenden Meldung insbesondere auch im Hinblick auf diese Berichtigungsmöglichkeit regelmäßig erst in einem bestimmten zeitlichen Abstand zu der innergemeinschaftlichen Lieferung feststeht.

Hinweis:

Da der Gesetzgeber in seiner Begründung[198] ausdrücklich darauf hingewiesen hat, dass bei einer verspäteten Abgabe einer richtigen und vollständigen Zusammenfassenden Meldung sowie bei einer Berichtigung der Zusammenfassenden Meldung diese Korrektur für Zwecke der Steuerbefreiung zurückwirkt auf den Zeitpunkt des Umsatzes, muss dies auch für eine korrekte und pünktlich abgegebene Zusammenfassende Meldung am 25. des Monats gelten. Es wäre übertriebener Formalismus, müsste der Unternehmer im Rahmen seiner USt-Voranmeldung zum 10. eines jeden Monats die Lieferung als „vorübergehend steuerpflichtig" melden, um dann nach Abgabe der zutreffenden Zusammenfassenden Meldung am 25. eines jeden Monats eine berichtige USt-Voranmeldung („nun steuerfrei") einzureichen. Nicht anders lässt sich das Paradoxon des Gesetzgebers durch Anwendung logischer Denkgesetze lösen.[199]

Wird der Fehler erst Jahre später im Rahmen einer Außenprüfung erkannt, ist ebenfalls noch eine Korrektur der Zusammenfassenden Meldung möglich und sogar rechtzeitig im Sinne des Gesetzes, wenn sie innerhalb von einem Monat übermittelt wird, nachdem der Unternehmer die Unrichtigkeit (hier: erst im Rahmen der Prüfung) erkannt hat.[200]

---

198 BR-Drucksache 18/13436 vom 23.09.2019 S. 145.
199 Gleicher Ansicht *Sterzinger*, Änderung des UStG und der UStDV durch das sog. JStG 2019 und das BEG III, UR 2020 S. 1; vgl. A. *Meyer-Burow/Connemann*, JStG 2019 – Die Verwendung der USt-IdNr. und die Abgabe der ZM als verschärfte Voraussetzungen der Steuerbefreiung für innergemeinschaftliche Lieferungen, MwStR 2020 S. 106; nunmehr auch Abschn. 4.1.2 Abs. 2 UStAE.
200 Abschn. 18a.5 Abs. 1 Satz 3 UStAE.

Berichtigt der Unternehmer die fehlerhafte Zusammenfassende Meldung nicht für den Meldezeitraum, in dem die betreffende Lieferung ausgeführt wurde, ist die Steuerbefreiung jedoch zu versagen. Auch eine Berichtigung von Fehlern in einer anderen Zusammenfassenden Meldung als der ursprünglichen führt zu keinem Aufleben der Steuerfreiheit für die betreffende Lieferung.[201]

7. Vertrauensschutz

Nach der sog. Vertrauensschutzregelung des § 6a Abs. 4 UStG ist eine innergemeinschaftliche Lieferung auch dann als steuerfrei zu behandeln, wenn die Voraussetzungen des § 6a Abs. 1 UStG nicht vorliegen, der liefernde Unternehmer aber im Vertrauen auf die Richtigkeit der Angaben des Abnehmers die Lieferung als steuerfrei behandelt hat. Hat der liefernde Unternehmer die unrichtigen Angaben des Abnehmers auch unter Beachtung der Sorgfaltspflicht eines ordentlichen Kaufmanns nicht erkennen können, so wird die Lieferung gleichwohl im Inland als steuerfrei behandelt und die Umsatzsteuer vom Abnehmer geschuldet. Der Umfang der hiernach erforderlichen Sorgfalt ist auf der Grundlage des § 347 HGB unter Berücksichtigung der besonderen Verhältnisse des jeweiligen Einzelfalls zu beurteilen; grds. Ausführungen dazu sind nicht möglich.[202] Im Regelfall wird bereits davon auszugehen sein, dass der Lieferer seiner Sorgfaltspflicht in Bezug auf die Unternehmereigenschaft des Empfängers Genüge getan hat, wenn er sich die Unternehmereigenschaft des Abnehmers durch die USt-IdNr. nachweisen lässt und diese qualifiziert prüft.

Das Bundeszentralamt für Steuern in Saarlouis bestätigt einem inländischen Unternehmer auf Anfrage die Gültigkeit einer von einem anderen Mitgliedstaat vergebenen USt-IdNr. und ggf. die Richtigkeit des Namens und der Anschrift des Unternehmers (§ 18e UStG).[203] Bei Lieferungen an Abnehmer mit zwischenzeitlich ungültiger USt-IdNr. kann eine sinngemäße Anwendung des § 6a Abs. 4 UStG in Betracht kommen,[204] auch wenn der Unternehmer die zutreffende USt-IdNr. nachträglich nicht mehr feststellen kann.[205] Dem Verkäufer kann die Steuerbefreiung einer innergemeinschaftlichen Lieferung nicht allein deshalb versagt werden, weil die Steuerverwaltung eines anderen Mitgliedstaates eine Löschung der USt-IdNr. des Erwerbers vorgenommen hat, wenn diese Löschung nach der Lieferung des Gegenstandes erfolgt ist, auch wenn sie rückwirkend vorgenommen wurde.[206] Dies setzt naturgemäß voraus, dass er seinerzeit auch die USt-IdNr. des Erwerbers aufgezeichnet und idealerweise auch geprüft hat.

---

201 Abschn. 4.1.2 Abs. 3 UStAE.
202 BFH vom 28. 09. 2009, XI B 103/08, BFH/NV 2010 S. 73; Abschn. 6a.8 Abs. 1 UStAE.
203 Abschn. 6a.8 Abs. 6 UStAE.
204 Abschn. 6a.8 Abs. 5 S. 3 UStAE.
205 Hessisches FinMin vom 28. 03. 1996, UR 1996 S. 275.
206 EuGH vom 06. 09. 2012, C-273/11, DStR 2012 S. 1917.

Der Unternehmer ist aufgrund der Vertrauensschutzregelung nicht von seiner grds. Verpflichtung entbunden, den Beleg- und Buchnachweis vollständig und rechtzeitig zu führen. Nur unter diesen Voraussetzungen kann der Unternehmer die Vertrauensschutzregelung überhaupt in Anspruch nehmen.[207] Bei ungewöhnlichen Umständen hat der Unternehmer naturgemäß weitere Sorgfaltspflichten zu beachten. Er muss dazu alle Maßnahmen ergreifen, die vernünftigerweise verlangt werden können, um sicherzustellen, dass der von ihm getätigte Umsatz nicht zu einer Beteiligung an einer Steuerhinterziehung führt.[208]

Hinweis:

Das Fehlen eines Nachweises einer innergemeinschaftlichen Lieferung muss dann zu einer Steuerpflicht des Umsatzes führen, wenn das Steueraufkommen in einem anderen Mitgliedstaat durch das aktive Mitwirken des Lieferers an der Verschleierung des tatsächlichen Sachverhalts gefährdet wird.[209] Gleiches gilt, wenn sich ein Unternehmer wissentlich an einem strukturierten Verfahrensablauf beteiligt, der darauf abzielt, die Besteuerung des innergemeinschaftlichen Erwerbs im Bestimmungsland durch Vortäuschen einer differenzbesteuerten Lieferung zu verdecken.[210] Ein *vermutetes* Mitwirken des Veräußerers zur Umgehung der Besteuerung des innergemeinschaftlichen Erwerbs dürfte demnach für die Frage der Steuerbefreiung der Lieferung dagegen ohne Bedeutung sein. Maßgeblich für die Nachweispflichten nach § 6a Abs. 3 UStG ist die formelle Vollständigkeit, nicht aber die inhaltliche Richtigkeit der Beleg- und Buchangaben, da § 6a Abs. 4 UStG das Vertrauen auf unrichtige Angaben schützt.[211]

Liegen die Voraussetzungen für die Gewährung des Vertrauensschutzes vor, ist eine Lieferung auch dann als steuerfrei anzusehen, wenn eine Festsetzung der Steuer nach § 6a Abs. 4 S. 2 UStG gegen den Abnehmer nicht möglich ist, z. B. weil dieser sich dem Zugriff der Finanzbehörde entzieht.[212] Der BFH überträgt die Rechtsgrundsätze der Vertrauensschutzregelung des § 6a Abs. 4 UStG auch auf die ruhende Lieferung eines Reihengeschäfts.[213]

8. Der Buchnachweis

Bei innergemeinschaftlichen Lieferungen muss der Unternehmer die Voraussetzungen der Steuerbefreiung auch buchmäßig nachweisen (§ 17d Abs. 1 S. 1 UStDV). Unter einem Buchnachweis ist ein Nachweis durch Bücher oder Auf-

207 Abschn. 6a.2 Abs. 5 UStAE; Abschn. 6a.8 Abs. 1 UStAE.
208 BFH vom 25.04.2013, V R 28/11, BStBl. II 2013 S. 656; Abschn. 6a.8 Abs. 7 und 9 UStAE.
209 So auch schon BGH vom 12.05.2005, 5 StR 36/05, DStR 2005 S. 1271.
210 BFH vom 11.08.2011, V R 3/10, BFH/NV 2011 S. 2208.
211 BFH vom 15.02.2012, XI R 42/10, BFH/NV 2012 S. 1188; BFH vom 12.05.2011, V R 46/10, BStBl 2011 II S. 957; BFH vom 25.04.2013, V R 10/11, BFH/NV 2013 S. 1453; Abschn. 6a.8 Abs. 1 S. 5 und 6 UStAE.
212 Abschn. 6a.8 Abs. 2 S. 4 UStAE.
213 BFH vom 11.08.2011, V R 3/10, BFH/NV 2011 S. 2208.

zeichnungen in Verbindung mit Belegen zu verstehen. Der Buchnachweis verlangt deshalb mehr als den bloßen Nachweis durch Belege, denn die Belege werden durch die entsprechenden Hinweise und Bezugnahmen in den stets notwendigen Aufzeichnungen Bestandteil der Buchführung und damit des Buchnachweises, so dass beide eine Einheit bilden.[214] Die Aufzeichnungen sind laufend vorzunehmen und können später allenfalls noch durch nachträglich eingehende Unterlagen ergänzt, ggf. auch korrigiert, nicht aber erstmalig erstellt werden.[215] Die Vorschriften lehnen sich weitgehend an die Regelungen für Ausfuhrlieferungen an und verlangen insbesondere folgende Aufzeichnungen (§ 17d Abs. 2 UStDV):

– die USt-IdNr. des Abnehmers,
– den Namen und die Anschrift des Abnehmers,
– den Gewerbezweig oder Beruf des Abnehmers,
– die handelsübliche Bezeichnung und die Menge des Gegenstands der Lieferung, bei Fahrzeugen einschließlich der Fahrzeug-Identifikationsnummer,
– den Tag der Lieferung,
– das vereinbarte Entgelt,
– die Beförderung oder Versendung in das übrige Gemeinschaftsgebiet,
– den Bestimmungsort im übrigen Gemeinschaftsgebiet.

Hinweis:
Buchnachweis bedeutet Nachvollziehbarkeit des Vorgangs in der Buchführung. Die Verwaltung darf daher die Steuerbefreiung einer innergemeinschaftlichen Lieferung nicht allein mit der Begründung versagen, dass der Buchnachweis verspätet erbracht wurde, wenn der Vorgang bislang zwar erfasst, aber falsch verbucht wurde.[216]

Der Buchnachweis muss grds. im Geltungsbereich des UStG geführt werden. Steuerlich zuverlässigen Unternehmern kann jedoch gestattet werden, die Aufzeichnungen über den buchmäßigen Nachweis im Ausland vorzunehmen und dort aufzubewahren.[217]

Bei der Lieferung **neuer Fahrzeuge** an Abnehmer ohne USt-IdNr. sind besondere Angaben in der Buchführung erforderlich (§ 17d Abs. 4 UStDV), da der übliche Nachweis zur Vermeidung eines unversteuerten Letztverbrauchs nicht ausreicht.[218] Neben dem Namen und der Anschrift des Erwerbers soll das Fahrzeug bezeichnet und die Fahrzeug-Identifikationsnummer und der Tag der

---

214 BFH vom 07.12.2006, V R 52/03, BStBl. II 2007 S. 420, Abschn. 6a.2 Abs. 1 UStAE.
215 Abschn. 6a.7 Abs. 8 UStAE.
216 EuGH vom 27.09.2007, C-146/05, DStR 2007 S. 1811; BFH vom 06.12.2007, V R 59/03, BStBl 2009 II S. 57; Abschn. 6a.7 Abs. 8 Satz 4 UStAE.
217 Abschn. 6a.7 Abs. 7 UStAE.
218 Abschn. 6a.7 Abs. 9 UStAE.

Lieferung nebst Kaufpreis angegeben werden, sowie die in § 1b Abs. 2 und 3 UStG bezeichneten Merkmale des Fahrzeugs. Außerdem ist der Bestimmungsort anzugeben. Dies gilt auch in den sog. Verbringensfällen (§ 17d Abs. 3 Nr. 1 UStDV) und bei der Lieferung an Nichtunternehmer (§ 17b Abs. 4 Nr. 2 UStDV).[219] Die Zulassung im Bestimmungsland ist dagegen keine gesetzliche Nachweisforderung.

III. Lieferungen an bestimmte Einrichtungen

Ein innergemeinschaftlicher Erwerb im Inland liegt nicht vor, wenn die Erwerber folgende im übrigen Gemeinschaftsgebiet ansässige Einrichtungen sind, sofern sie den Gegenstand nicht als Unternehmer für ihr Unternehmen erworben haben (§ 1c UStG):

– ständige diplomatische Missionen, berufskonsularische Vertretungen,

– zwischenstaatliche Einrichtungen,

– im übrigen Gemeinschaftsgebiet stationierte Streitkräfte anderer Vertragsparteien des Nordatlantikvertrags, sofern es nicht die Streitkräfte dieses Mitgliedstaates sind,

– ab dem 01. 07. 2022 im Inland stationierte Streitkräfte anderer Mitgliedstaaten, die an einer Verteidigungsanstrengung teilnehmen, die zur Durchführung der Gemeinsamen Sicherheits- und Verteidigungspolitik der Europäischen Union unternommen wird.

Da die begünstigten Einrichtungen nicht zu den Erwerbern i. S. d. § 1a Abs. 1 Nr. 2 UStG gehören, liegt bei entsprechenden Lieferungen an diese Einrichtungen somit keine innergemeinschaftliche Lieferung i. S. d. § 6a Abs. 1 UStG vor, obwohl der Gegenstand körperlich in das übrige Gemeinschaftsgebiet gelangt.

Liefert der Unternehmer an einen der genannten Leistungsempfänger in einen anderen Mitgliedstaat, so ist der Umsatz im Inland steuerbar, Die Steuerpflicht der Leistung bestimmt sich aber nicht über § 6a Abs. 1 UStG, sondern ggf. über § 4 Nr. 7 UStG und damit nach den Regelungen des Gastmitgliedlandes (§ 4 Nr. 7 S. 2 UStG), die leider noch sehr unterschiedlich ausgestaltet sind.[220]

IV. Bemessungsgrundlage

Hinsichtlich der **Lieferung** von Gegenständen gibt es keine Besonderheiten bei der Bemessungsgrundlage. Die Lieferungen werden nach dem Entgelt bemessen (§ 10 Abs. 1 UStG). Beim **Verbringen** eines Gegenstands des Unternehmens aus dem Inland in einen anderen Mitgliedstaat der EU durch einen Unternehmer zu seiner eigenen Verfügung (§ 3 Abs. 1a UStG) wird als Bemessungsgrundlage der Einkaufspreis zzgl. der Nebenkosten angesetzt oder mangels eines Einkaufspreises die Selbstkosten (§ 10 Abs. 4 Nr. 1 UStG), jeweils zum Zeitpunkt

---

219 EuGH vom 14. 06. 2017, C-26/16, HFR 2017 S. 780.
220 Vgl. Abschn. 4.7.1 Abs. 6 UStAE.

des Umsatzes. Änderungen der Bemessungsgrundlage im Sinne des § 17 UStG sind ohne Bedeutung, wenn es sich um eine steuerfreie Lieferung handelt.[221]

V. Entstehung einer Steuer bei fehlender Steuerbefreiung

Regelungen über die Steuerschuldnerschaft und hinsichtlich der Entstehung der Umsatzsteuer sind grds. ohne Bedeutung, da die vorgenannten Lieferungen regelmäßig steuerfrei sind; insoweit ergeben sich keine Besonderheiten. Hat der Unternehmer eine innergemeinschaftliche Lieferung als steuerfrei behandelt, obwohl die Voraussetzungen dafür nicht vorliegen, so schuldet der Unternehmer nach den allgemeinen Rechtsgrundsätzen die Umsatzsteuer. In den Fällen der Vertrauensschutzregelung des § 6a Abs. 4 UStG schuldet der Abnehmer die Steuer (§ 6a Abs. 4 S. 2 i. V. m. § 13a Abs. 1 Nr. 3 UStG). Sie entsteht in dem Zeitpunkt, in dem die Lieferung ausgeführt wird (§ 13 Abs. 1 Nr. 8 UStG).

VI. Rechnungserteilung

Die Vorschriften über die Rechnungserteilung selbst (§ 14 UStG) bleiben durch die Regelungen im Zusammenhang mit dem Binnenmarkt unberührt. Darüber hinaus regelt § 14a UStG zusätzliche Pflichten bei innergemeinschaftlichen Leistungen insbesondere wegen des Kontrollverfahrens.[222] Unternehmer, die innergemeinschaftliche Lieferungen ausführen, haben eine Rechnung zu erteilen, in der sie auf die **Steuerfreiheit** dieser Lieferung **hinweisen** müssen (§ 14a Abs. 3 S. 1 i. V. m. § 14 Abs. 4 Nr. 8 UStG). Dies kann sowohl durch Stempelaufdruck als auch mittels EDV geschehen.

Darüber hinaus hat der Lieferer in der Rechnung sowohl die eigene als auch die **USt-IdNr.** des Leistungsempfängers anzugeben (§ 14a Abs. 3 S. 2 UStG). Hierdurch kann der Leistungsempfänger erkennen, wie die Leistung umsatzsteuerlich zu behandeln ist, was für die Erwerbsbesteuerung und das Kontrollverfahren Bedeutung hat. Dies gilt nicht für Kleinunternehmer (§ 19 Abs. 1 S. 4 und § 27a Abs. 1 S. 2 UStG).

Darüber hinaus können auch die aufgrund der §§ 17a bis d UStDV erforderlichen Angaben in die Rechnung eingearbeitet werden. Die Regelung über die Aufbewahrung eines Doppels der Rechnung (§ 14b Abs. 1 UStG) betrifft naturgemäß nur den Kreis der Lieferer, der nicht bereits zur Buchführung verpflichtet ist (vgl. § 147 AO); es ist jedoch zu beachten, dass im Falle der Nichtaufbewahrung ein **Bußgeld** festgesetzt werden kann (§ 26a UStG). Die Rechnungsvorschriften gelten auch bei Anwendung der Sonderregelung für innergemeinschaftliche Dreiecksgeschäfte (§ 25b UStG).

Über das **innergemeinschaftliche Verbringen** (§ 3 Abs. 1a UStG) kann keine Rechnung im umsatzsteuerlichen Sinne erteilt werden. Dem ausländischen

---

221 BFH vom 04.12.2014, V R 6/13, BStBl. II 2017 S. 810.
222 Vgl. auch Abschn. 14a.1 UStAE.

Unternehmensteil kann allerdings die Bemessungsgrundlage im Wege einer sog. Pro-forma-Rechnung mitgeteilt werden.[223] Zur Abwicklung von Verbringensfällen hat der „liefernde Unternehmensteil" einen Beleg auszustellen, in dem die verbrachten Gegenstände aufgeführt sind und der die inländische und die ausländische USt-IdNr. enthält.

VII. Aufzeichnungspflichten

Innergemeinschaftliche Lieferungen sind wie alle steuerfreien Lieferungen in der Buchführung gesondert aufzuzeichnen, da der Nachweis der Steuerfreiheit auch im Rahmen der Buchführung erbracht werden muss (§ 6a Abs. 3 UStG). Die Bemessungsgrundlagen der innergemeinschaftlichen Lieferungen sind in den **Umsatzsteuer-Voranmeldungen** und in der **Umsatzsteuer-Jahreserklärung** gesondert zu erklären (§ 18b UStG). Dabei ist zu beachten, dass auch die Fälle des innergemeinschaftlichen Verbringens Lieferungen darstellen (§ 3 Abs. 1a UStG) und ebenso wie Lieferungen im Dreiecksgeschäft i. S. d. § 25b UStG entsprechend erklärt werden müssen. Bereits aus diesen Gründen empfiehlt sich eine entsprechende Trennung der Umsätze in der Buchführung. Einer besonderen Aufzeichnung bedarf es auch dann, wenn der Leistungsempfänger nicht zum Vorsteuerabzug berechtigt ist. Die steuerfreien Lieferungen sind für den Monat des Ausstellens der Rechnung bzw. für den auf die Lieferung folgenden Monat zu erklären (§ 18b S. 2 UStG).

Lieferungen neuer Fahrzeuge an Personen ohne USt-IdNr. sind gesondert festzuhalten (vgl. § 18c UStG). Die Regelung über die Abgabe von Steuererklärungen gilt auch für Fahrzeuglieferer nach § 2a UStG, soweit Vorsteuerbeträge nach § 15 Abs. 4a UStG geltend gemacht werden.

Die Aufzeichnungspflichten betreffen auch das **innergemeinschaftliche Verbringen** von Gegenständen, auch beim Verbringen in das übrige Gemeinschaftsgebiet zur Ausführung von Werkleistungen (§ 22 Abs. 4a UStG) sowie die Ausführung **innergemeinschaftlicher Werkleistungen** im Inland für ausländische Unternehmer (§ 22 Abs. 4b UStG). Die Aufzeichnungen können auch außerhalb der Finanzbuchhaltung vorgenommen werden.[224]

VIII. Zusammenfassende Meldungen

1. Sinn und Zweck

Trotz des Wegfalls der Binnengrenzen und damit verbunden der Grenzkontrollen wollten die meisten EU-Mitgliedstaaten nicht auf Kontrollmöglichkeiten insbesondere hinsichtlich ihres eigenen Umsatzsteueraufkommens verzichten. Daher haben alle Unternehmer, die steuerfreie innergemeinschaftliche Lieferungen an andere Unternehmer im übrigen Gemeinschaftsgebiet ausführen,

---

223 Abschn. 14a.1 Abs. 3 und Abschn. 22.3 Abs. 1 UStAE.
224 Vgl. auch ausführlich zu den Aufzeichnungspflichten Abschn. 22.3 UStAE.

diese Lieferungen in der sog. Zusammenfassenden Meldung zu erklären, aufge-
gliedert nach USt-IdNr. der Empfänger (§ 18a Abs. 1 UStG). Neben dem Steueraufkommen soll dabei auch die Wettbewerbsgleichheit der beteiligten Unternehmer gesichert werden.

Zusammenfassende Meldungen sind elektronisch zu übermitteln (§ 18a Abs. 1
UStG).

2. Verpflichteter Personenkreis

Jeder **Unternehmer** hat neben den abzugebenden Umsatzsteuer-Voranmeldungen und Umsatzsteuer-Jahreserklärungen auch sog. Zusammenfassende
Meldungen beim Bundeszentralamt für Steuern abzugeben und dabei Angaben
über innergemeinschaftliche Lieferungen oder Dreiecksgeschäfte i.S.d. § 25b
UStG (§ 18a Abs. 1 S. 1 UStG) zu machen. Da die Meldungen in erster Linie die
Aufgabe haben, die Besteuerung im Bestimmungsland überprüfbar zu machen,
erhalten zu diesem Zweck sowohl der Leistende als auch die Leistungsempfänger eine USt-IdNr. (§ 27a Abs. 1 UStG). Leistungsempfänger innergemeinschaftlicher Lieferungen müssen dem leistenden Unternehmer ihre USt-IdNr. mitteilen, damit dieser seiner Verpflichtung zur Abgabe einer Zusammenfassenden
Meldung nachkommen kann (Art. 55 MwStVO).

Wegen der Besonderheiten bei der **Organschaft** mussten für das Funktionieren
des Informationsaustauschs auch die einzelnen Organgesellschaften zur Abgabe einer solchen Meldung verpflichtet werden (§ 18a Abs. 5 S. 4 UStG). Dies
gilt unabhängig davon, dass diese Vorgänge umsatzsteuerlich weiterhin als
Umsätze des Organträgers behandelt werden und in dessen Umsatzsteuer-Voranmeldungen bzw. -Jahreserklärungen anzumelden sind. Diese meldepflichtigen Organgesellschaften benötigen daher eine eigene USt-IdNr. Auch von diesen Unternehmern ist eine Zusammenfassende Meldung auch abzugeben,
wenn nur Lieferungen i.S.d. § 25b Abs. 2 UStG ausgeführt wurden.[225]

Obwohl pauschalierende **Land- und Forstwirte** die Steuerbefreiung für innergemeinschaftliche Lieferungen nicht in Anspruch nehmen können, müssen sie
gleichwohl diese ebenfalls in einer Zusammenfassenden Meldung erklären
(§ 24 Abs. 1 S. 4 UStG).[226] **Kleinunternehmer** sind von der Abgabe von Zusammenfassenden Meldungen bereit (§ 18a Abs. 4 UStG).[227]

3. Meldezeitraum

Die Zusammenfassende Meldung ist nach amtlich vorgeschriebenem Datensatz
durch Datenfernübertragung zu übermitteln (siehe auch *www.bzst.de*). Zur Vermeidung von unbilligen Härten kann das zuständige Finanzamt auf Antrag
zulassen, dass die Zusammenfassende Meldung auf Papier abgegeben werden

---

225 Abschn. 18a.1 Abs. 2 S. 1 UStAE.
226 Abschn. 18a.1 Abs. 3 UStAE.
227 Abschn. 18a.1 Abs. 1 S. 2 UStAE.

kann (§ 18a Abs. 5 UStG).[228] Soweit das Finanzamt nach § 18 Abs. 1 S. 2 UStG auf eine elektronische Übermittlung der Voranmeldung verzichtet hat, gilt dies auch für die Abgabe der Zusammenfassenden Meldung (§ 18a Abs. 5 S. 3 UStG).

Zusammenfassende Meldungen betreffend innergemeinschaftliche Lieferungen und innergemeinschaftliche Dreiecksgeschäfte sind grds. monatlich abzugeben (§ 18a Abs. 1 S. 1 UStG).

Hat das Finanzamt den Unternehmer von der Verpflichtung zur Abgabe von Voranmeldungen und Entrichtung der Vorauszahlungen befreit (§ 18 Abs. 2 S. 3 UStG), kann er ggf. die Zusammenfassende Meldung bis zum 25. Tag nach Ablauf jedes Kalenderjahres abgeben, wenn bestimmte Wertgrenzen nicht überschritten werden (§ 18a Abs. 9 UStG).

Die monatliche Meldung für innergemeinschaftliche Lieferungen ist bis zum 25. Tag nach Ablauf jedes Kalendermonats abzugeben (§ 18a Abs. 1 S. 1 UStG). Eine vierteljährliche Übermittlung bis zum 25. Tag nach Ablauf eines Kalendervierteljahres genügt nur dann, wenn die Summe der Bemessungsgrundlagen weder im laufenden Quartal noch für eines der vier vorausgegangenen Kalendervierteljahre 50.000 € überstiegen hat (§ 18a Abs. 1 S. 2 UStG). Wird innerhalb eines Kalenderjahres in einem Quartal diese Grenze überschritten, muss der Unternehmer die Zusammenfassenden Meldungen auch für die bereits abgelaufenen Monate dieses Quartals nachreichen (§ 18a Abs. 1 S. 3 UStG). Die erforderlichen Angaben sind für den Meldezeitraum zu erbringen, in dem die Rechnung ausgestellt wird, spätestens jedoch für den Meldezeitraum, in dem der auf die Ausführung der innergemeinschaftlichen Lieferung folgende Monat endet (§ 18a Abs. 8 S. 1 UStG). Die Möglichkeit einer Dauerfristverlängerung wie bei Umsatzsteuer-Voranmeldungen besteht nicht.[229] Die Meldung einer innergemeinschaftlichen Lieferung muss zum gleichen Meldezeitraum erfolgen, in dem der entsprechende Erwerb zu versteuern ist. Andernfalls können Unstimmigkeiten weitere Ermittlungen durch die Finanzbehörde zur Folge haben, die letztlich auch Ermittlungen beim Meldepflichtigen zur Beantwortung von Einzelauskunftsersuchen anderer EU-Mitgliedstaaten nach sich ziehen können.

Ergibt sich die Pflicht zur Übermittlung einer Zusammenfassenden Meldung sowohl aus § 18a Abs. 1 UStG (innergemeinschaftliche Warenlieferungen) als auch aus § 18a Abs. 2 UStG (innergemeinschaftliche Dienstleistungen), ist für den letzten Monat des Quartals nur eine Zusammenfassende Meldung abzugeben (§ 18a Abs. 2 S. 2 UStG). Dabei sind die Angaben zu den sonstigen Leistungen i. S. d. § 18a Abs. 2 UStG jeweils in der Zusammenfassenden Meldung für den letzten Monat eines jeden Kalendervierteljahres zu machen (§ 18a Abs. 2 S. 2 UStG), es sei denn, der Unternehmer zeigt dem Bundeszentralamt für Steuern an, dass er von der Sonderregelung des § 18a Abs. 3 UStG Gebrauch machen und auch die Angaben über innergemeinschaftliche Dienstleistungen monat-

---

228 Abschn. 18a.1 Abs. 4 UStAE.
229 Abschn. 18a.2 Abs. 1 S. 2 UStAE.

lich übermitteln will.[230] Er gibt dann jeweils monatlich nur eine gemeinsame Meldung ab.

Auf die Zusammenfassenden Meldungen sind die für Steuererklärungen geltenden Vorschriften der Abgabenordnung entsprechend anzuwenden (§ 18a Abs. 11 S. 1 UStG), wodurch die Abgabe der Meldungen insbesondere durch die Festsetzung eines Zwangsgelds erzwingbar wird (§§ 328 ff. AO). Die Möglichkeit zur Festsetzung eines **Verspätungszuschlags** wurde jedoch ausdrücklich gesetzlich ausgenommen. Allerdings sind Sanktionen auch über ein **Bußgeld** möglich, denn die Nichtabgabe oder verspätete Abgabe von Zusammenfassenden Meldungen stellt eine Ordnungswidrigkeit dar (§ 26a Abs. 1 Nr. 2 UStG). Diese Regelungen waren erforderlich, da die deutsche Finanzverwaltung ihren Informationspflichten gegenüber den anderen EU-Mitgliedstaaten nachkommen muss und dabei in hohem Maße auf die Angaben der Unternehmer in den Zusammenfassenden Meldung angewiesen ist.

4. Inhalt der Zusammenfassenden Meldung

a) Erstmalige Zusammenfassende Meldung

In der Zusammenfassenden Meldung sind alle innergemeinschaftlichen Warenlieferungen (§ 18a Abs. 7 Nr. 1 UStG) einschließlich der Verbringensfälle i. S. d. § 6a Abs. 2 UStG (§ 18a Abs. 7 Nr. 2 UStG) sowie ggf. die im übrigen Gemeinschaftsgebiet ausgeführten steuerpflichtigen Dienstleistungen i. S. d. § 3a Abs. 2 UStG anzugeben (§ 18a Abs. 7 Nr. 3 UStG). Dabei sind bei innergemeinschaftlichen Lieferungen folgende Einzelangaben erforderlich (§ 18a Abs. 7 Nr. 1 UStG):

- **USt-IdNr. jedes Erwerbers,** unter der der Unternehmer innergemeinschaftliche Lieferungen an ihn ausgeführt hat,
- für jeden Erwerber die **Summe der Bemessungsgrundlagen** (Nettoentgelte ohne Umsatzsteuer) der an ihn ausgeführten steuerfreien innergemeinschaftlichen Lieferungen.

Hinweis:

Innergemeinschaftliche Dreiecksgeschäfte (§ 25b UStG) sind in der Zusammenfassenden Meldung besonders zu kennzeichnen. Für Lieferungen neuer Fahrzeuge an Abnehmer ohne USt-IdNr. erfolgt eine Meldung in einem gesonderten Verfahren (§ 18c UStG) beim BZSt.[231]

Für Meldezeiträume, in denen keine der bezeichneten Leistungen ausgeführt wurden, ist eine Zusammenfassende Meldung nicht zu übermitteln.[232]

---

230 Abschn. 18a.2 Abs. 5 und 6 UStAE.
231 Abschn. 18c.1 UStAE.
232 Abschn. 18a.1 Abs. 1 S. 4 UStAE.

Die Zusammenfassende Meldung muss dem Kontrollzweck entsprechend die **USt-IdNr.** des Leistungsempfängers und die **Summe der Bemessungsgrundlagen** der an ihn ausgeführten innergemeinschaftlichen Leistungen enthalten. Die Bemessungsgrundlagen sind in Euro anzugeben und daher ggf. umzurechnen (§ 16 Abs. 6 i. V. m. § 18a Abs. 7 S. 2 UStG). Grds. sind die amtlichen Briefkurse heranzuziehen, die das Bundesministerium als Durchschnittskurse für den Monat bekannt gibt, in dem die innergemeinschaftlichen Leitungen ausgeführt werden.[233] Auf Antrag kann das Finanzamt dem Unternehmer gestatten, dass die Umrechnung nach dem Tageskurs erfolgt, der durch Bankmitteilung oder Kurszettel nachzuweisen ist (§ 16 Abs. 6 S. 3 UStG). Ferner kann das Finanzamt gestatten, dass die Umrechnung regelmäßig nach den Durchschnittskursen vorgenommen wird, die das Bundesministerium für den Monat bekannt gegeben hat, der dem Monat vorangeht, in dem die Leistung ausgeführt oder das Entgelt vereinnahmt wird. In diesem Fall ist die umsatzsteuerliche Umrechnungsmethode im Rahmen der Voranmeldungen auch für die Zusammenfassende Meldung zu übernehmen. Maßgeblich sind die umsatzsteuerlichen Bemessungsgrundlagen der ausgeführten Umsätze, letztendlich also die Beträge, die auch in den Umsatzsteuer-Voranmeldungen bzw. -Jahreserklärungen angemeldet werden. In **Verbringensfällen** (§ 6a Abs. 2 UStG) ist die ausländische USt-IdNr. sowie die Summe der Bemessungsgrundlagen für Verbringensfälle anzugeben.

Änderungen der Bemessungsgrundlagen (z. B. Skonti, Boni) sind in dem Meldezeitraum, in dem die Änderung der Bemessungsgrundlagen eingetreten ist, mit der in diesem Zeitraum zu meldenden Beträgen zu saldieren, denn § 17 UStG ist entsprechend anzuwenden (§ 18a Abs. 7 S. 2 UStG).[234] Die zu meldenden Beträge können daher auch negativ sein. Sie sind in der Zusammenfassenden Meldung mit einem Minuszeichen zu kennzeichnen. Eine Meldung über Null Euro hat daher zu erfolgen, wenn im Meldezeitraum anderweitig innergemeinschaftliche Lieferungen an den Abnehmer ausgeführt wurden und die zu berücksichtigenden Korrekturen gleich hoch sind.

b) Berichtigung von Zusammenfassenden Meldungen
Unrichtige oder unvollständige Zusammenfassende Meldungen sind innerhalb eines Monats zu berichtigen (§ 18a Abs. 10 UStG), wenn der Unternehmer ihre Unrichtigkeit erkennt. Eine Berichtigung ist z. B. erforderlich, wenn sich bei der Ermittlung der Bemessungsgrundlagen Additionsfehler eingeschlichen haben, ein Erwerber nicht in der Meldung angegeben wurde oder falsche USt-IdNrn. gemeldet wurden.[235] In diesen Fällen ist für den bereits abgelaufenen Meldezeitraum eine **berichtigte Zusammenfassende Meldung** abzugeben, eine Saldierung mit Anmeldungen des laufenden Meldezeitraums ist nicht zulässig.

---

233 Abschn. 18a.3 Abs. 2 i. V. m. Abschn. 16.4 UStAE.
234 Abschn. 18a.4 Abs. 1 UStAE.
235 Abschn. 18a.5 UStAE.

In der berichtigten Zusammenfassenden Meldung sollen die Angaben, die in der ursprünglichen Zusammenfassenden Meldung korrekt gemeldet wurden, nicht wiederholt werden (sog. **Nettoberichtigung**). Werden berichtigte Zusammenfassende Meldungen maschinell erstellt, können abweichend hiervon alle für den Meldezeitraum zu meldenden Angaben wiederholt werden. In diesem Fall sind die berichtigten Angaben deutlich zu kennzeichnen.

Wurde eine nicht zutreffende Summe der **Bemessungsgrundlagen** gemeldet, so ist in der berichtigten Meldung unter der USt-IdNr. des Erwerbers der korrekte Betrag zu melden und nicht der Unterschiedsbetrag zwischen der ursprünglich gemeldeten Summe der Bemessungsgrundlagen und dem korrekten Betrag.

Wurde versehentlich die **USt-IdNr.** eines Abnehmers falsch eingetragen, so ist in der berichtigten Zusammenfassenden Meldung die falsche USt-IdNr. erneut aufzuführen und als Summe der Bemessungsgrundlagen der Betrag von Null € anzugeben. Damit werden die ursprünglichen Angaben gelöscht. In einer weiteren Zeile sind nunmehr unter der zutreffenden USt-IdNr. des Abnehmers die zu meldenden Angaben erneut vollständig anzugeben.

D. Innergemeinschaftliche Reihen- und Dreiecksgeschäfte

I. Definition des Reihengeschäfts

Ein Reihengeschäft liegt vor, wenn mehrere Unternehmer über denselben Gegenstand Umsatzgeschäfte abschließen und bei diesen dieser Gegenstand im Rahmen einer Beförderung oder Versendung unmittelbar vom ersten Unternehmer in der Reihe an den letzten Abnehmer gelangt (§ 3 Abs. 6a S. 1 UStG).[236] Gerade bei Anwendung dieser Vorschrift kommt der Abgrenzung zwischen dem übrigen Gemeinschaftsgebiet und dem Drittlandsgebiet erhebliche Bedeutung zu. Ein *innergemeinschaftliches* Reihengeschäft liegt vor, wenn die Warenbewegung im Gebiet eines Mitgliedstaates beginnt und im Gebiet eines anderen Mitgliedstaates endet, unabhängig davon, welcher Nationalität die beteiligten Unternehmer angehören.[237]

Unmittelbarkeit bedeutet dabei, dass beim Transport der Ware vom Abgangsort zum Bestimmungsort nur ein Unternehmer in der Kette die Transportverantwortung innehaben kann. Liegt diese Transportverantwortung dagegen bei mehreren an der Reihe beteiligten Unternehmern, liegt eine sog. gebrochene Beförderung oder Versendung vor, die Regelungen über das Reihengeschäft finden keine Anwendung.

Zum 01.01.2020 wurde mit Art. 36a MwStSystRL erstmalig der Begriff des Reihengeschäfts auch unionsrechtlich eingeführt. Die innergemeinschaftliche Beförderung eines Gegenstandes soll nur einer der Lieferungen zugeordnet werden, nur diese Lieferung kommt in den Genuss der für innergemeinschaftliche Lieferungen vorgesehenen Steuerbefreiung. Die anderen Lieferungen in der Reihe sind als unbewegte Lieferungen im Land des Beginns oder des Endes der Beförderung umsatzsteuerpflichtig und können die mehrwertsteuerpflichtige Registrierung des Lieferers im Mitgliedstaat der Lieferung erforderlich machen. Anders als in Art. 36a MwStSystRL vorgesehen, wo das Reihengeschäft nur für innergemeinschaftliche Lieferungen definiert wurde, wurde mit § 3 Abs. 6a UStG zum 01.01.2020 eine umfassende Regelung eingeführt. Die Zuordnungsregelungen sind anwendbar auf inländische Reihengeschäfte, auf innergemeinschaftliche Reihengeschäfte und auf Reihengeschäfte im Zusammenhang mit dem Drittlandsgebiet.

II. Bewegte oder unbewegte Lieferung

Bei Reihengeschäften werden im Rahmen einer Warenbewegung mehrere Lieferungen ausgeführt, die in Bezug auf den Lieferzeitpunkt und auf den Lieferort

---

236 Abschn. 3.14 Abs. 1 UStAE.
237 Abschn. 3.14 Abs. 1 Satz 1 UStAE.

getrennt zu beurteilen sind. Es handelt sich um eine Kette von nacheinander erfolgten Lieferungen, bei denen jeweils die Verfügungsmacht über die gelieferten Gegenstände auf den folgenden Abnehmer übergeht. Die Lieferungen finden sowohl zeitlich als auch räumlich gedanklich nacheinander statt. Damit liegt nicht zwingend ein einheitlicher Lieferort vor.

Bei Lieferungen im Rahmen eines Reihengeschäftes liegt nach § 3 Abs. 6a S. 1 UStG nur **eine** Beförderungs- oder Versendungslieferung vor, für die sich der Ort der Lieferung nach § 3 Abs. 6 S. 1 UStG nach dem Beginn der Beförderung oder Versendung bestimmt (Lieferung mit Warenbewegung). Lieferungen mit Warenbewegungen (**„bewegte Lieferungen"**) gelten als dort ausgeführt, wo die Beförderung oder Versendung beginnt (§ 3 Abs. 6 S. 1 UStG).

Die Ortsbestimmungen für die weiteren Lieferungen im Zusammenhang mit diesem Reihengeschäft richten sich nach § 3 Abs. 7 S. 2 UStG (**ruhende Lieferungen**). Für Lieferungen, die der Beförderungs- oder Versendungslieferung vorangehen, gilt der Abgangsort (§ 3 Abs. 7 S. 2 Nr. 1 UStG), für Lieferungen, die der Beförderungs- oder Versendungslieferung folgen der Ankunftsort als Lieferort (§ 3 Abs. 7 S. 2 Nr. 2 UStG).

Damit richtet sich der Lieferort für alle beteiligten Unternehmer entweder nach dem Transportbeginn oder dem Transportende, nicht aber zwingend nach dem Herkunftsland der beteiligten Unternehmer, was insbesondere dem Unternehmer, der sich mitten in der Leistungskette befindet, praktische Probleme bereitet.

III. Steuerbefreiung für die bewegte Lieferung

Im Rahmen eines Reihengeschäfts, bei dem die Warenlieferung im Inland beginnt und im Gebiet eines anderen Mitgliedstaates endet, kann mit der Beförderung oder Versendung des Liefergegenstands in das übrige Gemeinschaftsgebiet nur **eine** innergemeinschaftliche Lieferung i. s. d. § 6a UStG bewirkt werden. Die Steuerbefreiung nach § 4 Nr. 1 UStG kommt demnach nur bei der Beförderungs- oder Versendungslieferung zur Anwendung.[238] Auf „ruhende Lieferungen" finden die entsprechenden Steuerbefreiungen keine Anwendung.[239] Gleiches gilt für Ausfuhrlieferungen i. s. d. § 6 UStG.

Bei Lieferungen vom übrigen Gemeinschaftsgebiet ins Inland liegt dabei regelmäßig durch *einen* Abnehmer in der Reihe ein innergemeinschaftlicher Erwerb vor, bei Lieferungen ins übrige Gemeinschaftsgebiet hat *einer* der liefernden Unternehmer zu prüfen, ob eine steuerfreie innergemeinschaftliche Lieferung vorliegt. Entscheidend ist dabei nicht die Nationalität des Lieferers, sondern ausschließlich die Warenbewegung. Nach dem System der Umsatzsteuer im Binnenmarkt muss eine innergemeinschaftliche Lieferung stets mit einem

---

238 Abschn. 3.14 Abs. 2 und Abs. 13 i. V. m. Abschn. 6a.1 Abs. 2 UStAE.
239 EuGH vom 06. 04. 2006, C-245/04, DStR 2006 S. 699.

innergemeinschaftlichen Erwerb einhergehen.[240] Dies ist dann folgerichtig auch bei Reihengeschäften der Fall.

IV. Zuordnung der Warenbewegung bei Befördern oder Versenden durch den ersten Lieferer oder den letzten Abnehmer

1. Transport der Ware durch den ersten Unternehmer in der Reihe

Wird der Gegenstand bei einem Reihengeschäft durch den ersten Unternehmer in der Reihe befördert oder versendet, ist die Beförderung oder Versendung (also die Warenbewegung) seiner Lieferung zuzuordnen (§ 3 Abs. 6a S. 2 UStG).

Hinweis zu den Beispielen zu Reihengeschäften:

Um die Beispiele zu verstärken, erfolgt eine Visualisierung des jeweiligen Sachverhalts nach folgendem Grundmuster, das sich in allen Beispielen wiederholt:

- Die beteiligten Unternehmer werden in einer Reihe nebeneinander dargestellt, der Reihenfolge der Bestellungen und der späteren Lieferungen folgend.
- Die umsatzsteuerliche Lieferung zwischen den einzelnen Lieferern und ihren Abnehmern wird mit einem Pfeil dargestellt.
- Der Transportweg der Ware wird mit einer gestrichelten Linie dargestellt.
- Ein Lkw-Symbol unter dem beteiligten Unternehmer zeigt an, dass dieser Unternehmer für den Transport der Ware verantwortlich ist und die Ware entweder mit einem eigenen Lkw selbst transportiert oder den Auftrag zum Transport im eigenen Namen an einen Frachtführer erteilt hat.

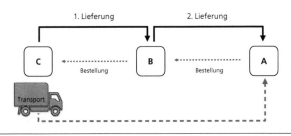

---

240 EuGH vom 26. 07. 2017, C-386/16, UR 2017 S. 678.

Beispiel:

A aus Amsterdam bestellt bei B aus Bochum eine Ware, die der wiederum bei seinem Lieferanten C aus Coesfeld anfordert. Alle Unternehmer sind in ihren Heimatländern als Unternehmer mit gültiger USt-Identifikationsnummer registriert. C beauftragt auf seine Kosten eine Spedition, die die Ware unmittelbar an A versendet.

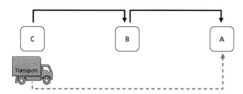

Die Warenbewegung ist der Lieferung des C an B zuzuordnen (§ 3 Abs. 6a S. 2 UStG), da er den Transport der Ware auf eigene Kosten übernommen hat. Diese Lieferung ist folglich in Deutschland steuerbar (§ 3 Abs. 6 S. 1, § 1 Abs. 1 Nr. 1 UStG). Da die Ware von Deutschland ins übrige Gemeinschaftsgebiet gelangt (Niederlande), wäre diese Lieferung nach dem System des Binnenmarktes steuerfrei (§ 6a Abs. 1 UStG). Wenn B nicht seine USt-IdNr. des Bestimmungslandes (Niederlande) verwendet, kommt für die Lieferung des C an B eine Steuerbefreiung nicht in Betracht. Der unmittelbare Abnehmer des C ist B und nicht A, und B ist zum Zeitpunkt des Umsatzes offenbar nicht in einem anderen Mitgliedstaat registriert (§ 6a Abs. 1 Nr. 4 UStG). Mangels Steuerbefreiung ist die Lieferung C an B steuerpflichtig. B ist aber aufgrund der Gesetzesänderung zum 01. 01. 2020 im Gegensatz zur bisherigen Rechtslage zum Abzug der in Rechnung gestellten Umsatzsteuer als Vorsteuer berechtigt, da die Lieferung an ihn materiell-rechtlich und nicht nur aus formalen Gründen steuerpflichtig ist (§ 15 Abs. 1 S. 1 Nr. 1 S. 2 UStG).

Gleichwohl hat B einen innergemeinschaftlichen Erwerb in den Niederlanden bewirkt (§ 3d S. 1 UStG). Darüber hinaus führt er eine Lieferung an A aus, Ort der Lieferung ist die Niederlande (§ 3 Abs. 7 S. 2 Nr. 2 UStG). Die Lieferung B an A kann nicht steuerfrei sein, denn diese Lieferung ist die unbewegte Lieferung, die niemals steuerfrei sein kann. Sie ist von B in den Niederlanden zu versteuern, der sich folglich dort registrieren lassen muss.

2. Transport der Ware durch den letzten Abnehmer in der Reihe

Wird der Gegenstand der Lieferung bei einem Reihengeschäft durch den letzten Abnehmer in der Reihe befördert oder versendet, ist die Beförderung oder Versendung der Lieferung (also die Warenbewegung) der Lieferung des letzten Zwischenhändlers an diesen Abnehmer zuzuordnen (§ 3 Abs. 6a S. 3 UStG).

Beispiel:

A aus Amsterdam bestellt bei B aus Bochum eine Ware, die der wiederum bei seinem Lieferanten C aus Coesfeld anfordert. Alle Unternehmer sind in ihren Heimatländern als Unternehmer mit gültiger USt-IdNr. registriert. A führt den Transport der Ware auf eigene Kosten durch.

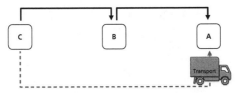

Die Warenbewegung ist der Lieferung des B an A zuzuordnen, da der Abnehmer des B letzter Abnehmer in der Reihe ist und die Ware selbst befördert (§ 3 Abs. 6a S. 3 UStG). Die Lieferung des B an A ist somit die bewegte Lieferung und in Coesfeld ausgeführt (§ 3 Abs. 6 S. 1 UStG) und folglich im Inland steuerbar. Sie ist aber als innergemeinschaftliche Lieferung steuerfrei (§ 6a Abs. 1 UStG). Die Ware gelangt von Deutschland in die Niederlande (§ 6a Abs. 1 Nr. 1 UStG), der Abnehmer des B ist Unternehmer, der die Ware für sein Unternehmen erwirbt (§ 6a Abs. 1 Nr. 2 UStG) und er hat einen innergemeinschaftlichen Erwerb in den Niederlanden bewirkt (§ 6a Abs. 1 Nr. 3 UStG) und dabei seine niederländische USt-IdNr. verwendet (§ 6a Abs. 1 Nr. 4 UStG). B erteilt seinem niederländischen Kunden eine Nettorechnung unter Hinweis auf die Steuerfreiheit der Lieferung und unter Angabe der USt-Identifikationsnummern der Beteiligten B und A.

Die Lieferung des C an B ist als „bewegungslose" Lieferung in Coesfeld ausgeführt, in Deutschland steuerbar (§ 3 Abs. 7 S. 2 Nr. 1 UStG) und steuerpflichtig, da insoweit keine Warenbewegung ins Ausland erfolgte und unbewegte Lieferung aus diesem Grund nicht steuerfrei sein können. C stellt B deutsche Umsatzsteuer in Rechnung, die B unter den üblichen Voraussetzungen als Vorsteuer abziehen kann (§ 15 Abs. 1 S. 1 Nr. 1 UStG).

V. Zuordnung der Warenbewegung bei Befördern oder Versenden durch einen Zwischenhändler

1. Allgemeine Zuordnungsregelungen

Die Zuordnung der Beförderung oder Versendung zu einer der Lieferungen des Reihengeschäfts ist davon abhängig, ob der Gegenstand der Lieferung durch den ersten Unternehmer, den letzten Abnehmer **oder einen Unternehmer in der Reihe** befördert oder versendet wird. Während die Rechtsfolgen beim Befördern oder Versenden durch den ersten Unternehmer oder den letzten Abnehmer in der Reihe zwingend feststehen (§ 3 Abs. 6a S. 2 und 3 UStG), besteht beim Befördern oder Versenden durch einen Unternehmer in der Reihe ein Zuordnungswahlrecht (§ 3 Abs. 6a S. 4 UStG).

Die Zuordnungsentscheidung muss einheitlich für alle Beteiligten getroffen werden. Aus den vorhandenen Belegen muss sich eindeutig und leicht nachprüfbar ergeben, wer die Beförderung oder Versendung veranlasst hat.[241] Im Fall der Versendung kann dabei auf die Auftragserteilung an den selbstständigen Beauftragten abgestellt werden. Sollte sich aus den Geschäftsunterlagen

---

241 Abschn. 3.14 Abs. 7 UStAE.

nichts anderes ergeben, ist auf die Frachtzahlerkonditionen (Incoterms) abzustellen.[242]

Hinweis:

§ 3 Abs. 6a S. 4 UStG beinhaltet nicht nur die Zuordnungsregelung für den Fall, dass der Zwischenhändler für den Transport der Ware verantwortlich ist, sondern zugleich den Versuch einer Legaldefinition des Begriffs „Zwischenhändler" durch den Gesetzgeber. Zwischenhändler ist nach der genaueren Formulierung in Art. 36a Abs. 3 MwStSystRL der Lieferer innerhalb der Reihe mit Ausnahme des ersten Lieferers in der Reihe, der die Gegenstände selbst oder auf seine Rechnung durch einen Dritten befördert oder versendet.

Wird der Gegenstand der Lieferung durch einen Zwischenhändler transportiert, ist die Beförderung oder Versendung grds. der Lieferung **an ihn** zuzuordnen (§ 3 Abs. 6a S. 4 Alternative 1 UStG). Weist er allerdings nach, dass er den Gegenstand als Lieferer befördert oder versendet hat, ist wiederum die Beförderung oder Versendung (also die Warenbewegung) seiner Lieferung an seinen Abnehmer zuzuordnen (§ 3 Abs. 6a S. 4 Alternative 2 UStG). Somit enthält § 3 Abs. 6a S. 4 UStG für den Fall des Transports der Waren durch einen Zwischenhändler die widerlegbare Vermutung, dass die Lieferung mit Warenbewegung seinem Lieferanten zuzuordnen ist, d. h., die bewegte Lieferung wird grds. der Lieferung des vorangehenden Lieferers an den Zwischenhändler zugeordnet. Diese Vermutung könnte der Zwischenhändler widerlegen, indem er anhand von Belegen, z. B. durch eine Auftragsbestätigung, das Doppel der Rechnung oder andere handelsübliche Belege und Aufzeichnungen nachweist, dass er als Lieferer aufgetreten und die Beförderung oder Versendung dementsprechend seiner eigenen Lieferung zuzuordnen ist.

Hinweis:

Dies bedeutet in der Praxis de facto ein Wahlrecht des Zwischenhändlers eines Reihengeschäftes, wenn er für den Transport der Ware verantwortlich ist.

Die Voraussetzung der Verantwortlichkeit des Transports ergibt sich zwar nicht unmittelbar aus dem deutschen UStG, wohl aber aus Art. 36a Abs. 3 MwStSystRL und der Begründung des Gesetzgebers.[243]

Die Grundsätze zur Bestimmung des Ortes der Lieferung finden auch Anwendung, wenn keine grenzüberschreitende Warenbewegung stattfindet, de facto sind sie in der Praxis dann aber bedeutungslos. Auf Warenbewegungen, die sich auf das Inland beschränken, kann naturgemäß keine Steuerbefreiung für Ex-

---

242 Abschn. 3.14 Abs. 10 UStAE.
243 BT-Drucksache 19/13436 vom 23. 09. 2019, S. 143.

porte (§ 4 Nr. 1 UStG) anzuwenden sein, da Voraussetzung für eine Steuerbefreiung auch das Versenden des Gegenstandes in ein anderes Land ist. Nimmt daher an einem solchen Reihengeschäft ein ausländischer Unternehmer teil, muss er sich wegen der im Inland steuerbaren und steuerpflichtigen Lieferung stets im Inland umsatzsteuerlich registrieren lassen, denn es kommt bei Reihengeschäften nicht auf die Nationalität der beteiligten Unternehmer an, sondern nur auf die Warenbewegung.[244]

Beispiel:

A aus Aachen bestellt bei B aus Brüssel eine Ware, die B wiederum bei C in Coesfeld anfordert. B lässt die Ware durch einen von ihm beauftragten Frachtführer unmittelbar von Coesfeld nach Aachen transportieren.

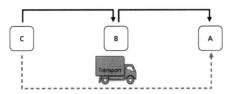

C führt nach der gesetzlichen Fiktion in § 3 Abs. 6a S. 4 Alternative 1 UStG grds. die bewegte Lieferung i. S. d. § 3 Abs. 6 S. 1 UStG aus. Die Lieferung ist im Inland steuerbar und auch steuerpflichtig, weil die Ware das Inland nicht verlässt. Sowohl § 6 UStG als auch § 6a UStG sind nur anwendbar, wenn die Ware ins Ausland transportiert wird.

Die Lieferung des B an A ist ebenfalls im Inland (Aachen) ausgeführt (§ 3 Abs. 7 S. 2 Nr. 2 UStG) und ebenfalls steuerpflichtig. Der ausländische Zwischenhändler B hat sich daher bei seinem deutschen Finanzamt registrieren zu lassen (vgl. § 21 Abs. 1 S. 2 AO i. V. m. UStZustV). Er hat danach die Umsatzsteuer für die Lieferung an A beim Finanzamt Trier anzumelden und kann dabei die Vorsteuer aus der Lieferung des C an ihn geltend machen.

Sollte B sein Wahlrecht im Rahmen des § 3 Abs. 6a Satz 4 UStG dahingehend ausüben wollen, dass ihm die bewegte Lieferung zuzurechnen ist, führt dies in der Praxis de facto zu keiner anderen Lösung, denn auch diese (dann) bewegte Lieferung kann mangels Gelangens des Gegenstands in das Ausland dann nicht steuerfrei sein. Letztendlich kommt in der Praxis der Zuordnungsregelung bei reinen Inlandsgeschäften im Gegensatz zu Klausuren keine Bedeutung zu.

Hinweis:

EDV-gestützte Buchführungssysteme prüfen regelmäßig nur das Vorhandensein einer fremden Umsatzsteuer-Identifikationsnummer in der Kundenstammdatei und erzeugen auf diese Weise eine Rechnung über eine steuerfreie Lieferung. Kann dem Umsatz keine oder nur eine inländische Warenbewegung zugeordnet werden, geht der Unternehmer ein entspre-

---

244 Abschn. 3.14 Abs. 12 UStAE.

chendes Risiko in der Praxis ein, mit der Umsatzsteuer aus diesem Umsatz nachbelastet zu werden. Eine Berechnung einer Lieferung an einen im EU-Ausland ansässigen Kunden darf nicht allein deshalb steuerfrei erfolgen, weil der Kunde in einem anderen Land ansässig ist. Umgekehrt darf nicht lediglich die Warenbewegung in ein anderes EU-Land Ausgangspunkt für eine steuerfreie Abrechnung an einen Kunden sein. Die Rechnung an den Kunden muss auch die USt-IdNr. des Kunden in einem anderen Mitgliedstaat enthalten, um den innergemeinschaftlichen Erwerb durch diesen Kunden in eben diesem anderen Mitgliedstaat sicherzustellen. Dies kann nach dem Sinn und Zweck des Systems nur die USt-IdNr. des Bestimmungslands sein (vgl. § 6a Abs. 1 Nr. 1, Nr. 2 Buchst. a und Nr. 4 UStG i. V. m. § 17b Abs. 1 S. 1 und Abs. 2 Nr. 2 i. V. m. § 17d Abs. 2 Nr. 9 UStDV).

2. Ergänzende Regelungen für Reihengeschäfte im Zusammenhang mit dem übrigen Gemeinschaftsgebiet

Gelangt der Gegenstand der Lieferung aus dem Gebiet eines Mitgliedstaates in das Gebiet eines anderen Mitgliedstaates, greift beim Transport der Ware durch den Zwischenhändler i. S. d. § 3 Abs. 6a S. 4 UStG eine ergänzende Sonderregelung. Verwendet der Zwischenhändler gegenüber dem leistenden Unternehmer bis zum Beginn der Beförderung oder Versendung eine ihm vom Mitgliedstaat des Beginns der Beförderung oder Versendung erteilte USt-IdNr., ist die Beförderung oder Versendung nicht der Lieferung **an ihn**, sondern **seiner** Lieferung zuzuordnen (§ 3 Abs. 6a S. 5 UStG). Die durch den Zwischenhändler ausgeführte Lieferung gilt dann als warenbewegte und steuerfreie Lieferung.

Beispiel:

A aus Amsterdam bestellt bei B aus Bochum eine Ware, die der wiederum bei seinem Lieferanten C aus Coesfeld anfordert. Alle Unternehmer sind in ihren Heimatländern als Unternehmer mit gültiger USt-IdNr. registriert. B führt den Transport der Ware durch.

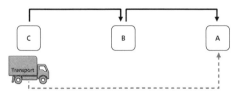

Die Warenbewegung ist grds. der Lieferung des C an B zuzuordnen (§ 3 Abs. 6a S. 4 Alternative 1 UStG). Die Lieferung des C an B ist damit in Coesfeld ausgeführt (§ 3 Abs. 6 S. 1 UStG), im Inland steuerbar, aber grds. als innergemeinschaftliche Lieferung steuerfrei (§ 6a Abs. 1 UStG), da die Warenbewegung von Deutschland in die Niederlande erfolgte und der Abnehmer B einen innergemeinschaftlichen Erwerb in den Niederlanden bewirkt hat (vgl. § 3d S. 1 UStG). Voraussetzung ist aber, dass B dazu gegenüber C seine eigene niederländische USt-IdNr. verwendet (§ 6a Abs. 1 Nr. 1 und Nr. 4 UStG). Die nachfolgende Lieferung des B an A wäre sodann als „bewegungslose" Lieferung in Amsterdam ausgeführt (§ 3 Abs. 7 S. 2 Nr. 2 UStG). B hat sodann einen innergemeinschaftlichen Erwerb in den Niederlanden zu erklären und dort zudem die Lieferung an A zu versteuern.

Da dies kaum die Lösung ist, die die Beteiligten sich in diesem Fall vorstellen, hat B als transportierenden Zwischenhändler die Möglichkeit, sein Wahlrecht nach § 3 Abs. 6a S. 4 Alternative 2 UStG auszuüben. Dazu enthält § 3 Abs. 6a S. 5 UStG eine Vereinfachungsreglung. Verwendet der die Ware transportierende B gegenüber seinem Lieferanten C seine deutsche Umsatzsteuer-Identifikationsnummer, wird die Warenbewegung nach § 3 Abs. 6a S. 4 Alternative 2 UStG B zugerechnet. Er erklärt sodann selbst eine innergemeinschaftliche Lieferung in Deutschland an seinen Abnehmer A in den Niederlanden. Er dokumentiert damit, dass er nicht als Abnehmer der ersten Lieferung aufgetreten ist, sondern als Lieferer. Die Beförderungslieferung (bewegte Lieferung) wird nunmehr dem Zwischenhändler B an seinen Abnehmer A zugeordnet, der Ort der Lieferung liegt nach § 3 Abs. 6 S. 1 UStG im Abgangsland (Coesfeld). Da der Gegenstand vom Inland in das übrige Gemeinschaftsgebiet gelangt, führt nunmehr der Zwischenhändler B die steuerfreie innergemeinschaftliche Lieferung aus (§ 6a Abs. 1 UStG), sein Abnehmer A hat in den Niederlanden einen innergemeinschaftlichen Erwerb bewirkt (§ 6a Abs. 1 Nr. 2 bis 4 UStG).

Die Lieferung des C an den Zwischenhändler B ist nunmehr als ruhende Lieferung (§ 3 Abs. 7 S. 2 Nr. 1 UStG) im Inland steuerpflichtig, der Zwischenhändler kann die ihm von C in Rechnung gestellte Umsatzsteuer als Vorsteuer abziehen (§ 15 Abs. 1 S. 1 Nr. 1, § 15 Abs. 2 Nr. 1, § 15 Abs. 3 Nr. 1 Buchst. a UStG). Aufgrund der entsprechenden Lieferkonditionen und Dokumentation seines Auftretens kann der Zwischenhändler damit im Ergebnis bestimmen, wo seine Lieferung ausgeführt worden ist.[245] Er hat entweder seine niederländische oder seine deutsche Umsatzsteuer dazu einzusetzen und diese seinem Lieferanten C mitzuteilen.

Die **Verwendung** der USt-IdNr. muss spätestens bei Ausführung der Lieferung erfolgen. Der Begriff „Verwendung" setzt ein positives, aktives Tun des Zwischenhändlers voraus. Dies bedeutet, die verwendete USt-IdNr. muss in dem jeweiligen Auftragsdokument über die Lieferung schriftlich festgehalten werden. Bei mündlicher Erteilung eines Auftrags muss die rechtzeitige Verwendung der USt-IdNr. vom Zwischenhändler anderweitig dokumentiert werden. Nach der Begründung des Gesetzesentwurfs reicht es zudem aus, wenn der Zwischenhändler dokumentiert, dass er gegenüber seinem leistenden Unternehmer erklärt hat, die ihm vom Abgangsstaat der Ware erteilte USt-IdNr. auch für alle zukünftigen Lieferungen verwenden zu wollen. Eine in einem Dokument lediglich formularmäßig eingedruckte USt-IdNr. (z. B. Briefbogen) reicht dazu allerdings nicht aus.

---

245 Abschn. 3.14 Abs. 9 und Abs. 10 UStAE.

> *Hinweis:*
>
> § 3 Abs. 6a S. 5 UStG ist völlig misslungen. Der Gesetzgeber geht in seiner Begründung davon aus, dass die Zuordnungsregelung für diese Reihengeschäfte nur anwendbar ist, wenn dem Zwischenhändler auch die bewegte Lieferung zuzuordnen ist, d. h., wenn er auch für den Transport verantwortlich ist. In allen anderen Fällen des Transports sollen wieder zwingend die Regelungen in § 3 Abs. 6a S. 2 und 3 UStG gelten.[246] Leider ist diese Rechtsauffassung nur schwer aus dem Gesetz abzuleiten und ergibt sich allenfalls aus der Gesetzesbegründung.[247] Schade, dass die Erfahrungen der Vergangenheit bei fehlenden oder unsauberen gesetzlichen Formulierungen durch den Gesetzgeber völlig ignoriert und wiederholt wurden. Finanzgerichtliche Streitigkeiten sind damit erneut vorprogrammiert, auch, weil man im Inland weiterhin an den Warentransport als solchen anknüpft. Der Gesetzgeber begründet seine Auffassung damit, dass Zwischenhändler nach der Definition in Art. 36a Abs. 3 MwStSystRL nur sein kann, wer selbst Gegenstände befördert oder versendet: *„Durch Artikel 36a Absatz 2 MwStSystRL wird bestimmt, dass die gesetzliche Vermutung im Falle innergemeinschaftlicher Lieferungen durch die Verwendung einer dem transportverantwortlichen mittleren Unternehmer (Zwischenhändler) durch den Abgangsmitgliedstaat erteilten Umsatzsteuer-Identifikationsnummer widerlegt wird.“* Er sieht offenbar in § 3 Abs. 6a S. 5 UStG eine Ergänzung zu § 3 Abs. 6a S. 4 UStG, ohne leider konkreter zu werden und dies in S. 5 zum Ausdruck zu bringen.

Der Zwischenhändler kann also bei eigener Transportverantwortung je nach Registrierung im Staat des Transportbeginns oder im Staat des Transportendes wählen, ob er ggf. eine steuerfreie innergemeinschaftliche Lieferung empfangen möchte und einen steuerpflichtigen innergemeinschaftlichen Erwerb im Mitgliedstaat des Transportendes mit anschließender steuerpflichtiger Lieferung in diesem Mitgliedsland bewirkt oder ob er selbst eine steuerfreie Lieferung im Ausgangsmitgliedstaat erbringt.

Sind **mehr als drei Unternehmer** in ein Reihengeschäft involviert, sind Absprachen bei der Warenbewegung besonders wichtig.

> *Beispiel:*
>
> Der französische Unternehmer F bestellt bei seinem deutschen Lieferanten D1 aus Detmold eine Ware, die dieser wiederum bei D2 aus Dortmund anfordert. Da auch D2 die Ware nicht vorrätig hat, gibt er eine Bestellung an den Hersteller D3

---

246 *Huschens,* NWB 2019 S. 1893: „Geplante Änderungen des Umsatzsteuergesetzes durch das JStG 2019"; g. A. Scholz/Carlson, Umsatzsteuer direkt digital 2019 Nr. 11 S. 14: „Mehr als nur Quick Fixes"; g. A. *Meyer-Burow/Connemann,* Einführung von „Quick Fixes" für bestimmte innergemeinschaftliche Lieferungen, UStB 2019 S. 111.

247 Vgl. auch *Schlegel,* Referentenentwurf eines Gesetzes zur weiteren steuerlichen Förderung der Elektromobilität und zur Änderung weiterer steuerlicher Vorschriften, DStR 2019 S. 1233.

aus Dülmen. D2 lässt die Ware von einem selbstständigen Frachtführer bei D3 in Dülmen abholen und sie unmittelbar zu F nach Frankreich transportieren. Es wurden folgende Lieferklauseln vereinbart:

- D1 vereinbart mit D2 „Lieferung frei Haus nach Frankreich" (Lieferklausel DDP),
- D2 vereinbart mit D3 „Lieferung ab Werk Dülmen" (Lieferklausel EXW).

Die Lieferklauseln ergeben sich aus den Rechnungen und sind auch aus der Buchführung eindeutig ersichtlich. Alle beteiligten Unternehmer treten unter der USt-IdNr. ihres Herkunftslandes auf.

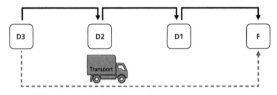

Es liegt ein Reihengeschäft vor, bei dem drei Lieferungen nacheinander ausgeführt werden (§ 3 Abs. 6a S. 1 UStG). D3 liefert an D2, D2 liefert an D1 und D1 liefert an F.

Die Versendung der Ware kann in diesem Fall der Lieferung D2 an D1 zugerechnet werden, da D2 als mittlerer Unternehmer in der Reihe (Zwischenhändler) die Ware versendet und dabei seine Liefereigenschaft nachweist (§ 3 Abs. 6a S. 4 Alternative 2 i. V. m. S. 5 UStG). Er tritt gegenüber D3 unter seiner deutschen USt-IdNr. auf und hat wegen der Lieferklauseln DDP mit seinem Kunden D1 und EXW mit seinem Vorlieferanten D3 Gefahr und Kosten des Transports übernommen. Damit kann D2 nachweisen, dass die Voraussetzungen für die Zuordnung der Versendung zu seiner Lieferung erfüllt sind.[248] Außerdem verwendet er gegenüber D3 seine deutsche USt-IdNr. Der Ort dieser Lieferung liegt somit in Deutschland (§ 3 Abs. 6 S. 1 UStG), denn die Versendung beginnt mit Übergabe an den Frachtführer (§ 3 Abs. 6 S. 2 UStG) in Dülmen. Die Lieferung des **D2 an D1** ist folglich eine bewegte Lieferung i. S. d. § 3 Abs. 6 S. 1 UStG und wird vom Inland in das übrige Gemeinschaftsgebiet ausgeführt. Sie ist daher grds. als innergemeinschaftliche Lieferung steuerfrei (§ 4 Nr. 1 Buchst. b i. V. m. § 6a Abs. 1 UStG). D1 hat als Abnehmer dieser innergemeinschaftlichen Lieferung einen innergemeinschaftlichen Erwerb in einem anderen Mitgliedstaat bewirkt, da sich die Ware am Ende der Beförderung in Frankreich befindet (§ 3d S. 1 UStG). In der Praxis ist dies problematisch, da D2 diese Erwerbsbesteuerung des D1 in Frankreich nicht nachvollziehen kann, da D1 eine deutsche USt-IdNr. und keine französische USt-IdNr. verwendet (vgl. § 6a Abs. 1 Nr. 3 und Nr. 4 UStG). Die Lieferung des D2 an D1 ist daher steuerpflichtig und von D2 mit Umsatzsteuer zu berechnen, da er ohne Verwendung einer gültigen französischen USt-IdNr. durch D1 nicht davon ausgehen kann, dass sein Abnehmer den Erwerb der Ware in einem anderen Mitgliedstaat erklärt. Der Vorgang ist steuerpflichtig, da die Verwendung einer USt-IdNr. des Bestimmungslandes materielle Voraussetzung für die Steuerbefreiung ist

---

248 EuGH vom 16. 10. 2010, C-430/09, DStR 2011 S. 23.

(§ 6a Abs. 1 Nr. 4 UStG). D1 kann allerdings aus diesem Grund die ihm von D2 in Rechnung gestellte Umsatzsteuer (im Gegensatz zur bis zum 31. 12. 2019 gültigen Rechtslage) als Vorsteuer abziehen (§ 15 Abs. 1 S. 1 Nr. 1 UStG).[249] Gleichwohl hat D1 einen innergemeinschaftlichen Erwerb in Frankreich, da sich die Rechtsfolgen des § 3d S. 1 UStG durch die Verwendung einer anderen USt-IdNr. nicht vermeiden lassen. Die Regelung in § 3d S. 2 UStG verlagert nicht den Ort des innergemeinschaftlichen Erwerbs in ein anderes Land, sondern führt de facto zu einer Versteuerung des innergemeinschaftlichen Erwerbs in beiden Ländern. Der Vorgang zeigt die ganze Schwäche des Systems bei Verwendung einer nicht zum Bestimmungsmitgliedsland gehörenden USt-IdNr.

Die erste Lieferung D3 an D2 und die dritte Lieferung D1 an F sind somit ruhende Lieferungen i. S. d. § 3 Abs. 7 S. 2 UStG und damit im Abgangs- oder Ankunftsland steuerbar und steuerpflichtig.

Da die erste Lieferung **D3 an D2** der bewegten Lieferung vorangeht, gilt sie als in Dülmen ausgeführt (§ 3 Abs. 7 S. 2 Nr. 1 UStG). Sie ist als ruhende Lieferung in Deutschland steuerpflichtig, auch wenn die Ware später tatsächlich in das übrige Gemeinschaftsgebiet gelangt.

Für die dritte Lieferung **D1 an F** liegt der Lieferort in Frankreich, da sie der Versendungslieferung folgt (§ 3 Abs. 7 S. 2 Nr. 2 UStG). Sie ist im Inland nicht steuerbar. Sie ist nach französischem Recht zu behandeln, D1 muss sich in Frankreich umsatzsteuerlich registrieren lassen, denn er hat in Frankreich nicht nur einen innergemeinschaftlichen Erwerb zu erklären, sondern auch seine Lieferung an F der Umsatzsteuer im Bestimmungsland zu unterwerfen. Da er am innergemeinschaftlichen Handel teilnimmt, wird ihm nunmehr eine französische USt-IdNr. zugewiesen. Diese USt-IdNr. kann er aber seit dem 01. 01. 2020 nicht rückwirkend gegenüber seinem Vorlieferanten D2 verwenden, um sodann die Steuerbefreiung in Anspruch zu nehmen.[250]

Auch **Nichtunternehmer** können im Rahmen von Reihengeschäften beliefert werden. Wenn der letzte Abnehmer im Rahmen eines innergemeinschaftlichen Reihengeschäftes nicht die subjektiven Voraussetzungen für die Besteuerung des innergemeinschaftlichen Erwerbs erfüllt und demzufolge in der Praxis nicht mit einer USt-IdNr. auftritt, ist zudem ggf. die Sonderregelung des § 3c UStG zu beachten, wenn der letzten Lieferung in der Reihe die Beförderung oder Versendung zugeordnet wird. Dies gilt nicht, wenn der dieser private Abnehmer den Gegenstand selbst abholt. Ist die letzte Lieferung in der Reihe eine ruhende Lieferung, liegt der Ort der Lieferung nach § 3 Abs. 7 S. 2 Nr. 2 UStG stets im Land des Endes der Beförderung oder Versendung, eine Prüfung der Anwendung des § 3c UStG entfällt.

---

249 EuGH vom 22. 04. 2010, C-536/08, C-539/08, DStR 2010 S. 926.
250 So auch im Ergebnis Abschn. 6a.1 Abs. 19 S. 3 UStAE, da die USt-IdNr. im Zeitpunkt der Lieferung noch nicht gültig war.

Beispiel:

Ein niederländisches Rentnerehepaar R kauft für seinen privaten Bedarf beim Möbelhaus A in Aachen eine Polstergarnitur. A bestellt die Möbel beim Hersteller S in Steinfurt. Der Hersteller lässt die Möbel wie verabredet unmittelbar zum Abnehmer nach Venlo transportieren.

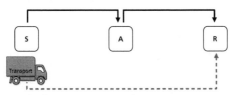

Im Rahmen dieses Reihengeschäfts werden zwei Lieferungen ausgeführt:

S liefert die Möbel an A und A liefert die Möbel an R. Die erste Lieferung S an A ist die Versendungslieferung i. S. des § 3 Abs. 6 S. 1 UStG (§ 3 Abs. 6a S. 3 UStG), sie wurde mithin in Steinfurt ausgeführt. Sie ist grds. als innergemeinschaftliche Lieferung steuerfrei, denn die Ware gelangt in das übrige Gemeinschaftsgebiet. Solange A jedoch gegenüber seinem Lieferanten S nicht angibt, dass er den innergemeinschaftlichen Erwerb der Ware im übrigen Gemeinschaftsgebiet der Umsatzsteuer unterwirft (§ 6a Abs. 1 Nr. 3 und 4 UStG), muss S die Lieferung der deutschen Umsatzsteuer unterwerfen.

Ungeachtet dieser Frage hat A einen innergemeinschaftlichen Erwerb in den Niederlanden, da hier die Versendung der Ware endet (§ 3d S. 1 UStG). Diese Besteuerung des Erwerbs in den Niederlanden kann A auch nicht durch den Einsatz einer anderweitigen USt-IdNr. verhindern, § 3d S. 2 UStG führt zu einem weiteren innergemeinschaftlichen Erwerb, nicht zu einer anderweitigen Lösung.

Seine anschließende Lieferung an den Abnehmer R ist folglich eine ruhende Lieferung im Sinne des § 3 Abs. 7 S. 2 Nr. 2 UStG und wurde in den Niederlanden ausgeführt. Als ruhende Lieferung kann sie auch nicht unter die Regelung für Fernverkäufe fallen, da keine Warenbewegung durch den liefernden Unternehmer vorliegt (§ 3c Abs. 1 UStG). Die Lieferung des Möbelhauses A unterliegt daher in den Niederlanden der Umsatzsteuer. Auch das zum 01.07.2021 eingeführte besondere Besteuerungsverfahren ist für A nicht möglich, da die Lieferung nicht der Regelung über die Fernverkäufe unterliegt. Eine Registrierung in den Niederlanden ist für A unumgänglich.

Wäre die Warenbewegung der Lieferung A an R zuzuordnen, weil A den Transport übernimmt (§ 3 Abs. 6a S. 4 und 5 UStG), so wäre die Lieferung des S an A als unbewegte Lieferung im Inland steuerbar und steuerpflichtig und die Lieferung des A an R wäre die Fernsendungslieferung im Sinne des § 3c Abs. 1 S. 2 UStG. Der Ort der Lieferung wäre dann nicht nach § 3 Abs. 6 S. 1 UStG, sondern nach § 3c Abs. 1 S. 1 UStG zu bestimmen und läge in den Niederlanden, wenn A die Bagatellgrenze überschreitet oder zur Besteuerung im Bestimmungsland optiert hätte (§ 3c Abs. 4 UStG). Er hätte wiederum seine Lieferung in den Niederlanden zu versteuern, könnte aber am besonderen Besteuerungsverfahren teilnehmen.

Beteiligt sich ein Unternehmer aus dem Drittland an innergemeinschaftlichen Reihengeschäften als Zwischenhändler, so hat er aufgrund der Bestimmungen zum Ort der Lieferung in § 3 Abs. 6a UStG Steuererklärungen entweder im Land des Beginns oder im Land des Endes der Beförderung oder Versendung abzugeben. Da er damit in einem Mitgliedstaat umsatzsteuerlich registriert wird, kann ihm auch eine USt-Identifikationsnummer zugewiesen werden. Somit wird auch ein im Drittland ansässiger Unternehmer wie ein Unternehmer aus dem Gemeinschaftsgebiet behandelt, sofern er unter seiner USt-Identifikationsnummer eines Mitgliedstaates auftritt.

Beispiel:

D aus Deutschland bestellt bei dem Schweizer Unternehmer S eine Ware, die dieser wiederum bei B in Belgien anfordert. B befördert die Ware unmittelbar zu D.

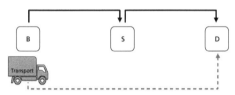

B erbringt eine Lieferung in Belgien (§ 3 Abs. 6 Satz 1 UStG). Obwohl die Ware in das übrige Gemeinschaftsgebiet gelangt (§ 6a Abs. 1 Nr. 1 UStG), ist die Lieferung des B jedoch nur dann als innergemeinschaftliche Lieferung steuerfrei, wenn der Abnehmer S auch einen innergemeinschaftlichen Erwerb im Bestimmungsland (= Deutschland, Ende der Beförderung) zu versteuern hat (§ 6a Abs. 1 Nr. 3 UStG). Dazu muss der Schweizer Unternehmer eine deutsche USt-IdNr. verwenden, um gegenüber seinem Lieferanten diesen Nachweis zu erbringen (§ 6a Abs. 1 Nr. 4 UStG). Verwendet der Schweizer keine deutsche USt-IdNr., kann die Lieferung an ihn nicht steuerfrei erfolgen.

Ungeachtet dessen hat der Schweizer Unternehmer einen innergemeinschaftlichen Erwerb in Deutschland zu versteuern (§ 1a Abs. 1 UStG), da die Warenbewegung im übrigen Gemeinschaftsgebiet beginnt und endet (§ 3d Satz 1 UStG).

Die Lieferung des S an D wurde in Deutschland ausgeführt (§ 3 Abs. 7 Satz 2 Nr. 2 UStG), sie ist in Deutschland steuerbar und steuerpflichtig. Neben dem innergemeinschaftlichen Erwerb hat S diese steuerpflichtige Lieferung an D in Deutschland im Rahmen von Voranmeldung und Jahreserklärung zu erklären. Und da er ohnehin in Deutschland Steuererklärungen abzugeben hat, ist die frühzeitige Beantragung einer deutschen USt-IdNr. durch ihn sinnvoll, um die Versteuerung der Lieferung durch B an ihn in Belgien zu vermeiden.

VI. Bedeutung der Transportabsprachen zwischen den Beteiligten

Incoterms[251] sind internationale Regeln für die Auslegung bestimmter im internationalen Handel gebräuchlichen Vertragsformeln, sie sind insbesondere

---

251 Englisch: International Commercial Terms, deutsch: Internationale Handelsklauseln.

wichtig für die Verteilung der Kosten für den Transport der Ware auf Käufer und Verkäufer und die Regelung über den Gefahrenübergang. Die bereits 1936 entworfenen Incoterms koppeln den Gefahrenübergang mit der Preisgefahr, woraus abgeleitet werden kann, dass der Käufer – sobald die Gefahr auf ihn übergeht – auch dann zur Zahlung des Kaufpreises verpflichtet ist, wenn die Ware untergeht oder eine Wertminderung erfährt. In Abweichung zum Zivilrecht wird durch die Incoterms weiterhin festgelegt, dass der Gefahrenübergang in Unabhängigkeit von der Eigentumsübertragung bei Erfüllung der Lieferfrist (Bereitstellung der Ware am vereinbarten Lieferort) vollzogen ist. Dazu müssen sie ausdrücklich in den Vertrag einbezogen sein. Sie haben heute nicht nur international Bedeutung, sondern werden regelmäßig auch bei nationalen Verträgen zugrunde gelegt.

VII. Zusammenspiel von Lieferung und Erwerb bei Reihengeschäften

Bei Lieferungen vom übrigen Gemeinschaftsgebiet in das Inland liegt regelmäßig durch einen Abnehmer in der Reihe ein innergemeinschaftlicher Erwerb vor (§ 1 Abs. 1 Nr. 5 UStG). Dabei ist zu beachten, dass nur eine innergemeinschaftliche Lieferung und damit korrespondierend nur ein innergemeinschaftlicher Erwerb vorliegen kann.[252] Nach dem System der Umsatzsteuer im Binnenmarkt muss eine innergemeinschaftliche Lieferung stets mit einem innergemeinschaftlichen Erwerb einhergehen.[253]

Beispiel 1:

D1 aus Deutschland bestellt bei D2 (ebenfalls aus Deutschland) eine Ware, die dieser wiederum bei B in Belgien anfordert. B befördert unmittelbar zu D1.

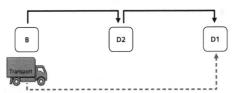

Da B als erster Unternehmer in der Reihe die Ware befördert, ist ihm auch die bewegte Lieferung zuzurechnen (§ 3 Abs. 6a S. 2 UStG). Er führt seine Lieferung daher in Belgien aus (§ 3 Abs. 6 S. 1 UStG). Sie ist als innergemeinschaftliche Lieferung steuerfrei, denn die Ware gelangt von Belgien nach Deutschland und B hat mit D2 einen Abnehmer, der einen innergemeinschaftlichen Erwerb im Bestimmungsland zu versteuern hat (§ 4 Nr. 1 Buchst. b i. V. m. § 6a Abs. 1 UStG).

D2 hat als unmittelbarer Geschäftspartner des B folglich in Deutschland einen innergemeinschaftlichen Erwerb bewirkt (§ 1a Abs. 1 i. V. m. § 3d S. 1 UStG).

---

252 Abschn. 3.14 Abs. 2 UStAE.
253 EuGH vom 26. 07. 2017, C-386/16, UR 2017 S. 678.

Die Lieferung des D2 an D1 folgt zeitlich der bewegten Lieferung und gilt nach § 3 Abs. 7 S. 2 Nr. 2 UStG als in Deutschland ausgeführt und ist in Deutschland steuerpflichtig.

Beispiel 2:

Wie oben, jedoch holt D1 die Ware unmittelbar bei B in Belgien ab.

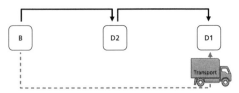

Da nunmehr D1 befördert, ist die bewegte Lieferung der Lieferung des D2 an D1 zuzuordnen (§ 3 Abs. 6a S. 3 UStG). Die bewegte Lieferung des D2 an D1 ist in Belgien ausgeführt (§ 3 Abs. 6 S. 1 UStG), da hier die Warenbewegung beginnt. Die Lieferung B an D2 wurde als unbewegte Lieferung ebenfalls in Belgien ausgeführt, da sie zeitlich der bewegten Lieferung vorangegangen ist (§ 3 Abs. 7 S. 2 Nr. 1 UStG). Sie ist mangels Warenbewegung steuerpflichtig.

B hat daher gegenüber D2 mit belgischer Umsatzsteuer abzurechnen. Die Lieferung des D2 an D1 ist als innergemeinschaftliche Lieferung in Belgien steuerfrei (Warenbewegung von Belgien nach Deutschland). D2 hat sich daher in Belgien als Unternehmer registrieren zu lassen. Im Rahmen seiner Steuererklärung hat er den steuerfreien Umsatz anzugeben und kann zudem die Umsatzsteuer, die ihm von B in Rechnung gestellt wurde, als Vorsteuer abziehen. D1 hat als unmittelbarer Geschäftspartner des D2 (der eine innergemeinschaftliche Lieferung ausgeführt hat) einen innergemeinschaftlichen Erwerb in Deutschland bewirkt (§ 1a Abs. 1 i. V. m. § 3d S. 1 UStG). D2 hat ihm eine Nettorechnung zu erteilen und dabei seine eigene belgische USt-IdNr. in der Rechnung anzugeben.

Entscheidend ist nicht die Nationalität des Lieferers, sondern die Warenbewegung.

Befördert oder versendet ein mittlerer Unternehmer in der Reihe den Liefergegenstand, so ist dieser zugleich Abnehmer der Vorlieferung und Lieferer seiner eigenen Lieferung. In diesem Fall ist die Beförderung oder Versendung des Gegenstands (= bewegte Lieferung) grds. der Lieferung des vorangehenden Lieferers zuzuordnen (§ 3 Abs. 6a S. 4 Halbs. 1 UStG). Da es sich dabei um eine widerlegbare Vermutung handelt, kann jedoch der befördernde oder versendende Unternehmer anhand von Belegen, z. B. durch eine Auftragsbestätigung, das Doppel der Rechnung oder andere handelsübliche Belege und Aufzeichnungen nachweisen, dass er als Lieferer aufgetreten und die Beförderung oder Versendung dementsprechend seiner eigenen Lieferung zuzuordnen ist.

Beispiel 3:

Wie oben, jedoch holt D2 die Ware unmittelbar in Belgien bei B ab und befördert sie mit eigenem Lkw zu D1. Er führt keinen Nachweis seiner „Liefereigenschaft".

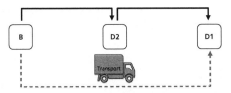

Da D2 befördert, ist die Lieferung mit Warenbewegung aufgrund der gesetzlichen Fiktion grds. der Lieferung des B an D2 zuzurechnen (§ 3 Abs. 6a S. 4 Alternative 1 UStG). Die „bewegte" Lieferung des B an D2 gilt dann als in Belgien ausgeführt (§ 3 Abs. 6 S. 1 UStG) und ist dort als innergemeinschaftliche Lieferung (Warenbewegung von Belgien nach Deutschland) steuerfrei (§ 4 Nr. 1 Buchst. b i. V. m. § 6a Abs. 1 UStG). Somit hat D2 als Kunde des B einen innergemeinschaftlichen Erwerb in Deutschland bewirkt (§ 1a Abs. 1 und § 3d S. 1 UStG).

Die Lieferung des D2 an D1 ist somit nach § 3 Abs. 7 S. 2 Nr. 2 UStG in Deutschland ausgeführt und als bewegungslose inländische Lieferung steuerpflichtig.[254]

Sein „Wahlrecht" im Hinblick darauf, dass er auch als Lieferer auftreten könnte und ihm die bewegte Lieferung zuzurechnen ist (§ 3 Abs. 6a S. 4 Alternative 2 i. V. m. Satz 5 UStG), wird B kaum ausüben wollen, da die vorliegende umsatzsteuerliche Lösung aufgrund der gesetzlichen Fiktion allen Beteiligten zugutekommt. Dies würde zudem voraussetzen, dass er eine belgische USt-IdNr. verwendet.

Um die Erfassung von Unternehmern in einem anderen Mitgliedstaat zu vermeiden, wurde darüber hinaus eine **Sonderregelung für innergemeinschaftliche Dreiecksgeschäfte** geschaffen (§ 25b UStG). Diese Vereinfachungsregelung gilt jedoch nur bei der Beteiligung von drei Unternehmern aus drei verschiedenen Mitgliedstaaten und versagt bei anderen Konstellationen.

VIII. Innergemeinschaftliche Dreiecksgeschäfte

1. Sinn und Zweck der Sonderregelung

Die Grundsätze zur Ortsbestimmung führen bei Lieferungen in der Reihe ggf. zu verfahrensrechtlichen Problemen, da sich Unternehmer in der Lieferkette nicht selten in einem anderen Mitgliedstaat umsatzsteuerlich registrieren lassen müssen. Daher wurde mit der Einführung der Regelungen zur Bestimmung des Ortes der Lieferung bei Reihengeschäften auch eine Sonderregelung für innergemeinschaftliche Dreiecksgeschäfte geschaffen (§ 25b UStG). Kerninhalt dieser Regelung ist der **Übergang der Steuerschuld** vom ersten Abnehmer

---

254 Abschn. 3.14 Abs. 9 UStAE.

(Zwischenhändler) auf den letzten Abnehmer und der Wegfall der Besteuerung des innergemeinschaftlichen Erwerbs durch den Zwischenhändler (§ 25b Abs. 2 UStG).

Beispiel:

N aus den Niederlanden bestellt bei D aus Deutschland eine Ware, die dieser wiederum bei seinem Vorlieferanten F in Frankreich anfordert. F versendet die Ware auf Wunsch des D per Spedition unmittelbar an N.

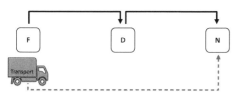

Die Lieferung von F an D ist in Frankreich ausgeführt (§ 3 Abs. 6 S. 1 UStG), da die Versendung F zuzurechnen ist (§ 3 Abs. 6a S. 2 UStG). Die Lieferung ist als innergemeinschaftliche Lieferung in Frankreich steuerfrei (im Inland § 6a Abs. 1 UStG). Unter Berücksichtigung der allgemeinen Regelungen für Reihengeschäfte hätte D folglich einen innergemeinschaftlichen Erwerb (§ 1a Abs. 1 UStG) in den Niederlanden bewirkt (§ 3d S. 1 UStG). Dieser Erwerb wäre in den Niederlanden steuerbar und steuerpflichtig. Dieser Erwerb gilt nun aufgrund der Sonderregelung für Dreiecksgeschäfte als besteuert (§ 25b Abs. 3 UStG). Die Regelung des § 3d S. 2 UStG bei Verwendung einer deutschen USt-IdNr. geht ins Leere, da der Erwerb des D bereits kraft Gesetzes als versteuert gilt, wenn D seinen steuerlichen Verpflichtungen zur Abgabe einer Zusammenfassenden Meldung mit den Angaben über die Lieferung an den letzten Abnehmer nachgekommen ist.[255]

Darüber hinaus führt D eine Lieferung in den Niederlanden an N aus (§ 3 Abs. 7 S. 2 Nr. 2 UStG), die Lieferung ist in den Niederlanden steuerbar und steuerpflichtig. D hätte sich daher grds. in den Niederlanden umsatzsteuerlich registrieren zu lassen. Er müsste in den Niederlanden Steuererklärungen abgeben und die Umsatzsteuer an ein niederländisches Finanzamt entrichten. Gerade dieser Verwaltungsaufwand soll durch die Sonderregelung in § 25b UStG vermieden werden. Schuldner der Umsatzsteuer dieser Lieferung ist nun Abnehmer N (§ 25b Abs. 2 UStG). D schuldet daher in den Niederlanden weder USt auf den innergemeinschaftlichen Erwerb noch USt auf die Lieferung, er hat folglich auch keinen Vorsteuerabzug aus diesem innergemeinschaftlichen Erwerb. Da der Erwerb als versteuert gilt und Schuldner der USt der Lieferung Abnehmer N ist, muss sich D auch nicht in den Niederlanden steuerlich erfassen lassen. Die Anwendung der Sonderregelung des § 25b UStG setzt eine ordnungsgemäße Rechnung i. S. dieser Vorschrift durch D voraus. Dazu hat er eine Rechnung nach § 14a Abs. 7 UStG zu erteilen, in der keine Umsatzsteuer ausgewiesen sein darf und auf das Vorliegen eines Dreiecksgeschäfts und den Übergang der Steuerschuldnerschaft auf N da-

---

255 EuGH vom 22.04.2010, C-539/08, UVR 2010 S. 293.

raus hinzuweisen ist. D muss diesen Vorgang in seiner USt-Voranmeldung gesondert erklären und hat zudem eine Zusammenfassende Meldung mit entsprechendem Hinweis abzugeben.

N hat keinen innergemeinschaftlichen Erwerb bewirkt, da die Lieferung an ihn in den Niederlanden ausgeführt wurde. N schuldet die Umsatzsteuer, die auf die Lieferung des D an ihn entfällt (im Inland § 25b Abs. 2 UStG) im Wege des Übergangs der Steuerschuldnerschaft, er kann diese Umsatzsteuer zudem im Regelfall als Vorsteuer abziehen (§ 25b Abs. 5 UStG).

2. Voraussetzungen

Ein innergemeinschaftliches Dreiecksgeschäft liegt vor bei einem Reihengeschäft, bei dem drei Unternehmer aus drei verschiedenen Mitgliedstaaten über denselben Gegenstand Umsatzgeschäfte abgeschlossen haben und diese dadurch erfüllt wurden, dass der Gegenstand unmittelbar vom ersten Lieferer an den letzten Abnehmer befördert oder versendet wurde (§ 25b Abs. 1 Nr. 1 UStG). Dazu sind folgende Grundvoraussetzungen erforderlich:

- Beteiligung von 3 EU-Unternehmern, die in 3 verschiedenen Mitgliedstaaten umsatzsteuerlich erfasst werden (§ 25b Abs. 1 Nr. 2 UStG),
- Warenbewegung von einem Mitgliedstaat in einen anderen Mitgliedstaat (§ 25b Abs. 1 Nr. 3 UStG),
- Beförderung oder Versendung durch den 1. oder 2. Unternehmer (§ 25b Abs. 1 Nr. 4 UStG).

Die Vereinfachungsregelung gilt jedoch nur bei der Beteiligung von drei Unternehmern aus drei verschiedenen Mitgliedstaaten und versagt bei anderen Konstellationen. Sind an einem Reihengeschäft mehr als drei Unternehmer beteiligt, liegt kein innergemeinschaftliches Dreiecksgeschäft vor. Die Vereinfachungsregelung findet aber auch Anwendung, wenn mehr als drei Unternehmer beteiligt sind, soweit die Voraussetzungen für die drei am Ende der Kette stehenden Unternehmer vorliegen.[256]

Der Liefergegenstand kann vom ersten Unternehmer oder vom Zwischenhändler unmittelbar an den letzten Abnehmer von dem Gebiet eines Mitgliedstaates (Abgangsmitgliedstaat) in das Gebiet eines anderen Mitgliedstaates (Ankunftsmitgliedstaat) **befördert oder versendet** werden.[257] Veranlasst der letzte Abnehmer die Warenbewegung, liegt kein Dreiecksgeschäft i. S. d. § 25b UStG vor (§ 25b Abs. 1 Nr. 4 UStG), d. h. in Abholfällen gilt die Sonderregelung nicht.[258]

Weitere **Voraussetzung** ist, dass der Lieferung des Zwischenhändlers ein innergemeinschaftlicher Erwerb vorausgegangen ist (§ 25b Abs. 2 Nr. 1 UStG), der Zwischenhändler nicht in dem Ankunftsmitgliedstaat ansässig sein darf und dass er gegenüber dem ersten Lieferer und gegenüber dem letzten Abnehmer

---

256 Abschn. 25b.1 Abs. 2 UStAE.
257 Abschn. 25b.1 Abs. 4 UStAE.
258 Abschn. 25b.1 Abs. 5 UStAE.

dieselbe USt-Identifikationsnummer verwendet (§ 25b Abs. 2 Nr. 2 UStG). Diese USt-IdNr. darf folglich weder von dem Abgangsmitgliedstaat noch von dem Ankunftsmitgliedstaat erteilt werden. Die Rechnung an den letzten Abnehmer muss ohne Umsatzsteuerausweis erteilt werden (§ 25b Abs. 2 Nr. 3 UStG). Der letzte Abnehmer muss eine Umsatzsteuer-Identifikationsnummer des Ankunftsmitgliedstaates verwenden. Nicht erforderlich ist, dass der Unternehmer in einem anderen Mitgliedstaat ansässig ist. Die Registrierung in einem Land und die Verwendung der entsprechenden USt-IdNr. allein ist ausreichend.[259] Sind mehrere der beteiligten Unternehmer in demselben Mitgliedstaat registriert, liegt kein innergemeinschaftliches Dreiecksgeschäft vor.

Letzter Abnehmer in der Reihe sind auch Unternehmer, die nur steuerfreie, nicht zum Vorsteuerabzug berechtigte Umsätze ausführen, sowie Kleinunternehmer und Land- und Forstwirte, die ihre Umsätze nach Durchschnittssätzen versteuern (sog. atypische Unternehmer). Voraussetzung ist, dass sie in dem Mitgliedstaat umsatzsteuerlich erfasst sind, in dem die Beförderung oder Versendung endet. Folglich kann als letzter Abnehmer auch eine juristische Person des öffentlichen oder des privaten Rechts auftreten, die nicht Unternehmer ist oder nicht für ihr Unternehmen erwirbt, wenn sie in dem Mitgliedstaat, in dem die Warenbewegung endet, umsatzsteuerlich registriert ist.[260] Der Umsatzsteuer-Identifikationsnummer kommt also auch insoweit in der Praxis entscheidende Bedeutung zu.

3. Rechtsfolgen

Ist die Vereinfachungsregelung des § 25b UStG anwendbar, so ergeben sich folgende Rechtsfolgen:

- Der erste Unternehmer führt im Abgangsmitgliedstaat eine steuerfreie innergemeinschaftliche Lieferung aus.
- Der Zwischenhändler bewirkt im Ankunftsmitgliedstaat einen innergemeinschaftlichen Erwerb. Dieser Erwerb gilt als besteuert (§ 25b Abs. 3 UStG).
- Der Zwischenhändler führt im Ankunftsmitgliedstaat eine Lieferung an den letzten Abnehmer aus. Der Schuldner der Umsatzsteuer, die auf die Lieferung im Ankunftsmitgliedstaat entfällt, ist nicht der Lieferer (Zwischenhändler), sondern der Abnehmer (§ 25b Abs. 2 UStG).
- Der letzte Abnehmer kann die von ihm geschuldete Umsatzsteuer unter den üblichen Voraussetzungen als Vorsteuer abziehen (§ 25b Abs. 5 UStG).

Der Vorteil dieser Vereinfachungsregelung liegt darin, dass sich der Zwischenhändler nicht im Ankunftsland umsatzsteuerlich registrieren lassen muss.[261] Der Zwischenhändler hat lediglich eine Zusammenfassende Meldung nach Maßgabe des § 18b Abs. 4 Nr. 3 UStG abzugeben.

---

259 Abschn. 25b.1 Abs. 3 UStAE.
260 Abschn. 25b.1 Abs. 2 Sätze 4–6 UStAE.
261 Abschn. 25b.1 Abs. 1 Satz 2 UStAE.

Liegen bei einem innergemeinschaftlichen Reihengeschäft sämtliche Voraussetzungen des § 25b UStG vor, geht die Steuerschuldnerschaft zwingend auf den letzten Abnehmer über.[262] Er wird nach § 13a Abs. 1 Nr. 5 UStG zum Steuerschuldner, ist aber vom Zwischenhändler darauf aufmerksam zu machen (§ 25b Abs. 2 Nr. 3 UStG).

In **Abholfällen** ist § 25b UStG dagegen aufgrund der ausdrücklichen gesetzlichen Bestimmung nicht anwendbar (§ 25b Abs. 1 Nr. 4 UStG).

Beispiel:

N aus den Niederlanden bestellt bei D aus Deutschland eine Ware, die dieser wiederum bei seinem Vorlieferanten F in Frankreich anfordert. N holt die Ware mit eigenem Lkw unmittelbar in Frankreich ab.

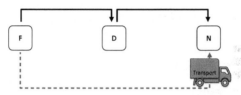

Die Lieferung mit Warenbewegung ist der Lieferung des D an N zuzurechnen (§ 3 Abs. 6a S. 3 UStG), folglich hat F eine unbewegte Lieferung ausgeführt. Die Lieferung von F an D ist in Frankreich ausgeführt (§ 3 Abs. 7 S. 2 Nr. 1 UStG), sie ist nicht als innergemeinschaftliche Lieferung in Frankreich steuerfrei (im Inland § 6a Abs. 1 UStG), da F keine Warenbewegung hat. Sie ist in Frankreich steuerpflichtig, F hat daher dem deutschen D französische Umsatzsteuer in Rechnung zu stellen.

Die Lieferung des D an N ist die bewegte Lieferung i. S. d. § 3 Abs. 6 S. 1 UStG und folglich dort ausgeführt, wo die Warenbewegung beginnt, mithin in Frankreich. Die Lieferung des D ist als innergemeinschaftliche Lieferung in Frankreich steuerfrei (§ 6a Abs. 1 UStG), da D einen Abnehmer hat, der einen innergemeinschaftlichen Erwerb in einem anderen Mitgliedstaat (Niederlande) versteuern muss.

D muss sich daher in Frankreich als Unternehmer registrieren lassen, denn er hat eine steuerfreie Lieferung ausgeführt, die im Rahmen einer USt-Voranmeldung in Frankreich zu erklären ist. In diesem Zusammenhang kann D seine Vorsteuerbeträge geltend machen (u. a. aus der Rechnung des F).

4. Formvorschriften

Zur Anwendung der Vereinfachungsregelung des § 25b UStG haben die beteiligten Unternehmer einige Formvorschriften zu beachten. Dabei haben sowohl der Zwischenhändler als auch der letzte Abnehmer bestimmte Melde- und Aufzeichnungspflichten wahrzunehmen. So muss der Zwischenhändler dem letzten Abnehmer eine **Rechnung** im Sinne des § 14a Abs. 7 UStG erteilen, in der die Steuer nicht gesondert ausgewiesen ist. Außerdem ist auf das Vorliegen

---

262 Abschn. 25b.1 Abs. 6 UStAE.

eines innergemeinschaftlichen Dreiecksgeschäfts und die Steuerschuld des letzten Abnehmers hinzuweisen: „Die Lieferung erfolgt im Rahmen eines innergemeinschaftlichen Dreiecksgeschäftes. Steuerschuldner ist der Rechnungsempfänger (§ 25b UStG)". Die USt-IdNr. des Zwischenhändlers und des Abnehmers sind anzugeben.[263] Darüber hinaus muss die Rechnung die üblichen Angaben nach § 14 Abs. 1 UStG enthalten. Der letzte Abnehmer soll durch die Hinweise in der Rechnung eindeutig und leicht erkennen können, dass er letzter Abnehmer in einem innergemeinschaftlichen Dreiecksgeschäft ist und die Steuerschuld auf ihn übertragen wird. Der in der Rechnung ausgewiesene Betrag ist naturgemäß ein Nettobetrag, auf den die Umsatzsteuer aufzuschlagen ist.[264]

Der Zwischenhändler muss eine **Zusammenfassende Meldung** über diese Lieferung abgeben und dabei besondere Angaben machen (§ 18a Abs. 4 Nr. 3 UStG). Dazu ist in der Hinweisspalte „Dreiecksgeschäft" der Zusammenfassenden Meldung eine „1" einzutragen. Er hat die USt-IdNr. des letzten Abnehmers, die diesem vom Mitgliedsstaat erteilt wurde, in dem die Beförderung oder Versendung des Gegenstandes endete, einzutragen sowie die Bemessungsgrundlage der an diesen Abnehmer ausgeführten Lieferung. Er hat damit im Ergebnis die Lieferung an den letzten Abnehmer so zu behandeln, als ob er die Ware entsprechend dem Rechnungslauf an ihn geliefert hätte. Diese Angabe ist zur Funktion des innergemeinschaftlichen Kontrollverfahrens erforderlich.

Lieferungen, bei denen die Vereinfachungsregelung angewandt wurde, sind vom Zwischenhändler in der **USt-Voranmeldung** gesondert zu erklären (§ 18b Sätze 1 und 2 UStG).

Der letzte Abnehmer wird Steuerschuldner der an ihn ausgeführten Lieferung (§ 13a Abs. 1 Nr. 5 UStG). Er hat daher die **Umsatzsteuer** auf die Bemessungsgrundlage zu berechnen (§ 25b Abs. 4 UStG) und in der entsprechenden Voranmeldung als Steuerschuld zu erklären (§ 25b Abs. 2 UStG). Der Vorgang ist in der **USt-Voranmeldung** des letzten Abnehmers gesondert auszuweisen. Der letzte Abnehmer ist unter den üblichen Voraussetzungen zum **Vorsteuerabzug** der Umsatzsteuer nach § 25b Abs. 2 UStG berechtigt (§ 25b Abs. 5 UStG). Eine Rechnung mit gesondertem Steuerausweis ist naturgemäß (wie auch bei einem innergemeinschaftlichen Erwerb) nicht erforderlich.

Der letzte Abnehmer hat bestimmte **Aufzeichnungspflichten** im Rahmen der Buchführung zu beachten (§ 25b Abs. 6 UStG). So sind die Bemessungsgrundlagen der an ihn ausgeführten Lieferungen ebenso aufzuzeichnen wie die hierauf entfallende Umsatzsteuer. Name und Anschrift des Zwischenhändlers sind festzuhalten. Liegt ein innergemeinschaftliches Dreiecksgeschäft vor und endet die Warenbewegung im Inland, hat der entsprechende Abnehmer die Verpflichtungen aus § 25b UStG zu übernehmen.

---

263 Abschn. 25b.1 Abs. 8 UStAE.
264 Abschn. 25b.1 Abs. 9 UStAE.

Beispiel:

D aus Deutschland bestellt bei B aus Belgien eine Maschine, die dieser wiederum bei seinem Lieferanten in Frankreich anfordert. Der französische Lieferant transportiert die Ware unmittelbar zum Abnehmer D.

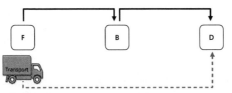

Es liegt ein innergemeinschaftliches Dreiecksgeschäft vor. F führt in Frankreich eine innergemeinschaftliche Lieferung aus (vgl. entsprechend § 3 Abs. 6 S. 1 i. V. m. § 3 Abs. 6a S. 2 i. V. m. § 6a Abs. 1 UStG), folglich hat B einen innergemeinschaftlichen Erwerb (§ 1a Abs. 1 UStG) in dem Land bewirkt, in dem die Beförderung endet, mithin in Belgien (§ 3d S. 1 UStG). Bei Anwendung der Sonderregelung für innergemeinschaftliche Dreiecksgeschäfte gilt der innergemeinschaftliche Erwerb des B als besteuert (§ 25b Abs. 3 UStG). Folglich hat B keine Steuererklärung für diesen Erwerbsvorgang in Deutschland abzugeben.

Darüber hinaus führt B eine Lieferung in Deutschland an D aus (§ 3 Abs. 7 S. 2 Nr. 2 UStG), die Umsatzsteuer für diese Lieferung schuldet jedoch Abnehmer D im Wege des Übergangs der Steuerschuldnerschaft (§ 25b Abs. 2 UStG). Auch insoweit ist B daher nicht verpflichtet, in Deutschland eine Steuererklärung abzugeben. B hat dem D eine Rechnung zu erteilen, in der auf diese Verpflichtung aus dem innergemeinschaftlichen Dreiecksgeschäft hingewiesen wird, wodurch B de facto gezwungen wird, das Vorhandensein eines Reihengeschäfts offenzulegen. D schuldet nicht nur die Umsatzsteuer für die Lieferung an ihn, sondern er kann im Regelfall diese auch als Vorsteuer abziehen (§ 25b Abs. 5 UStG). D hat daher in seiner Umsatzsteuer-Voranmeldung die Umsatzsteuer i. S. d. § 25b UStG sowie die entsprechende Vorsteuer anzugeben. B hat keine Pflichten in Deutschland.

5. Regelungslücken

Unbefriedigend an der Regelung ist die Tatsache, dass sie nur bei echten Dreiecksgeschäften mit drei verschiedenen Unternehmern aus drei Mitgliedsländern greift, in allen anderen Fällen aber ins Leere geht.[265] Daher dürfte die Regelung wohl an den Bedürfnissen der Praxis vorbeigehen.

Beispiel 1:

Der italienische Unternehmer I bestellt beim österreichischen Unternehmer A eine Ware, die dieser wiederum bei seinem Lieferanten B aus Belgien anfordert. Da auch B die Ware nicht vorrätig hat, bestellt er diese bei D aus Deutschland und bittet D, die Ware unmittelbar nach Italien zu versenden.

---

265 Abschn. 25b.1 Abs. 2 S. 2 UStAE.

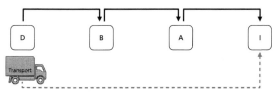

Bei diesem Reihengeschäft ist die bewegte Lieferung der Lieferung D an B zuzurechnen (§ 3 Abs. 6a S. 2 UStG), folglich hat D eine steuerfreie innergemeinschaftliche Lieferung in Deutschland ausgeführt (§ 3 Abs. 6 S. 1, § 6a Abs. 1 UStG). Entsprechend hat sein Abnehmer B einen innergemeinschaftlichen Erwerb bewirkt (§ 1a Abs. 1 UStG), Ort des Erwerbs ist Italien (§ 3d S. 1 UStG). Daher benötigt D von B eine italienische USt-IdNr., um den Vorgang ihm gegenüber auch steuerfrei abrechnen zu können (§ 6a Abs. 1 Nr. 1, Nr. 3, Nr. 4 UStG i. V. m. § 17b Abs. 2 S. 1 Nr. 2 Buchst. c i. V. m. § 17d Abs. 2 Nr. 9 UStDV). Da der Ort des innergemeinschaftlichen Erwerbs Italien ist, gilt die diesem Erwerb nachfolgende Lieferung des B an A somit als in Italien ausgeführt (§ 3 Abs. 7 S. 2 Nr. 2 UStG). Sie ist als unbewegte Lieferung in Italien steuerpflichtig. Entsprechend hat auch A eine steuerpflichtige Lieferung in Italien ausgeführt (§ 3 Abs. 7 S. 2 Nr. 2 UStG). Somit haben B und A in Italien Steuererklärungen abzugeben.

Die Anwendung der Sonderregelung für innergemeinschaftliche Dreiecksgeschäfte ist nicht möglich, da mehr als drei Unternehmer beteiligt sind.

Beispiel 2:

D aus Deutschland bestellt bei B in Belgien Ware, die dieser wiederum bei seinem Lieferanten F aus Frankreich anfordert. Da F die Ware ebenfalls nicht vorrätig hat, bittet er seinen Geschäftspartner E aus Spanien, die Ware unmittelbar an D aus Deutschland zu liefern und die Rechnung an F zu schicken.

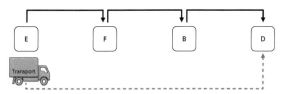

Die Warenbewegung ist der Lieferung E an F zuzuordnen (§ 3 Abs. 6a S. 2 UStG), der Ort der Lieferung liegt daher in Spanien (§ 3 Abs. 6 S. 1 UStG). Die Lieferung des E ist in Spanien als innergemeinschaftliche Lieferung steuerfrei (vgl. im Inland § 6a Abs. 1 UStG), allerdings nur, falls F auch eine deutsche USt-IdNr. verwendet. Unabhängig davon hat der Abnehmer des E, nämlich F aus Frankreich, einen innergemeinschaftlichen Erwerb (§ 1a Abs. 1 UStG) in Deutschland bewirkt (§ 3d S. 1 UStG). Der Erwerb ist steuerpflichtig, F kann diese Erwerbsteuer zugleich als Vorsteuer abziehen (§ 15 Abs. 1 S. 1 Nr. 3 UStG). Die diesem Erwerb nachfolgende Lieferung des F an B wurde in Deutschland ausgeführt (§ 3 Abs. 7 S. 2 Nr. 2 UStG), sie ist als unbewegte Lieferung steuerbar und steuerpflichtig. Die Lieferung des B an D wurde somit ebenfalls in Deutschland bewirkt (§ 3

Abs. 7 S. 2 Nr. 2 UStG), auch diese Lieferung ist unbewegt und folglich steuerbar und steuerpflichtig. Sowohl F als auch B müssen sich in Deutschland registrieren lassen und Steuererklärungen abgeben. Dabei kann B die ihm von F in Rechnung gestellte Umsatzsteuer als Vorsteuer berücksichtigen, falls eine ordnungsgemäße Rechnung (u. a. mit einer deutschen USt-IdNr. oder Steuernummer des F) vorliegt. D kann die ihm von B in Rechnung gestellte Umsatzsteuer als Vorsteuer unter den gleichen Voraussetzungen abziehen (§ 15 Abs. 1 S. 1 Nr. 1 UStG). Pflichten aus § 25b UStG ergeben sich für D nicht, da kein Dreiecksgeschäft i. S. der Vorschrift vorliegt.

Nach Auffassung der Finanzverwaltung in Deutschland können F, B und D den Vorgang wie ein Dreiecksgeschäft abwickeln, da sie am Ende der Kette stehen.[266]

Beispiel 3:

Wie vor, jedoch haben F und B vereinbart, dass B die Ware in Spanien abholt und unmittelbar zu seinem Abnehmer D nach Deutschland transportiert.

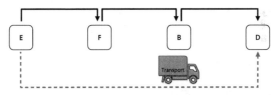

Die Warenbewegung ist der Lieferung F an B zuzuordnen (§ 3 Abs. 6a S. 4 Alternative 1 UStG), da mangels konkreter Zuordnungsmöglichkeit bei der Beförderung oder Versendung durch einen Zwischenhändler (hier B) die Warenbewegung kraft gesetzlicher Fiktion der Lieferung an ihn zuzuordnen ist, sofern er keinen Nachweis erbringt, dass er als Lieferer die Warenbewegung ausgeführt hat. Für die übrigen Lieferungen gilt § 3 Abs. 7 S. 2 UStG. Für Lieferungen, die der Beförderungs- oder Versendungslieferung vorangehen, gilt der **Abgangsort,** für Lieferungen, die der Beförderungs- oder Versendungslieferung nachfolgen, gilt der **Ankunftsort** als Lieferungsort.

Der Ort der Lieferung liegt daher für die Lieferung E an F in Spanien (§ 3 Abs. 7 S. 2 Nr. 1 UStG), die Lieferung ist als „bewegungslose" Lieferung in Spanien steuerbar und steuerpflichtig, E hat also eine Rechnung mit spanischer Umsatzsteuer zu erteilen. Die Lieferung des F an B ist ebenfalls in Spanien ausgeführt (§ 3 Abs. 6 S. 1 UStG), sie ist als „bewegte" innergemeinschaftliche Lieferung steuerfrei (vgl. im Inland § 6a Abs. 1 UStG), allerdings nur, falls Abnehmer B auch eine deutsche USt-IdNr. verwendet (vgl. im Inland § 6a Abs. 1 Nr. 1, 3 und 4 UStG). F hat sich in Spanien steuerlich registrieren zu lassen, unabhängig davon, ob seine Lieferung steuerfrei oder steuerpflichtig ist. Abnehmer B bewirkt einen innergemeinschaftlichen Erwerb (§ 1a Abs. 1 UStG) in Deutschland (§ 3d S. 1 UStG). Der Erwerb ist steuerpflichtig, B kann diese Erwerbsteuer zugleich als Vorsteuer abziehen (§ 15 Abs. 1 S. 1 Nr. 3 UStG). Die Lieferung des B an D wurde entsprechend in Deutschland ausgeführt (§ 3 Abs. 7 S. 2 Nr. 2 UStG), sie ist steuerbar und steuerpflichtig. B

---

266 Abschn. 25b.1 Abs. 2 S. 2 UStAE.

muss sich in Deutschland registrieren lassen und Steuererklärungen abgeben. D kann folglich die ihm von B in Rechnung gestellte Umsatzsteuer als Vorsteuer abziehen (§ 15 Abs. 1 S. 1 Nr. 1 UStG).

Nach Auffassung der Finanzverwaltung im Inland können F, B und D den Vorgang wie ein Dreiecksgeschäft abwickeln, da sie am Ende der Kette stehen.[267] Machen Sie davon Gebrauch, hat F dem B eine Rechnung über eine steuerfreie innergemeinschaftliche Lieferung zu erteilen und D hinsichtlich der Lieferung des B an ihn den Übergang der Steuerschuldnerschaft zu beachten.

Beispiel 4:

Wie vor, jedoch beauftragt Abnehmer D eine deutsche Spedition, die Ware in Spanien abzuholen bzw. es gelingt B, den Nachweis der Beförderung oder Versendung als Lieferer zu erbringen.

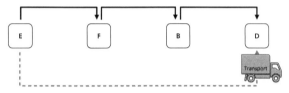

Die Warenbewegung ist der Lieferung B an D zuzurechnen, die übrigen Lieferungen gelten als „bewegungslose" Lieferungen i. s. d. § 3 Abs. 7 UStG.

Die Lieferung des E an F ist in Spanien ausgeführt (§ 3 Abs. 7 S. 2 Nr. 1 UStG), sie ist in Spanien steuerpflichtig. Dies gilt auch für die Lieferung des F an B. Die Lieferung des B an D ist ebenfalls in Spanien ausgeführt (§ 3 Abs. 6 S. 1 UStG), sie ist allerdings als innergemeinschaftliche Lieferung steuerfrei. Folglich hat D einen innergemeinschaftlichen Erwerb in Deutschland (§ 1a Abs. 1, § 3d S. 1 UStG). Auch bei nur drei Beteiligten oder unter Beachtung der Auffassung der deutschen Finanzverwaltung kommt die Anwendung der Sonderregelung in Abholfällen nicht in Betracht (§ 25b Abs. 1 Nr. 4 UStG).

IX. Exkurs: Reihengeschäfte im Zusammenhang mit dem Drittland

Anders als in Art. 36a MwStSystRL vorgesehen, wo das Reihengeschäft nur für innergemeinschaftliche Lieferungen definiert wurde, soll mit § 3 Abs. 6a UStG eine umfassende Regelung erfolgen. Die Zuordnungsregelungen sind anwendbar auf inländische Reihengeschäfte, innergemeinschaftliche Reihengeschäfte und auf Reihengeschäfte im Zusammenhang mit dem Drittlandsgebiet.

Gelangt der Gegenstand der Lieferung **in das Drittlandsgebiet,** ist von einem ausreichenden Nachweis im Hinblick auf die Zuordnungsregelung auszugehen, wenn der Zwischenhändler gegenüber dem leistenden Unternehmer bis zum Beginn der Beförderung oder Versendung eine ihm vom Mitgliedstaat des Be-

---

267   Abschn. 25b.1 Abs. 2 S. 2 UStAE.

ginns der Beförderung oder Versendung erteilte USt-IdNr. oder Steuernummer verwendet (§ 3 Abs. 6a S. 6 UStG). Die durch den Zwischenhändler ausgeführte Lieferung gilt dann als warenbewegte Lieferung.

Gelangt der Gegenstand der Lieferung **vom Drittlandsgebiet in das Gemeinschaftsgebiet,** ist von einem ausreichenden Nachweis im Hinblick auf die Zuordnungsregelung auszugehen, wenn der Gegenstand der Lieferung im Namen des Zwischenhändlers oder im Rahmen der indirekten Stellvertretung für seine Rechnung zum zoll- und steuerrechtlich freien Verkehr angemeldet wird (§ 3 Abs. 6a S. 7 UStG).

E. Konsignationslagerregelungen

I. Begriff

Von Konsignationslagern („Call-off stock") wird gesprochen, wenn ein Lieferer Gegenstände in einen Mitgliedstaat verbringt, in dem er nicht ansässig ist, um sie zu einem späteren Zeitpunkt an einen bereits bekannten Erwerber zu verkaufen, ohne zunächst das Eigentum an den Gegenständen bei der Einlagerung zu übertragen. Der Erwerber hat das Recht, die Gegenstände nach Belieben aus dem Lager des Lieferers zu entnehmen, sodass dann zu diesem Zeitpunkt eine Lieferung von Gegenständen stattfindet. Nicht selten befindet sich in der Praxis das Lager des (ausländischen) Lieferers auf dem Betriebsgelände des späteren Erwerbers.

II. Rechtslage im Inland zum innergemeinschaftlichen Verbringen

Steht der Abnehmer bei Beginn der Beförderung oder Versendung in ein solches Konsignationslager bereits fest, liegt nach der Rechtsprechung des BFH insoweit kein innergemeinschaftliches Verbringen, sondern von vornherein eine Beförderungs- oder Versendungslieferung an den Erwerber vor, die grundsätzlich bereits mit Beginn der Beförderung oder Versendung als ausgeführt gilt (§ 3 Abs. 6 S. 1 UStG) und die dann als innergemeinschaftliche Lieferung umsatzsteuerfrei ist.[268] Folglich bewirkt der Abnehmer einen innergemeinschaftlichen Erwerb.

> *Beispiel:*
>
> Der niederländische Zulieferer N unterhält bei einem deutschen Unternehmer D auf dessen Betriebsgelände ein Lager, das er regelmäßig auf Wunsch des D mit Ersatzteilen für den Herstellungsbetrieb des D bestückt. N hat in Deutschland keine feste Niederlassung. D entnimmt regelmäßig in kurzen Zeitabständen nach Bedarf Ersatzteile für die Produktion, N füllt das Lager auf Wunsch des D regelmäßig auf. Nach den vertraglichen Absprachen hat N keine Verfügung über die Ersatzteile im Lager des D und kann diese auch nicht an andere Kunden weiterverkaufen. Für D besteht eine Abnahmeverpflichtung, da die Lagerbestückung aufgrund verbindlicher Bestellungen erfolgt.
>
> Die von der Rechtsprechung aufgestellte und von der Finanzverwaltung übernommene Vereinfachungsregelung findet hier Anwendung, da D aufgrund der Abnahmeverpflichtung als Abnehmer bereits bei Transportbeginn feststand. Daher ist zum Zeitpunkt des Transportbeginns von den Niederlanden nach Deutschland von einer innergemeinschaftlichen Lieferung des N in den Niederlanden und einem innergemeinschaftlichen Erwerb des D in Deutschland nach

---

268   BFH vom 20. 10. 2016, V R 31/15, DStR 2017 S. 147; BFH vom 16. 11. 2016, V R 1/16, DStR 2017 S. 872.

§ 1a Abs. 1 UStG auszugehen. N muss sich nicht in Deutschland registrieren lassen, sondern meldet den Vorgang in seiner Zusammenfassenden Meldung als innergemeinschaftliche Lieferung an D.

Ein im Zeitpunkt des Beginns der Beförderung oder Versendung nur *wahrscheinlicher* Abnehmer ohne tatsächliche Abnahmeverpflichtung ist aber nicht einem zu diesem Zeitpunkt bereits feststehenden Abnehmer gleichzustellen. Daher stellt in derartigen Fällen die Einlagerung von Ware aus einem Mitgliedstaat in ein Auslieferungs- oder Konsignationslager in einem anderen Mitgliedstaat ein **innergemeinschaftliches Verbringen** im Sinne des § 3 Abs. 1a bzw. § 1a Abs. 2 UStG durch den liefernden Unternehmer dar.[269] Die Lieferung an den Abnehmer findet in diesen Fällen erst mit der Entnahme der Ware aus dem Lager statt und ist dann folglich im Mitgliedstaat, in dem das Konsignationslager liegt, steuerbar.

Beispiel:

Der niederländische Zulieferer N unterhält bei einem deutschen Unternehmer D auf dessen Betriebsgelände ein Lager, das er regelmäßig auf Wunsch des D mit Ersatzteilen für den Herstellungsbetrieb des D bestückt. N hat in Deutschland keine feste Niederlassung. D entnimmt regelmäßig in kurzen Zeitabständen nach Bedarf Ersatzteile für die Produktion, N füllt das Lager auf Wunsch des D regelmäßig auf. Nach den vertraglichen Absprachen geht das Eigentum an den Ersatzteilen bei Entnahme durch D auf diesen über. Eine Abnahmeverpflichtung für D besteht nicht, N ist berechtigt, Ersatzteile aus diesem Lager auch an andere Kunden in Deutschland zu verkaufen.

Da bei Bestückung des Lagers der wirkliche Abnehmer der einzelnen Ersatzteile nicht feststeht und N jederzeit auch andere Kunden als D aus dem Lager des D heraus beliefern kann, kommt die durch den BFH aufgestellte und von der Finanzverwaltung übernommene Vereinfachungsregelung nicht zur Anwendung. N bewirkt daher mit dem Transport in das Lager in Deutschland ein innergemeinschaftliches Verbringen, das in den Niederlanden steuerbar und steuerfrei ist (vgl. im Inland § 3 Abs. 1a und § 6a Abs. 2 UStG) und entsprechend zu einem innergemeinschaftlichen Erwerb in Deutschland führt (§ 1 Abs. 1a UStG). Im Zeitpunkt der Entnahme der Ersatzteile durch D führt N dann in Deutschland steuerbare und steuerpflichtige Lieferungen an D aus (§ 3 Abs. 1 i. V. m. Abs. 6 S. 1 UStG). Dies gilt auch für evtl. Lieferungen an andere Abnehmer. N muss sich daher in Deutschland für umsatzsteuerliche Zwecke registrieren lassen und Steuererklärungen in Deutschland abgeben.

III.   Unionsweite Konsignationslagerregelung

Die seit dem 01. 01. 2020 bestehende EU-einheitliche Rechtslage durch Ergänzung der MwStSystRL besteht darin, die Konsignationslagerregelung als eine einzige Lieferung des Lieferers im Abgangsmitgliedstaat und als innergemeinschaftlichen Erwerb des tatsächlichen Erwerbers in dem Mitgliedstaat anzuse-

---

269   Abschn. 1a.2 Abs. 6 UStAE.

hen, in dem sich das Lager befindet. Der grenzüberschreitende Warentransport löst dabei zunächst keinen umsatzsteuerlichen Tatbestand aus. Es liegt kein innergemeinschaftliches Verbringen vor, um die Registrierung des ausländischen Lieferers im Land des Konsignationslagers, das in einem anderen Mitgliedstaat liegt, zu vermeiden. In dem Zeitpunkt, in dem die Ware an den Abnehmer verkauft wird (regelmäßig durch Entnahme aus dem Lager), liegt eine (fiktive) innergemeinschaftliche Lieferung durch den ausländischen Unternehmer und ein innergemeinschaftlicher Erwerb durch den Kunden vor. Bei dieser Verfahrensweise muss sich der ausländische Unternehmer nicht im Bestimmungsland, also im Land des Konsignationslagers, registrieren lassen.

Hinweis:

Diese Grundidee entspricht der in Deutschland von der Rechtsprechung aufgestellten und von der Finanzverwaltung übernommenen Vereinfachungsregelung.[270] Da die rechtliche Beurteilung dieser Vorgänge bislang in den Mitgliedstaaten unterschiedlich ausgelegt wurde, ergab sich Handlungsbedarf zur Rechtssicherheit für die beteiligten Unternehmer.

Durch diese Regelung wird europaweit vermieden, dass der Lieferer in jedem Mitgliedstaat, in den er Gegenstände im Rahmen eines Verbringens in ein Konsignationslager überführt, registriert werden muss. Um jedoch eine angemessene Verfolgung der Gegenstände durch die Steuerverwaltungen sicherzustellen, müssen sowohl der Lieferer als auch der Erwerber ein Verzeichnis der Gegenstände im Konsignationslager führen, für die diese Regeln gelten. Darüber hinaus muss in der Zusammenfassenden Meldung des Lieferers die Identität der Erwerber, an die zu einem späteren Zeitpunkt Gegenstände im Rahmen der Konsignationslagerregelung geliefert werden, offengelegt werden.

IV. Die inländische Konsignationslagerregelung im Einzelnen

1. Voraussetzungen und Folgen

Die Voraussetzungen der Konsignationslagerregelung in § 6b UStG lassen sich wie folgt zusammenfassen:

– innergemeinschaftliche Warenbewegung mit Konsignationslagervertrag (§ 6b Abs. 1 Nr. 1 UStG),
– Lieferer hat keine feste Niederlassung im Mitgliedstaat des Konsignationslagers (§ 6b Abs. 1 Nr. 2 UStG),
– Abnehmer handelt gegenüber dem Lieferer mit einer USt-IdNr. des Bestimmungslandes (§ 6b Abs. 1 Nr. 3 UStG),
– Beachtung von Aufzeichnungs- (§ 6b Abs. 4 i. V. m. § 22 Abs. 4f UStG) und Meldepflichten (§ 18a Abs. 1 i. V. m. Abs. 6 Nr. 3 i. V. m. Abs. 7 UStG).

---

270 Abschn. 1a.2 Abs. 6 Satz 4 UStAE.

Sind diese Voraussetzungen erfüllt, stellt die Warenbewegung in das Konsignationslager kein innergemeinschaftliches Verbringen dar (§ 6b Abs. 2 UStG). Erst durch die spätere Entnahme des Gegenstands wird eine unmittelbare innergemeinschaftliche Lieferung des ausländischen Lieferers an den Abnehmer in einem anderen Mitgliedstaat fingiert, der Abnehmer bewirkt einen innergemeinschaftlichen Erwerb.

Der Transport muss zu dem Zweck erfolgen, dass nach dem Ende dieser Beförderung oder Versendung die umsatzsteuerliche Lieferung an einen Erwerber bewirkt werden soll, dessen vollständiger Name und vollständige Anschrift dem Unternehmer im Zeitpunkt des ursprünglichen Beginns der Beförderung oder Versendung des Gegenstands bekannt ist. Das bedeutet, der Unternehmer kennt den potentiellen Erwerber der Ware zum Zeitpunkt des Beginns des Transports. Der Unternehmer muss außerdem im Zeitpunkt des Endes des Warentransports im Bestimmungsmitgliedstaat umsatzsteuerlich noch die Verfügungsmacht an der Ware haben. Außerdem muss die in den Bestimmungsmitgliedstaat verbrachte Ware mit der der späteren Lieferung identisch sein. Die Konsignationslagerregelung gilt deshalb z. B. nicht im Fall des Verbringens von Waren, die im Bestimmungsmitgliedstaat zur Ausführung einer Werklieferung an den späteren Erwerber verwendet werden soll.

Voraussetzung ist zudem ein Befördern oder Versenden durch den Lieferer, in Abholfällen greift die Sonderregelung nicht.

Der Begriff **„Verwendung"** i. S. d. § 6b Abs. 1 Nr. 3 UStG setzt ein positives, aktives Tun des Erwerbers bei der Vereinbarung mit dem Unternehmer über den späteren Erwerb der Ware voraus. Zudem muss der Lieferer die Lieferung nach Maßgabe des § 22 Abs. 4f UStG und der Erwerber die Lieferung nach Maßgabe des § 22 Abs. 4g UStG gesondert aufzeichnen.

Da dem ausländischen Lieferer die USt-IdNr. des Abnehmers bereits bei Einlagerung der Ware bekannt sein muss, ist die Konsignationslagerregelung nicht anwendbar, wenn die Ware von vornherein für eine spätere Auslieferung an Nichtunternehmer gedacht ist.

Beispiel 1:

Der niederländische Zulieferer N unterhält bei einem deutschen Unternehmer D auf dessen Betriebsgelände ein Lager, das er regelmäßig mit Ersatzteilen bestückt. N hat in Deutschland keine feste Niederlassung. D entnimmt regelmäßig in kurzen Zeitabständen nach Bedarf Ersatzteile, N füllt das Lager auf Wunsch des D regelmäßig auf. Nach den vertraglichen Absprachen geht das Eigentum an den Ersatzteilen bei Entnahme durch D auf diesen über, N hat keine Verfügung über die Ersatzteile im Lager und kann diese auch nicht an andere Kunden verkaufen. Für D besteht eine Abnahmeverpflichtung, da die Lagerbestückung aufgrund verbindlicher Bestellungen erfolgt.

Die Konsignationslagerregelung des § 6b UStG findet hier Anwendung, da D aufgrund der Abnahmeverpflichtung als Abnehmer bereits bei Transportbeginn feststand. Daher ist von einer innergemeinschaftlichen Lieferung des N in den

Niederlanden und einem innergemeinschaftlichen Erwerb des D in Deutschland nach § 1a Abs. 1 UStG auszugehen. N muss sich nicht in Deutschland registrieren lassen, sondern meldet den Vorgang in seiner Zusammenfassenden Meldung. Die innergemeinschaftliche Lieferung ist jedoch nicht zum Zeitpunkt des Beginns des Warentransports in den Niederlanden bewirkt, sondern erst zum Zeitpunkt der Entnahme der Ware durch N (§ 6b Abs. 2 UStG).

Zur fiktiven Annahme einer unmittelbaren innergemeinschaftlichen Lieferung kommt es darauf an, dass N ein Konsignationslager eingerichtet hat, ein Register führt, der Abnehmer über eine deutsche USt-IdNr. verfügen und die im Gesetz genannten Fristen eingehalten werden. Außerdem hat N in den Niederlanden eine entsprechende Zusammenfassende Meldung abzugeben.

Beispiel 2:

Der niederländische Zulieferer N unterhält bei einem deutschen Unternehmer D auf dessen Betriebsgelände ein Lager, das er regelmäßig mit Ersatzteilen bestückt. N hat in Deutschland keine feste Niederlassung. D entnimmt regelmäßig in kurzen Zeitabständen nach Bedarf Ersatzteile, N füllt das Lager auf Wunsch des D regelmäßig auf. Nach den vertraglichen Absprachen geht das Eigentum an den Ersatzteilen bei Entnahme durch D auf diesen über. Eine Abnahmeverpflichtung für D besteht nicht, N ist berechtigt, Ersatzteile aus diesem Lager auch an andere Kunden in Deutschland zu verkaufen.

Die Voraussetzungen für die Anwendung der Konsignationslagerregelung sind erfüllt (§ 6b Abs. 1 UStG). Zwar darf N auch Ersatzteile entnehmen, um sie an andere Abnehmer zu liefern, jedoch besteht für D das Recht, alle im Lager befindlichen Teile jederzeit zu entnehmen und dadurch Eigentümer zu werden. Da D auch regelmäßig in kurzen Abständen Ersatzteile entnimmt, überschreitet er die Lagerfrist von 12 Monaten nicht (§ 6b Abs. 3 UStG). N hat ein entsprechendes Register zu führen und die Lieferungen an D in seiner Zusammenfassenden Meldung anzugeben (§ 6b Abs. 1 Nr. 4 UStG). Damit ist das rechtsgeschäftslose Verbringen der Ware aus den Niederlanden nach Deutschland umsatzsteuerlich ohne Bedeutung, es liegt kein Verbringenstatbestand vor. Mit Entnahme der Waren durch D (oder Lieferung durch N an Dritte) gilt der Vorgang als direkte Lieferung von N an D (oder Dritte) und steht einer innergemeinschaftlichen Lieferung und damit steuerfreien Lieferung in den Niederlanden gleich (§ 6b Abs. 2 UStG). D bewirkt in Deutschland folglich einen innergemeinschaftlichen Erwerb (§ 1a Abs. 1 i. V. m. § 1 Abs. 1 Nr. 5 UStG).

Hinsichtlich der Verkäufe an Dritte ist mit der Entnahme der Ware durch N grds. die Konsignationslagerregelung beendet (§ 6b Abs. 5 UStG). Sofern N jedoch die Ersetzung des D durch einen anderen Kunden im Mitgliedstaat des Konsignationslagers in sein Register einträgt und er die deutsche USt-IdNr. des anderweitigen Abnehmers festhält, ist weiterhin nicht von einem Verbringenstatbestand auszugehen (§ 6b Abs. 5 Nr. 1 UStG). Die Lieferung des N an diesen Dritten gilt auch als innergemeinschaftliche Lieferung.

In § 1a Abs. 2a UStG wird klargestellt, dass in den Fällen des § 6b UStG ein innergemeinschaftliches Verbringen i. S. d. § 1a Abs. 2 UStG nicht vorliegt. Das Verbringen von Gegenständen durch einen Unternehmer in einen anderen Mitgliedstaat zu seiner eigenen Verfügung wird nach § 3 Abs. 1a S. 3 UStG nicht wie eine Lieferung von Gegenständen gegen Entgelt i.S.d. §3 Abs. 1a UStG behandelt.

2. Besonderheiten

Nach Ablauf von 12 Monaten ohne Weiterlieferung der Ware (Entnahme durch den Abnehmer) gilt der Vorgang dann aber als Verbringenstatbestand (§6b Abs. 3 UStG). Der spätere Verkauf der Ware aus dem Konsignationslager löst dann eine eigenständige Lieferung außerhalb der Konsignationslagerregelung aus, die in dem Mitgliedstaat steuerbar ist, in dem sich das Konsignationslager befindet.

Werden die Gegenstände innerhalb der 12-Monats-Frist in den Abgangsstaat zurückgesandt, löst dies nach §6b Abs. 4 UStG umsatzsteuerlich keine Folgen aus. Voraussetzungen dafür ist aber eine ordnungsgemäße Erfassung in den Lagerregistern.

Wird der Abnehmer nach dem Verbringen der Ware in das Konsignationslager innerhalb der 12-Monats-Frist durch einen anderen Abnehmer ersetzt, führt das gleichwohl nicht zum Ausschluss der Konsignationslagerregelung, wenn die übrigen grundsätzlichen Voraussetzungen weiterhin erfüllt sind (§6b Abs. 5 UStG). Im Zeitpunkt des Eintritts in den Vertrag wird ebenfalls kein Verbringen, sondern eine unmittelbare innergemeinschaftliche Lieferung fingiert. Der Lieferer hat die Ersetzung des Abnehmers in das Register einzutragen und den Vorgang in der Zusammenfassenden Meldung zu erfassen.

Geht die Ware im Lager durch Zerstörung, Verlust oder Diebstahl unter, gilt ab diesem Zeitpunkt die Vereinfachung der Konsignationslagerregelung nicht mehr als erfüllt (§6b Abs. 6 UStG). Als Konsequenz ist zum Zeitpunkt des Untergangs der Ware durch den Lieferer ein innergemeinschaftliches Verbringen als innergemeinschaftliche Lieferung im ursprünglichen Abgangsstaat und ein innergemeinschaftlicher Erwerb in dem Mitgliedstaat, in dem das Lager belegen ist, zu erklären. Der Vorgang muss in den jeweiligen Registern aufgezeichnet werden.

Darüber hinaus sind die Voraussetzungen für die Anwendung der Konsignationslagerregelung nicht mehr erfüllt, wenn die Gegenstände in ein anderes Land als den Mitgliedstaat, in dem das Lager belegen ist, versandt oder befördert werden.

Hinweis:

Obwohl sich die Aufzeichnungspflichten des Lieferers unmittelbar aus Art. 54a Abs. 1 MwStVO und die Aufzeichnungspflichten des Abnehmers sich unmittelbar aus Art. 54a Abs. 2 MwStVO ergeben, hat der Gesetzgeber diese – untypisch – auch noch in nationales Recht umgesetzt. §22 Abs. 4f UStG enthält eine abschließende Aufzeichnung dessen, was der Unternehmer, der nach Maßgabe der Konsignationslagerregelung einen Gegenstand aus dem Gebiet eines Mitgliedstaates in das Gebiet eines anderen Mitglied-

---

staates zum Zwecke einer späteren Lieferung befördert oder versendet, aufzuzeichnen hat. § 22 Abs. 4g UStG enthält eine abschließende Aufzeichnung dessen, was der Unternehmer (Erwerber), an den die spätere Lieferung nach Maßgabe der Konsignationslagerregelung erfolgen soll, aufzuzeichnen hat.

In § 18a Abs. 6 Nr. 3 UStG wird klargestellt, dass die Pflicht zur Abgabe einer Zusammenfassenden Meldung auch in den Fällen des Warentransports i. S. d. § 6b Abs. 1 UStG zu erfüllen ist. Und mit § 18a Abs. 7 Nr. 2a UStG wird der Unternehmer verpflichtet, in den Fällen des Warentransports nach § 6b UStG im Falle des Erwerberwechsels die Umsatzsteuer-Identifikationsnummer des neuen Erwerbers anzugeben.

F. Innergemeinschaftliche Fernverkäufe

I. Allgemeiner Überblick

Zur Vermeidung von Wettbewerbsverzerrungen beim privaten Warenverkehr werden schon seit Einführung des Binnenmarktes zum 01.01.1993 Lieferungen in das übrige Gemeinschaftsgebiet insbesondere an private Abnehmer grds. im **Bestimmungsland** der Umsatzsteuer unterworfen, wenn die Gegenstände durch Befördern oder Versenden durch den Unternehmer an den Abnehmer gelangen (§ 3c Abs. 1 UStG) und dabei die sog. Lieferschwelle überschritten wurde (§ 3c Abs. 3 UStG). Im Gegensatz zu der ursprünglichen Absicht der Europäischen Union betraf die Regelung des § 3c UStG nicht nur die eigentlichen Versandhandelsunternehmen, sondern jede Lieferung durch Befördern oder Versenden durch den Unternehmer.

Zum 01.07.2021 wurden die Regelungen zum Versandhandel europaweit umfassend geändert[271] und im Inland § 3c UStG entsprechend angepasst. Zum einen erfolgt eine redaktionelle Begriffsänderung, wonach der sog. **„innergemeinschaftliche Fernverkauf"** als Nachfolger der Versandhandelsregelung definiert wird. Die Neuregelung schafft darüber hinaus die bisherigen Lieferschwellen ab und legt eine EU-einheitliche Bagatellgrenze fest. Außerdem werden Unternehmer aus dem Drittland und Online-Marktplätze in das System der Fernverkäufe mit einbezogen und es wurde ein besonderes Besteuerungsverfahren geschaffen.

II. Neuregelung über die innergemeinschaftlichen Fernverkäufe

1. Allgemeiner Überblick

Die Regelung über die sog. „innergemeinschaftlichen Fernverkäufe" in § 3c UStG geht den allgemeinen Bestimmungen über den Lieferort vor (§ 3 Abs. 5a UStG). Für die Anwendung dieser Regelung ist die Art der Warenbewegung (§ 3c Abs. 1 S. 2 UStG) und der Abnehmerkreis (§ 3c Abs. 1 S. 3 UStG) zu bestimmen. Bei bestimmten Wirtschaftsgütern (neue Fahrzeuge, Werklieferungen, Wirtschaftsgüter, die der Differenzbesteuerung unterliegen und verbrauchsteuerpflichtige Wirtschaftsgüter) bestehen Ausnahmen (§ 3c Abs. 5 UStG).

Der Ort der Lieferung liegt bei der Anwendung der Sonderregelung dort, wo die Beförderung oder Versendung **endet,** mithin im Bestimmungsland (§ 3c Abs. 1

---

271   Richtlinie (EU) 2017/2455 des Rates zur Änderung der Richtlinie 2006/112/EG und der Richtlinie 2009/132/EG in Bezug auf bestimmte mehrwertsteuerliche Pflichten für die Erbringung von Dienstleistungen und für Fernverkäufe von Gegenständen vom 05.12.2017, ABl. EU 2017 Nr. L 348 S. 7; Verordnung (EU) 2020/1108 des Rates vom 20.07.2020 zur Änderung der Verordnung (EU) 2017/2454 in Bezug auf den Geltungsbeginn als Reaktion auf die COVID-19-Pandemie, ABl. EU 2020 Nr. L 244 S. 1.

S. 1 UStG). Steuerschuldner ist der leistende Unternehmer, es ist der Steuersatz des Bestimmungslandes maßgebend. Ist die Regelung über die innergemeinschaftlichen Fernverkäufe anwendbar, wird der leistende Unternehmer grds. im betreffenden EU-Mitgliedstaat steuerpflichtig. Er muss das Umsatzsteuerrecht dieses Landes beachten, bei den dortigen Finanzbehörden Steuererklärungen abgeben und die ausländische Umsatzsteuer entrichten. Die Vorsteuerbeträge im Inland im Zusammenhang mit diesen Umsätzen werden nach den allgemeinen Regelungen berücksichtigt. Um eine Registrierung dieser Unternehmer in allen Bestimmungsländern zu vermeiden, wurde zum 01.07.2021 ein besonderes Besteuerungsverfahren eingeführt (One-Stop-Shop, im Inland § 18j UStG).

2. Die grundsätzlichen Regelungen für Fernverkäufe

a) Begriffsbestimmungen

Ein **innergemeinschaftlicher Fernverkauf** ist die Lieferung eines Gegenstandes, der durch den Lieferer oder für dessen Rechnung aus dem Gebiet eines Mitgliedstaates in das Gebiet eines anderen Mitgliedstaates an einen bestimmten Abnehmer befördert oder versendet wird (§ 3c Abs. 1 S. 2 UStG).

Abnehmer im Sinne des § 3c UStG sind zum einen Personen im Sinne des § 3a Abs. 5 S. 1 UStG, also regelmäßig Nichtunternehmer oder Unternehmer, die den Gegenstand nicht für ihr Unternehmen erwerben, sowie entsprechende juristische Personen des öffentlichen Rechts. Zum anderen gehören die sog. atypischen Unternehmer im Sinne des § 1a Abs. 3 Nr. 1 UStG zum Empfängerkreis des § 3c UStG, sofern diese nicht zur Erwerbsbesteuerung optiert oder die Erwerbsschwelle in ihrem Land überschritten haben (§ 3c Abs. 1 S. 3 UStG).[272]

Ein **Fernverkauf** ist die Lieferung eines Gegenstands, der durch den Lieferer oder für dessen Rechnung aus dem Drittlandsgebiet über eine elektronische Schnittstelle an einen Erwerber in einem Mitgliedstaat befördert oder versendet wird, einschließlich jener Lieferungen, an deren Beförderung oder Versendung der Lieferer indirekt beteiligt ist (§ 3 Abs. 3a Satz 4 UStG). Erwerber bei diesem Fernverkauf müssen ebenfalls die genannten Abnehmer im Sinne des § 3a Abs. 5 Satz 1 bzw. § 1a Abs. 3 Nr. 1 UStG sein.

b) Art der Warenbewegung

Die Sonderregelung über den innergemeinschaftlichen Fernverkauf ist nur anwendbar beim **Befördern oder Versenden durch den liefernden Unternehmer** (§ 3c Abs. 1 S. 2 UStG). Maßgeblich ist, dass der liefernde Unternehmer die Beförderung oder Versendung veranlasst haben muss, er kann mit dem Transport auch einen Dritten beauftragt haben. Holt der Abnehmer die Ware selbst ab oder wird die Ware im Auftrag und auf Rechnung des Empfängers befördert oder versendet, gilt § 3c UStG nicht und die Versteuerung ist nach den allgemeinen Grundsätzen des UStG vom Lieferer im Ursprungsland vorzunehmen. Da es

---

272 Abschn. 3c.1 Abs. 2 i. V. m. Abschn. 3.18 Abs. 4 UStAE.

für den Unternehmer in diesen Fällen nicht möglich ist, nachzuprüfen, ob der Kunde den Gegenstand in ein anderes Mitgliedsland der Europäischen Union mitnimmt oder im Inland verwendet, ist diese Einschränkung folgerichtig. In Abholfällen ist somit der tatsächlich gedachte Binnenmarkt für private Verbraucher bereits realisiert, denn insoweit gilt die Ortsbestimmung des § 3 Abs. 6 Satz 1 UStG und damit das Ursprungslandprinzip.

Beispiel 1:

Ein dänischer Privatmann erwirbt während seines Urlaubs in Deutschland eine Lederjacke für 800 €.

Der Verkauf der Lederjacke ist in Deutschland der Umsatzsteuer zu unterwerfen, denn die Lieferung ist in Deutschland steuerbar (§ 3 Abs. 6 S. 1 UStG) und mangels Steuerbefreiung auch steuerpflichtig. Insbesondere liegt keine innergemeinschaftliche Lieferung vor, da der Abnehmer in seinem Heimatland keinen innergemeinschaftlichen Erwerb zur versteuern hat (§ 6a Abs. 1 Nr. 3 UStG).

Beispiel 2:

Ein deutscher Privatmann erwirbt während seines Urlaubs in Italien eine Lederjacke für 800 €.

Die Lederjacke ist in Italien der Umsatzsteuer zu unterwerfen.

Ein innergemeinschaftlicher Fernverkauf setzt eine innergemeinschaftliche grenzüberschreitende bewegte Lieferung von einem Mitgliedsland in ein anderes Mitgliedsland voraus. Für die Ortsbestimmung wird ausschließlich auf das Ende des Warentransports abgestellt, unerheblich ist der Sitz des leistenden Unternehmers oder des Empfängers. Folglich fallen rein inländische Warenlieferungen auch dann nicht unter den Begriff des innergemeinschaftlichen Fernverkaufs, wenn der Verkäufer lediglich seinen Sitz im übrigen Gemeinschaftsgebiet hat, die Ware aber aus einem inländischen Warenlager an den Abnehmer im Inland geliefert wird.

Die Regelung über die Fernverkäufe nach § 3c UStG gilt aber auch dann, wenn der gelieferte Gegenstand im Rahmen einer Beförderung oder Versendung durch den liefernden Unternehmer aus dem Drittland in einen Mitgliedstaat eingeführt und zum freien Verkehr abgefertigt wird und die Beförderung oder Versendung anschließend in einem anderen Mitgliedstaat endet (§ 3c Abs. 2 UStG).

Beispiel:

Ein Unternehmer aus Norwegen versendet eine Ware nach Deutschland an einen privaten Abnehmer und lässt die Ware in Dänemark bei der Einfuhr durch einen beauftragten Frachtführer zum freien Verkehr abfertigen.

Der Ort der Lieferung liegt aufgrund der Zollabfertigung zum freien Verkehr in Dänemark für den Unternehmer aus Norwegen grds. nach § 3 Abs. 6 S. 1 UStG in Dänemark, aufgrund der Sonderregelung des § 3c Abs. 2 UStG aber nunmehr in Deutschland (innergemeinschaftlicher Fernverkauf nach § 3c Abs. 1 S. 2 und 3

UStG von Dänemark nach Deutschland). Der Unternehmer aus Norwegen hat sich in Deutschland registrieren zu lassen und die Regelbesteuerung zu beachten oder er nimmt am besonderen Besteuerungsverfahren teil.

Ist dagegen der Abnehmer aus Deutschland Schuldner der Einfuhrumsatzsteuer in Dänemark, greift § 3c Abs. 2 UStG nicht, da der Unternehmer aus Norwegen keinen innergemeinschaftlichen Fernverkauf mehr ausführt, und der Ort seiner Lieferung liegt im Drittlandsgebiet (§ 3 Abs. 6 S. 1 UStG). Diese Wertschöpfungen werden weiterhin ausschließlich durch Erhebung der Einfuhrumsatzsteuer im Inland erfasst.

Eine weitere Sonderregelung in § 3c Abs. 3 Satz 1 UStG verlagert den Ort der Lieferung eines Fernverkaufs eines Gegenstands, der aus dem Drittlandsgebiet in den EU-Mitgliedstaat, in dem die Beförderung oder Versendung an den Erwerber endet, eingeführt wird, in diesen Mitgliedstaat, sofern die Steuern auf diesen Gegenstand nach dem besonderen Besteuerungsverfahren nach § 18k UStG zu erklären ist.

Beispiel:

Ein Online-Händler H aus China veräußert über seine Internetseite Kleinteile für 50 € an eine Privatperson in Deutschland. Die Ware wird aus seinem Lager in China an den Wohnsitz des Kunden in Deutschland versendet. Die Zollanmeldung erfolgt durch einen Kurierdienstleister im Namen und für Rechnung des privaten Abnehmers.

Da die Zollanmeldung im Namen und für Rechnung des privaten Abnehmers erfolgt, schuldet dieser Abnehmer die Einfuhrumsatzsteuer (§ 1 Abs. 1 Nr. 4 UStG). Die anschließende Lieferung des H an die Privatperson ist somit nicht nach § 3 Abs. 8 UStG in Deutschland steuerbar und steuerpflichtig. Der Ort der Lieferung liegt vielmehr nach den allgemeinen Regelungen in China (§ 3 Abs. 6 Satz 1 UStG), die Lieferung ist im Inland nicht steuerbar. Lieferer H muss sich daher weder in Deutschland registrieren lassen noch das besondere Besteuerungsverfahren berücksichtigen.

Abwandlung 1:

Wie vor, die Zollanmeldung erfolgt durch den Spediteur S in indirekter Vertretung des H. H nimmt das besondere Besteuerungsverfahren nach § 18k UStG nicht in Anspruch.

Da die Zollanmeldung für Rechnung des H erfolgt, schuldet H die Einfuhrumsatzsteuer (§ 1 Abs. 1 Nr. 4 UStG). Die anschließende Lieferung des H an die Privatperson ist nach § 3 Abs. 8 UStG in Deutschland steuerbar und steuerpflichtig. H muss sich in Deutschland registrieren lassen und im allgemeinen Besteuerungsverfahren Steuererklärungen abgeben. In diesem Zusammenhang kann er die gezahlte als Vorsteuer berücksichtigen (§ 15 Abs. 1 Satz 1 Nr. 2 UStG).

Abwandlung 2:

Wie vor, H nimmt jedoch durch einen in Deutschland ansässigen Vertreter am besonderen Besteuerungsverfahren nach § 18k UStG teil.

Die Einfuhr der Ware ist nach § 5 Abs. 1 Nr. 7 UStG steuerfrei. Die anschließende Lieferung des H an die Privatperson ist nach § 3c Abs. 3 Satz 1 UStG in Deutschland steuerbar und steuerpflichtig. H hat diesen Umsatz im besonderen Besteuerungsverfahren nach § 18k UStG zu erklären.

c) Von der Sonderregelung ausgenommene Gegenstände

Auf bestimmte Gegenstände ist die Vorschrift über die innergemeinschaftlichen Fernverkäufe nicht anwendbar (§ 3c Abs. 5 UStG). So unterliegen Lieferungen **neuer Fahrzeuge** stets der Erwerbsbesteuerung durch den Abnehmer, § 3c UStG geht folglich ins Leere. Auch auf **Montagelieferungen,** bei denen der Gegenstand erst im Bestimmungsland fertig montiert wird, findet § 3c UStG keine Anwendung. Nach der Ortsbestimmung des § 3 Abs. 7 S. 1 UStG werden diese Lieferungen aber ebenfalls regelmäßig im Bestimmungsland ausgeführt. Auf Gegenstände, die der **Differenzbesteuerung** unterliegen, findet § 3c UStG ebenfalls keine Anwendung.

Bei der Lieferung **verbrauchsteuerpflichtiger Wirtschaftsgüter** ist zu unterscheiden, ob diese an Unternehmer einschließlich der sog. atypischen Unternehmer oder an Privatpersonen veräußert werden (§ 3c Abs. 5 Satz 2 UStG). Bei derartigen Verkäufen an Unternehmer aller Art ist der Erwerb dieser Wirtschaftsgüter vom Abnehmer stets der Erwerbsbesteuerung im Bestimmungsland zu unterwerfen (§ 1a Abs. 5 UStG), die Regelung über die innergemeinschaftlichen Fernverkäufe ist insoweit folglich unbeachtlich. Bei Lieferungen an Privatpersonen gelten dagegen die allgemeinen Regelungen des § 3c UStG.

Beispiel:

Der deutsche Weingroßhändler W verschickt ausnahmsweise mehrere Kartons Wein an einen privaten französischen Kunden. Der Kunde zahlt 700 €.

Da W Waren an einen privaten Abnehmer im übrigen Gemeinschaftsgebiet versendet, ist grds. die Versandhandelsregelung anwendbar, der Ort der Lieferung läge damit in Frankreich (§ 3c Abs. 1 Satz 1 UStG). Da W aber offenbar die Bagatellgrenze von 10.000 € nicht überschreitet, kommt § 3c UStG nicht zur Anwendung, die Lieferung ist in Deutschland der Umsatzsteuer zu unterwerfen.

Lieferungen von **Gas, Elektrizität, Wärme und Kälte** sind keine bewegten Lieferungen und sind deshalb nicht vom Begriff des Fernverkaufs erfasst.[273]

d) Abnehmerkreis

Die Bestimmung des besonderen Lieferorts findet keine Anwendung, wenn der Abnehmer mit dem Einkauf des Gegenstands der Erwerbsbesteuerung im Bestimmungsland unterliegt. Die Regelung des § 3c UStG ist nur anwendbar auf Erwerber, die keinen innergemeinschaftlichen Erwerb zu versteuern haben. Daher sind Abnehmer i. S. d. § 3c UStG in der Praxis die Personen, die ohne Umsatzsteuer-Identifikationsnummer einkaufen, also insbesondere **private**

---

273 Abschn. 3c.1 Abs. 2 Satz 2 und Abschn. 3.18 Abs. 4 Satz 3 UStAE.

Endverbraucher und vergleichbare juristische Personen des öffentlichen Rechts (§ 3c Abs. 1 S. 3 i. V. m. § 3a Abs. 5 S. 1 UStG). Dazu gehören auch Unternehmer, die außerhalb ihres Unternehmens einkaufen. Zum Abnehmerkreis gehören zudem die sog. **atypischen Unternehmer** oder **Gelegenheitserwerber,** die einen innergemeinschaftlichen Erwerb *nicht* zu versteuern haben (§ 3c Abs. 1 S. 3 i. V. m. § 1a Abs. 3 UStG), also z. B. Kleinunternehmer.

Beispiel:

Ein deutscher Unternehmer liefert 2 Computer an einen französischen Unternehmer, der einen Computer in seinem Betrieb verwendet. Der zweite PC ist für seinen Sohn bestimmt. Der deutsche Unternehmer versendet beide Geräte nach Frankreich.

Die Lieferung des Computers, der für das Unternehmen des Abnehmers bestimmt ist, ist im Inland steuerbar (§ 3 Abs. 6 S. 1 i. V. m. § 1 Abs. 1 Nr. 1 UStG), aber steuerfrei (§ 4 Nr. 1 Buchst. b i. V. m. § 6a Abs. 1 UStG). Insoweit hat der Abnehmer in Frankreich den Gegenstand der Erwerbsbesteuerung zu unterwerfen, unabhängig von einer Erwerbsschwelle (§ 6a Abs. 1 Nr. 3 UStG). Die Lieferung des zweiten Computers, der nicht für das Unternehmen des Abnehmers bestimmt ist, fällt unter die Regelung des § 3c Abs. 1 UStG, da der Franzose insoweit wie ein Privatmann behandelt wird. Diese Lieferung ist daher vom deutschen Lieferer entweder im Inland (§ 3 Abs. 6 S. 1 UStG) oder bei Überschreiten der Bagatellgrenze (§ 3c Abs. 4 UStG) in Frankreich zu versteuern (§ 3c Abs. 1 S. 1 UStG). In jedem Fall aber hat insoweit der Lieferer Umsatzsteuer zu berechnen, denn diese Verpflichtung entfällt nur, wenn der Abnehmer einen innergemeinschaftlichen Erwerb selbst zu versteuern hat.

Verwendet der französische Abnehmer beim Einkauf ausdrücklich für beide Computer seine gültige USt-IdNr., wird der deutsche Unternehmer kaum prüfen können, ob beide Computer für das Unternehmer gedacht sind und auch den zweiten PC steuerfrei verkaufen. Er müsste nun diese Vorgänge in seiner Zusammenfassenden Meldung erklären, sodass der französische Unternehmer bei seinem zuständigen Finanzamt zwei innergemeinschaftliche Erwerbe zu erfassen hätte.

Überschreitet der sog. **atypische Unternehmer** die **Erwerbsschwelle** in seinem Heimatland, findet § 3c UStG keine Anwendung, da der Abnehmer selbst den Erwerb des Gegenstandes im Bestimmungsland zu versteuern hat. Für Lieferungen inländischer Unternehmer in das übrige Gemeinschaftsgebiet ist die Erwerbsschwelle des jeweiligen Mitgliedstaates maßgebend (§ 3c Abs. 1 S. 3 UStG).[274]

Hinweis:

Da der Lieferer kaum prüfen kann, ob der Abnehmer die Erwerbsschwelle in seinem Heimatland überschritten hat, muss er sich wohl in der Praxis auf die Angaben des Abnehmers verlassen. Verwendet dieser eine gültige USt-

---

274 Abschn. 3c.1 Abs. 2 Satz 4 und Abschn. 3.18 Abs. 4 Satz 7 UStAE.

IdNr., so bringt er damit zum Ausdruck, dass er steuerfrei einkaufen und die Besteuerung im Bestimmungsland selbst vornehmen will, weil er in seinem Heimatland entweder die Erwerbsschwelle überschritten oder zur Erwerbsbesteuerung optiert hat (vgl. § 1a Abs. 4 UStG). Beides bringt er in der Praxis durch Angabe seiner USt-IdNr. zum Ausdruck.

e) Bagatellgrenze

Nach § 3c Abs. 1 S. 1 UStG befindet sich der Ort der Lieferung bei innergemeinschaftlichen Fernverkäufen grundsätzlich an dem Ort, an dem der Leistungsempfänger seinen Wohnsitz hat. § 3c Abs. 4 UStG sieht vor, dass bis zu einem Schwellenwert von 10.000 € die Lieferungen weiterhin der Mehrwertsteuer im Mitgliedstaat der Ansässigkeit des leistenden Unternehmers unterliegen. Dadurch sollen Kleinstunternehmen mit Sitz in nur einem EU-Mitgliedstaat, die solche Lieferungen erbringen, von der Erfüllung mehrwertsteuerpflichtiger Pflichten in anderen Mitgliedstaaten entlastet werden.

Ab dem 01.07.2021 werden bis zu einem einheitlichen Schwellenwert von 10.000 € jährlich innergemeinschaftliche Fernverkäufe nach den Vorschriften des Ursprungslands besteuert. Mit Überschreiten des Schwellenwerts im Inland sind die Lieferungen vom inländischen Unternehmer nicht mehr im Ursprungsland, sondern jeweils im Bestimmungsland zu versteuern, ungeachtet ihrer tatsächlichen Höhe in den einzelnen Mitgliedstaaten. Die bisher in den einzelnen Mitgliedstaaten teilweise unterschiedlichen Lieferschwellen entfallen.

Der Schwellenwert darf im vorangegangenen Kalenderjahr nicht überschritten worden sein und im laufenden Kalenderjahr nicht überschritten werden (§ 3c Abs. 4 S. 1 UStG). Bei der Berechnung werden nur die Umsätze an Privatpersonen und an sog. atypische Unternehmer im Sinne des § 3c UStG herangezogen. Umsätze an Abnehmer mit USt-IdNr. bleiben insoweit ebenso unberücksichtigt wie die Lieferungen verbrauchsteuerpflichtiger Waren. Einzubeziehen sind die Berechnung des Schwellenwerts sind jedoch Dienstleistungen im Sinne des § 3a Abs. 5 UStG, denn diese Leistungen sollen meldetechnisch einheitlich behandelt werden.[275]

> *Hinweis:*
> Die bisherige Lieferschwelle, die von Mitgliedstaat zu Mitgliedstaat abweichen konnte, ist damit obsolet. Ab dem 01.07.2021 gilt ein EU-weit eingeführter Schwellenwert von 10.000 €, wodurch Unternehmer, die bislang Umsätze unterhalb der bisherigen Lieferschwellen erbracht haben, ggf. nunmehr Umsätze in einem anderen Mitgliedstaat ausführen.

---

275 Abschn. 3a, 9a Abs. 1 Nr. 1 Satz 2 UStAE.

Darüber hinaus ist zu beachten, dass in die Berechnung dieses Bagatellwertes auch die Rundfunk- und Fernsehdienstleistungen, Telekommunikationsdienstleistungen und auf elektronischem Weg erbrachten Dienstleistungen im Sinne des § 3a Abs. 5 UStG einbezogen werden. Dies führt dazu, dass Unternehmer, die elektronische Dienstleistungen erbringen und Fernverkäufe ausführen, diese Umsätze zur Berechnung des Schwellenwerts zusammenrechnen müssen und ggf. in einem anderen Mitgliedstaat steuerpflichtig werden, wenn der Gesamtbetrag der Entgelte dieser beiden Leistungen den Betrag von 10.000 € im vorangegangen Jahr überschritten hat bzw. im laufenden Jahr überschreitet.

Eine Übergangsregelung für Fälle, in denen die Lieferschwelle im Jahr 2020 nicht überschritten wurde, enthält das Gesetz nicht (vgl. § 27 Abs. 25 S. 3 UStG), sodass die Neuregelung ohne Einschränkung ab dem 01. 07. 2021 zu beachten ist, wenn die Entgelte für derartige Leistungen im Jahr 2020 den Betrag von 10.000 € überschritten haben.[276]

Wird der Schwellenwert nicht überschritten, so kann der Lieferer zur Besteuerung im Bestimmungsland **optieren** (§ 3c Abs. 4 S. 2 UStG). Eine freiwillige Besteuerung der Versandumsätze im Bestimmungsland ist jedoch nur dann sinnvoll, wenn die Waren in den Bestimmungsländern per Saldo geringer besteuert werden als im Inland und der damit verbundene höhere Verwaltungsaufwand nicht überwiegt. Eine Option ist zudem nur für alle Lieferungen in ihrer Gesamtheit möglich. An die Optionserklärung ist der Lieferer zwei Jahre gebunden (§ 3c Abs. 4 S. 3 UStG). Zweckmäßigerweise sollte der Unternehmer sowohl seinem Finanzamt im Inland als auch dem zuständigen Finanzamt im Bestimmungsland mitteilen, dass er zur Besteuerung seiner Fernumsätze im Bestimmungsland optiert hat, insbesondere um der inländischen Behörde die Nichtsteuerbarkeit dieser Umsätze anzuzeigen.

Wird der Schwellenwert von 10.000 € nicht überschritten und macht der Lieferer von der Optionsmöglichkeit keinen Gebrauch, so ist die Lieferung von ihm nach den allgemeinen Regelungen zu versteuern. Damit gilt im Ergebnis das **Ursprungslandprinzip** bei Lieferungen an den privaten Endverbraucher in Abholfällen uneingeschränkt und in Versendungsfällen, sofern der Lieferer diesen Grenzwert nicht erreicht. Bei Lieferungen an einen regelbesteuerten Unternehmer gilt § 3c UStG nicht, es ist somit auch keine Betragsgrenze zu prüfen.

Der Lieferer muss seine Versendungsumsätze im laufenden Jahr im Bestimmungsland versteuern, wenn er im vorangegangenen Jahr den genannten Schwellenwert überschritten hat, unabhängig von der Höhe der tatsächlichen Warenverkäufe im laufenden Jahr. Auch ohne Überschreiten der Wertgrenze im Vorjahr findet die Versandhandelsregelung ab dem Zeitpunkt Anwendung, ab dem die Versendungsumsätze im laufenden Jahr die Wertgrenze von

---

276 Abschn. 3a, 9a Abs. 1 Nr. 1 Sätze 2–6 UStAE.

10.000 € überschreiten.[277] Eine Versteuerung im Bestimmungsland hat bereits im Augenblick des Überschreitens der Bagatellgrenze zu erfolgen, d. h. diese Lieferer müssen in diesem Jahr Steuererklärungen in zwei Ländern abgeben. Dies führt in der Praxis zu Problemen in der Abrechnung und Kalkulation, weil die Regelung über die Fernverkäufe in diesen Fällen nicht zum Beginn des nächsten Besteuerungszeitraums, sondern sofort zum Tragen kommt.

f) Besteuerung im Ursprungsland oder im Bestimmungsland

Die Regelung in § 3c Abs. 1 S. 1 UStG verlagert den Ort der Lieferung eines innergemeinschaftlichen Fernverkaufs weg vom Ursprungsland des Unternehmers gemäß dem Bestimmungslandprinzip an den Ort, an dem sich der Gegenstand bei Beendigung der Beförderung oder Versendung an den Erwerber befindet (§ 3c Abs. 1 S. 1 UStG). Damit werden Unternehmer in einem anderen Mitgliedstaat steuerpflichtig, wenn sie dort private Kunden beliefern.

Beispiel 1:

Der deutsche Unternehmer J handelt mit elektronischen Geräten. Er verkauft folgende Gegenstände:

a) Ein niederländischer Tourist kauft während seines Urlaubs eine Stereoanlage.

b) Ein französischer Privatmann bestellt bei J einen Fernseher; J übergibt das Gerät einem Spediteur, der ihn nach Frankreich zum Abnehmer transportiert.

c) Ein Unternehmer aus Italien bestellt bei J mehrere Kleingeräte, die J mit eigenem Lkw zum Abnehmer bringt.

J beliefert überwiegend Unternehmer im In- und Ausland. Ausländische private Kunden hat er nur vereinzelt, der Schwellenwert von 10.000 € für derartige Leistungen wird von J nicht erreicht.

J tätigt mehrere Lieferungen (§ 3 Abs. 1 UStG). Der Ort der Lieferung bestimmt sich bei Lieferungen in das übrige Gemeinschaftsgebiet vorrangig nach der Sonderregelung für innergemeinschaftliche Fernverkäufe (vgl. § 3 Abs. 5a i. V. m. § 3c UStG). Handelt es sich beim Abnehmer um einen Unternehmer, der den Gegenstand für sein Unternehmen erwirbt und in seinem Land die Voraussetzungen für die Besteuerung des Erwerbs der Gegenstände erfüllt, so ist § 3c UStG nicht anwendbar (§ 3c Abs. 1 S. 2 UStG). Daher gilt insoweit im Fall c nicht § 3c Abs. 1 UStG, sondern die allgemeine Ortsbestimmung des § 3 Abs. 6 S. 1 UStG, mit der Folge, dass diese Lieferungen im Inland bewirkt wurden. Die Lieferungen an den italienischen Unternehmer sind daher steuerbar (§ 1 Abs. 1 Nr. 1 UStG), allerdings steuerfrei (§ 6a Abs. 1 Nr. 2 UStG).

Auch im Fall einer Abhollieferung in das übrige Gemeinschaftsgebiet bestimmt sich der Ort der Lieferung nach § 3 Abs. 6 Satz 1 UStG, da § 3c UStG nur im Fall der Beförderung oder Versendung durch den Unternehmer gilt (§ 3c Abs. 1 Satz 2

UStG). Die Lieferung an den niederländischen Touristen ist steuerbar (§ 1 Abs. 1 Nr. 1 UStG) und steuerpflichtig, denn bei der Lieferung an eine Privatperson gilt § 6a UStG grds. nicht (vgl. § 6a Abs. 1 Nr. 2 UStG).

Bei der *Versendung* des Gegenstandes in das übrige Gemeinschaftsgebiet an einen Nichtunternehmer gilt die Lieferung grds. als dort ausgeführt, wo die Versendung endet (§ 3c Abs. 1 S. 1 UStG). Die Lieferung wäre daher im Fall b als im Bestimmungsland ausgeführt zu behandeln und in Frankreich steuerbar. Da aber J den in § 3c Abs. 4 UStG festgelegten Schwellenwert für diese Lieferungen von 10.000 € in Deutschland nicht überschritten hat, kommt auch in diesem Fall § 3c UStG nicht zur Anwendung und es bleibt bei der allgemeinen Ortsbestimmung des § 3 Abs. 6 S. 1 UStG. Auch diese Lieferung wurde daher in Deutschland ausgeführt und ist steuerbar (§ 1 Abs. 1 Nr. 1 UStG) und steuerpflichtig (vgl. § 6a Abs. 1 Nr. 2 UStG).

Beispiel 2:

Der dänische Unternehmer J handelt mit elektronischen Geräten. Er verkauft folgende Gegenstände:

a) Ein deutscher Tourist kauft während seines Urlaubs eine Stereoanlage.

b) Ein deutscher Privatmann bestellt bei J einen Fernseher; J übergibt das Gerät einem Spediteur, der ihn nach Deutschland zum Abnehmer transportiert.

c) Ein Unternehmer aus Deutschland bestellt bei J mehrere Kleingeräte, die J mit eigenem Lkw zum Abnehmer bringt.

J beliefert überwiegend Unternehmer im In- und Ausland. Ausländische private Kunden hat er nur vereinzelt, der Schwellenwert von 10.000 € für derartige Leistungen wird von J nicht erreicht.

J tätigt mehrere Lieferungen. Der Ort der Lieferung bestimmt sich bei Lieferungen in das übrige Gemeinschaftsgebiet vorrangig nach der Sonderregelung für innergemeinschaftliche Fernverkäufe. Handelt es sich beim Abnehmer um einen Unternehmer, der den Gegenstand für sein Unternehmen erwirbt und in seinem Land die Voraussetzungen für die Besteuerung des Erwerbs der Gegenstände erfüllt, so ist die Sonderregelung für Fernverkäufe nicht anwendbar. Daher gilt im Fall c die allgemeine Ortsbestimmung mit der Folge, dass diese Lieferung in Dänemark bewirkt wurde. Die Lieferungen an den deutschen Unternehmer sind daher in Dänemark steuerbar, allerdings als innergemeinschaftliche Lieferung steuerfrei. Der deutsche Abnehmer hat daher in Deutschland einen innergemeinschaftlichen Erwerb zu erklären (§ 1a Abs. 1 i. V. m. § 1 Abs. 1 Nr. 5 UStG).

Auch im Falle einer Abhollieferung in das übrige Gemeinschaftsgebiet bestimmt sich der Ort der Lieferung nicht nach der Sonderregelung für Fernverkäufe, denn diese ist nur im Falle der Beförderung oder Versendung durch den Unternehmer anwendbar. Der Ort der Lieferung liegt daher auch im Fall a in Dänemark. Die Lieferung an den deutschen Touristen ist steuerbar und die Steuerbefreiung für innergemeinschaftliche Lieferungen nicht.

Bei der *Versendung* des Gegenstandes in das übrige Gemeinschaftsgebiet an einen Nichtunternehmer gilt die Lieferung nach der Sonderregelung für Fernverkäufe grds. als dort ausgeführt, wo die Versendung endet. Die Lieferung wäre daher im Fall b als im Bestimmungsland ausgeführt zu behandeln und vom Dänen in

Deutschland zu versteuern. Da aber J den festgelegten Schwellenwert für diese Lieferungen von 10.000 € in Dänemark nicht überschritten hat, kommt auch in diesem Fall die Sonderregelung für Fernverkäufe nicht zur Anwendung und es bleibt bei der allgemeinen Ortsbestimmung. Auch diese Lieferung wurde daher in Dänemark ausgeführt und ist dort steuerbar und steuerpflichtig.

Beispiel 3:

Unternehmer B betreibt einen Baumarkt in Aachen. Seine Kunden sind überwiegend Privatpersonen aus dem Umkreis im Inland, aber auch aus den Niederlanden und Belgien. Gelegentlich verkauft er auch an Unternehmer aus diesen Ländern. Darüber hinaus können Kunden auch bei B Waren über eine eigens eingerichtete Website bestellen. Die Umsätze im abgelaufenen Jahr betrugen rund 5 Millionen €. Darin enthalten sind

a) Ladenverkäufe an Privatpersonen aus den Niederlanden und Belgien von jeweils 25.000 €,
b) Ladenverkäufe an Privatpersonen aus Deutschland von 4.600.000 €,
c) Ladenverkäufe an Unternehmer aus den Niederlanden und Belgien von jeweils 25.000 €,
d) Ladenverkäufe an Unternehmer aus dem Inland von 100.000 €
e) Versandumsätze an Privatpersonen aus den Niederlanden und Belgien von jeweils 25.000 €,
f) Versandumsätze an Privatpersonen aus Deutschland von 25.000 €,
g) Versandumsätze an Unternehmer aus den Niederlanden und Belgien von jeweils 25.000 € und
h) Versandumsätze an Unternehmer aus dem Inland von jeweils 25.000 €.

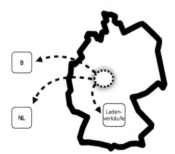

Die Ladenverkäufe an Privatpersonen (a und b) unterliegen uneingeschränkt der Regelbesteuerung in Deutschland. Sie sind daher allesamt in Deutschland der Umsatzsteuer zu unterwerfen. Auch im Fall a) ist die Regelung über die Fernverkäufe an Privatpersonen aus dem übrigen Gemeinschaftsgebiet nicht anwendbar, da nicht der Lieferer befördert oder versendet.

Bei den Verkäufen an andere Unternehmer (c und d sowie g und h) kommt § 3c UStG nicht zur Anwendung (§ 3c Abs. 1 Satz 3 UStG). Die Verkäufe unterliegen, unabhängig davon, wer sie Waren transportiert, der Regelbesteuerung im Inland. Die Umsätze in den Fällen d und h sind in Deutschland steuerbar und steuerpflichtig. In den Fällen c und g sind die Lieferungen an die ausländischen Unternehmer steuerfrei, sofern die Voraussetzungen des § 6a UStG gegeben sind, insbesondere wenn diese Unternehmer jeweils unter Einsatz ihrer USt-Identifikationsnummern eingekauft haben.

Im Falle der Versendung in den Fällen e und f kommt § 3c UStG nur zur Anwendung, wenn der Abnehmer eine Privatperson aus dem übrigen Gemeinschaftsgebiet ist. Daher sind im Fall f die Umsätze i. H. v. 25.000 € in Deutschland der Umsatzsteuer zu unterwerfen.

Im Fall e waren die Umsätze des B bis zum 30.06.2021 ebenfalls in Deutschland der Umsatzsteuer zu unterwerfen, da B weder die niederländische (100.000 €) noch die belgische (35.000 €) Lieferschwelle überschritten hat. Ab dem 01.07.2021 gibt es nur noch eine einheitliche Bagatellgrenze, zur Berechnung sind die Umsätze des B aus den beiden Ländern zusammenzurechnen, die übrigen Umsätze bleiben bei der Berechnung außer Betracht. Da die innergemeinschaftlichen Fernverkäufe des B mit 50.000 € über der Bagatellgrenze von 10.000 € lagen, hat er mit der Gesetzesänderung diese Umsätze ab dem 01.07.2021 in den Niederlanden und in Belgien zu versteuern.[278] Zur Verfahrensvereinfachung kann er am besonderen Besteuerungsverfahren nach § 18j UStG beim Bundeszentralamt für Steuern teilnehmen, statt sich in beiden Ländern jeweils registrieren zu lassen.

Inländische Lieferer, die ihre innergemeinschaftlichen Fernverkäufe in einem anderen Mitgliedstaat zu versteuern haben, müssen die entsprechenden Vorschriften dieses anderen Mitgliedstaates über die Versteuerung dieser Umsätze beachten, d. h., der deutsche Lieferer hat die ausländische Umsatzsteuer zu berechnen. Er hat dementsprechend eine ausländische Steuernummer zu beantragen, unter der er Steuererklärungen abzugeben und die entsprechenden Steuerbeträge zu entrichten hat. Dazu ist u.a. die Kenntnis der Steuersätze dieses Landes erforderlich. In diesem Zusammenhang werden dann auch Vorsteuerbeträge dieses Landes berücksichtigt, eine Erklärung im Vergütungsverfahren entfällt. Die Vorsteuerbeträge im Inland werden nach den allgemeinen Regelungen berücksichtigt (§ 15 UStG). Hinsichtlich der Aufzeichnung dieser Geschäftsvorfälle in der inländischen Buchführung gelten grds. keine Besonderheiten, denn nach inländischem Recht handelt es sich schlicht um nichtsteuerbare Vorgänge. Diese Umsätze müssen in Rahmen der USt-Jahreserklärung gesondert ausgewiesen werden. Aufzeichnungspflichten sind aber für das besondere Besteuerungsverfahren zu beachten (§ 22 Abs. 1 UStG).[279] Ist die Regelung über die Fernverkäufe nicht anzuwenden, so gelten hinsichtlich der Aufzeichnungen und der Rechnungserteilung die Bestimmungen, die auch bei Lieferungen an inländische Abnehmer zu beachten sind. In der Zusammenfassenden Meldung werden diese Umsätze nicht angegeben.

Ausländische Unternehmer werden bei Anwendung der Sonderregelung über innergemeinschaftliche Fernverkäufe in Deutschland steuerpflichtig und haben ihre Umsätze bei einem deutschen Finanzamt anzumelden und die deut-

---

278 Abschn. 3c.1 Abs. 1 Satz 3, Abschn. 3a, 9a Abs. 1 Satz 1 Nr. 1 Sätze 2–6 UStAE.
279 Abschn. 22.3a Abs. 3a UStAE.

schen Umsatzsteuerbeträge zu entrichten. Um die **Registrierung** in anderen Mitgliedstaaten und insbesondere in **allen** betroffenen Bestimmungsländer zu vermeiden, wurde ein besonderes Besteuerungsverfahren geschaffen (§ 18j UStG). Ein Unternehmer, der an diesem besonderen Besteuerungsverfahren teilnimmt, vermeidet durch Registrierung an diesem Verfahren in seinem jeweiligen Heimatland nicht nur die Registrierung im Ausland, sondern muss auch nur eine Steuererklärung für die Umsätze im kompletten Gemeinschaftsgebiet abgeben.

Beispiel:

Ein in China ansässiger Händler H verkauft über seine eigene Internetseite einen Gegenstand an eine Privatperson in Frankreich. Die Ware wird aus einem Lager der Betriebsstätte des H in Deutschland entnommen und an den Wohnsitz des Kunden in Frankreich versendet. H überschreitet den Schwellenwert von 10.000 €.

Auf die Lieferung des H an den privaten Abnehmer in Frankreich ist § 3c Abs. 1 UStG anzuwenden, da ein Gegenstand von einem Mitgliedstaat in einen anderen Mitgliedstaat an einen privaten Abnehmer versendet wird. Der Ort der Lieferung ist der Ort, an dem sich der Gegenstand bei Beendigung der Versendung befindet (§ 3c Abs. 1 Satz 1 UStG), mithin in Frankreich. H kann sich alternativ in Frankreich registrieren lassen und am allgemeinen Besteuerungsverfahren teilnehmen (Art. 250 bis 261 MwStSystRL) oder das besondere Besteuerungsverfahren im Sinne des § 18j UStG in Deutschland in Anspruch nehmen und den Umsatz darüber erklären.

Auch Nichtunternehmer können auch im Rahmen von **Reihengeschäften** beliefert werden. Wenn der letzte Abnehmer im Rahmen eines innergemeinschaftlichen Reihengeschäftes nicht die subjektiven Voraussetzungen für die Besteuerung des innergemeinschaftlichen Erwerbs erfüllt und demzufolge in der Praxis nicht mit einer USt-Identifikationsnummer auftritt, ist § 3c UStG zu beachten, wenn der letzten Lieferung in der Reihe die Beförderung oder Versendung zugeordnet wird. Dies gilt nicht, wenn der dieser private Abnehmer den Gegenstand selbst abholt. Ist die letzte Lieferung in der Reihe eine ruhende Lieferung, entfällt eine Prüfung der Anwendung des § 3c UStG, da § 3c UStG eine Sonderregelung nur für bewegte Lieferung darstellt. Allerdings liegt in diesen Fällen der Ort der Lieferung nach § 3 Abs. 7 Satz 2 Nr. 2 UStG im Land des Endes der Beförderung oder Versendung, es liegt nur kein Fernverkauf vor, was Auswirkung auf das Besteuerungsverfahren hat.

3. Einbeziehung von elektronischen Schnittstellen

a) Warenverkäufe über eine elektronische Schnittstelle als Vermittler des Warenverkaufs

Ob ein Unternehmer ein eigenes Ladenlokal hat und Waren nur gelegentlich an Kunden befördert oder versendet, ob der Unternehmer einen Online-Handel betreibt oder seine Waren über einen Internetmarktplatz zum Verkauf anbietet, ist de facto für die Anwendung des § 3c UStG ohne Bedeutung, sofern nur die

Warenbewegung durch den liefernden Unternehmer in einen anderen Mitgliedstaat veranlasst wurde.

Gerade beim Verkauf über Internetmarktplätze wie z. B. Amazon, Ebay oder Rakuten kommt daher häufig auch die Regelung des § 3c UStG für den liefernden Unternehmer zur Anwendung, denn der Internetmarktplatz erbringt regelmäßig nur eine Vermittlungsleistung gegenüber dem Verkäufer.

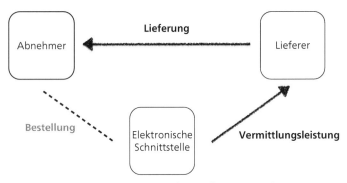

Abb. 10: Warenverkauf über elektronische Schnittstelle als Vermittler
(Quelle: Eigene Darstellung)

Beispiel:

Ein deutscher Privatkunde aus Dortmund bestellt über die deutsche Internetplattform „Amazon Marketplace" Gegenstände bei Händler N mit Sitz in den Niederlanden. Die Ware wird

a) unmittelbar von N aus den Niederlanden an den deutschen Kunden verschickt,
b) im Auftrag des N aus einem Amazon-Lager in Bad Hersfeld an den Kunden verschickt.

Die Kommissionsregelung des § 3 Abs. 3a UStG ist nur anwendbar, wenn der Lieferant, der auf der elektronischen Schnittstelle verkauft, seinen Sitz im Drittlandsgebiet hat. Da dies nicht der Fall ist, gelten die allgemeinen Regelungen des UStG.

Der niederländische Unternehmer N liefert daher nicht fiktiv an Amazon, sondern jeweils unmittelbar an den Endverbraucher.[280] Der Ort der Lieferung für diese Lieferung liegt im Fall a) in Deutschland unter sinngemäßer Beachtung des § 3c Abs. 1 Satz 1 UStG, sofern N in den Niederlanden die Bagatellgrenze von 10.000 € für diese Umsätze überschreitet. Im Fall b) liegt der Ort der Lieferung in Bad Hersfeld (§ 3 Abs. 6 Satz 1 UStG), die Sonderregelung des § 3c UStG ist nicht zu prüfen, da kein grenzüberschreitender Liefervorgang stattfindet.

---

280 BFH vom 29.04.2020, XI B 113/19, BStBl 2020 I Seite 476.

Die Lieferung des N ist daher jeweils in Deutschland steuerbar und steuerpflichtig. Allerdings hat N verschiedene Besteuerungsverfahren zu beachten. N kann sich in beiden Fällen in Deutschland registrieren lassen und die Regelbesteuerung anwenden. Da er keine feste Niederlassung in Deutschland hat, ist für ihn das Finanzamt Kleve zuständig (§ 21 Abs. 1 Satz 2 AO i. V. m. UStZustV). Hier gibt er Voranmeldungen und Jahreserklärungen ab. N kann jedoch im Fall a) abweichend vom allgemeinen Besteuerungsverfahren das besondere Besteuerungsverfahren nach § 18j UStG zur Anmeldung derartiger Umsätze wählen (OSS). Die Anmeldung dazu erfolgt durch ihn in den Niederlanden, in Deutschland muss er dann nicht mehr registriert werden. Sollte N im Fall a) den Schwellenwert von 10.000 € in den Niederlanden nicht überschreiten, kann er als Kleinstunternehmer[281] die Besteuerung seiner Umsätze in den Niederlanden nach niederländischem Recht vornehmen und muss sich weder in Deutschland registrieren lassen noch zum besonderen Besteuerungsverfahren anmelden. Im Fall b) liegt eine „inländische" und keine innergemeinschaftliche Warenbewegung vor, das besondere Besteuerungsverfahren ist nicht anwendbar (§ 18j Abs. 1 Nr. 1 UStG).

Amazon führt keine Lieferung an den Privatkunden aus, sondern erbringt eine sonstige Leistung gegenüber dem niederländischen Unternehmer N (§ 3 Abs. 9 UStG). Der Ort dieser Dienstleistung liegt in den Niederlanden (§ 3a Abs. 2 UStG), die Leistung unterliegt dem Reverse-Charge-Verfahren (Art. 196 i. V. m. Art. 44 MwStSystRL).

b) Fiktives Kommissionsgeschäft durch Verkäufe über eine elektronische Schnittstelle

Zum 01.07.2021 kam es zu einer erheblichen Veränderung der Rechtslage insbesondere für Marktplätze im Internet, denn eine sog. indirekte Beteiligung einer elektronischen Schnittstelle am Verkauf der Ware wird nunmehr in die innergemeinschaftlichen Fernverkäufe mit einbezogen, sofern der **Verkäufer ein Unternehmer mit Sitz im Drittland** ist (vgl. Art. 14 Abs. 4 Nr. 1 MwSt SystRL). De facto wird eine Lieferkette ähnlich einem Kommissionsgeschäft fingiert (§ 3 Abs. 3a UStG), die tatsächlich ausgeführte zivilrechtliche Vermittlungsleistung wird ignoriert und geht in diesem Kommissionsgeschäft unter.

Während tatsächlich lediglich ein einziges Verkaufsgeschäft vorliegt, werden für umsatzsteuerliche Zwecke zwei Lieferungen fingiert, indem eine (erste) Lieferung von dem Unternehmer aus dem Drittland an den Betreiber der elektronischen Schnittstelle sowie eine (zweite) Lieferung des Betreibers der elektronischen Schnittstelle an den Endverbraucher angenommen werden. Wie bei (echten) Kommissionsgeschäften kann dabei die Warenbewegung nur einer der Lieferungen zugeordnet werden, um den Lieferort für beide Lieferungen bestimmen zu können (§ 3 Abs. 6b UStG). Hier wird die fiktive Lieferung des Betreibers der elektronischen Schnittstelle als die bewegte Lieferung behandelt. Bei der Bestimmung der Warenbewegung geht § 3 Abs. 6b UStG als speziellere Vorschrift der Regelung des § 3 Abs. 6a UStG vor.[282]

---

281 Nicht zu verwechseln mit „Kleinunternehmer"
282 Abschn. 3.18 Abs. 2 Satz 5 UStAE.

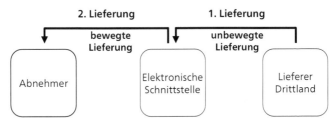

Abb. 11: Fiktives Kommissionsgeschäft durch Verkäufe über elektronische Schnittstellen (Quelle: Eigene Darstellung)

Anstelle des bisher verwendeten Begriffs des „elektronischen Marktplatzbetreibers" (vgl. § 22f und § 25e UStG i. d. Fassung bis zum 30.06.2021) wird nunmehr der Begriff „elektronische Schnittstelle" eingeführt. Eine elektronische Schnittstelle ist ein elektronischer Marktplatz, eine elektronische Plattform, ein elektronisches Portal oder Ähnliches (§ 3 Abs. 3a, § 25e Abs. 5 UStG), dem Begriff ist ein sehr weites Verständnis zugrunde zu legen.[283]

Der Betreiber einer elektronischen Schnittstelle, der die Lieferung von Gegenständen innerhalb der Gemeinschaft durch einen **Unternehmer aus dem Drittland** an eine Privatperson durch eine elektronische Schnittstelle unterstützt, wird behandelt, als ob er diese Gegenstände selbst erworben und weitergeliefert hat (§ 3 Abs. 3a Satz 1 UStG). Es wird eine umsatzsteuerliche Lieferkette fingiert, der Schnittstellenbetreiber wird umsatzsteuerlich wie ein Zwischenhändler behandelt, obwohl er zivilrechtlich nur eine Vermittlungsleistung ausführt. Damit wird der Schnittstellenbetreiber aufgrund der fingierten Doppellieferung regelmäßig zum Steuerschuldner für die Lieferung an den Abnehmer und es wird eine Eingangsleistung des Unternehmers aus dem Drittland an den Marktplatzbetreiber fingiert.

Eine elektronische Schnittstelle unterstützt die Lieferung von Gegenständen, wenn diese Plattform es einem Leitungsempfänger und einem liefernden Unternehmer, der über eine elektronische Schnittstelle Gegenstände zum Verkauf anbietet, ermöglicht, in Kontakt zu treten, woraus eine Lieferung von Gegenständen an diesen Leitungsempfänger resultiert (§ 25e Abs. 6 UStG).[284] Der Betreiber einer elektronischen Schnittstelle unterstützt die Lieferung von Gegenständen jedoch dann **nicht** im Sinne dieser Vorschrift, wenn er weder unmittelbar noch mittelbar

---

283 Abschn. 3.18 Abs. 3 UStAE.
284 Abschn. 3.18 Abs. 3 Satz 3 UStAE.

- irgendeine der Bedingungen für die Lieferung der Gegenstände festlegt,
- an der Autorisierung der Abrechnung mit dem Leistungsempfänger bezüglich der getätigten Zahlungen beteiligt ist, und
- an der Bestellung oder Lieferung der Gegenstände beteiligt ist.[285]

Ein Unterstützen im Sinne dieser Vorschrift liegt auch dann **nicht** vor, wenn der Betreiber der elektronischen Schnittstelle lediglich eine der folgenden Leistungen anbietet:[286]

- die Verarbeitung von Zahlungen im Zusammenhang mit der Lieferung von Gegenständen,
- die Auflistung von Gegenständen oder die Werbung für diese,
- die Weiterleitung oder Vermittlung von Leistungsempfängern an andere elektronische Schnittstellen, über die Gegenstände zum Verkauf angeboten werden, ohne dass eine weitere Einbindung in die Lieferung besteht.

> *Hinweis:*
> Eine umfassende Abgrenzungshilfe, wann ein Unterstützen im Sinne des Gesetzes vorliegt, enthält der Umsatzsteuer-Anwendungserlass.[287]

Folgende Fälle sind nach Art. 5a MwStVO als indirekte Beteiligung des Lieferers am Versand oder der Beförderung der Gegenstände anzusehen:[288]

- Die Versendung oder Beförderung der Gegenstände wird vom Lieferer als Unterauftrag an einen Dritten vergeben, der die Gegenstände an den Erwerber transportiert oder transportieren lässt.

- Die Versendung oder Beförderung der Gegenstände erfolgt durch einen Dritten, der Lieferer trägt jedoch entweder die gesamte oder die teilweise Verantwortung für die Lieferung der Gegenstände an den Erwerber.

- Der Lieferer stellt dem Erwerber die Transportkosten in Rechnung, zieht diese ein und leitet sie dann an einen Dritten weiter, der die Versendung oder Beförderung der Waren übernimmt.

- Der Lieferer bewirbt in jeglicher Weise gegenüber dem Erwerber die Zustelldienste eines Dritten, stellt den Kontakt zwischen dem Erwerber und einem Dritten her oder übermittelt einem Dritten auf andere Weise die Informationen, die dieser für die Zustellung der Gegenstände an den Erwerber benötigt.

Die Regelung gilt insbesondere für Gegenstände, die bereits in das Gemeinschaftsgebiet eingeführt wurden und in einem Lager in einem Mitgliedstaat der Europäischen Union liegen und auf eine Bestellung durch einen privaten Kun-

---

285 Abschn. 3.18 Abs. 3 Satz 4 UStAE.
286 Abschn. 3.18 Abs. 3 Satz 8 UStAE.
287 Abschn. 3.18 Abs. 3 Sätze 5 bis 7 UStAE.
288 Abschn. 3.18 Abs. 4 Satz 8 UStAE.

den im Gemeinschaftsgebiet warten. Im Gegensatz zu „normalen" innergemeinschaftlichen Fernverkäufen gilt die Sonderregelung bezüglich der Fiktion eines Kommissionsgeschäfts auch für rein inländische Warenbewegungen (§ 3 Abs. 3a Satz 1 UStG).

Beispiel:

Ein deutscher Privatkunde aus Dortmund kauft über die deutsche Internetplattform „Amazon Marketplace" Gegenstände bei einem Händler Y mit Sitz in China. In den Geschäftsbedingungen heißt es u. a. „Verkauf von Y, Versand durch Amazon Deutschland." Die Ware wird aus einem Amazonlager in Bad Hersfeld an die Privatkunden verschickt.

Durch § 3 Abs. 3a S. 1 UStG wird ein Kommissionsgeschäft fingiert. Y liefert an Amazon, der Ort der Leistung für diese unbewegte Lieferung liegt unter Beachtung der Regelbesteuerung in Bad Hersfeld (§ 3 Abs. 7 S. 1 UStG). Diese Lieferung des Y ist im Inland steuerbar, aber steuerfrei (§ 4 Nr. 4c UStG).

Die bewegte Lieferung durch Amazon an den Privatkunden wurde in Bad Hersfeld ausgeführt (§ 3 Abs. 3a S. 1 i. V. m. § 3 Abs. 6b i. V. m. § 3 Abs. 6 S. 1 UStG). Die im Kaufpreis enthaltene Umsatzsteuer wird also durch die Firma Amazon in Deutschland geschuldet. Folglich ist im von Amazon eingezogenen Bruttokaufpreis auch die deutsche Umsatzsteuer enthalten, die Amazon und nicht der tatsächliche zivilrechtliche Verkäufer nun an ein deutsches Finanzamt abzuführen hat. Die Regelung des § 3c UStG findet keine Anwendung, weil die Ware nicht aus dem Gebiet eines Mitgliedstaates in das Gebiet eines anderen Mitgliedstaates gelangt (§ 3c Abs. 1 Satz 2 UStG).

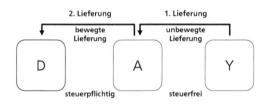

Die Steuer entsteht frühestens zu dem Zeitpunkt, zu dem die Zahlung durch den Kunden von Amazon angenommen wurde (§ 13 Abs. 1 Nr. 1 Buchst. i UStG). Der Zeitpunkt, zu dem die Zahlung angenommen wurde, ist der Zeitpunkt, zu dem die Zahlung bestätigt wurde oder die Zahlungsgenehmigung oder eine Zahlungszusage des Erwerbers beim Lieferer, der die Gegenstände über eine elektronische Schnittstelle verkauft oder für dessen Rechnung eingeht, und zwar unabhängig davon, wann die tatsächliche Zahlung erfolgt, je nachdem, welcher Zeitpunkt der frühere ist. [289]

Die **fingierte Lieferung** des Unternehmers aus dem Drittlandsgebiet ist **steuerfrei** (§ 4 Nr. 4c UStG), um den Verwaltungsaufwand zu reduzieren, da der Be-

---

289 Abschn. 13.8 UStAE.

treiber der Schnittstelle regelmäßig für diese Eingangsleistung zum Vorsteuerabzug berechtigt wäre.[290]

Beispiel 1:

Ein in China ansässiger Händler H veräußert über eine elektronische Schnittstelle S Ware aus einem Lager in Deutschland an einen privaten Abnehmer A in Frankreich.

Es wird eine Lieferung des Händlers H an den Betreiber der elektronischen Schnittstelle S und eine Lieferung des Betreibers der elektronischen Schnittstelle an den Endverbraucher A fingiert (§ 3 Abs. 3a Satz 1 UStG). Die Warenbewegung wird der Lieferung des S an A zugeordnet (§ 3 Abs. 6b UStG). Die Lieferung des H an S ist in Deutschland steuerbar (§ 3 Abs. 7 Satz 1 UStG), aber nach § 4 Nr. 4c UStG steuerbefreit. Die Lieferung des S an A gilt nach § 3c Abs. 1 Satz 1 UStG als in Frankreich ausgeführt. Der Betreiber der elektronischen Schnittstelle kann das besondere Besteuerungsverfahren in Anspruch nehmen oder sich in Frankreich registrieren lassen.

Beispiel 2:

Ein in Deutschland ansässiger Händler H veräußert über eine elektronische Schnittstelle S Ware aus einem Lager in Deutschland an einen privaten Abnehmer A in Frankreich.

Es werden keine Lieferungen zwischen H und S und S und A fingiert, da H nicht im Drittlandsgebiet ansässig ist. Für die Lieferung des H an A findet § 3c Abs. 1 UStG Anwendung, der Ort der Lieferung liegt in Frankreich (§ 3c Abs. 1 Satz 1 UStG). H kann das besondere Besteuerungsverfahren in Anspruch nehmen oder sich im Bestimmungsland registrieren lassen.

Bei Lieferern, die in der Europäischen Union ansässig sind, ist § 3 Abs. 3a UStG nicht anwendbar, es findet kein fiktives Kommissionsgeschäft statt. In diesen Fällen greift aber ggf. die Haftungsregelung für die Betreiber elektronischer Schnittstellen nach § 25e UStG für nicht abgeführte Umsatzsteuerbeträge des Unternehmers aus dem Gemeinschaftsgebiet.

Beispiel:

Ein deutscher Privatkunde aus Dortmund kauft über die deutsche Internetplattform „Amazon Marketplace" Gegenstände bei Händler N mit Sitz in den Niederlanden. In den Geschäftsbedingungen heißt es u. a. „Verkauf von N, Versand durch Amazon Deutschland." Die Ware wird aus einem Amazonlager in Bad Hersfeld von Amazon an den Kunden nach Dortmund verschickt.

Die Regelung des § 3 Abs. 3a UStG ist nicht anwendbar, weil der Lieferant, der auf dem „Marktplatz" verkauft, seinen Sitz nicht im Drittlandsgebiet hat. Daher erbringt Amazon eine Vermittlungsleistung gegenüber N und N führt unmittelbar an den Endverbraucher in Dortmund eine Lieferung aus (§ 3 Abs. 6 S. 1 UStG).[291]

---

290 Abschn. 4.4c.1 UStAE.
291 BFH vom 29.04.2020, XI B U3/19, BGBl 2020 II S. 476.

Die Sonderregelung des § 3c UStG über innergemeinschaftliche Fernverkäufe ist nicht anwendbar, da kein grenzüberschreitender Liefervorgang stattfindet (§ 3c Abs. 1 S. 2 UStG).

Daher unterliegt N mit seiner Lieferung dem deutschen Umsatzsteuerrecht, er hat sich in Deutschland registrieren zu lassen und in Deutschland Steuererklärung im allgemeinen Besteuerungsverfahren abzugeben. Er kann nicht das besondere Besteuerungsverfahren nach § 18j UStG (OSS) wählen, da sich der Ort seiner Lieferung weder nach § 3c Abs. 1 UStG noch nach § 3a Abs. 3a UStG bestimmt (§ 18j Abs. 1 S. 1 Nr. 1 UStG). Amazon haftet für diese Umsatzsteuer, wenn das Unternehmen die in § 22f UStG geforderten Aufzeichnungen über den Verkäufer nicht geführt hat (§ 25e Abs. 1 i. V. m. § 22f Abs. 1 UStG).

4. Einbeziehung von Fernverkäufen unmittelbar aus dem Drittland

Werden Gegenstände unmittelbar vom Drittland an einen Abnehmer im Gemeinschaftsgebiet befördert oder versendet, kann kein *innergemeinschaftlicher* Fernverkauf vorliegen, da die Warenbewegung nicht in einem Mitgliedsland beginnt und in einem anderen Mitgliedsland endet (§ 3c Abs. 1 S. 2 UStG). Wird die Ware aber vom Unternehmer aus dem Drittland in einem Mitgliedsland zollrechtlich zum freien Verkehr angemeldet und dann zu einem Abnehmer in einem anderen Mitgliedsland befördert oder versendet, liegt wiederum ein innergemeinschaftlicher Fernverkauf vor (§ 3c Abs. 2 i. V. m. Abs. 1 S. 2 und 3 UStG).

Dies gilt nicht, wenn Gegenstände unmittelbar vom Drittland eingeführt und an einen Abnehmer im Land der Einfuhr befördert oder versendet werden. In diesen Fällen hat regelmäßig der Abnehmer die entstandene Einfuhrumsatzsteuer zu entrichten, auch wenn er eine Privatperson ist (§ 1 Abs. 1 Nr. 4 UStG). Schuldet dagegen der Lieferer die Einfuhrumsatzsteuer, liegt der Ort der (Weiter-)Lieferung im Inland (§ 3 Abs. 8 UStG), der Unternehmer aus dem Drittland hat sich im Land der Einfuhr registrieren zu lassen. Er kann aber ab dem 01. 07. 2021 auch am besonderen Besteuerungsverfahren teilnehmen (§ 18k Abs. 1 UStG), sofern die Sendung einen Sachwert von höchstens 150 € hat.

Wird die Ware über eine elektronische Schnittstelle verkauft, gilt die Regelung über fiktive Kommissionsgeschäfte entsprechend für den Fernverkauf von aus dem Drittlandsgebiet eingeführten Gegenständen in Sendungen mit einem Sachwert von höchstens 150 € (§ 3 Abs. 3a S. 2 und S. 4 UStG).

Beispiel:

Privatperson P aus Potsdam bestellt bei einem elektronischen Markplatzbetreiber A mit Sitz in Deutschland für 100 € eine Ware, die ihm unmittelbar vom Verkäufer C aus China zugesandt wird. Die Zollanmeldung in Deutschland erfolgt durch den Betreiber der elektronischen Schnittstelle, welcher das besondere Besteuerungsverfahren nach § 18k UStG in Anspruch nimmt.

Bei einem Fernverkauf aus dem Drittland unmittelbar in das Gemeinschaftsgebiet greift bei einem Warenwert bis zu 150 € auch die Fiktion eines Kommissionsgeschäfts nach § 3 Abs. 3a Satz 2 UStG (§ 3 Abs. 3a Satz 4 UStG). Damit liegt zwischen C und A und anschließend zwischen A und P jeweils eine Lieferung vor, es handelt sich um ein Reihengeschäft. Die Einfuhr der Ware ist nach § 5 Abs. 1 Nr. 7 UStG steuerfrei. Die bewegte Lieferung wird der Lieferung A an P zugeordnet (§ 3 Abs. 6b UStG), folglich ist die Lieferung zwischen C und A eine unbewegte Lieferung. Der Ort der unbewegten Lieferung liegt in China (§ 3 Abs. 7 Satz 2 Nr. 1 UStG), der Vorgang wird in Deutschland nicht von der Umsatzsteuer erfasst. Der Ort der bewegten Lieferung zwischen A und P liegt entgegen § 3 Abs. 6 Satz 1 UStG nach § 3c Abs. 3 Satz 1 UStG im Inland. Diese Lieferung ist steuerbar und steuerpflichtig, die Umsatzsteuer daraus schuldet A. Er hat den Umsatz im besonderen Besteuerungsverfahren zu erklären.

Bei Lieferungen in Sendungen mit einem Sachwert von höchstens 150 € verlagert sich der Lieferort nach § 3c Abs. 3 Satz 1 UStG, wenn der Lieferer das besondere Besteuerungsverfahren nach § 18k UStG anwendet. Die Regelung ist als lex specialis zu § 3 Abs. 8 UStG zu verstehen. Wendet der Lieferer das besondere Besteuerungsverfahren an, ist die Einfuhr steuerfrei (§ 5 Abs. 1 Nr. 7 UStG).

Durch § 3c Abs. 3 Satz 3 UStG wird sichergestellt, dass bei einem Fernverkauf nach § 3 Abs. 3a Satz 2 UStG die Ortsverlagerung auch dann eintritt, wenn der Umsatz nicht im besonderen Besteuerungsverfahren nach § 18k UStG zu erklären ist und ein Unternehmer Schuldner der Einfuhrumsatzsteuer sein sollte.

Beispiel:

Privatperson P aus Potsdam bestellt über einen elektronischen Markplatzbetreiber A mit Sitz in Deutschland für 100 € eine Ware, die ihm unmittelbar vom Verkäufer C aus China zugesandt wird. Die Zollanmeldung in Deutschland erfolgt in indirekter Vertretung durch den Spediteur des C. A nimmt für diesen Umsatz nicht das besondere Besteuerungsverfahren nach § 18k UStG in Anspruch.

Bei einem Fernverkauf aus dem Drittland unmittelbar in das Gemeinschaftsgebiet greift bei einem Warenwert bis zu 150 € auch die Fiktion eines Kommissionsgeschäfts nach § 3 Abs. 3a Satz 2 UStG (§ 3 Abs. 3a Satz 4 UStG). Damit liegt zwischen C und A und anschließend zwischen A und P jeweils eine Lieferung vor, es handelt sich um ein Reihengeschäft. Da die Zollanmeldung für Rechnung des C erfolgt, schuldet C die Einfuhrumsatzsteuer i. S. d. § 1 Abs. 1 Nr. 4 UStG. Es kommt dabei aber nicht zu einer Ortsverlagerung nach § 3 Abs. 8 UStG, da die Warenbewegung nach § 3 Abs. 6b UStG der Lieferung des A an P zugeordnet und C folglich eine unbewegte Lieferung ausführt. Die Anwendung des § 3 Abs. 8 UStG setzt eine bewegte Lieferung voraus. Die Lieferung des C an A ist somit nach den allgemeinen Regelungen und damit nach § 3 Abs. 7 Satz 2 Nr. 1 UStG nicht steuerbar, der Ort der Lieferung liegt in China. Eine Registrierung des C in Deutschland erfolgt aufgrund dieses Umsatzes nicht.

Die Einfuhr ist nicht nach § 5 Abs. 1 Nr. 7 UStG steuerfrei, da C nicht am besonderen Besteuerungsverfahren teilnimmt. Die in Deutschland gezahlte Einfuhrumsatzsteuer kann als Vorsteuer geltend gemacht werden (§ 15 Abs. 1 Satz 1 Nr. 2 UStG). Die Finanzverwaltung vertritt allerdings die Auffassung, dass C diese Vorsteuer nicht im Vorsteuer-Vergütungsverfahren nach § 18 Abs. 9 UStG beim BZSt geltend machen kann. Da C eine ruhende Lieferung in China ausgeführt hat, betrachtet sie die Einfuhr nicht als für das Unternehmen des C ausgeführt.[292] Die Finanzverwaltung lässt den Vorsteuerabzug beim Betreiber der elektronischen Schnittstelle A zu, sofern dieser im Besitz der entsprechenden Zollbelege ist.[293] Diese Rechtsauffassung ist weltfremd und dürfte zumindest strittig sein.

Die Lieferung des A an P wurde in Deutschland ausgeführt, § 3c Abs. 3 Satz 3 UStG geht der allgemeinen Ortsbestimmung des § 3 Abs. 6 Satz 1 UStG vor (§ 3 Abs. 5a UStG), führt aber zum gleichen Ergebnis. Diese Lieferung ist in Deutschland steuerbar und steuerpflichtig, Schuldner der Umsatzsteuer ist A.

Gegenstände aus Sendungen mit einem Sachwert von höchstens 150 €, die unmittelbar vom Drittland aus an den Abnehmer versandt werden, werden von der Einfuhrumsatzsteuer befreit (§ 5 Abs. 1 Nr. 7 UStG), wenn sie über eine elektronische Schnittstelle im Inland veräußert werden und die Steuer für diese Lieferungen im besonderen Besteuerungsverfahren nach § 18k UStG angemeldet wird. Die Steuerfreiheit der Einfuhr setzt dabei voraus, dass in der Anmeldung zur Überlassung in den freien Verkehr die individuelle Identifikationsnummer des Lieferers oder seines Vertreters angegeben wird. Die EUSt-Befreiung verlangt daher die Angabe einer Zollanmeldung, die nach Art. 143a der Delegierten Verordnung (EU) 2015/2446 mit einem reduzierten Datensatz abgegeben werden kann.[294] Die Anmeldefiktion für Postsendungen von geringem Wert gilt daher nicht.[295] Bei der Einfuhr im Rahmen einer Lieferung über eine elektronische Schnittstelle nach § 3 Abs. 3a Satz 2 UStG ist es möglich, dass auch der Schnittstellenbetreiber die Zollanmeldung abgibt, was eine Befreiung von der EUSt möglich macht, sofern dieser das besondere Besteuerungsverfahren nutzt.

Sachwert ist dabei der Preis der Waren selbst beim Verkauf zur Ausfuhr in das Zollgebiet der Union ohne Transport- und Versicherungskosten, sofern sie nicht im Preis enthalten und nicht gesondert auf der Rechnung ausgewiesen sind, sowie alle anderen Steuern und Abgaben, die von den Zollbehörden anhand der einschlägigen Dokumente ermittelt werden können.[296] Gegenstände, die zusammen in demselben Packstück verpackt und gleichzeitig vom selben Versender an denselben Empfänger unter einem Beförderungsvertrag versandt werden, gelten als eine einzige Sendung.[297]

Für Gegenstände in Sendungen mit einem Sachwert von höchstens 150 €, für die eine Steuerbefreiung nicht in Anspruch genommen wird oder genommen werden kann, kann sich der Lieferer ein sog. „Aufschubkonto" beim Zoll einrichten lassen (§ 21a UStG). Eine Sicherheitsleistung ist nicht erforderlich,

---

292 Abschn. 3c.1 Abs. 4 Satz 2 Beispiel 5 UStAE unter Berufung auf Abschn. 15.8 Abs. 4 UStAE; kritisch *Wäger*, Digitalpaket zum 01.07.2021 für den Bereich der Lieferungen, UStB 2021 Seite 76.
293 Vgl. Abschn. 15.8 Abs. 7 UStAE.
294 VO (EU) 2019/1143 vom 14.03.2019, ABl. EU 2019 Nr. L 181 Seite 2.
295 *Wäger*, Digitalpaket zum 01.07.2021 für den Bereich der Lieferungen, UStB 2021 Seite 76.
296 Abschn. 3.18 Abs. 7 UStAE.
297 Abschn. 3.18 Abs. 6 UStAE.

wenn die gestellende Person „Zugelassener Wirtschaftsbeteiligter" für zollrechtliche Vereinfachungen ist. Bei der Auslieferung der Gegenstände hat der Empfänger der Sendung die Einfuhrumsatzsteuer an die gestellende Person zu entrichten, die die Beträge sodann unter Abgabe einer entsprechenden Erklärung an den Zoll weiterleitet. Diese Sonderregelung gilt nicht für verbrauchsteuerpflichtige Waren.

§ 21a UStG ermöglicht es einer die Sendung gestellenden Person für Rechnung des Sendungsempfängers zu handeln. Die aufgrund der Überführung in den zollrechtlich freien Verkehr entstehende Einfuhrumsatzsteuer ist dabei im Moment der Einfuhr entstanden, wird aber aufgeschoben. Der Empfänger der Lieferung hat bei der Auslieferung an ihn die Einfuhrumsatzsteuer an die gestellende Person zu entrichten, der dieser dann an die Zollbehörde gesammelt weiterleitet.

Für Warensendungen aus dem Drittland, die die Wertgrenze von 150 € überschreiten, ist eine vollständige Zollanmeldung abzugeben. Beträgt der Sendungswert mehr als 150 €, sind Lieferfiktion (§ 3 Abs. 3a Satz 2 UStG), Ortsverlagerung (§ 3c Abs. 3 Satz 1 UStG), Befreiung von der Einfuhrumsatzsteuer (§ 5 Abs. 1 Nr. 7 UStG) und das besondere Besteuerungsverfahren (§ 18k UStG) allesamt nicht anwendbar. Es liegen auch nicht die Voraussetzungen für die Ortsverlagerung nach § 3c Abs. 3 Satz 3 UStG i. V. m. § 3 Abs. 3a Satz 2 UStG vor. In diesen Fällen ist daher stets von einer unmittelbaren Lieferung des Lieferers aus dem Drittland unmittelbar an den Endverbraucher auszugehen, auf die § 3c Abs. 3 Satz 1 UStG (als lex specialis zu § 3 Abs. 8 UStG) anzuwenden ist, sodass sich der Lieferort bei einer Verzollung durch den Lieferer in das Inland verlagert. Für den Betreiber der Schnittstelle kann insoweit eine Haftung nach § 25e UStG in Betracht kommen.

Hinweis:

Zum 01.07.2021 erfolgte eine Aufhebung der Mehrwertsteuerbefreiung bei der Einfuhr von Kleinsendungen durch Anbieter aus Drittländern. Die bisher geltende Steuerbefreiung für Beträge unter 22 € entfällt (vgl. § 1a EUStBV),[298] da sie missbrauchsanfällig ist und der Umsatzsteuerbetrug in diesen Fällen Besorgnis erregende Größen angenommen hat.[299] Damit sind grds. alle Einfuhren aus dem Drittlandsgebiet beim Zoll anzumelden. Um

---

298 Kleinsenderichtlinie vom 19.10.2009, Richtlinie 2009/132/EG zur Festlegung des Anwendungsbereichs von Art. 143 Buchst. b und c MwStSystRL hinsichtlich der Mehrwertsteuerbefreiung bestimmter endgültiger Einfuhren von Gegenständen, ABl. EU 2009 Nr. L 292 Seite 5.

299 Richtlinie (EU) 2017/2455 des Rates zur Änderung der Richtlinie 2006/112/EG und der Richtlinie 2009/132/EG in Bezug auf bestimmte mehrwertsteuerliche Pflichten für die Erbringung von Dienstleistungen und für Fernverkäufe von Gegenständen vom 05.12.2017, ABl. EU 2017 Nr. L 348 Seite 7.

steuerehrlichen Lieferern entgegen zu kommen, werden Sonderregelungen für aus dem Drittlandsgebiet eingeführte Gegenstände in Sendungen mit einem Sachwert von höchstens 150 € eingeführt.

Die Person, die die Gegenstände beim Zoll gestellt und von der Sonderregelung nach § 21a UStG Gebrauch machen möchte (in der Regel der Beförderer, d. h. Post- bzw. Expresskurierdienstleister), meldet die jeweiligen Sendungen in direkter oder indirekter Stellvertretung für Rechnung der jeweiligen Empfänger zur Überlassung in den zollrechtlich freien Verkehr an. Für die Zollanmeldung kann die Standardzollanmeldung oder eine Zollanmeldung für Sendungen von geringem Wert genutzt werden. Das ermöglicht die Durchführung einer IT-gestützten Risikoanalyse und eine weitgehend automatisierte und damit effiziente Zollabfertigung für alle Beteiligten.

Zur Sicherung des Steueraufkommens haftet die Person, die die Gegenstände beim Zoll gestellt, und ggf. der Inhaber des Aufschubkontos, sofern sie nicht bereits weitere Schuldner der Einfuhrumsatzsteuer sind, für die Steuer, die auf Sendungen lastet, die ausgeliefert werden, ohne dass die Einfuhrumsatzsteuer vom Empfänger der Sendung erhoben wurde oder deren Verbleib die gestellende Person nicht nachweisen kann. [300]

§ 21a Abs. 5 UStG regelt die monatliche Anmeldung der im Rahmen dieser Sonderregelung erhobenen Einfuhrumsatzsteuer durch die Person, die die Gegenstände beim Zoll gestellt, und deren Abführung an die Zollverwaltung. Hierzu hat die gestellende Person in einer zusammenfassenden Erklärung spätestens am 10. des auf die Einfuhr folgenden Monats entsprechende Informationen zu übermitteln.

Um eine vollständige Steuererhebung zu ermöglichen und gleichzeitig sicherzustellen, dass die Beförderer nicht mit Einfuhrumsatzsteuer für Sendungen belastet werden, die dem Empfänger noch nicht zugestellt werden konnten, wird Einfuhrumsatzsteuer für Sendungen, die noch nicht ausgeliefert wurden, in den jeweils folgenden Aufschubzeitraum übertragen. Die Einfuhrumsatzsteuer, die auf Sendungen lastet, die abhandengekommen sind oder die zugestellt wurden, ohne dass der Empfänger die entstandene Einfuhrumsatzsteuer an die gestellende Person entrichtet hat, wird auch aus dem Aufschubkonto ausgebucht und vom zuständigen Hauptzollamt per Haftungsbescheid gegenüber der gestellenden Person geltend gemacht. Ein Ermessen besteht insoweit nicht.

---

300 Abschn. 21a.1 UStAE.

III. Besonderes Besteuerungsverfahren für den innergemeinschaftlichen Fernverkauf

1. Folgen des Bestimmungslandprinzips bei Fernverkäufen

Das in § 3c UStG verankerte Bestimmungslandprinzip bei Fernverkäufen an private Abnehmer führt zwangsläufig dazu, dass sich Unternehmer, die die Ware aus einem anderen Mitgliedsland an ihre Privatkunden versenden, im Bestimmungsland registrieren lassen müssen. In Deutschland ist aufgrund der Umsatzsteuer-Zuständigkeitsverordnung (vgl. § 21 Abs. 1 S. 2 AO) dann ein zentrales Finanzamt für Unternehmer aus einem bestimmten Land zuständig. Die Kleinunternehmerregelung findet keine Anwendung (§ 19 Abs. 1 S. 1 UStG). Die ausländischen Unternehmer sind zudem verpflichtet, eine Rechnung mit gesondert ausgewiesener deutscher Umsatzsteuer zu erteilen (§ 14a Abs. 2 S. 1 UStG), auch dann, wenn der Abnehmer kein Unternehmer ist. Einen Fiskalvertreter benötigen ausländische Lieferer aus dem übrigen Gemeinschaftsgebiet nach deutschem Recht nicht (vgl. § 22a Abs. 1 UStG), ggf. ist aber ein inländischer Empfangsbevollmächtigter zu bestellen (§ 123 AO).

Um die Registrierung in einem anderen Mitgliedsland und sogar in mehreren Mitgliedsländern mit all diesen Folgen zu vermeiden, wurde zum 01.07.2021 optional ein besonderes Besteuerungsverfahren geschaffen (§ 18j UStG). Bei Teilnahme an diesem Verfahren entfällt auch die Pflicht zur Erteilung einer Rechnung mit gesondert ausgewiesener Umsatzsteuer (§ 14a Abs. 2 S. 2 UStG).

2. Besonderes Besteuerungsverfahren One-Stop-Shop

a) Anwendungsbereich

Die schon bestehende Sonderregelung im sog. MOSS-Verfahren („Mini-One-Stop-Shop") für Telekommunikationsdienstleistungen, Rundfunk- und Fernsehdienstleistungen oder elektronische Dienstleistungen, die von ausländischen Unternehmern im Inland erbracht werden, wurde auf innergemeinschaftliche Fernverkäufe als neu gestalteter „One-Stop-Shop" (OSS) übertragen (§ 18j UStG). Entsprechende Regelungen gelten auch für Fernverkäufe unmittelbar aus dem Drittland bei einem Sachwert bis zu 150 € (§ 18k UStG).

Um den Verwaltungsaufwand bei innergemeinschaftlichen Fernverkäufen im Sinne des § 3c UStG zu verringern, können ausländische Unternehmer anstelle der Regelbesteuerung für das besondere Besteuerungsverfahren optieren. Es versetzt betroffene Unternehmer in die Lage, in einem oder gar mehreren Mitgliedstaaten der Europäischen Union geschuldete Umsatzsteuer zentral in nur einem Mitgliedstaat anzumelden und zu entrichten und zudem losgelöst vom allgemeinen Besteuerungsverfahren. Dadurch kann der ausländische Unternehmer eine Registrierung insbesondere in mehreren Mitgliedstaaten vermeiden. In der Europäischen Union ansässige Unternehmer haben so die Möglichkeit, ihre Melde- und Zahlungspflichten für andere Mitgliedstaaten im Mitgliedstaat ihrer Ansässigkeit zu erfüllen (§ 18j Abs. 2 S. 1 UStG). Unternehmer aus dem Drittland können sich einen Mitgliedstaat auswählen, in dem sie sich anmelden (§ 18j Abs. 2 S. 4 bis 7 UStG). Im Inland ansässige Unternehmer können die Teilnahme am besonderen Besteuerungsverfahren nur im Inland anzeigen (§ 18j Abs. 2 S. 2 UStG). Dies gilt auch für Kleinunternehmer im Sinne des § 19 UStG. Im Fall der umsatzsteuerlichen Organschaft kann das Wahlrecht nur durch den Organträger ausgeübt werden.[301]

Eine Teilnahme am besonderen Besteuerungsverfahren ist einem Unternehmer nur einheitlich für alle Mitgliedstaaten der Europäischen Union und alle in Betracht kommenden Umsätze möglich.[302]

Unternehmer, die im Inland Lieferungen nach § 3c Abs. 1 UStG ausführen und das besondere Besteuerungsverfahren nach § 18j UStG in Anspruch nehmen, sind nicht zur Ausstellung von Rechnungen mit offenem Steuerausweis verpflichtet (§ 14a Abs. 2 Satz 2 UStG).

Soweit ein Unternehmer im Inland entsprechende Umsätze erbringt und am besonderen Besteuerungsverfahren teilnimmt, ist das allgemeine Besteuerungsverfahren nicht anzuwenden. Gleichwohl schließen sich das allgemeine Besteuerungsverfahren und das besondere Besteuerungsverfahren im Übrigen nicht aus.[303]

Das besondere Besteuerungsverfahren gilt auch für Unternehmer, die die Lieferung von Gegenständen durch Unternehmer aus dem Drittland innerhalb eines Mitgliedstaates an einen Nichtunternehmer durch die Nutzung einer elektronischen Schnittstelle unterstützen und die behandelt werden, als ob sie diese Gegenstände selbst erhalten und geliefert hätten (§ 3 Abs. 3a S. 2 UStG). Für diese innerhalb eines Mitgliedstaates ausgeführten Lieferungen können die Marktplatzbetreiber von der Regelbesteuerung zum besonderen Besteuerungsverfahren nach § 18j UStG optieren (§ 18j Abs. 1 Satz 1 Nr. 1 UStG).

b) Verfahren

Diese Unternehmer haben anzuzeigen, dass sie am besonderen Besteuerungsverfahren teilnehmen wollen. Die Anzeige ist von Unternehmern aus dem Inland beim Bundeszentralamt für Steuern vor Beginn des Besteuerungszeitraums, ab dessen Beginn der Unternehmer von diesem besonderen Besteuerungsverfahren Gebrauch machen will, durch Datenfernübertragung zu übermitteln (§ 18j Abs. 1 UStG). Sofern Deutschland zuständiger EU-Mitgliedstaat für ausländische Unternehmer ist, hat die Anzeige ebenfalls gegenüber dem BZSt zu erfolgen.[304]

Abweichend von § 16 Abs. 1 UStG ist **Besteuerungszeitraum das Kalendervierteljahr** (§ 16 Abs. 1d S. 1 UStG), es muss keine weitere Steuererklärung für das Kalenderjahr abgegeben werden. Die vorgenannten Unternehmer melden in ihrer Steuererklärung die Umsätze und die darauf entfallende Steuer an. Ihre

---

301 Abschn. 18j.1 Abs. 1 UStAE.
302 Abschn. 18j.1 Abs. 1 Satz 4 UStAE.
303 Abschn. 18j.1 Abs. 2 Satz 6 UStAE.
304 Abschn. 18j.1 Abs. 1 Satz 6 UStAE.

mit diesen Umsätzen zusammenhängenden Vorsteuerbeträge können sie dagegen nur im allgemeinen Besteuerungsverfahren (§ 16 Abs. 1, 2 bis 4 und 6 i.V.m. § 18 Abs. 1 bis 4 UStG) oder im Vorsteuer-Vergütungsverfahren (§ 18 Abs. 9 UStG, §§ 59 ff. UStDV) geltend machen. Die Steuerberechnung darf folglich keine Vorsteueranrechnung enthalten.[305]

Der Unternehmer hat für jeden Besteuerungszeitraum eine Umsatzsteuererklärung innerhalb eines Monats nach Ablauf des Besteuerungszeitraums der Finanzbehörde, bei der er die Teilnahme an dem besonderen Besteuerungsverfahren angezeigt hat, elektronisch zu übermitteln; dies gilt auch, wenn er in einem Besteuerungszeitraum keine entsprechenden Umsätze erbracht hat.[306] Bei der Berechnung der Steuer ist von der Summe der Lieferungen nach § 3 Abs. 3a Satz 1 innerhalb eines Mitgliedstaates und der Summe der innergemeinschaftlichen Fernverkäufe nach § 3c Abs. 1 Satz 2 und 3 UStG, die im Gemeinschaftsgebiet steuerbar sind, auszugehen (§ 16 Abs. 1d UStG). Er hat die auf den jeweiligen EU-Mitgliedstaat entfallenden Umsätze zu trennen und dem im betreffenden EU-Mitgliedstaat geltenden Steuersatz zu unterwerfen. Werte in fremder Währung sind nach den Kursen umzurechnen, die für den letzten Tag des Besteuerungszeitraums von der Europäischen Zentralbank feststellt worden sind (§ 16 Abs. 6 Satz 4 und 5 UStG).[307] Der Unternehmer hat die Steuer selbst zu berechnen.

Der Unternehmer kann die Inanspruchnahme der Sonderregelung nach § 18j UStG vor Beginn des nächsten Besteuerungszeitraums mit Wirkung ab diesem Zeitraum widerrufen. Dadurch wird vermieden, dass der Unternehmer für ein Kalendervierteljahr sowohl Voranmeldungen nach § 18 Abs. 1 UStG als auch eine Steuererklärung nach § 18j UStG abgeben muss. Der **Widerruf** ist gegenüber der für dieses Besteuerungsverfahren zuständigen Finanzbehörde, gegenüber der der Unternehmer die Teilnahme an der Sonderregelung angezeigt hat, zu erklären.[308]

Der Unternehmer kann von diesem Besteuerungsverfahren ausgeschlossen werden, wenn er seinen Verpflichtungen in diesem Verfahren wiederholt nicht oder nicht rechtzeitig nachkommt (§ 18j Abs. 6 UStG). Der **Ausschluss** hat durch die für dieses Besteuerungsverfahren zuständige Finanzbehörde, gegenüber der der Unternehmer die Teilnahme an der Sonderregelung angezeigt hat, zu erfolgen. Der Ausschluss kann auch dann erfolgen, wenn der Unternehmer seinen Aufzeichnungspflichten und der Verpflichtung, die Aufzeichnungen der zuständigen Finanzbehörde auf elektronischem Weg zur Verfügung zu stellen, nicht nachkommt. Der Ausschluss gilt ab dem Besteuerungszeitraum, der nach dem Zeitpunkt der Bekanntgabe des Ausschlusses gegenüber dem Unternehmer beginnt. Ist der Ausschluss jedoch auf eine Änderung des Ortes des Sitzes

305 Abschn. 18j.1 Abs. 8 UStAE.
306 Abschn. 18j.1 Abs. 2 UStAE.
307 Abschn. 18j.1 Abs. 4 UStAE.
308 Abschn. 18j.1 Abs. 6 UStAE.

oder der Betriebsstätte oder des Ortes zurückzuführen, von dem aus die Beförderung oder Versendung von Gegenständen ausgeht, ist der Ausschluss ab dem Tag dieser Änderung wirksam. Der Ausschluss wegen eines wiederholten Verstoßes gegen die oben genannten Verpflichtungen hat auch den Ausschluss von den besonderen Verfahren nach den §§ 18i und 18k UStG zur Folge.[309]

> *Hinweis:*
>
> Nimmt der Unternehmer am besonderen Besteuerungsverfahren nach § 18j UStG teil, hat er Aufzeichnungen mit ausreichenden Angaben darüber zu führen, die er dem BZST, dem zuständigen Finanzamt, dem zuständigen Hauptzollamt oder ggf. der in einem anderen EU-Mitgliedstaat zuständigen Finanzbehörde auf Anfrage auf elektronischem Weg zur Verfügung stellen muss (§ 22 Abs. 1 Satz 4 UStG).[310]

c) Fernverkäufe von aus dem Drittlandsgebiet eingeführten Sendungen bis zu 150 €

Für Fernverkäufe von Gegenständen in Sendungen mit einem Sachwert bis 150 € aus dem Drittlandsgebiet wird eine neuer Import-One-Stop-Shop (IOSS) eingeführt (§ 18k UStG). Für Fälle, in denen IOSS nicht genutzt wird, werden Sonderregelungen für die Erklärung und Entrichtung der Einfuhrumsatzsteuer bei der Einfuhr von Sendungen mit einem Sachwert von höchstens 150 € eingeführt, die von den Personen genutzt werden können, die Waren für Rechnung der jeweiligen Empfänger gestellen (i. d. R. die Beförderer, insbesondere Post- und Expresskurierdienstleister).

Der Anwendungsbereich der Sonderregelung für Fernverkäufe von aus Drittgebieten oder Drittländern eingeführten Gegenständen wird auf Verkäufe von Gegenständen mit einem Sachwert von höchstens 150 € beschränkt, die aus einem Drittgebiet oder einem Drittland direkt an einen Erwerber in der Gemeinschaft versandt werden, da diese nach Art. 23 und 24 der Verordnung (EG) Nr. 1186/2009 zollfrei sind und ab diesem Wert bei der Einfuhr für Zollzwecke eine vollständige Zollanmeldung verlangt wird. Verbrauchsteuerpflichtige Gegenstände werden vom Anwendungsbereich ausgenommen, da die Verbrauchsteuer Teil der Bemessungsgrundlage für die Einfuhrumsatzsteuer ist.[311]

Zuständige Finanzbehörde für die Registrierungen im Inland ist insoweit das Bundeszentralamt für Steuern; die Zuständigkeit der Landesfinanzbehörden für die Bearbeitung der im Rahmen dieses Verfahrens eingereichten Erklärungen bleibt unberührt.

Ein Unternehmer, der als Steuerschuldner Fernverkäufe nach § 3 Abs. 3a Satz 2 UStG oder nach § 3c Abs. 2 oder 3 UStG in Sendungen mit einem Sachwert von

---

309 Abschn. 18j.1 Abs. 7 UStAE.
310 Abschn. 22.3a UStAE.
311 Abschn. 18k.1 Abs. 1 Satz 8 UStAE.

höchstens 150 € im Gemeinschaftsgebiet erbringt, für die er dort die Steuer schuldet und Umsatzsteuer-Erklärungen abzugeben hat, oder ein in seinem Auftrag handelnder im Gemeinschaftsgebiet ansässiger Vertreter kann sich dafür entscheiden, an dem besonderen Besteuerungsverfahren nach § 18k UStG teilzunehmen. Dies gilt auch für Kleinunternehmer i. S. d. § 19 UStG. Im Fall der umsatzsteuerlichen Organschaft kann das Wahlrecht nur durch den Organträger ausgeübt werden. Eine Teilnahme an dem besonderen Besteuerungsverfahren ist nur einheitlich für alle EU-Mitgliedstaaten und alle Fernverkäufe möglich. Sie gilt ab dem Tag, an dem dem Unternehmer oder seinem Vertreter die erteilte individuelle Identifikationsnummer des Unternehmers mitgeteilt wurde (§ 18k Abs. 1 Satz 5 UStG).

Einem Unternehmer, der die Sonderregelung für Fernverkäufe von aus Drittgebieten oder Drittländern eingeführten Gegenständen in Anspruch nehmen will, ist verpflichtet, einen in der Gemeinschaft niedergelassenen Vertreter als Steuerschuldner der Mehrwertsteuer zu benennen, der die Pflichten gemäß der Sonderregelung in seinem Namen und für seine Rechnung erfüllt.[312] Um die Steuereinnahmen der Mitgliedstaaten zu schützen, wird ein nicht in der Gemeinschaft ansässiger Unternehmer, der diese Sonderregelung in Anspruch nimmt, zur Benennung eines Vertreters verpflichtet sein. Diese Verpflichtung gilt jedoch nicht, wenn er in einem Land ansässig ist, mit dem die Europäische Union ein Abkommen über gegenseitige Amtshilfe geschlossen hat. Der vom Unternehmer bestellte Vertreter ist neben dem Unternehmer Steuerschuldner (§ 13a Abs. 1 Nr. 7 UStG).

Besteuerungszeitraum ist abweichend von § 16 Abs. 1 UStG der **Kalendermonat** (§ 16 Abs. 1e Satz 1 UStG), es muss keine weitere Jahreserklärung mehr abgegeben werden. Der Unternehmer oder der in seinem Auftrag handelnde Vertreter hat für jeden Besteuerungszeitraum eine Umsatzsteuer-Erklärung innerhalb eines Monats nach Ablauf des Besteuerungszeitraums der Finanzbehörde, bei der er die Teilnahme an dem besonderen Besteuerungsverfahren angezeigt hat, elektronisch zu übermitteln. Dies gilt auch für Besteuerungszeiträume, in denen er keine Fernverkäufe ausgeführt hat. In den Steuererklärungen hat er die auf den jeweiligen EU-Mitgliedstaat entfallenden Umsätze zu trennen und dem im betreffenden EU-Mitgliedstaat geltenden Steuersatz zu unterwerfen. Der Unternehmer oder sein Vertreter hat die Steuer selbst zu berechnen.[313] Die Steuer ist am letzten Tag des auf den Besteuerungszeitraums folgenden Monats fällig und bis dahin an die Finanzbehörde zu entrichten, bei der der Unternehmer die Teilnahme an dem besonderen Besteuerungsverfahren angezeigt hat (§ 18k Abs. 4 Satz 3 UStG). Die vorgenannten Unternehmer melden in ihrer Steuererklärung nur die Umsätze und die darauf entfallende Steuer an. Ihre mit diesen Umsätzen zusammenhängenden Vorsteuerbeträge können sie nur im allgemeinen Besteuerungsverfahren (§ 16 Abs. 1, 2 bis 4 und

---

312 Abschn. 18k.1 Abs. 1 Satz 7 UStAE.
313 Abschn. 18k.1 Abs. 2 UStAE.

6 i. V. m. § 18 Abs. 1 bis 4 UStG) oder im Vorsteuer-Vergütungsverfahren (§ 18 Abs. 9 UStG, §§ 59 ff UStDV) geltend machen. Die Steuerberechnung darf folglich keine Vorsteueranrechnung enthalten.[314] Der Unternehmer oder sein Vertreter kann die Inanspruchnahme dieser Sonderregelung widerrufen. Der **Widerruf** ist gegenüber der für dieses Besteuerungsverfahren zuständigen Finanzbehörde, gegenüber der der Unternehmer oder sein im Auftrag handelnder Vertreter die Teilnahme an der Sonderregelung angezeigt hat, zu erklären. Ein Widerruf ist nur bis zum Beginn eines neuen Besteuerungszeitraums mit Wirkung ab diesem Zeitraum möglich.[315]

Der Unternehmer oder sein Vertreter können von diesem Besteuerungsverfahren ausgeschlossen werden, wenn er seinen Verpflichtungen in diesem Verfahren wiederholt nicht oder nicht rechtzeitig nachkommt.[316] Der **Ausschluss** hat durch die für dieses Besteuerungsverfahren zuständige Finanzbehörde, gegenüber der der Unternehmer oder der Vertreter die Teilnahme an der Sonderregelung angezeigt hat, zu erfolgen. Der Ausschluss kann auch dann erfolgen, wenn der Unternehmer oder der im Auftrag handelnde Vertreter seinen Aufzeichnungspflichten und der Verpflichtung, die Aufzeichnungen der zuständigen Finanzbehörde auf elektronischem Weg zur Verfügung zu stellen, nicht nachkommt. Ein Ausschluss des im Auftrag handelnden Vertreters bewirkt auch den Ausschluss des von ihm vertretenen Unternehmers. Der Ausschluss wegen eines wiederholten Verstoßes gegen die oben genannten Verpflichtungen gilt ab dem Tag, der auf den Zeitpunkt der Bekanntgabe des Ausschlusses gegenüber dem Unternehmer oder dem im Auftrag handelnden Vertreter folgt. Ist der Ausschluss jedoch auf eine Änderung des Ortes des Sitzes oder der Betriebsstätte zurückzuführen, ist der Ausschluss ab dem Tag dieser Änderung wirksam. Erfolgt der Ausschluss aus anderen Gründen gilt er ab dem Besteuerungszeitraum, der nach dem Zeitpunkt der Bekanntgabe des Ausschlusses gegenüber dem Unternehmer oder dem im Auftrag handelnden Vertreter beginnt. Der Ausschluss wegen eines wiederholten Verstoßes gegen die oben genannten Verpflichtungen hat auch den Ausschluss von den Verfahren nach den §§ 18i und 18j UStG zur Folge; es sei denn, der Ausschluss des Unternehmers war bedingt durch einen wiederholten Verstoß gegen die oben genannten Verpflichtungen durch den im Auftrag handelnden Vertreter.

Zur Vermeidung der Doppelbesteuerung wird eine **Befreiung von der Einfuhrumsatzsteuer** für Gegenstände mit einem Sachwert von höchstens 150 €, die unmittelbar vom Drittland aus über eine elektronische Schnittstelle an den Abnehmer versandt werden, festgelegt (§ 5 Abs. 1 Nr. 7 UStG). Voraussetzung ist, dass die Steuer für diese Lieferungen im besonderen Besteuerungsverfahren nach § 18k UStG zu erklären ist. Die Steuerfreiheit der Einfuhr setzt dabei voraus, dass in der Anmeldung zur Überlassung in den freien Verkehr die

---

314 Abschn. 18k.1 Abs. 8 UStAE.
315 Abschn. 18k.1 Abs. 6 UStAE.
316 Abschn. 18k.1 Abs. 7 UStAE.

individuelle Identifikationsnummer des Lieferers oder seines Vertreters angegeben wird. Die EUSt-Befreiung verlangt daher die Angabe einer Zollanmeldung, die nach Art. 143a der Delegierten Verordnung (EU) 2015/2446 mit einem reduzierten Datensatz abgegeben werden kann.[317] Die Anmeldefiktion für Postsendungen von geringem Wert gilt daher nicht.[318] Bei der Einfuhr im Rahmen einer Lieferung über eine elektronische Schnittstelle nach § 3 Abs. 3a Satz 2 UStG ist es möglich, dass auch der Schnittstellenbetreiber die Zollanmeldung abgibt, was eine Befreiung von der EUSt möglich macht, sofern dieser das besondere Besteuerungsverfahren nutzt.

Hinweis:

Nimmt der Unternehmer am besonderen Besteuerungsverfahren nach § 18k UStG teil, hat er Aufzeichnungen mit ausreichenden Angaben darüber zu führen, die er dem BZST, dem zuständigen Finanzamt, dem zuständigen Hauptzollamt oder ggf. der ein einem anderen EU-Mitgliedstaat zuständigen Finanzbehörde auf Anfrage auf elektronischem Weg zur Verfügung stellen muss (§ 22 Abs. 1 Satz 4 UStG).[319]

---

317 VO (EU) 2019/1143 vom 14.03.2019, ABl. EU 2019 Nr. L 181 Seite 2.
318 *Wäger*, Digitalpaket zum 01.07.2021 für den Bereich der Lieferungen, UStB 2021 Seite 76.
319 Abschn. 22.3a UStAE.

G. Innergemeinschaftliche Dienstleistungen

I. Überblick über die Besteuerung von Dienstleistungen

1. Begriff der sonstigen Leistung

Sonstige Leistungen sind alle Leistungen, die keine Lieferungen sind (§ 3 Abs. 9 S. 1 UStG). In Betracht kommen insbesondere folgende Leistungen:[320]

- **aktive Tätigkeiten** (z. B. Dienstleistungen, Vermittlungsleistungen, Transportleistungen, Werkleistungen);
- **Duldungen** (Gebrauchs- und Nutzungsüberlassungen wie Vermietung, Verpachtung, Einräumung, Übertragung und Überlassung von Patenten sowie Urheber- und Lizenz- sowie anderen Rechten, Darlehensgewährung, Einräumung eines Nießbrauchs oder eines Erbbaurechts, Reiseleistungen, Übertragung immaterieller Wirtschaftsgüter);
- **Unterlassungen** (§ 3 Abs. 9 S. 2 UStG, z. B. Verzicht auf Ausübung einer Tätigkeit oder die entgeltliche Unterlassung von Wettbewerb).[321]

Unentgeltliche Wertabgaben aus dem Unternehmen, die in der Abgabe oder Ausführung von sonstigen Leistungen bestehen, sind nach § 3 Abs. 9a UStG den sonstigen Leistungen gleichgestellt.[322]

Eine sonstige Leistung gilt als erbracht, wenn der ihr zugrunde liegende Auftrag erfüllt ist. Eine konkrete gesetzliche Regelung besteht im Umsatzsteuerrecht nicht. Bei Dauerschuldverhältnissen (z. B. Miete, Pacht, Wartungsverträge) werden hilfsweise die Abrechnungszeiträume zugrunde gelegt. Ist also eine monatliche Miete vereinbart, liegen monatliche **Teilleistungen** vor (vgl. § 13 Abs. 1 Nr. 1 Buchst. a Sätze 2 und 3 UStG).

2. Abgrenzung zwischen Lieferungen und sonstigen Leistungen

Bei einheitlichen Leistungen, die sowohl Lieferungselemente als auch Elemente einer sonstigen Leistung enthalten, ist regelmäßig auf das wirtschaftliche Interesse des Leistungsempfängers abzustellen:[323]

- Überlassung von Nachrichten zur Veröffentlichung,[324]
- Überlassung von Lichtbildern zu Werbezwecken,[325]
- Überlassung von Konstruktionszeichnungen und Plänen für technische Bauvorhaben,[326]

---

320 Abschn. 3.1 Abs. 1 S. 5 UStAE, Abschn. 3.1 Abs. 4 UStAE.
321 BFH vom 13. 11. 2003, V R 59/02, BStBl. II 2004 S. 472.
322 Abschn. 3.2 UStAE, Abschn. 3.4 UStAE.
323 Abschn. 3.5 Abs. 1 UStAE.
324 Abschn. 3.5 Abs. 3 Nr. 1 UStAE.
325 Abschn. 3.5 Abs. 3 Nr. 3 UStAE.
326 Abschn. 3.5 Abs. 3 Nr. 4 UStAE.

- Veräußerung von Modellskizzen,[327]
- Übertragung eines Verlagsrechts,[328]
- Überlassung von Know-how und von Ergebnissen einer Meinungsumfrage,[329]
- Überlassung von nicht standardisierter Software und die elektronische Überlassung von Software zum Download,[330]
- Überlassung sendefertiger Filme (Auftragsproduktion),[331]
- Überlassung von Fotografien zur Veröffentlichung durch Zeitungsverlage,[332]
- Entwicklung eines vom Kunden überlassenen Films sowie die Bearbeitung von auf physischen Datenträgern oder auf elektronischem Weg übersandten Bilddateien,[333]
- Herstellung von Fotokopien ohne weitere Leistung,[334]
- Nachbaugebühren, die ein Landwirt dem Inhaber eines Sortenschutzes zahlt,[335]
- entgeltliche Überlassung von Eintrittskarten,[336]
- Abgabe eines Mobilfunk-Startpakets ohne Mobilfunkgerät,[337]
- Zusammenbau einer Maschine,[338]
- An- und Verkauf in- und ausländischer Banknoten im Rahmen von Sortengeschäften,[339]
- entgeltliche Überlassung von Transporthilfsmitteln im Rahmen reiner Tauschsysteme, z. B. Euro-Paletten.[340]

Auch wenn sonstige Leistungen **gegenständlich verkörpert** werden, überwiegen gleichwohl die Elemente der sonstigen Leistungen. Daher gehören auch die entgeltliche Überlassung eines Buchmanuskripts zur Auswertung an einen Verlag, die Anfertigung von Gutachten und der Verkauf von Fahrkarten zu den

---

327 Abschn. 3.5 Abs. 3 Nr. 5 UStAE.
328 Abschn. 3.5 Abs. 3 Nr. 6 UStAE.
329 Abschn. 3.5 Abs. 3 Nr. 7 UStAE.
330 Abschn. 3.5 Abs. 3 Nr. 8 UStAE; im Gegensatz dazu ist der Verkauf von Standardsoftware auf Datenträgern als Lieferung anzusehen, Abschn. 3.5 Abs. 2 Nr. 1 UStAE.
331 Abschn. 3.5 Abs. 3 Nr. 9 UStAE.
332 Abschn. 3.5 Abs. 3 Nr. 10 UStAE.
333 Abschn. 3.5 Abs. 3 Nr. 11 UStAE; werden gleichzeitig Abzüge angefertigt oder dem Kunden die Bilder auf anderen Datenträgern übergeben, liegt dagegen eine Lieferung vor, Abschn. 3.5 Abs. 2 Nr. 5 UStAE.
334 Abschn. 3.5 Abs. 3 Nr. 12 UStAE; werden aus den Kopien dagegen neue Gegenstände hergestellt und den Abnehmern diese zur Verfügung gestellt, ist die Leistung als Lieferung zu beurteilen, z. B. bei der Herstellung von Broschüren, Abschn. 3.5 Abs. 2 Nr. 2 UStAE; Gleiches gilt für die Überlassung von Offsetfilmen, Abschn. 3.5 Abs. 2 Nr. 3 UStAE.
335 Abschn. 3.5 Abs. 3 Nr. 13 UStAE.
336 Abschn. 3.5 Abs. 3 Nr. 14 UStAE.
337 Abschn. 3.5 Abs. 3 Nr. 15 UStAE.
338 Abschn. 3.5 Abs. 3 Nr. 16 UStAE.
339 Abschn. 3.5 Abs. 3 Nr. 17 UStAE.
340 Abschn. 3.5 Abs. 3 Nr. 18 UStAE.

sonstigen Leistungen. Auch die Übertragung von Aktien u. a. Wertpapieren und Anteilen an Gesellschaften ist als sonstige Leistung zu beurteilen.[341] Während der Verkauf eines Bildes oder der Verkauf historischer Wertpapiere als Lieferung anzusehen ist, da der Gegenstand für den Erwerber im Vordergrund steht, ist der Verkauf einer Telefonkarte zum aufgedruckten Wert keine Lieferung, denn der Kaufpreis stellt tatsächlich das vorausbezahlte Entgelt für die spätere Telekommunikationsdienstleistung dar.[342] Wird dagegen ein vom aufgedruckten Wert unabhängiger Kaufpreis gezahlt (Sammlerobjekt), stellt der Verkauf eine Lieferung dar.[343]

In der Regel ist jede Lieferung und jede sonstige Leistung als eigene selbstständige Leistung anzusehen. Allerdings darf ein einheitlicher wirtschaftlicher Vorgang zwischen zwei Vertragsbeteiligten nach dem Grundsatz der Einheitlichkeit der Leistung umsatzsteuerlich nicht in mehrere Leistungen aufgeteilt werden.[344] Entgeltliche Leistungen verschiedener Unternehmer sind aber auch dann einzeln für sich zu beurteilen, wenn sie gegenüber demselben Leistungsempfänger erbracht werden.

Werden Gegenstände im **Leasing-Verfahren** überlassen, ist die Übergabe des Leasing-Gegenstands durch den Leasing-Geber an den Leasing-Nehmer regelmäßig eine Lieferung, wenn der Leasing-Nehmer nach den vertraglichen Vereinbarungen und deren tatsächlicher Durchführung berechtigt ist, wie ein Eigentümer über den Leasing-Gegenstand zu verfügen. Davon kann i. d. R. ausgegangen werden, wenn der Leasing-Gegenstand ertragsteuerlich dem Leasing-Nehmer zuzurechnen ist.[345] Ähnliche Regelungen gelten für Mietkaufverträge.[346] Bei all diesen Verträgen richtet sich die endgültige Beurteilung nach dem Gesamtbild der Verhältnisse des Einzelfalls, d. h. den konkreten vertraglichen Vereinbarungen und deren jeweiliger tatsächlicher Durchführung unter Berücksichtigung der Interessenlage der Beteiligten.[347] Ist beispielsweise ein „Sale-and-lease-back"-Geschäft maßgeblich darauf gerichtet, dem Verkäufer und Leasing-Nehmer eine vorteilhafte bilanzielle Gestaltung zu ermöglichen und hat dieser die Anschaffung des Leasing-Gegenstands durch den Käufer und Leasing-Geber überwiegend mitfinanziert, stellt das Geschäft keine Lieferung mit nachfolgender Rücküberlassung und auch keine Kreditgewährung dar, sondern eine steuerpflichtige sonstige Leistung, die in der Mitwirkung des Käufers und Leasing-Gebers an einer bilanziellen Gestaltung des Verkäufers und Leasing-Nehmers besteht.[348]

341 Abschn. 3.5 Abs. 8 UStAE.
342 EuGH vom 03. 05. 2012, C-520/10, DStRE 2013 S. 228.
343 OFD Frankfurt vom 14. 05. 1996, UR 1997 S. 109.
344 Abschn. 3.10 UStAE.
345 Abschn. 3.5 Abs. 5, 7 und 7a UStAE.
346 Abschn. 3.5 Abs. 6 UStAE.
347 Abschn. 3.5 Abs. 7 UStAE.
348 BFH vom 06. 04. 2016, V R 12/15, BStBl. II 2017 S. 188.

Der Verkauf von **Speisen und Getränken zum Verzehr an Ort und Stelle** stellt keine Lieferung dar, sondern eine Dienstleistung, da die Warenlieferung nur Teil einer umfassenden Dienstleistung ist.[349] Ob der Dienstleistungsanteil qualitativ überwiegt, ist insbesondere bei Verkäufen von zubereiteten Speisen nach dem Gesamtbild der Verhältnisse des Umsatzes zu beurteilen. Dabei sind insbesondere nicht notwendig mit der Vermarktung von Speisen verbundene Dienstleistungselemente besonders zu würdigen, z. B. die Bereitstellung einer die Bewirtung fördernden Infrastruktur.

Reparaturen beweglicher körperlicher Gegenstände können in Form einer Werklieferung oder Werkleistung erbracht werden. Grds. ist im Rahmen einer Gesamtbetrachtung zu entscheiden, ob die charakteristischen Merkmale einer Lieferung oder einer Dienstleistung überwiegen.[350] Dabei ist zu beachten, dass der Wert der Arbeitsleistung zum Wert der eingesetzten Materialien allein kein ausschlaggebendes Abgrenzungskriterium darstellt. Es kann aber einen Anhaltspunkt für die Einstufung des Umsatzes als Werklieferung oder Werkleistung bieten. In Zweifelsfällen lässt die Finanzverwaltung im Rahmen einer Nichtbeanstandungsregelung eine Abgrenzung anhand des Materialaufwands zu. Sofern nicht entschieden werden kann, ob die Reparaturleistung als Werklieferung oder Werkleistung zu qualifizieren ist, kann von einer Werklieferung ausgegangen werden, wenn der Entgeltanteil, der auf das bei der Reparatur verwendete Material entfällt, mehr als 50 % des für die Reparatur berechneten Gesamtentgelts beträgt.[351]

Ob jemand als **Eigenhändler** tätig wird oder eine **Vermittlungsleistung** und damit eine sonstige Leistung erbringt, ist nach den Leistungsbeziehungen zwischen den Beteiligten zu entscheiden. Maßgebend für die Bestimmung der umsatzsteuerlichen Leistungsbeziehungen ist grds. das Zivilrecht.[352] Unternehmer, die im eigenen Laden Waren verkaufen, sind umsatzsteuerlich regelmäßig als Eigenhändler anzusehen, die folglich die verkaufte Ware im Wege der Lieferung an den Kunden übertragen haben. Gleichwohl kann ein Ladeninhaber Vermittler sein, wenn zwischen demjenigen, von dem er die Ware bezieht, und dem Käufer unmittelbare Rechtsbeziehungen zustande kommen. Wesentlich ist dabei das Außenverhältnis, d. h. das Auftreten des Ladeninhabers dem Kunden gegenüber. Wenn der Ladeninhaber eindeutig zu erkennen gibt, dass er in fremden Namen und für fremde Rechnung handelt, kann seine Vermittlereigenschaft umsatzsteuerlich anerkannt werden, insoweit ist dann von einer Dienstleistung gegenüber dem Verkäufer der Waren auszugehen und Rechtsbeziehungen zum Abnehmer der Ware bestehen nicht. Entsprechende Grund-

---

349 Abschn. 3.6 UStAE.
350 EuGH vom 02.05.1996, C-231/94, BStBl. II 1998 S. 282; EuGH vom 17.05.2001, C-322/99 und EuGH, C-323/99, EuGHE 2001 I S. 4049; BFH vom 09.06.2005, V R 50/02, BStBl. II 2006 S. 98; EuGH vom 29.03.2007, C-111/05, EuGHE 2005 I S. 2697.
351 Abschn. 3.8 Abs. 6 UStAE.
352 Abschn. 3.7 UStAE.

sätze gelten für die Dienstleistungskommission nach § 3 Abs. 11 UStG.[353] Diese Rechtsgrundsätze gelten auch bei sog. „In-App-Verkäufen".[354]

3. Bedeutung der Bestimmung des Ortes der sonstigen Leistung

Die Bestimmungen hinsichtlich des Ortes der sonstigen Leistungen (Begriff des inländischen UStG) bzw. der Dienstleistungen (Begriff in der MwStSystRL) hat der Gesetzgeber sehr unübersichtlichen und schwer nachvollziehbaren Regelungen unterworfen (s. Abb. 10). Dienstleistungen, die ein Unternehmer für ein anderes Unternehmen erbringt, werden dort besteuert, wo der Leistungsempfänger ansässig ist (**Empfängersitzprinzip, § 3a Abs. 2 UStG**). Dienstleistungen an private Verbraucher werden grds. an dem Ort besteuert, an dem der Dienstleistungserbringer ansässig ist (**Unternehmersitzprinzip, § 3a Abs. 1 UStG**).

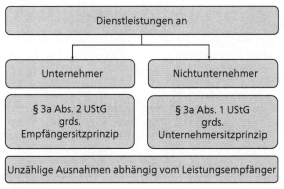

Abb. 12: Ort der sonstigen Leistung
(Quelle: Eigene Darstellung)

Abweichungen von diesen Grundsätzen gibt es nur, wenn diese ausdrücklich geregelt sind. Bei bestimmten Dienstleistungen, teilweise unabhängig davon, ob sie an Unternehmer oder an Verbraucher erbracht werden, soll eine Besteuerung am Ort des Verbrauchs erfolgen. Mit diesen Regelungen soll erreicht werden, dass die Mehrwertsteuer auf Dienstleistungen verstärkt dem Land des Verbrauchs zufließt und der Wettbewerb zwischen den Mitgliedstaaten mit unterschiedlichen Steuersätzen nicht verzerrt wird. Insoweit besteht gerade bei Dienstleistungen an Nichtunternehmer eine Vielzahl von unübersichtlichen und kaum nachvollziehbaren Ausnahmeregelungen. Wesentliches Prüfkriterium für diese Ortsbestimmung ist der Inhalt der sonstigen Leistung. Darüber hinaus sind systemwidrige Besonderheiten im Verhältnis zum Drittlandsgebiet zu beachten.

---

353 Abschn. 3.15 UStAE.
354 FG Hamburg vom 25.02.2020, 6 K 111/18, DStR 2020 S. 1252; Revision eingelegt, Az. des BFH: XI R 10/20.

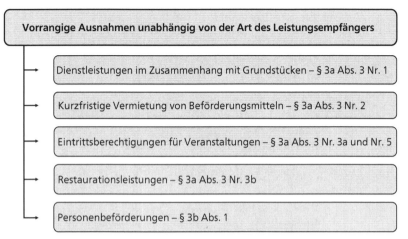

Abb. 13: Ausnahmeregelungen unabhängig vom Leistungsempfänger
(Quelle: Eigene Darstellung)

Liegt der Ort der sonstigen Leistung nach den gesetzlichen Regelungen im Inland, richtet sich das Besteuerungsrecht nach inländischen Rechtsvorschriften. Liegt der Ort der sonstigen Leistung im Ausland, ist der Umsatz im Inland nicht steuerbar und die Besteuerung richtet sich folglich nach ausländischen Rechtsvorgaben (s. Abb. 11). Ob sich der Unternehmer dabei im Ausland umsatzsteuerlich registrieren lassen muss oder ggf. ob die Steuerschuld im Wege des Übergangs der Steuerschuldnerschaft (sog. Reverse-Charge-Verfahren) auf den Empfänger der Dienstleistung übergeht, richtet sich nach den nationalen Vorschriften des Bestimmungslandes. Diese Regelungen sind leider nicht EU-einheitlich und können erheblich voneinander abweichen.

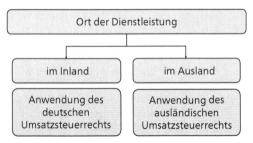

Abb. 14: Anwendungsbereich des deutschen und des ausländischen Umsatzsteuerrechts
(Quelle: Eigene Darstellung)

Liegt der Ort der Dienstleistungen nach der Generalklausel des § 3a Abs. 2 UStG in einem **anderen Mitgliedsland** der EU und ist der Empfänger der Leistung ein in diesem Land registrierter Unternehmer, geht in den Mitgliedstaaten der Europäischen Union die **Steuerschuldnerschaft** zwingend auf den Leistungsempfänger über (Art. 44 i. V. m. Art 196 MwStSystRL). Nicht der leistende Unternehmer schuldet demnach gegenüber dem Fiskus die Umsatzsteuer, sondern der inländische Leistungsempfänger. Dieses Reverse-Charge-Verfahren soll verhindern, dass sich der ausländische Unternehmer in diesem Land umsatzsteuerlich registrieren lassen muss. Diese beiden Rechtsfolgen (Verlagerung des Ortes der Dienstleistung in das Land des Leistungsempfängers und Übergang der Steuerschuldnerschaft auf den Leistungsempfänger) ergeben in ihrer Gesamtheit das sog. **Empfängersitzprinzip.**

Zur Kontrolle dieses Systems wurde ergänzend eine Verpflichtung zur Abgabe von **Zusammenfassenden Meldungen** für „innergemeinschaftliche Dienstleistungen" eingeführt. Leistungsempfänger innergemeinschaftlicher Dienstleistungen müssen dem leistenden Unternehmer ihre USt-IdNr. mitteilen, damit dieser seiner Verpflichtung zur Abgabe einer Zusammenfassenden Meldung auch nachkommen kann (Art. 55 MwStVO). Dies gilt auch für sog. atypische Unternehmer, die ggf. erst eine USt-IdNr. beim Finanzamt beantragen müssen.[355]

Beispiel:

Rechtsanwalt A aus Österreich vertritt die deutsche Spedition S aus Stuttgart nach einem Verkehrsunfall vor einem österreichischen Gericht. A erteilt der deutschen Spedition eine Rechnung über 10.000 € zzgl. 2.000 € österreichischer Umsatzsteuer.

Die Leistung des A wurde an einen anderen Unternehmer für dessen Unternehmen ausgeführt, der Ort der Leistung liegt mithin im Land des Leistungsempfängers S und damit in Deutschland (§ 3a Abs. 2 UStG). Die Leistung ist folglich in Österreich nicht steuerbar, A hätte keine entsprechende Umsatzsteuer in Rechnung stellen dürfen. S kann diese Umsatzsteuer somit nicht im Vergütungsverfahren in Österreich zurückfordern, da diese Umsatzsteuer nicht für eine Leistung des A geschuldet wird. S kann hinsichtlich der fehlerhaft in Rechnung gestellten Umsatzsteuer die Zahlung verweigern bzw. bei bereits erfolgter Zahlung diese zurückfordern. Dies ist jedoch ein zivilrechtlicher, kein öffentlich-rechtlicher Anspruch.

Die Leistung des A ist in Deutschland steuerbar und steuerpflichtig. A hätte wegen des Übergangs der Umsatzsteuerschuld auf S eine Nettorechnung ohne Steuerausweis erteilen müssen (§ 14a Abs. 5 S. 3 UStG). S hat aber unabhängig von der Rechnungserteilung den Übergang der Steuerschuldnerschaft in Deutschland zu beachten (§ 13b Abs. 1 i. V. m. Abs. 5 S. 1 UStG). Die für die Leistung des A entstandene Umsatzsteuer i. H. v. 19 % von 10.000 € (Nettobetrag der Rechnung) = 1.900 € schuldet S als Leistungsempfänger, kann diesen Betrag jedoch zugleich wieder als Vorsteuer abziehen (§ 15 Abs. 1 S. 1 Nr. 4 UStG).

---

355 Abschn. 3a.2 Abs. 9 UStAE.

Leider gilt dieses Besteuerungsprinzip in der Unternehmerkette nicht bei allen sonstigen Leistungen, sondern zwingend nur bei Dienstleistungen i. S. d. Art. 44 MwStSystRL (in Deutschland § 3a Abs. 2 UStG). Bei Anwendung der Ausnahmeregelungen (insbes. bei Grundstücksleistungen) ist dagegen zu prüfen, ob eine Registrierung im anderen Mitgliedstaat erforderlich wird. Für Dienstleistungen, die an Privatpersonen in einem anderen Mitgliedstaat ausgeführt werden, wurde zum 01. 07. 2021 zudem ein besonderes Besteuerungsverfahren (One-Stop-Shop, OSS) eingeführt (vgl. § 18j UStG). Es gilt sinngemäß auch für Unternehmer aus dem Drittland, die innerhalb des Gemeinschaftsgebiets entsprechende Dienstleistungen ausführen (vgl. § 18i UStG).

Somit ergibt sich folgender zusammenfassender Überblick über das gesetzliche System der Regelungen über die Bestimmung des Ortes der sonstigen Leistung:

Überblick über den Ort der sonstigen Leistung

Dienstleistungen im Zusammenhang mit Grundstücken
▶ Belegenheitsprinzip § 3a Abs. 3 Nr. 1 UStG
↓

Kurzfristige Vermietungen von Beförderungsmitteln
▶ Übergabeprinzip § 3a Abs. 3 Nr. 2 Satz 1 UStG
↓

Eintrittsberechtigungen für Veranstaltungen
▶ Veranstaltungsort § 3a Abs. 3 Nr. 3a und Nr. 5 UStG
↓

Restaurationsleistungen
▶ Bewirtungsort § 3a Abs. 3 Nr. 3b UStG
↓

Personenbeförderungen
▶ Streckenprinzip § 3b Abs. 1 UStG

vorgenannte Ausnahmen greifen nicht

Leistung an anderen Unternehmer	**Leistung an Nichtunternehmer**
↓	↓
Dienstleistungen ausschließlich im Drittlandsgebiet	**langfristige Vermietung von Beförderungsmitteln** ▶ Empfängersitzprinzip § 3a Abs. 3 Nr. 2 Satz 3 UStG
Vermietung von bestimmten Beförderungsmitteln ▶ Drittlandsgebiet § 3a Abs. 7 Satz 1 UStG	↓
	kulturelle und ähnliche Tätigkeiten ▶ Tätigkeitsprinzip § 3a Abs. 3 Nr. 3a UStG
Güterbeförderung und ähnliche Leistung ▶ Drittlandsgebiet § 3a Abs. 8 UStG	**Arbeiten an beweglichen Gegenständen** ▶ Tätigkeitsprinzip § 3a Abs. 3 Nr. 3c UStG
Arbeiten an beweglichen Gegenständen ▶ Drittlandsgebiet § 3a Abs. 8 UStG	**Vermittlungsleistungen** ▶ Ort der vermittelten Leistung § 3a Abs. 3 Nr. 4 UStG
Dienstleistungen im Zusammenhang mit Messen ▶ Drittlandsgebiet § 3a Abs. 8 UStG	**Katalogleistungen** **an Empfänger aus dem Drittland** ▶ Empfängersitzprinzip § 3a Abs. 4 UStG
↓	
Leistungen durch Unternehmer aus dem Drittland, **die im Inland genutzt werden** ▶ Nutzungsprinzip = Inland § 3a Abs. 6 UStG	**Rundfunk- und Fernsehdienstleistungen,** **Telekommunikationsdienstleistungen,** **elektronische Dienstleistung** ▶ Empfängersitzprinzip § 3a Abs. 5 UStG

↓	**Güterbeförderungen**
	• im Inland und Drittland
	  ▶ Streckenprinzip § 3b Abs. 1 UStG
	• innergemeinschaftlich
	  ▶ Abgangsort § 3b Abs. 3 UStG
	• damit zusammenhängende Leistungen
	  ▶ Tätigkeitsprinzip § 3b Abs. 2 UStG

vorgenannte Ausnahmen greifen nicht

Empfängersitzprinzip **§ 3a Abs. 2 UStG**	**Unternehmersitzprinzip** **§ 3a Abs. 1 UStG**

Abb. 15: Gesamtschema zur Bestimmung des Ortes der sonstigen Leistung
(Quelle: Eigene Darstellung)

II. Grundregeln für die Bestimmung des Ortes der sonstigen Leistung

1. Leistungen an einen anderen Unternehmer

a) Sinn und Zweck des Empfängersitzprinzips

Eine Dienstleistung an einen Unternehmer für dessen Unternehmen gilt als an dem Ort als ausgeführt, an dem der Leistungsempfänger den Sitz seiner wirtschaftlichen Tätigkeit hat (§ 3a Abs. 2 S. 1 UStG). Wird die Dienstleistung an eine feste Niederlassung (Betriebsstätte) erbracht, so gilt sie als an dem Ort dieser festen Niederlassung als erbracht (§ 3a Abs. 2 S. 2 UStG).

In der **Unternehmerkette** („business to business" – B2B) erfolgt in den Mitgliedstaaten der Europäischen Union nach diesem Grundprinzip grenzüberschreitend regelmäßig eine Versteuerung der sonstigen Leistung im Land des Leistungsempfängers und durch den gleichzeitigen Übergang der Steuerschuldnerschaft auch durch den Leistungsempfänger. Dadurch wird erreicht, dass sich innerhalb der Unternehmerkette der Ort der Leistung nicht beim ausländischen leistenden Unternehmer befindet und folglich dem Leistungsempfänger keine ausländische Umsatzsteuer in Rechnung gestellt wird. Dieser vermeidet das verwaltungsaufwändige Vergütungsverfahren. Und da die Steuerschuld vom leistenden ausländischen Unternehmer zwingend auf den inländischen Leistungsempfänger übergeht, gehen sämtliche verfahrensrechtlichen Pflichten aus diesem Umsatz vom leistenden ausländischen Unternehmer auf den inländischen Leistungsempfänger über und eine Registrierung des leistenden ausländischen Unternehmers im Land der Leistungserbringung wird vermieden.

> *Beispiel:*
>
> Der deutsche Steuerberater S berät einen niederländischen Unternehmer im Hinblick auf die Frage, ob dieser für seine in Deutschland ausgeführten Bauleistungen eine Steuererklärung abgeben muss.
>
> Der Ort der sonstigen Leistung des S liegt in den Niederlanden (§ 3a Abs. 2 UStG). Der Umsatz ist in Deutschland nicht steuerbar und in den Niederlanden vom niederländischen Leistungsempfänger im Wege des Übergangs der Steuerschuldnerschaft zu versteuern (Art. 44 i. V. m. Art. 196 MwStSystRL). Nur durch die Erbringung von Leistungen im Inland hat der Niederländer keine feste Niederlassung (Betriebsstätte) im umsatzsteuerlichen Sinne in Deutschland.[356]

Ein **Unternehmer aus dem Inland** erbringt seine Dienstleistung nach dieser Vorschrift regelmäßig im übrigen Gemeinschaftsgebiet, wenn der Auftraggeber Unternehmer aus dem übrigen Gemeinschaftsgebiet ist. Da die Steuerschuldnerschaft auf den Leistungsempfänger übergeht, hat der inländische Unternehmer dem ausländischen Auftraggeber in diesen Fällen eine Nettorechnung zu erteilen und auf den Übergang der Steuerschuldnerschaft des Leistungsempfängers hinzuweisen (§ 14a Abs. 1 S. 1 UStG). Die Rechnung ist bis zum fünf-

---

356 So auch FG München vom 25. 08. 2011, 14 K 3656/09, DStRE 2012 S. 1335.

zehnten Tag des Monats, der auf den Monat folgt, in dem der Umsatz ausgeführt worden ist, auszustellen (§ 14a Abs. 1 S. 2 UStG). Außerdem hat der Unternehmer eine Zusammenfassende Meldung abzugeben, in der er diesen Umsatz zu erklären hat (§ 18a Abs. 2 UStG).

Beispiel:

Rechtsanwalt R aus Rosenheim berät seinen Mandanten K aus Österreich im Zusammenhang mit einer Firmenumwandlung. K will in Deutschland eine Filiale eröffnen und ist sich über die Wahl der Rechtsform noch nicht schlüssig. R erteilt für seine Beratungsleistung eine Rechnung über 10.000 € zzgl. 1.900 € deutscher Umsatzsteuer.

Die Beratungsleistung des R ist in Österreich steuerbar und steuerpflichtig (§ 3a Abs. 2 UStG), sie ist in Deutschland nicht steuerbar (§ 1 Abs. 1 Nr. 1 UStG). Die in Rechnung gestellte Umsatzsteuer schuldet R nach § 14c Abs. 1 UStG, K kann diesen Betrag im Vergütungsverfahren nicht als Vorsteuer abziehen (§ 15 Abs. 1 S. 1 Nr. 1 S. 1 UStG). Für die Leistung des R in Österreich schuldet nicht R, sondern der Auftraggeber K diese Umsatzsteuer im Wege des Übergangs der Steuerschuldnerschaft (Art. 194 i. V. m. Art. 196 MwStSystRL). Bei Beachtung dieser Regelungen hätte R eine Nettorechnung mit dem Hinweis auf den Übergang der Steuerschuldnerschaft erteilen müssen (§ 14a Abs. 1 S. 1 UStG). Außerdem hätte R eine Zusammenfassende Meldung abgeben müssen, in der er diesen Umsatz zu erklären hat (§ 18a Abs. 2 UStG).

Erbringt ein **Unternehmer aus dem übrigen Gemeinschaftsgebiet** gegenüber einem deutschen Unternehmer eine sonstige Leistung nach § 3a Abs. 2 UStG im Inland, geht die Steuerschuld vom ausländischen Unternehmer auf den inländischen Leistungsempfänger über (§ 13b Abs. 1 i. V. m. Abs. 5 S. 1 UStG).

Beispiel:

Der deutsche Unternehmer D bittet den ebenfalls in Deutschland ansässigen Frachtführer DF, Güter von Frankreich zu einem Abnehmer nach Deutschland zu transportieren. DF befördert die Ware von Frankreich nach Saarbrücken und beauftragt für die weitere Beförderung den in Belgien ansässigen Frachtführer BF.

Die Beförderungsleistung des DF an seinen Auftraggeber D umfasst die gesamte Beförderung von Frankreich nach Deutschland, denn er schuldet die gesamte Leistung. Die Leistung des DF ist in Deutschland steuerbar und steuerpflichtig, da sein Auftraggeber D hier seinen Sitz hat (§ 3a Abs. 2 UStG). D kann eine durch DF in Rechnung gestellte Umsatzsteuer als Vorsteuer berücksichtigen (§ 15 Abs. 1 S. 1 Nr. 1 UStG). Da DF im Inland ansässig ist, ist der Übergang der Steuerschuldnerschaft nach § 13b UStG unbedeutend.

Die Beförderungsleistung des BF von Saarbrücken bis zum Abnehmer in Deutschland wird ebenfalls in Deutschland ausgeführt, da dessen Leistungsempfänger DF ebenfalls in Deutschland ansässig ist (§ 3a Abs. 2 UStG). Die Leistung ist steuerbar und steuerpflichtig. DF hat den Übergang der Steuerschuldnerschaft zu beachten, da BF ein ausländischer Unternehmer ist (§ 13b Abs. 1 i. V. m. Abs. 5 S. 1 UStG).

Hinweis:

In der Unternehmerkette liegt der Ort der Dienstleistung stets beim Leistungsempfänger, unabhängig davon, ob dieser im Inland, im übrigen Gemeinschaftsgebiet oder im Drittlandsgebiet seinen Sitz hat. Die Regelung des § 3a Abs. 2 UStG unterscheidet nicht zwischen In- und Ausland und nicht zwischen Drittlandsgebiet und übrigem Gemeinschaftsgebiet. Liegt der Ort der Dienstleistung danach im Drittlandsgebiet, ist der Umsatz im Inland nicht steuerbar (§ 1 Abs. 1 Nr. 1 UStG). Ob und welche Rechtsfolgen im Drittlandsgebiet zu beachten sind, bestimmt sich nach dem Recht dieses Landes. Die Europäische Union wollte auf eine Besteuerung dieser Leistungen aus Wettbewerbsgründen verzichten, daher führt die Ortsverlagerung in ein Drittland nicht zwangsläufig zur Registrierungspflicht in diesem Land.

Die Nachweispflichten des inländischen Unternehmers hinsichtlich der Ansässigkeit seines Leistungsempfängers im Ausland unterliegen zwar längst nicht derart strengen Regeln, wie sie aus § 6 bzw. § 6a UStG hinsichtlich der Steuerbefreiung von Warenlieferungen in das Ausland bekannt sind. Unter Berücksichtigung der sich aus § 1 Abs. 2 UStG ergebenden Unterscheidung zwischen In- und Ausland und der Definition des Auslands als „das Gebiet, das nicht Inland ist", folgt aber, dass bei Leistungen, bei denen sich der Ort der Leistung nach dem Empfängerort richtet, aus der Nichterweislichkeit eines ausländischen Empfängerort auf das Vorliegen eines inländischen Empfängerorts zu schließen ist.[357]

Nach dem Austritt Großbritannien und Nordirland aus der Europäischen Union zum 31.12.2020 wurde für eine Übergangszeit im Ergebnis beschlossen, bei der Umsatzbesteuerung des Warenverkehrs mit dem Vereinigten Königreich zwischen Großbritannien und Nordirland zu unterscheiden. Während Großbritannien auch insoweit als Drittlandsgebiet zu behandeln ist, wird Nordirland für die Umsatzbesteuerung des Warenverkehrs auch nach dem 31.12.2020 für eine Übergangszeit als zum Gemeinschaftsgebiet gehörig behandelt.[358] Dagegen gelten im Dienstleistungsverkehr seit dem 01.01.2021 sowohl Großbritannien als auch Nordirland jeweils als Drittlandsgebiet.

b) Der Leistungsempfänger

Unter das sog. Empfängersitzprinzip fallen Eingangsleistungen, die ein **Unternehmer für sein Unternehmen** erhält (§ 3a Abs. 2 S. 1 UStG). Ein Unternehmer, der neben seiner eigentlichen Tätigkeit auch Umsätze ausführt, die **keine steu-**

---

357 BFH vom 28.11.2017, V B 60/17, DStR 2018 S. 297; FG Rheinland-Pfalz vom 25.06.2020, 6 K 1789/18, StE 2020, S. 509, Revision eingelegt, Az. des BFH: XI R 22/20.

358 Art. 8 Abs. 1 i. V. m. Anhang 3 des Protokolls zu Irland/Nordirland zum Abkommen über den Austritt des Vereinigten Königreichs Großbritannien und Nordirland aus der Europäischen Union und der Europäischen Atomgemeinschaft vom 24.12.2020, ABl. EU vom 31.12.2020 Nr. L 29 S. 7; BMF-Schreiben vom 10.12.2020, BStBl 2020 I S. 1370.

erbaren Leistungen darstellen, gilt für die Zwecke der Anwendung der Regeln für die Bestimmung des Ortes der Dienstleistung in Bezug auf alle an ihn ausgeführten Leistungen als Unternehmer. Verfügt eine **juristische Person des privaten oder des öffentlichen Rechts,** die kein Unternehmer ist, über eine USt-IdNr., gilt sie in Bezug auf die Ortsbestimmung einer Dienstleistung, die an sie erbracht wird, als Unternehmer (§ 3a Abs. 2 S. 3 UStG). Diese Fiktion ist nicht auf natürliche Personen übertragbar. Nach der Präambel der MwStSystRL gilt dagegen das Bestimmungslandprinzip nicht für Leistungen, die ein Unternehmer für seine **persönliche Verwendung** oder die Verwendung durch sein Personal bezieht. Insoweit gelten folglich die Leistungen als an einen Nichtsteuerpflichtigen erbracht.

Die Ortsbestimmung des § 3a Abs. 2 UStG kommt daher zur Anwendung, wenn der Leistungsempfänger

- ein Unternehmer ist und die Leistung für sein Unternehmen bezieht,
- eine nicht unternehmerisch tätige Person ist, der eine USt-IdNr. erteilt wurde, oder
- eine sowohl unternehmerisch als auch nichtunternehmerisch tätige juristische Person ist und die Leistung für den unternehmerischen oder nichtunternehmerischen Bereich, nicht aber für den privaten Bereich des Personals, bezogen hat

und kein gesetzlicher Ausnahmetatbestand greift. Maßgebend für die Beurteilung ist der Zeitpunkt, in dem die Leistung erbracht wird.[359] So sieht das FG Hamburg bei sog. In-App-Verkäufen eine B2B-Leistung des eigentlichen Unternehmers an den Plattformbetreiber im Wege einer Dienstleistungskommission.[360]

Auch die sog. **atypischen Unternehmer** (Kleinunternehmer, Land- und Forstwirte, die die Pauschalbesteuerung in Anspruch nehmen, sowie Unternehmer, die ausschließlich steuerfreie Umsätze ausführen, die zum Verlust des Vorsteuerabzugs führen, vgl. § 1a Abs. 3 Nr. 1 UStG), haben die Regelungen des Empfängersitzprinzips zu beachten, da dieses ja ausschließlich auf die Unternehmereigenschaft des Leistungsempfängers abstellt. Sie haben folglich bei Leistungsbezügen aus dem übrigen Gemeinschaftsgebiet für ihr Unternehmen eine USt-IdNr. zu beantragen, denn sie haben diese bei Auftragserteilung an einen Unternehmer aus dem übrigen Gemeinschaftsgebiet zu verwenden (Art. 55 MwStVO). Folglich werden auch diese Unternehmer nach § 3a Abs. 2 i. V. m. § 13b Abs. 1 i. V. m. Abs. 5 S. 1 UStG Steuerschuldner bei erhaltenen innergemeinschaftlichen Dienstleistungen für ihr Unternehmen.[361]

---

359 Abschn. 3a.2 Abs. 1 S. 1 UStAE.
360 FG Hamburg vom 25. 02. 2020, 6 K 111/18, DStR 2020 S. 1252; Revision eingelegt, Az. des BFH: XI R 10/20.
361 Abschn. 3a.2 Abs. 9 UStAE.

> **Hinweis:**
> Die Verwendung einer USt-IdNr. durch einen atypischen Unternehmer bei an ihn erbrachte Dienstleistungen führt nicht automatisch dazu, dass er nunmehr auch seine innergemeinschaftlichen Erwerbe zu versteuern hat, denn insoweit gilt eine Erwerbsschwelle (Art. 4 MwStVO).

Für Zwecke der Bestimmung des Leistungsorts werden nach §3a Abs.2 S.3 UStG **juristische Personen des privaten oder des öffentlichen Rechts,** die nicht Unternehmer sind, denen aber für die Umsatzbesteuerung innergemeinschaftlicher Erwerbe eine USt-IdNr. erteilt wurde, einem Unternehmer gleichgestellt (Art. 43 Nr. 2 MwStSystRL). Hierunter fallen insbesondere juristische Personen des öffentlichen Rechts, die ausschließlich hoheitlich tätig sind, aber auch juristische Personen, die nicht Unternehmer sind (z. B. eine Holding mit bloßer Vermögensverwaltung). Auch ausschließlich nicht unternehmerisch tätige juristische Personen, denen eine USt-IdNr. erteilt worden ist, haben diese an ihren Vertragspartner zur ordnungsgemäßen Abwicklung des Falles weiterzugeben. Ist einer Gebietskörperschaft eine USt-IdNr. erteilt worden, hat sie diese auch dann zu verwenden, wenn die bezogene Leistung ausschließlich für den hoheitlichen Bereich bestimmt ist. Daher hat der leistende Unternehmer bei diesen Leistungsempfängern auch nachzufragen, ob ggf. eine USt-IdNr. erteilt wurde.[362] Ausgeschlossen sind nur die der Art nach unter §3a Abs.2 UStG fallenden Dienstleistungen, die für den privaten Bereich des Personals der juristischen Person des öffentlichen Rechts bestimmt sind.[363]

Als Leistungsempfänger ist grds. derjenige zu behandeln, in dessen Auftrag die Leistung ausgeführt wird.[364] Aus Vereinfachungsgründen ist bei steuerpflichtigen Güterbeförderungen, steuerpflichtigen selbständigen Nebenleistungen zu Güterbeförderungen und bei der steuerpflichtigen Vermittlung der vorgenannten Leistungen, bei denen sich der Leistungsort nach § 3a Abs.2 UStG richtet, der Rechnungsempfänger auch als Leistungsempfänger anzusehen (vgl. auch § 40 Abs. 1 S. 1 UStDV).

c) Leistung für das Unternehmen des Leistungsempfängers
Voraussetzung für die Anwendung der Ortsbestimmung nach §3a Abs.2 S.1 UStG ist, dass die Leistung für den unternehmerischen Bereich des Leistungsempfängers ausgeführt worden ist. Grds. bleibt es dem leistenden Unternehmer überlassen, wie er den Nachweis führt, dass der **Leistungsempfänger Unternehmer** ist. Verwendet ein Leistungsempfänger aus dem übrigen Gemeinschaftsgebiet beim Bezug der Leistung dem leistenden Unternehmer eine gültige USt-IdNr. eines anderen Mitgliedstaates, kann der leistende Unternehmer grds. davon ausgehen, dass der Leistungsempfänger als Unternehmer auftritt

---

362 Abschn. 3a.2 Abs. 7 UStAE.
363 Abschn. 3a.2 Abs. 14 UStAE.
364 Abschn. 3a.2 Abs. 2 UStAE, Abschn. 15.5 UStAE.

und die Leistung **für sein Unternehmen** bezieht, sofern ihm keine anderen Informationen vorliegen (Art. 19 Abs. 2 MwStVO).[365]

Sofern einem Dienstleistungserbringer keine gegenteiligen Informationen vorliegen, kann er sich bei Dienstleistungsempfängern aus dem übrigen Gemeinschaftsgebiet regelmäßig auf die individuelle USt-IdNr. des Leistungsempfängers verlassen, sofern er eine qualifizierte Abfragebestätigung der Finanzverwaltung erhalten hat (Art. 18 Abs. 1 MwStVO). Stellt sich später heraus, dass die Leistung vom Leitungsempfänger tatsächlich nicht für unternehmerische Zwecke verwendet worden ist, lässt die Finanzverwaltung folgerichtig bei Leistungsempfängern aus dem übrigen Gemeinschaftsgebiet eine Vertrauensschutzregelung zu.[366] Diese Regelung findet ihre Grenzen bei Leistungen, die ihrer Art nach aber mit hoher Wahrscheinlichkeit nicht für das Unternehmen bezogen werden. In derartigen Fällen fordert die Finanzverwaltung vom leistenden Unternehmer, dass er eine positive Bestätigung des Leistungsempfängers hinsichtlich des Leistungsbezugs für dessen Unternehmen einholt. Leistungen dieser Art sind insbesondere:[367]

– Krankenhausbehandlungen, ärztliche und zahnärztliche Heilbehandlungen und von Zahntechnikern erbrachte Leistungen;
– persönliche und häusliche Pflegeleistungen, sonstige Leistungen im Bereich der Sozialfürsorge und der sozialen Sicherheit;
– Betreuung und Erziehung von Kindern und Jugendlichen, Schul- und Hochschulunterricht sowie Nachhilfeunterricht für Schüler und Studenten;
– Beratungsleistungen in familiären und persönlichen Angelegenheiten;[368]
– sonstige Leistungen im Zusammenhang mit sportlicher Betätigung einschließlich der entgeltlichen Nutzung von Anlagen wie Turnhallen und vergleichbaren Anlagen;
– Wetten, Lotterien und sonstige Glücksspiele mit Geldeinsatz;
– Herunterladen von Filmen und Musik im Internet und das Bereitstellen von digitalisierten Texten einschließlich Büchern, Abonnements von Online-Zeitungen und -Zeitschriften;[369]
– Online-Nachrichten einschließlich Verkehrsinformationen und Wettervorhersagen.

---

365 Abschn. 3a.2 Abs. 10 UStAE.
366 Abschn. 3a.2 Abs. 9 UStAE.
367 Abschn. 3a.2 Abs. 11a UStAE.
368 Dazu gehören auch die persönliche Einkommensteuer-Erklärung sowie Sozialversicherungsfragen von Arbeitnehmern.
369 Bei Fachliteratur kann dagegen ein Bezug für das Unternehmen unterstellt werden.

> *Hinweis:*
> Auch wenn keine gesetzliche Verpflichtung zur Kontrolle besteht, dürfte sich eine Überprüfung der USt-IdNr. in der Praxis bei anderen Leistungen aufdrängen.[370] Es empfiehlt sich zudem, die USt-IdNr. nach Überprüfung beim BZSt in den Stammdaten des Vertragspartners zu erfassen und eine Erklärung des Leistungsempfängers darüber einzuholen, dass er seine Dienstleistungen auch künftig unter dieser USt-IdNr. beziehen will.

Bezieht eine sowohl unternehmerisch als auch hoheitlich tätige juristische Person des öffentlichen Rechts die sonstige Leistung für den privaten Bedarf ihres Personals, hat sie weder die ihr für den unternehmerischen Bereich noch die ihr für Zwecke der Umsatzbesteuerung innergemeinschaftlichen Erwerbe erteilte USt-IdNr. zu verwenden.[371]

Hat der Leistungsempfänger noch keine USt-IdNr. erhalten, eine solche Nummer aber bei der zuständigen Behörde des EU-Mitgliedstaats, von dem aus er sein Unternehmen betreibt, beantragt, bleibt es dem leistenden Unternehmer überlassen, auf welche Weise er den Nachweis der Unternehmereigenschaft und der unternehmerischen Verwendung führt (Art. 18 Abs. 1 Buchst. b MwStVO). Dieser Nachweis hat nach Auffassung der Finanzverwaltung nur vorläufigen Charakter. Für den endgültigen Nachweis bedarf es der Vorlage der dem Leistungsempfänger erteilten USt-IdNr., die aber im Gegensatz zur Regelung in § 6a Abs. 1 UStG nur Indiz für die Unternehmereigenschaft ist und folglich auch rückwirkend nachgewiesen werden kann.[372]

> *Beispiel:*
> Schreiner S aus Frankreich erneuert für den Unternehmer U mit Sitz in Freiburg einen antiken Schreibtisch in seiner Werkstatt in Frankreich. U verwendet bei der Auftragsvergabe seine deutsche USt-IdNr. S erteilt daraufhin eine Nettorechnung mit dem Hinweis auf den Übergang der Steuerschuldnerschaft. Der Schreibtisch steht im Einfamilienhaus des deutschen U, eine betriebliche Verwendung war nie beabsichtigt. Eine Anmeldung des Umsatzes in Deutschland erfolgte durch U nicht.
>
> Der Ort der Reparaturleistung liegt grds. in Frankreich (§ 3a Abs. 3 Nr. 3 Buchst. c UStG). S kann aber nicht erkennen, ob die Leistung für das Unternehmen des U erbracht wurde und darf dies bei Verwendung einer gültigen USt-IdNr. unterstellen. U hat durch Einsatz seiner USt-IdNr. gegenüber dem leistenden Unternehmer suggeriert, dass ein Leistungsbezug für sein Unternehmen beabsichtigt sei. Nach Treu und Glauben liegt daher der Ort der Leistung in Deutschland (§ 3a Abs. 2 UStG) und U hat den Übergang der Steuerschuldnerschaft zu beachten

---

370 Abschn. 3a.2 Abs. 9 S. 5 UStAE.
371 Abschn. 3a.2 Abs. 14 S. 7 UStAE.
372 Abschn. 3a.2 Abs. 9 S. 7 und 8 UStAE.

(§ 13b Abs. 1 und Abs. 5 S. 1 UStG). Die geschuldete Umsatzsteuer ist nicht als Vorsteuer abzugsfähig, da kein Leistungsbezug für das Unternehmen vorliegt (§ 15 Abs. 1 S. 1 Nr. 4 UStG).

Wird eine Dienstleistung sowohl für den unternehmerischen als auch für den nichtunternehmerischen Bereich des Leistungsempfängers bezogen, ist der Leistungsort einheitlich nach § 3a Abs. 2 UStG zu bestimmen (Art. 19 MwStVO).[373]

Beispiel:

U aus Viersen bezieht ein Computerprogramm einschließlich laufender Updates per Download von einem Unternehmer aus den Niederlanden. Das Programm wird überwiegend betrieblich genutzt, aber gelegentlich auch für die Anfertigung privater Korrespondenz.

Der Ort der Leistung des niederländischen Unternehmens bestimmt sich nach § 3a Abs. 2 UStG und liegt am Sitz des Leistungsempfängers in Deutschland.

Da sich der Ort der Leistung auch bei Unternehmern aus dem **Drittlandsgebiet** in das Ausland verlagert, müssen insoweit geeignete Kriterien gefunden werden, wie der Ausländer seinen unternehmerischen Status gegenüber dem inländischen Unternehmer anzeigt, um eine Belastung mit Umsatzsteuer ggf. zu vermeiden. Häufig wird schon die Art der Leistung Auskunft darüber geben, ob sie für das Unternehmen des Leistungsempfängers erbracht wurde oder nicht. Ansonsten bleibt einem Unternehmer aus dem Drittland, der ja ein entsprechendes wirtschaftliches Interesse an einer Nettorechnung hat, auch die Möglichkeit, durch eine Unternehmerbescheinigung seines Heimatlandes oder einen Handelsregisterauszug seine Unternehmereigenschaft nachzuweisen. Diese Bescheinigung sollte inhaltlich der Unternehmensbescheinigung nach § 61a Abs. 4 UStDV entsprechen. Kann der Leistungsempfänger den Nachweis nicht anhand einer Unternehmerbescheinigung führen, bleibt es den Vertragsparteien überlassen, auf welche Weise sie nachweisen, dass der Leistungsempfänger ein im Drittlandsgebiet ansässiger Unternehmer ist (Art. 18 Abs. 3 MwStVO). Anders als bei steuerfreien Umsätzen muss der Unternehmer keinen Buch- oder Belegnachweis erbringen, der einfache Nachweis, dass die Leistung an einen ausländischen Unternehmer erbracht wurde, reicht aus.[374] Er kann zudem in Zweifelsfällen jederzeit nachträglich erbracht werden.

d) Sitz des Leistungsempfängers

Nach § 3a Abs. 2 UStG bestimmt sich der Leistungsort maßgeblich nach dem Ort, von dem aus der Leistungsempfänger sein Unternehmen betreibt. Dies ist der Ort, an dem die Handlungen zur zentralen Verwaltung des Unternehmens vorgenommen (Art. 10 Abs. 1 MwStVO) und die wesentlichen Entscheidungen

---

373 Abschn. 3a.2 Abs. 8 UStAE, Abschn. 3a.2 Abs. 13 und 14 UStAE.
374 Abschn. 3a.2 Abs. 11 UStAE, Abschn. 18.13 Abs. 6 UStAE.

zur allgemeinen Leitung des Unternehmens getroffen werden (Art. 10 Abs. 2 MwStVO).[375]

> *Hinweis:*
>
> Zur Klarstellung verwendet das deutsche UStG in § 3a Abs. 1 S. 1 die Formulierung „wo der Unternehmer sein Unternehmen betreibt." Diese Formulierung schließt von vorne herein aus, dass dem statuarischen Sitz eine entscheidende Bedeutung beikommt.[376] Die Darlegungs- bzw. Beweislast hinsichtlich eines möglichen Leistungsortes nach § 3a Abs. 2 UStG im Ausland liegt beim leistenden Unternehmer.[377]

Die sonstige Leistung kann auch an eine **feste Niederlassung** des Leistungsempfängers ausgeführt werden, aber nur, wenn die Leistung ausschließlich oder zumindest überwiegend für die feste Niederlassung bestimmt ist. Das Vorhandensein einer solchen festen Niederlassung erfordert einen hinreichenden Grad an Beständigkeit sowie eine Struktur, die es von ihrer personellen und technischen Ausstattung her erlaubt, Dienstleistungen für den eigenen Bedarf zu empfangen und zu verwenden (Art. 11 und 21 MwStVO).[378] Dies ist der Fall, wenn die Leistung ausschließlich oder überwiegend für die feste Niederlassung oder Betriebsstätte bestimmt ist, also dort verwendet werden soll. In diesem Fall ist es nicht erforderlich, dass der Auftrag von der festen Niederlassung oder Betriebsstätte aus an den leistenden Unternehmer erteilt wird, der die sonstige Leistung durchführt, z. B. bei Verlegern, Werbeagenturen und Werbungsmittlern. Auch ist es unerheblich, ob das Entgelt für die Leistung von der festen Niederlassung oder Betriebsstätte ausbezahlt wird.

Allein aus dem Vorliegen einer **Postanschrift** kann nicht geschlossen werden, dass sich dort der Sitz der wirtschaftlichen Tätigkeit eines Unternehmens befindet (Art. 10 Abs. 3 MwStVO).[379] Auch aus der Tatsache, dass eine USt-IdNr. erteilt wurde, kann nicht geschlossen werden, dass ein Steuerpflichtiger in diesem Land auch eine feste Niederlassung hat (Art. 11 Abs. 3 MwStVO). Entscheidend ist, dass die Personal- und Sachmittel dauerhaft vorhanden sind, um eine aktive feste Niederlassung zu betreiben.[380] Eine in einem Mitgliedstaat

---

375 Abschn. 3a.1 Abs. 1 S. 4 UStAE, Abschn. 3a.2 Abs. 3 UStAE, EuGH vom 28. 06. 2007, C-73/06, DStRE 2008 S. 827.

376 Die OFD Karlsruhe hat mit Verfügung vom 05. 04. 2011 darauf hingewiesen, dass Unternehmerbescheinigungen an ausländische Unternehmer nur noch erteilt werden dürfen, wenn diese eine feste Niederlassung im Inland unterhalten (UVR 2011 S. 262).

377 FG Berlin-Brandenburg vom 12. 07. 2017, 7 K 7094/16, DStRE 2018 S. 1042; FG Rheinland-Pfalz vom 25. 06. 2020, 6 K 1789/18, EFG 2020 S. 1356; Revision eingelegt, Az. des BFH: XI R 22/20.

378 Abschn. 3a.2 Abs. 4 und 5 UStAE; EuGH vom 04. 07. 1985, C-168/84, EuGHE 1984 S. 2251; EuGH vom 02. 05. 1996, C-231/94, BStBl. II 1998 S. 282; EuGH vom 17. 07. 1997, C-190/95, DStRE 1997 S. 725; EuGH vom 20. 02. 1997, C-260/95, DStRE 1997 S. 342; EuGH vom 16. 10. 2014, C-605/12, DStR 2014 S. 2169.

379 Abschn. 3a.2 Abs. 3 S. 1 UStAE, Abschn. 3a.1 Abs. 1 S. 6 UStAE.

380 BFH vom 29. 04. 2020, XI R 3/18, UR 2020 S. 711.

vermietete Immobilie stellt keine feste Niederlassung dar, wenn der Eigentümer der Immobilie nicht auch über eigenes Personal vor Ort im Zusammenhang mit der Vermietung verfügt.[381]

Der leistende Unternehmer hat die Angaben des Leistungsempfängers hinsichtlich seines Sitzes mittels handelsüblicher Sicherheitsmaßnahmen zu prüfen (Art. 20 MwStVO). Soll die Leistung an eine feste Niederlassung in einem anderen Land als im Mitgliedsland des Sitzes des Leistungsempfängers erbracht werden, hat er insbesondere zu prüfen, ob der Vertrag, der Bestellschein oder ähnliche Unterlagen die feste Niederlassung als Leistungsempfänger ausweist oder ob die feste Niederlassung auch die Zahlung anweist (Art. 22 Abs. 1 MwStVO). Kann der Unternehmer anhand dieser Kriterien nicht bestimmen, ob die Leistung tatsächlich an eine feste Niederlassung des Leistungsempfängers erbracht wird, kann der Unternehmer davon ausgehen, dass die Leistung am Sitz des Leistungsempfängers (Hauptunternehmen) erbracht wurde.[382] Maßgebend für die Frage des Status des Abnehmers (Unternehmer/Nichtunternehmer) und seiner Eigenschaft (privater oder unternehmerischer Gebrauch) ist der Zeitpunkt der Leistungserbringung (Art. 25 MwStVO).

Bei Werbeanzeigen in Zeitungen und Zeitschriften und bei Werbesendungen im Rundfunk und Fernsehen oder im Internet ist davon auszugehen, dass sie ausschließlich oder überwiegend für im Ausland belegene feste Niederlassungen bestimmt und daher im Inland nicht steuerbar sind, wenn folgende Voraussetzungen erfüllt sind:

- es handelt sich um fremdsprachige Zeitungen und Zeitschriften, um fremdsprachige Rundfunk- und Fernsehsendungen oder um fremdsprachige Internetseiten oder um entsprechende deutschsprachige Medien, die überwiegend im Ausland verbreitet werden und
- die im Ausland belegenen festen Niederlassungen sind in der Lage, die Leistungen zu erbringen, für die geworben wird.

Wird eine in § 3a Abs. 5 S. 2 UStG bezeichnete sonstige Leistung (Rundfunk- und Fernsehdienstleistung, Telekommunikationsdienstleistung, elektronische Dienstleistung) an Orten wie Telefonzellen, Kiosk-Telefonen, WLAN-Hotspots, Internetcafés und dergleichen erbracht und muss der Leistungsempfänger an diesem Ort auch physisch anwesend sein, damit ihm der leistende Unternehmer die sonstige Leistung erbringen kann, gilt der Leistungsempfänger insoweit ausnahmsweise unabhängig von seinem tatsächlichen Wohnsitz oder Sitz als an diesem Ort ansässig (Art. 24a Abs. 1 MwStVO). Werden diese Leistungen an Bord eines Schiffs, eines Flugzeugs oder in einer Eisenbahn während des innerhalb des Gemeinschaftsgebiets stattfindenden Teils einer Personenbeförderung (vgl. § 3e Abs. 2 UStG) erbracht, gilt der Abgangsort des jeweiligen Beförderungsmit-

---

381 EuGH vom 03.06.2021, C-931/19, BB 2021 S. 1493.
382 Abschn. 3a.2 Abs. 4 S. 5 UStAE.

tels im Gemeinschaftsgebiet als Leistungsort (Art. 24a Abs. 2 MwStVO).[383] Roamingleistungen, die von einem im Drittland ansässigen Mobilfunkbetreiber an seine ebenfalls in diesem Drittland ansässige Kunden, die sich vorübergehend in einem Mitgliedstaat aufhalten, werden im Mitgliedstaat des vorübergehenden Aufenthalts erbracht.[384]

Bei einer einheitlichen Dienstleistung ist es nicht möglich, für einen Teil der Leistung den Ort der festen Niederlassung und für den anderen Teil der Leistung den Sitz des Unternehmens als maßgebend anzusehen und die Leistung aufzuteilen.[385] Ist die Zuordnung zu einer festen Niederlassung zweifelhaft und verwendet der Leistungsempfänger eine ihm von einem anderen Mitgliedstaat erteilte USt-IdNr., kann davon ausgegangen werden, dass die Leistung für die im EU-Mitgliedstaat der verwendeten USt-IdNr. belegenen festen Niederlassung bestimmt ist. Entsprechendes gilt bei der Verwendung einer deutschen USt-IdNr.[386]

Bedient sich der Unternehmer bei Ausführung einer sonstigen Leistung eines anderen Unternehmers als **Erfüllungsgehilfen,** der die sonstige Leistung im eigenen Namen und für eigene Rechnung ausführt, ist der Ort der Leistung für jede dieser Leistungen für sich zu bestimmen.[387]

> *Beispiel:*
>
> Die juristische Person des öffentlichen Rechts P mit Sitz im Inland, der keine USt-IdNr. zugeteilt worden ist, erteilt dem Unternehmer F in Frankreich den Auftrag, ein Gutachten zu erstellen, das P in ihrem Hoheitsbereich auswerten will. F vergibt bestimmte Teilbereiche an den Unternehmer U im Inland und beauftragt ihn, die Ergebnisse seiner Ermittlungen unmittelbar P zur Verfügung zu stellen.
>
> Die Leistung des U wird nach § 3a Abs. 2 UStG dort ausgeführt, wo F sein Unternehmen betreibt; sie ist daher im Inland nicht steuerbar. Der Ort der Leistung des F an P ist nach § 3a Abs. 1 UStG zu bestimmen; die Leistung ist damit ebenfalls im Inland nicht steuerbar.

---

383 Abschn. 3a.2 Abs. 5a UStAE.
384 EuGH vom 15.04.2021, C-593/19, DStRE 2021 S. 683.
385 Abschn. 3a.2 Abs. 6 UStAE; EuGH vom 04.07.1985, C-168/84, EuGHE 1984 S. 2251; EuGH vom 02.05.1996, C-231/94, BStBl. II 1998 S. 282; EuGH vom 17.07.1997, C-190/95, DStRE 1997 S. 725; EuGH vom 20.02.1997, C-260/95, DStRE 1997 S. 342.
386 Abschn. 3a.2 Abs. 6 UStAE.
387 Abschn. 3a.15 UStAE.

e) Abgrenzung zu Ausnahmetatbeständen

Der Leistungsort bestimmt sich nur dann nach § 3a Abs. 2 UStG, wenn kein **Ausnahmetatbestand** vorliegt. Nicht unter die Ortsregelung des § 3a Abs. 2 UStG fallen folgende sonstige Leistungen:[388]

- sonstige Leistungen im Zusammenhang mit einem Grundstück (§ 3a Abs. 3 Nr. 1 UStG),
- die kurzfristige Vermietung von Beförderungsmitteln (§ 3a Abs. 3 Nr. 2 und Abs. 7 UStG),
- die Abgabe von Speisen und Getränken zum Verzehr an Ort und Stelle (§ 3a Abs. 3 Buchst. c und § 3e UStG),
- die Einräumung der Eintrittsberechtigung für kulturelle, künstlerische, wissenschaftliche, unterrichtende, sportliche, unterhaltende oder ähnliche Leistungen wie Leistungen im Zusammenhang mit Messen und Ausstellungen (§ 3a Abs. 3 Nr. 5 UStG),
- im Inland genutzte Leistungen eines Unternehmers aus dem Drittland (§ 3a Abs. 6 UStG),
- kurzfristige Vermietung von bestimmten Fahrzeugen an Unternehmer aus dem Drittlandsgebiet (§ 3a Abs. 7 UStG),
- Güterbeförderungsleistungen, die ausschließlich im Drittlandsgebiet erbracht werden (§ 3a Abs. 8 UStG),
- Arbeiten an beweglichen Gegenständen, die ausschließlich im Drittlandsgebiet erbracht werden (§ 3a Abs. 8 UStG),
- Veranstaltungsleistungen im Zusammenhang mit Messen oder Ausstellungen, die im Drittland stattfinden (§ 3a Abs. 8 UStG),
- Personenbeförderungsleistungen (§ 3b Abs. 1 UStG).

Aufgrund ausdrücklicher gesetzlicher Regelungen fallen dagegen folgende Leistungen unter die Grundregelung des § 3a Abs. 2 UStG:

- die Erteilung des Rechts zur Fernsehübertragung von Fußballspielen an Unternehmer (Art. 26 MwStVO);
- Dienstleistungen, die in der Beantragung oder Vereinnahmung von Erstattungen der Mehrwertsteuer bestehen (Art. 27 MwStVO);[389]
- einheitliche Dienstleistungen im Rahmen von Bestattungen (Art. 28 MwStVO);
- Dienstleistungen der Textübersetzung (Art. 29 MwStVO).

Es empfiehlt sich daher folgende Prüfungsreihenfolge anhand der Ausnahmeregelungen:

---

388 Abschn. 3a.2 Abs. 19 UStAE.
389 Abschn. 3a.2 Abs. 17 UStAE.

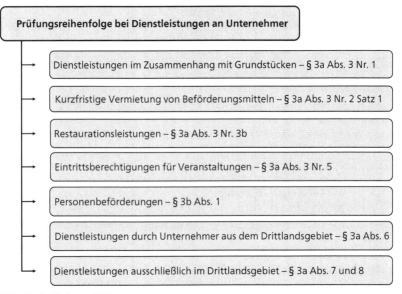

Prüfungsreihenfolge bei Dienstleistungen an Unternehmer

- Dienstleistungen im Zusammenhang mit Grundstücken – § 3a Abs. 3 Nr. 1
- Kurzfristige Vermietung von Beförderungsmitteln – § 3a Abs. 3 Nr. 2 Satz 1
- Restaurationsleistungen – § 3a Abs. 3 Nr. 3b
- Eintrittsberechtigungen für Veranstaltungen – § 3a Abs. 3 Nr. 5
- Personenbeförderungen – § 3b Abs. 1
- Dienstleistungen durch Unternehmer aus dem Drittlandsgebiet – § 3a Abs. 6
- Dienstleistungen ausschließlich im Drittlandsgebiet – § 3a Abs. 7 und 8

Abb. 16: Prüfschema B2B
(Quelle: Eigene Darstellung)

Ist keine der Ausnahmeregelungen anwendbar, ist die Dienstleistung nach der Grundregel des § 3a Abs. 2 UStG am Empfängersitz zu versteuern.

Dies bedeutet im Einzelnen:

- Dienstleistungen im **Zusammenhang mit Grundstücken** werden dort ausgeführt, wo das Grundstück liegt (Belegenheitsprinzip § 3a Abs. 3 Nr. 1 UStG);
- **kurzfristige Vermietungen von Beförderungsmitteln** werden an dem Ort erbracht, an dem das Beförderungsmittel zur Verfügung gestellt wird (Übergabeprinzip § 3a Abs. 3 Nr. 2 S. 1 UStG), Besonderheiten gelten bei Drittländern (§ 3a Abs. 7 UStG);
- **Restaurations- und Verpflegedienstleistungen** werden am tatsächlichen Leistungsort (Bewirtungsort) erbracht (§ 3a Abs. 3 Nr. 3 Buchst. b UStG), Besonderheiten gelten bei der Bewirtung auf Schiffen, in Flugzeugen und in der Eisenbahn (§ 3e UStG);
- **Eintrittsberechtigungen für Veranstaltungen** werden am Veranstaltungsort erbracht (§ 3a Abs. 3 Nr. 5 UStG);
- **Personenbeförderungsleistungen** werden nach dem Streckenprinzip erbracht, die Wegstrecke ist ggf. aufzuteilen (§ 3b Abs. 1 UStG);
- im Inland **genutzte Leistungen eines Unternehmers aus dem Drittland** werden nach dem Nutzungsprinzip im Inland erbracht (§ 3a Abs. 6 UStG);

- Vermietung von bestimmten Fahrzeugen im Drittlandsgebiet werden im Drittlandsgebiet ausgeführt (§ 3a Abs. 7 S. 1 UStG);
- **Güterbeförderungsleistungen** und ähnliche Leistungen, die ausschließlich im **Drittlandsgebiet bewirkt** werden, werden im Drittlandsgebiet ausgeführt (§ 3a Abs. 8 UStG);
- **Arbeiten an beweglichen Gegenständen**, die ausschließlich im **Drittlandsgebiet bewirkt** werden, werden im Drittlandsgebiet erbracht (§ 3a Abs. 8 UStG);
- Einheitliche Leistungen im Zusammenhang mit **Messen und Ausstellungen**, die ausschließlich im **Drittlandsgebiet bewirkt** werden, werden im Drittlandsgebiet erbracht (§ 3a Abs. 8 UStG).

2. Leistungen an einen Nichtunternehmer

a) Sinn und Zweck des Unternehmersitzprinzips

Ist der Dienstleistungsempfänger kein Unternehmer oder erhält er die Leistung nicht für sein Unternehmen („business to consumer" – B2C), so gilt die Dienstleistung an dem Ort als erbracht, an dem der Leistende den Sitz seiner wirtschaftlichen Tätigkeit hat (§ 3a Abs. 1 S. 1 UStG). Unter diese Regelung fallen auch juristische Personen, denen keine USt-IdNr. erteilt wurde sowie Leistungen, die ein Unternehmer für seinen privaten Bereich oder zur Verwendung durch sein Personal bezieht. Das Unternehmersitzprinzip gilt daher für

- Leistungsempfänger, die nicht Unternehmer sind,
- Unternehmer, wenn die Leistung nicht für das Unternehmen bezogen wird,
- sowohl unternehmerisch als auch nichtunternehmerisch tätige juristische Personen, wenn die Leistung für den privaten Bedarf des Personals bestimmt ist,
- nichtunternehmerisch tätige juristische Personen, denen keine USt-IdNr. erteilt wurde und
- kein gesetzlicher Ausnahmetatbestand vorliegt.

Maßgebend für diese Beurteilung ist der Zeitpunkt, in dem die Leistung an den Leistungsempfänger erbracht wird.[390]

> *Beispiel:*
>
> Der deutsche Steuerberater S berät einen niederländischen Kunden und fertigt für ihn eine Erbschaftsteuererklärung, die dieser in Deutschland abzugeben hat. Der niederländische Kunde verwendet seine niederländische USt-IdNr. bei der Auftragserteilung.

---

390 Abschn. 3a.1 Abs. 1 UStAE.

Der Ort der sonstigen Leistung des S liegt in Deutschland (§ 3a Abs. 1 UStG), da eine Leistung für den privaten Bereich des Abnehmers vorliegt. Die Leistung ist folglich in Deutschland steuerbar und steuerpflichtig. Auf die Verwendung einer USt-IdNr. kann es hier nicht ankommen, da die Leistung erkennbar nicht für den unternehmerischen Bereich des Leistungsempfängers ausgeführt wurde.

b) Sitz des leistenden Unternehmers

Maßgeblich ist der Ort, von dem aus der leistende **Unternehmer sein Unternehmen betreibt** (§ 21 AO). Das ist der Ort, an dem die Handlungen zur zentralen Verwaltung des Unternehmens vorgenommen werden. Hierbei werden der Ort, an dem die wesentlichen Entscheidungen zur allgemeinen Leitung des Unternehmens getroffen werden, der Ort seines satzungsmäßigen Sitzes und der Ort, an dem die Unternehmensleitung zusammenkommt, berücksichtigt. Kann danach der Ort, von dem aus der Unternehmer sein Unternehmen betreibt, nicht mit Sicherheit bestimmt werden, ist der Ort, an dem die wesentlichen Entscheidungen zur allgemeinen Leitung des Unternehmens getroffen werden, vorrangiger Anknüpfungspunkt. Allein aus dem Vorliegen einer Postanschrift kann nicht geschlossen werden, dass sich dort der Ort befindet, von dem aus der Unternehmer sein Unternehmen betreibt (Art. 10 MwStVO).[391]

Verfügt eine natürliche Person weder über einen Unternehmenssitz noch über eine feste Niederlassung oder Betriebsstätte, kommen als Leistungsort der Wohnsitz des leistenden Unternehmers oder der Ort seines gewöhnlichen Aufenthaltes in Betracht. Dabei ist regelmäßig die Eintragung in einem Melderegister maßgebend, es sei denn, es liegen Anhaltspunkte dafür vor, dass diese Eintragung nicht die tatsächlichen Gegebenheiten widerspiegelt (Art. 12 MwStVO). Als gewöhnlicher Aufenthaltsort einer natürlichen Person gilt der Ort, an dem diese natürliche Person auf Grund persönlicher und beruflicher Bedingungen gewöhnlich lebt. Liegen die beruflichen Bindungen in einem anderen Land als dem der persönlichen Bindungen, bestimmt sich der gewöhnliche Aufenthalt nach dem Land der persönlichen Bindungen (Art. 13 MwStVO). Der Ort einer einheitlichen sonstigen Leistung liegt nach § 3a Abs. 1 UStG auch dann an dem Ort, von dem aus der Unternehmer sein Unternehmen betreibt, wenn einzelne Leistungsteile nicht von diesem Ort aus erbracht werden.[392]

Wird die Dienstleistung von einer **festen Niederlassung** erbracht, gilt sie als von dieser festen Niederlassung erbracht (§ 3a Abs. 1 S. 2 UStG). Der Ort der festen Niederlassung ist nur dann maßgeblich, wenn die sonstige Leistung auch von dort ausgeführt worden ist, wobei die operative Beteiligung an der Leistungserbringung sicherlich ausreicht.[393] Dies ist dann der Fall, wenn die für die sonstige Leistung erforderlichen einzelnen Arbeiten ganz oder überwiegend durch Angehörige oder Einrichtungen der festen Niederlassung ausgeführt

---

391   Abschn. 3a.1 Abs. 1 Sätze 4 bis 6 UStAE.
392   BFH vom 26. 03. 1992, V R 16/88, BStBl. II 1992 S. 929.
393   Abschn. 3a.1 Abs. 2 und 3 UStAE.

werden. Es ist nicht erforderlich, dass das Umsatzgeschäft von der festen Niederlassung aus abgeschlossen wurde. Wird ein Umsatz sowohl an dem Ort, von dem aus der Unternehmer sein Unternehmen betreibt, als auch von einer festen Niederlassung oder Betriebsstätte ausgeführt, ist der Leistungsort nach dem Ort zu bestimmen, an dem die sonstige Leistung überwiegend erbracht wird.

Eine feste Niederlassung im Sinne des Umsatzsteuerrechts ist jede feste Geschäftseinrichtung, die der Tätigkeit des Unternehmers dient. Eine solche Einrichtung kann aber nur dann als feste Niederlassung angesehen werden, wenn sie über einen ausreichenden Mindestbestand an Personal- und Sachmitteln verfügt, der für die Erbringung der betreffenden Dienstleistungen erforderlich ist.[394] Die Einrichtung muss über einen hinreichenden Grad an Beständigkeit sowie eine Struktur aufweisen, die von der personellen und technischen Ausstattung her eine autonome Erbringung der jeweiligen Dienstleistungen ermöglicht (Art. 11 MwStVO).[395] Eine solche beständige Struktur liegt vor, wenn die Einrichtung über eine Anzahl von Beschäftigten verfügt, von hier aus Verträge geschlossen werden können, Rechnungslegung und Aufzeichnungen dort erfolgen und Entscheidungen getroffen werden. Auch eine Organgesellschaft kann eine solche feste Niederlassung sein. Der Ort der sonstigen Leistungen, die an Bord eines Schiffes tatsächlich von einer dort belegenen festen Niederlassung erbracht werden, bestimmt sich ebenfalls nach § 3a Abs. 1 S. 2 UStG.

Wird eine in § 3a Abs. 5 S. 2 UStG bezeichnete sonstige Leistung (Rundfunk- und Fernsehdienstleistung, Telekommunikationsdienstleistung, elektronische Dienstleistung) an Orten wie Telefonzellen, Kiosk-Telefonen, WLAN-Hotspots, Internetcafés und dergleichen erbracht und muss der Leistungsempfänger an diesem Ort auch physisch anwesend sein, damit ihm der leistende Unternehmer die sonstige Leistung erbringen kann, gilt der Leistungsempfänger insoweit ausnahmsweise unabhängig von seinem tatsächlichen Wohnsitz oder Sitz als an diesem Ort ansässig (Art. 24a Abs. 1 MwStVO). Werden diese Leistungen an Bord eines Schiffs, eines Flugzeugs oder in einer Eisenbahn während des innerhalb des Gemeinschaftsgebiets stattfindenden Teils einer Personenbeförderung (vgl. § 3e Abs. 2 UStG) erbracht, gilt der Abgangsort des jeweiligen Beförderungsmittels im Gemeinschaftsgebiet als Leistungsort (Art. 24a Abs. 2 MwStVO).[396]

c) Abgrenzung zu den Ausnahmetatbeständen

Wegen der zahlreichen Ausnahmeregelungen ist der Sitzort des leistenden Unternehmers nur selten als Ort der sonstigen Leistung anzunehmen. Die Leis-

---

394 Abschn. 3a.1 Abs. 3 UStAE; BFH vom 29.04.2020, XI R 3/18, UR 2020 S. 711.
395 EuGH vom 04.07.1985, C-168/84, EuGHE 1984 S. 2251; EuGH vom 02.05.1996, C-231/94, BStBl. II 1998 S. 282; EuGH vom 17.07.1997, C-190/95, DStRE 1997 S. 725; EuGH vom 20.02.1997, C-260/95, DStRE 1997 S. 342; EuGH vom 16.10.2014, C-605/12, DStR 2014 S. 2169.
396 Abschn. 3a.9a Abs. 3 UStAE.

tungsortbestimmung nach dem Unternehmersitzprinzip i. S. d. § 3a Abs. 1 UStG kommt insbesondere in folgenden Fällen in Betracht:[397]

- Leistungen der Ärzte und Tierärzte;[398]
- Reiseleistungen (§ 25 Abs. 1 S. 4 UStG) einschließlich der Reisebetreuungsleistungen;[399]
- Leistungen der Vermögensverwalter und Testamentsvollstrecker;[400]
- Leistungen der Notare, soweit sie nicht Grundstücksgeschäfte beurkunden oder nicht Beratungsleistungen an im Drittlandsgebiet ansässige Leistungsempfänger erbringen;
- die in § 3a Abs. 4 S. 2 UStG bezeichneten sonstigen Leistungen, wenn der Leistungsempfänger im Gemeinschaftsgebiet ansässig ist;
- sonstige Leistungen im Rahmen einer Bestattung, soweit diese Leistungen als einheitliche Leistungen anzusehen sind (Art. 28 MwStVO).

Gerade bei Leistungen an Privatpersonen bestehen unzählige Ausnahmeregelungen, sodass der Unternehmersitz als Leistungsort nur selten in Betracht kommt. Es empfiehlt sich eine sorgfältige Prüfung des Leistungsortes.

Es empfiehlt sich daher folgende Prüfungsreihenfolge anhand der Ausnahmeregelungen:

---

397 Abschn. 3a.1 Abs. 4 UStAE.
398 EuGH vom 06.03.1997, C-167/95, DStRE 1997 S. 340.
399 BFH vom 23.09.1993, V R 132/99, BStBl. II 1994 S. 272.
400 EuGH vom 06.12.2007, C-401/06, DStRE 2008 S. 1387.

Abb. 17: Prüfschema B2C
(Quelle: Eigene Darstellung)

Ist keine der zahlreichen Ausnahmeregelungen anwendbar, ist die Dienstleistung nach der Grundregel des § 3a Abs. 1 UStG am Unternehmersitz zu versteuern.

Dies bedeutet im Einzelnen:

– Dienstleistungen im **Zusammenhang mit Grundstücken** werden dort ausgeführt, wo das Grundstück liegt (Belegenheitsprinzip § 3a Abs. 3 Nr. 1 UStG);

– **kurzfristige Vermietungen von Beförderungsmitteln** werden an dem Ort erbracht, an dem das Beförderungsmittel zur Verfügung gestellt wird (Übergabeprinzip § 3a Abs. 3 Nr. 2 S. 1 UStG), Besonderheiten gelten bei Drittländern (§ 3a Abs. 7 UStG);

– **langfristige Vermietungen von Beförderungsmitteln** werden am Empfängersitz erbracht (§ 3a Abs. 3 Nr. 2 S. 3 UStG), ausgenommen sind Sportboote;

- **kulturelle, unterhaltende und ähnliche Tätigkeiten** einschließlich der **Eintrittsberechtigung** für diese Veranstaltungen werden nach dem Tätigkeitsprinzip am Veranstaltungsort erbracht (§ 3a Abs. 3 Nr. 3 Buchst. a UStG);
- **Restaurations- und Verpflegedienstleistungen** werden am tatsächlichen Leistungsort (Bewirtungsort) erbracht (§ 3a Abs. 3 Nr. 3 Buchst. b UStG), Besonderheiten gelten bei der Bewirtung auf Schiffen, in Flugzeugen und in der Eisenbahn (§ 3e UStG);
- **Personenbeförderungsleistungen und Güterbeförderungsleistungen** werden grds. nach dem Streckenprinzip erbracht, die Wegstrecke ist ggf. aufzuteilen (§ 3b Abs. 1 UStG);
- **innergemeinschaftliche Güterbeförderungsleistungen** werden am Abgangsort erbracht (§ 3b Abs. 3 UStG);
- **Leistungen im Zusammenhang mit Güterbeförderungen** werden am tatsächlichen Leistungsort (Tätigkeitsprinzip) erbracht (§ 3b Abs. 2 UStG);
- **Arbeiten an beweglichen Gegenständen** werden am tatsächlichen Leistungsort (Tätigkeitsprinzip) erbracht (§ 3a Abs. 3 Nr. 3 Buchst. c UStG);
- **Vermittlungsleistungen** werden am Ort der vermittelten Leistung erbracht (§ 3a Abs. 3 Nr. 4 UStG);
- **Katalogleistungen** an Empfänger aus dem Drittlandsgebiet werden beim Leistungsempfänger im Drittland erbracht (§ 3a Abs. 4 UStG);
- **Rundfunk- und Fernsehdienstleistungen, Telekommunikationsdienstleistungen** und **elektronische Dienstleistungen** werden beim Leistungsempfänger erbracht (§ 3a Abs. 5 UStG).

III. Besteuerung von Dienstleistungen am tatsächlichen Leistungsort

1. Leistungen im Zusammenhang mit Grundstücken

a) Sinn und Zweck der Regelung

Dienstleistungen im Zusammenhang mit einem Grundstück werden dort ausgeführt, wo das Grundstück liegt (§ 3a Abs. 3 Nr. 1 UStG). **Das Bestimmungslandprinzip gilt sowohl für Dienstleistungen an Unternehmer als auch an Nichtunternehmer.**[401]

In § 3a Abs. 3 Nr. 1 S. 1 UStG hat der Gesetzgeber eine Generalklausel festgelegt, unter die alle Dienstleistungen fallen, die nicht ohne unmittelbaren Kontakt mit dem Grundstück erbracht werden können. Ein derartiger Zusammenhang ist immer gegeben, wenn sich die Leistung nach den tatsächlichen Umständen überwiegend auf die Bebauung, Verwertung, Nutzung oder Unterhaltung des Grundstücks selbst bezieht.[402] So fallen z.B. die Leistungen der Schornsteinfeger, Gebäudereinigungen oder die Pflege von Grünflächen eines Gebäudes

---

401 Abschn. 3a.3 Abs. 1 UStAE.
402 Abschn. 3a.3 Abs. 3 UStAE.

unter diese Generalklausel. Daneben hat der Gesetzgeber in § 3a Abs. 3 Nr. 1 S. 2 UStG die wichtigsten Anwendungsfälle beispielhaft aufgezählt:

- Vermietungs- und Verpachtungsleistungen (§ 3a Abs. 3 Nr. 1 S. 2 Buchst. a UStG);
- Dienstleistungen im Zusammenhang mit der Veräußerung oder dem Erwerb eines Grundstücks (§ 3a Abs. 3 Nr. 1 S. 2 Buchst. b UStG);
- Leistungen zur Erschließung von Grundstücken und zur Ausführung von Bauleistungen (§ 3a Abs. 3 Nr. 1 S. 2 Buchst. c UStG).

Beispiel:

Architekt A aus Ahaus plant für den in Stadtlohn ansässigen Unternehmer U ein für eigene Wohnzwecke genutztes Ferienhaus auf Mallorca.

Der Ort der sonstigen Leistung des A liegt auf Mallorca (§ 3a Abs. 3 Nr. 1 UStG), da hier das Grundstück liegt. § 3a Abs. 1 UStG kommt folglich nicht zur Anwendung. A hat sich zwangsläufig mit dem spanischen Umsatzsteuerrecht auseinanderzusetzen und ggf. in Spanien registrieren zu lassen.

b) Grundstücksbegriff

Der Grundstücksbegriff i. S. d. Umsatzsteuerrechts ist ein eigenständiger Begriff des Unionsrechts. Er richtet sich nicht nach dem zivilrechtlichen Begriff eines Grundstücks. Unter einem Grundstück im Sinne des § 3a Abs. 3 Nr. 1 UStG ist zu verstehen:[403]

- ein bestimmter über- oder unterirdischer Teil der Erdoberfläche, an dem Eigentum und Besitz begründet werden kann;
- jedes mit oder in dem Boden über oder unter dem Meeresspiegel befestigte Gebäude oder jedes derartige Bauwerk, das nicht leicht abgebaut oder bewegt werden kann;
- jede Sache, die einen wesentlichen Bestandteil eines Gebäudes oder eines Bauwerks bildet, ohne die das Gebäude oder das Bauwerk unvollständig ist, wie z. B. Türen, Fenster, Dächer, Treppenhäuser oder Aufzüge;
- Sachen, Ausstattungsgegenstände oder Maschinen, die auf Dauer in einem Gebäude oder einem Bauwerk installiert sind, und die nicht bewegt werden können, ohne das Gebäude oder das Bauwerk zu zerstören oder zu verändern. Die Veränderung ist immer dann unerheblich, wenn die betreffenden Sachen einfach an der Wand hängen und wenn sie mit Nägeln oder Schrauben so am Boden oder an der Wand befestigt werden, dass nach ihrer Entfernung lediglich Spuren oder Markierung zurückbleiben (z. B. Dübellöcher), die leicht überdeckt oder ausgebessert werden können.

Die Leistung muss in engem Zusammenhang mit einem ausdrücklich bestimmten Grundstück stehen. Ein enger Zusammenhang ist gegeben, wenn sich die sonstige Leistung nach den tatsächlichen Umständen überwiegend auf die Be-

---

403 Abschn. 3a.3 Abs. 2 UStAE.

bauung, Verwertung, Nutzung oder Unterhaltung des Grundstücks selbst bezieht.[404] Der Leistungsempfänger muss nicht Eigentümer des Grundstücks sein. Das Grundstück selbst muss zudem Gegenstand der sonstigen Leistung sein. Dies ist u. a. dann der Fall, wenn ein ausdrücklich bestimmtes Grundstück insoweit als wesentlicher Bestandteil einer sonstigen Leistung anzusehen ist, als es einen zentralen und unverzichtbaren Bestandteil dieser sonstigen Leistung darstellt.[405]

Hinweis:

Der Grundstücksbegriff im Sinne des § 3a Abs. 3 Nr. 1 UStG ist nicht identisch mit dem Grundstücksbegriff im Sinne des § 13b Abs. 2 Nr. 4 oder § 14 Abs. 2 S. 1 Nr. 1 UStG, da die Vorschriften jeweils einen anderen Zweck verfolgen (vgl. auch Art. 13b und Art. 31a bis 31c MwStVO).

---

c) Vermietungs- und Verpachtungsleistungen

Leistungen im Zusammenhang mit einem Grundstück sind insbesondere Vermietungs- und Verpachtungsleistungen (§ 3a Abs. 3 Nr. 1 S. 2 Buchst. a i. V. m. § 4 Nr. 12 UStG), wobei unter die Ortsbestimmung naturgemäß nicht nur die von der Umsatzsteuer befreiten Leistungen i. S. d. § 4 Nr. 12 Buchst. a UStG fallen. Zu diesen Leistungen gehören auch die Vermietung von Wohn- und Schlafräumen, die ein Unternehmer bereithält, um kurzfristig Fremde zu beherbergen, die Vermietung von Parkflächen für Fahrzeuge, die Überlassung von Bootsliegeplätzen, die Vermietung auf Campingplätzen sowie die entgeltliche Unterbringung auf einem Schiff, das für längere Zeit auf einem Liegeplatz befestigt ist. Auch die Überlassung von Wochenmarkt-Standplätzen an Markthändler und dergleichen fällt unter die Leistungen.

> *Beispiel:*
>
> Steuerberater U aus Ulm ist u. a. Eigentümer eines Ferienhauses auf Texel (Niederlande). Dieses Ferienhaus hat er als Kapitalanlage vor einigen Jahren erworben, es wird ca. an 30 Wochenenden im Jahr von ihm selbst fremd vermietet. 3 Wochen pro Jahr nutzt U das Haus selbst.
>
> Mit der Vermietung des Ferienhauses erbringt der Steuerberater sonstige Leistungen im Rahmen seines Unternehmers, der Ort der sonstigen Leistungen liegt allerdings nicht im Inland (§ 3a Abs. 3 Nr. 1 Buchst. a UStG). Die Vermietungsleistungen sind somit nicht steuerbar (§ 1 Abs. 1 Nr. 1 UStG). Die Nutzung des Ferienhauses zu privaten Zwecken gilt als unentgeltliche Leistung nach § 3 Abs. 9a Nr. 1 UStG und liegt ebenfalls in den Niederlanden.

Da der umsatzsteuerliche Begriff des Grundstücks nicht zwingend mit dem zivilrechtlichen Begriff übereinstimmt, fällt auch die Verpachtung eines dauerhaft am Flussufer vertäuten Hausboots ohne Eigenantrieb nebst Steganlage und

---

404 Abschn. 3a.3 Abs. 3 UStAE.
405 Abschn. 3a.3 Abs. 3a UStAE.

Liegefläche zu den genannten Vermietungsleistungen. Ein solches Hausboot stellt kein Fahrzeug dar, insbesondere wenn es zur dauerhaften anderweitigen Nutzung ausgestattet wurde.[406] Die Zurverfügungstellung von Unterkünften in der Hotelbranche oder in Branchen ähnlicher Funktion, wie z. B. in Ferienlagern oder auf einem als Campingplatz hergerichteten Gelände einschließlich Umwandlung von Teilnutzungsrechten und dergleichen für Aufenthalte an einem bestimmten Ort fällt ebenfalls unter die genannten Leistungen. Vermieten Unternehmer Wohnwagen, die auf Campingplätzen aufgestellt sind und ausschließlich zum stationären Gebrauch als Wohnung überlassen werden, ist die Vermietung als sonstige Leistung im Zusammenhang mit einem Grundstück anzusehen. Dies gilt auch in den Fällen, in denen die Wohnwagen nicht fest mit dem Grund und Boden verbunden sind und deshalb auch als Beförderungsmittel verwendet werden können. Maßgebend ist nicht die abstrakte Eignung eines Gegenstands als Beförderungsmittel, sondern entscheidend ist, dass die Wohnwagen nach dem Inhalt der abgeschlossenen Mietverträge zum stationären Gebrauch als Wohnungen überlassen werden. Dies gilt ferner in den Fällen, in denen die Vermietung der Wohnwagen nicht die Überlassung des jeweiligen Standplatzes umfasst und die Mieter über die Standplätze besondere Verträge mit dem Inhaber des Campingplatzes abschließen müssen (Art. 43 MwStVO).[407]

Hinweis:

Die Auffassung der Finanzverwaltung, in derartigen Fällen keine Vermietung eines Beförderungsmittels anzusehen – so praxisnah und sinnvoll sie auch erscheint – steht nicht mit Art. 38 MwStVO im Einklang, da es danach nur auf die Eignung, nicht auf die Nutzung als Beförderungsmittel ankommt.

Leistungen im Zusammenhang mit einem Grundstück liegen auch vor bei der Überlassung von Räumlichkeiten für Aufnahme- und Sendezwecke von inländischen und ausländischen Rundfunk- und Fernsehanstalten untereinander sowie bei der Vermietung und Verpachtung von Maschinen und Vorrichtungen aller Art, die zu einer Betriebsanlage gehören, wenn sie wesentliche Bestandteile eines Grundstücks sind.

Auch die Einräumung und Übertragung von dinglichen Grundstücksrechten oder die Umwandlung von Teilnutzungsrechten fällt unter diese Vorschrift, denn auch insoweit ist der geforderte enge, hinreichend direkte Zusammenhang mit einem Grundstück gegeben. Gleiches gilt für die Gewährung von Fischereirechten und Jagdrechten, die Benutzung einer Straße, einer Brücke oder eines Tunnels gegen eine Mautgebühr und der selbstständigen Zugangsbe-

---

406 EuGH vom 15.11.2012, C-532/11, UR 2012 S. 30.
407 Abschn. 3a.3 Abs. 5 UStAE.

rechtigung zu Warteräumen auf Flugplätzen gegen Entgelt.[408] Auch die Eigentumsverwaltung, die sich auf den Betrieb von Geschäfts-, Industrie- oder Wohnimmobilien durch oder für den Eigentümer des Grundstücks bezieht, gehört zu diesen Umsätzen (z. b. Mietzinsverwaltung, Buchhaltung und Verwaltung der laufenden Ausgaben), nicht aber das Portfolio-Management im Zusammenhang mit Eigentumsanteilen an Grundstücken.[409]

Zu den Grundstücksleistungen zählen auch die Überlassung von Grundstücken und Grundstücksteilen zur Nutzung auf Grund eines auf Übertragung des Eigentums gerichteten Vertrags oder Vorvertrags (§ 4 Nr. 12 S. 1 Buchst. b UStG) sowie die Bestellung und Veräußerung von Dauerwohnrechten und Dauernutzungsrechten (§ 4 Nr. 12 S. 1 Buchst. c UStG).[410]

Auch die **Vermittlung** von Vermietungen von Grundstücken steht grds. in Zusammenhang mit einem Grundstück, nicht aber die Vermittlung der kurzfristigen Vermietung von Zimmern in Hotels, Gaststätten oder Pensionen, von Fremdenzimmern, Ferienwohnungen, Ferienhäusern und vergleichbaren Einrichtungen aufgrund ausdrücklicher gesetzlicher Sonderregelung.[411] Nach Art. 31 MwStVO fällt die Vermittlung von Beherbergungsleistungen in der Hotelbranche oder in Branchen ähnlicher Funktion unter das Empfängersitzprinzip des Art. 44 MwStSystRL (§ 3a Abs. 2 UStG), wenn die Vermittlungsleistung an einen Unternehmer erbracht werden. Werden derartige Vermittlungsleistungen an Nichtunternehmer erbracht, gilt die Sonderregelung für Vermittlungsleistungen i. S. d. Art. 46 MwStSystRL (§ 3a Abs. 3 Nr. 4 UStG).[412]

Hinweis:

Tritt der Unternehmer bei einer Vermietung von fremden Grundstücken im eigenen Namen und für eigene Rechnung auf, erbringt er umsatzsteuerlich eine Vermietungs-, keine Vermittlungsleistung (sog. Leistungskommission § 3 Abs. 11 UStG), die o. g. Abgrenzungsfrage stellt sich folglich nicht.[413]

Für die Frage des Ortes der Dienstleistung ist die Verpflegung von Hotelgästen als Nebenleistung zur Übernachtung anzusehen. Auch das gesetzliche Aufteilungsgebot in § 12 Abs. 2 Nr. 11 S. 2 UStG zur Ermittlung des Steuersatzes hat keinen Einfluss auf die Ortsbestimmung der Verpflegedienstleistung, sofern sie keine selbstständige Hauptleistung ist.[414]

Auch das Überlassen von Standflächen auf **Messen oder Ausstellungen** sind regelmäßig Leistungen, die im Zusammenhang mit einem Grundstück stehen

---

408 Abschn. 3a.3 Abs. 4 UStAE.
409 Abschn. 3a.3 Abs. 3 S. 3 und Abschn. 3a.3 Abs. 9 Nr. 2a UStAE.
410 Abschn. 3a.3 Abs. 6 UStAE.
411 Abschn. 3a.3 Abs. 9 Nr. 2 UStAE.
412 Abschn. 3a.7 Abs. 1 S. 4 UStAE.
413 OFD Magdeburg vom 26. 08. 2012, DStR 2012 S. 2083.
414 BMF-Schreiben vom 09. 12. 2014, BStBl. I 2014 S. 1620.

(§ 3a Abs. 3 Nr. 1 UStG).[415] Die Vermietung eines Messestandes allein stellt dagegen die Vermietung von beweglichen körperlichen Gegenständen dar,[416] es sei denn, sie erfolgt als Nebenleistung zur Überlassung der Standfläche selbst.[417] Unternehmer, die lediglich einen Messestand auf- und abbauen (sog. Messebauer), erbringen regelmäßig keine Leistungen im Zusammenhang mit einem Grundstück.

d) Dienstleistungen im Zusammenhang mit der Veräußerung oder dem Erwerb eines Grundstücks

Leistungen im Zusammenhang mit der Veräußerung oder dem Erwerb von Grundstücken (§ 3a Abs. 3 Nr. 1 S. 2 Buchst. b UStG) sind insbesondere die Leistungen der Grundstücksmakler, der Grundstückssachverständigen sowie die Leistungen der Notare bei der Beurkundung von Grundstücksgeschäften oder anderen Verträgen, die auf die Veränderung von Rechten an einem Grundstück gerichtet sind und deshalb zwingend einer notariellen Beurkundung bedürfen, z. B. bei der Bestellung einer Grundschuld. Dies gilt auch in Fällen, in denen die Veränderung des Rechts an dem Grundstück tatsächlich nicht durchgeführt wird. Bei selbstständigen Beratungsleistungen der Notare, die nicht im Zusammenhang mit der Beurkundung von Grundstückskaufverträgen und Grundstücksrechten stehen, richtet sich der Leistungsort nach den Grundregelungen in § 3a Abs. 1 oder Abs. 2 UStG oder bei Beratungsleistungen an Nichtunternehmer aus dem Drittland nach § 3a Abs. 4 Sätze 1 und 2 und Nr. 3 UStG.[418]

e) Leistungen zur Erschließung von Grundstücken und zur Ausführung von Bauleistungen

Sonstige Leistungen, die der Erschließung von Grundstücken oder der Vorbereitung oder der Ausführung von Bauleistungen dienen (§ 3a Abs. 3 Nr. 1 S. 2 Buchst. c UStG) sind insbesondere die Leistungen der Architekten, Bauingenieure, Vermessungsingenieure, Bauträgergesellschaften, Sanierungsträger sowie der Unternehmer, die Abbruch- und Erdarbeiten ausführen. Voraussetzung ist, dass die Leistung in engem Zusammenhang mit einem ausdrücklich bestimmten Grundstück erbracht wird, d. h., dass beispielsweise bei Ingenieur- und Planungsleistungen der Standort des Grundstücks zum Zeitpunkt der Erbringung der Dienstleistungen bereits feststeht. Zu diesen Leistungen gehören insbesondere[419]

– Bau- und Erschließungsleistungen,

– Ausführung von Erdarbeiten,

---

415 Abschn. 3a.4 Abs. 1 UStAE, so auch die Empfehlung des Mehrwertsteuerausschusses der EU v. 01. 07. 2011 in seiner 93. Sitzung, UR 2012 S. 919.
416 Abschn. 3a.9 Abs. 17a UStAE.
417 Abschn. 3a.4 Abs. 1 S. 1 UStAE.
418 Abschn. 3a.3 Abs. 7 UStAE.
419 Abschn. 3a.3 Abs. 8 und 9 UStAE.

- Bauaufsichtsmaßnahmen,
- Vermessung von Grundstücken,
- Errichtung eines Baugerüsts,[420]
- Wartungs-, Renovierungs- und Reparaturarbeiten an einem Gebäude oder
  an Gebäudeteilen einschließlich der Durchführung von Abrissarbeiten, dem
  Verlegen von Fliesen und Parkett sowie Tapezieren,
- Reinigung von Gebäuden oder Gebäudeteilen,
- Errichtung von auf Dauer angelegten Konstruktionen wie Gas-, Wasser-
  oder Abwasserleitungen,
- Installation oder die Montage sowie Wartung und Überwachung einschließ-
  lich der Fernwartung von Maschinen und Ausrüstungsgegenständen, soweit
  diese wesentliche Bestandteile des Grundstücks sind,
- Leistungen zum Aufsuchen oder Gewinnen von Bodenschätzen,
- Begutachtung und die Bewertung von Grundstücken, auch zu Versiche-
  rungszwecken und zur Ermittlung des Grundstückswerts,
- Grundstücksbezogene Sicherheitsleistungen,
- Bearbeitung landwirtschaftlicher Grundstücke einschließlich sonstiger Leistungen wie Landbestellung, Säen, Bewässerung, Düngung,
- Lagerung von Gegenständen, wenn dem Empfänger dieser sonstigen Leistung ein Recht auf Nutzung eines ausdrücklich bestimmten Grundstücks
  oder eines Teils desselben gewährt wird,[421]
- die Überlassung von Personal, insbesondere bei der Einschaltung von Sub-
  unternehmern, wenn gleichzeitig eine bestimmte Leistung oder ein be-
  stimmter Erfolg des überlassenen Personals im Zusammenhang mit einem
  Grundstück geschuldet wird,[422]
- Einräumung dinglicher Rechte, z. B. dinglicher Nießbrauch, Dienstbarkeiten,
  Erbbaurechte, sowie sonstige Leistungen, die dabei ausgeführt werden, z. B.
  Beurkundungsleistungen eines Notars,
- Leistungen bei der Errichtung eines Windparks im Zusammenhang mit
  einem ausdrücklich bestimmten Grundstück, insbesondere Studien und
  Untersuchungen zur Prüfung der Voraussetzungen zur Errichtung eines
  Windparks sowie für bereits genehmigte Windparks, ingenieurtechnische
  und gutachterliche Leistungen sowie Planungsleistungen im Rahmen der
  Projektzertifizierung, die parkinterne Verkabelung einschließlich Umspann-
  plattform sowie der parkexterne Netzanschluss zur Stromabführung an
  Land einschließlich der Konverterplattform,
- sonstige Leistungen juristischer Art im Zusammenhang mit Grundstücks-
  übertragungen sowie mit der Begründung oder Übertragung von bestimm-

---

420 BayLfSt vom 06.02.2013, UR 2013 S. 280.
421 EuGH vom 27.06.2013, C-155/12, DStRE 2013 S. 1015.
422 Vgl. aber Abschn. 3a.9 Abs. 18a UStAE.

ten Rechten an Grundstücken oder dinglichen Rechten an Grundstücken (unabhängig davon, ob diese Rechte einem körperlichen Gegenstand gleichgestellt sind), selbst wenn die zugrunde liegende Transaktion, die zur rechtlichen Veränderung an dem Grundstück führt, letztendlich nicht stattfindet. Zu den bestimmten Rechten an Grundstücken zählen z. B. das Miet- und Pachtrecht. Die Erbringung sonstiger Leistungen juristischer Art ist nicht auf bestimmte Berufsgruppen beschränkt, erforderlich ist jedoch, dass die Dienstleistung mit einer zumindest beabsichtigten Veränderung des rechtlichen Status des Grundstücks zusammenhängt. Zu diesen Leistungen zählen z. B. das Aufsetzen eines Vertrags über den Verkauf oder den Kauf eines Grundstücks, die Beratung hinsichtlich einer Steuerklausel in einem Grundstücksübertragungsvertrag, das Aufsetzen und Verhandeln der Vertragsbedingungen eines sale-and-lease-back-Vertrags über ein Grundstück sowie damit in Zusammenhang stehende Beratungsleistungen, das Aufsetzen und Verhandeln von Miet- und Pachtverträgen über ein bestimmtes Grundstück, die rechtliche Prüfung bestimmter Miet- und Pachtverträge im Hinblick auf den Eigentumswechsel.[423]

Nicht unter diese Regelung fallen Leistungen der Bauunternehmer, sofern sie *Werklieferungen* darstellen, wenngleich sich der Ort der Werklieferung gleichwohl regelmäßig dort befindet, wo das Grundstück liegt, allerdings nach § 3 Abs. 7 S. 1 UStG. Der Ort der *Werkleistungen* im Zusammenhang mit einem Grundstück wird dagegen nach § 3a Abs. 3 Nr. 1 S. 2 Buchst. c UStG bestimmt.

Beispiel:

Tiefbauunternehmer T aus Trier führt in Luxemburg Ausschachtungsarbeiten für ein Geschäftshaus im Auftrag des deutschen Unternehmers D aus, der bei der Auftragserteilung seine deutsche USt-IdNr. einsetzt.

Der Ort der Leistung des T liegt in Luxemburg (§ 3a Abs. 3 Nr. 1 UStG, vgl. auch Art. 47 MwStSystRL), weil hier das Grundstück liegt. Auf die Verwendung einer anderen USt-IdNr. kommt es nicht an, der Leistungsort wird dadurch nicht beeinflusst. Eine gültige USt-IdNr. zeigt, dass der Inhaber Unternehmer ist, mehr nicht.

Da sich der Ort der Leistung nicht nach Art. 44 MwStSystRL bestimmt (im Inland § 3a Abs. 2 UStG), finden die Regelungen über den Übergang der Steuerschuldnerschaft nicht zwingend Anwendung (Art. 196 MwStSystRL greift nur auf Art. 44 MwStSystRL zurück, nicht auch auf andere Ortsbestimmungen). Eine Auseinandersetzung mit dem Umsatzsteuerrecht in Luxemburg ist daher unverzichtbar, T hat sich nach zurzeit gültigem Recht in Luxemburg registrieren zu lassen.

f) Leistungen, die nicht im Zusammenhang mit einem Grundstück stehen

Das Belegenheitsprinzip gilt nicht für Leistungen, die nur **mittelbar** mit einem Grundstück zusammenhängende Leistungen (Immobilienanzeigen durch die

---

423 Abschn. 3a.3 Abs. 9 Nr. 9 UStAE.

Zeitung, Grundstücksfinanzierung durch die Bank, Rechts- und Steuerberatung in Grundstückssachen), weil kein räumlicher und daher kein enger Zusammenhang mit dem Grundstück mehr gegeben ist. Darüber hinaus hat die Finanzverwaltung einen Abgrenzungskatalog erstellt und einen Überblick über typische Dienstleistungen gegeben, die keine Leistungen im Zusammenhang mit einem Grundstück darstellen:[424]

- Erstellung von Bauplänen für Gebäude und Gebäudeteile, die keinem bestimmten Grundstücksteil zugeordnet werden können,
- Installation oder Montage, Arbeiten an sowie Kontrolle und Überwachung von Maschinen oder Ausstattungsgegenständen, die kein wesentlicher Bestandteil eines Grundstücks sind bzw. werden,
- Portfolio-Management im Zusammenhang mit Eigentumsanteilen an Grundstücken,
- Verkauf von Anteilen und die Vermittlung der Umsätze von Anteilen an Grundstücksgesellschaften sowie Beratungsleistungen hinsichtlich des Abschlusses eines Kaufvertrags über Anteile an einer Grundstücksgesellschaft,
- sonstige Leistungen juristischer Art einschließlich Beratungsleistungen betreffend die Vertragsbedingungen eines Grundstücksübertragungsvertrags, die Durchsetzung eines solchen Vertrags oder den Nachweis betreffen, dass ein solcher Vertrag besteht, sofern diese Leistungen nicht speziell mit der Übertragung von Rechten an Grundstücken zusammenhängen (z. B. Rechts- und Steuerberatung in Grundstückssachen, Erstellung von Mustermietverträgen ohne Bezug zu einem konkreten Grundstück, Durchsetzung von Ansprüchen aus einer bereits vorgenommenen Übertragung von Rechten an Grundstücken),
- Lagerung von Gegenständen auf einem Grundstück, wenn hierfür zwischen den Beteiligten kein bestimmter Teil eines Grundstücks zur ausschließlichen Nutzung festgelegt wurde,[425]
- Planung, Gestaltung sowie Aufbau, Umbau und Abbau von Ständen im Zusammenhang mit Messen und Ausstellungen,[426]
- Werbeleistungen, selbst wenn sie die Nutzung eines Grundstücks einschließen,
- Zurverfügungstellung von Gegenständen und Vorrichtungen, mit oder ohne Personal für deren Betrieb, mit denen der Leistungsempfänger Arbeit im Zusammenhang mit einem Grundstück durchführt (z. B. Vermietung eines Baugerüsts), wenn der leistende Unternehmer mit dem Zurverfügungstellen keinerlei Verantwortung für die Durchführung der genannten Arbeiten übernimmt,

---

424 Abschn. 3a.3 Abs. 10 UStAE.
425 EuGH vom 27.06.2013, C-155/12, DStRE 2013 S. 1015.
426 EuGH vom 27.10.2011, C-530/09, BStBl. II 2012 S. 160.

- Verkauf von Anteilen an Grundstücksgesellschaften und die Vermittlung von Umsätzen von Anteilen an Grundstücksgesellschaften,
- Veröffentlichung von Immobilienanzeigen, z. B. durch Zeitungen,
- Finanzierung und Finanzierungsberatung mit Zusammenhang mit dem Erwerb eines Grundstücks und dessen Bebauung,
- Leistungen bei der Errichtung eines Windparks, die nicht im Zusammenhang mit einem ausdrücklich bestimmten Grundstück stehen, insbesondere die Übertragung von Rechten im Rahmen der öffentlich-rechtlichen Projektverfahren sowie von Rechten an in Auftrag gegebenen Studien und Untersuchungen, Planungsarbeiten und Konzeptionsleistungen (z. B. Ermittlung der Eigentümer oder Abstimmung mit Versorgungsträgern), Projektsteuerungsarbeiten wie Organisation, Terminplanung, Kostenplanung, Kostenkontrolle und Dokumentation (z. B. im Zusammenhang mit der Kabelverlegung, Gleichstromübertragung und Anbindung an das Umspannwerk als Leistungsbündel bei der Netzanbindung),[427]
- Einräumung der Berechtigung, auf einem Golfplatz Golf zu spielen.[428]

g) Grenzüberschreitende Folgen des Belegenheitsprinzips

Dienstleistungen im Zusammenhang mit einem Grundstück werden dort ausgeführt, wo das Grundstück liegt, unabhängig davon, wo der leistende Unternehmer oder der Leistungsempfänger ihren Sitz oder Wohnsitz haben. Bei einer im Inland erbrachten selbständigen Leistung nach dem Belegenheitsprinzip durch einen im Ausland ansässigen Unternehmer hat der Leistungsempfänger, wenn er Unternehmer oder eine juristische Person ist, grds. den Übergang der Steuerschuldnerschaft nach § 13b Abs. 2 Nr. 1 i. V. m. Abs. 5 S. 1 UStG zu beachten. Der ausländische Vertragspartner wird durch diesen Vorgang nicht im Inland registrierungspflichtig.

Erbringt ein Unternehmer aus dem Inland seine sonstige Leistung nach § 3a Abs. 3 Nr. 3 Buchst. a UStG im Ausland, ist diese sonstige Leistung im Inland nicht steuerbar und die Besteuerung richtet sich nach **ausländischem Recht.** Bei derartigen Leistungen geht die Steuerschuldnerschaft vom leistenden Unternehmer *nicht zwingend* auf den Auftraggeber und Leistungsempfänger über, selbst wenn dieser Unternehmer ist; Art. 196 MwStSystRL ist insoweit nicht anzuwenden. Dies bedeutet, dass sich der leistende Unternehmer ggf. im Ausland umsatzsteuerlich registrieren lassen und Steuererklärungen abgeben muss. Die Mitgliedstaaten können jedoch Ausnahmen zulassen und andere Regelungen und Bedingungen treffen (vgl. Art. 199 MwStSystRL, im Inland § 13b Abs. 2 Nr. 1 UStG). Eine vorherige Information, ob im Einzelfall der Mitgliedstaat für diese Leistung das sog. „Reverse-Charge-Verfahren" anwendet oder ob eine Registrierungspflicht besteht, ist daher unerlässlich.

---

427 Abschn. 3a.3 Abs. 10 Nr. 12 UStAE.
428 Abschn. 3a.3 Abs. 10 Nr. 13 UStAE.

> *Hinweis:*
> Für Dienstleistungen, die an Privatpersonen in einem anderen Mitgliedstaat ausgeführt werden, wurde zum 01.07.2021 ein besonderes Besteuerungsverfahren (One-Stop-Shop, OSS) eingeführt (§ 18j UStG), das optional zur Registrierung in einem anderen Mitgliedstaat gewählt werden kann.

2. Vermietung von Beförderungsmitteln

a) Allgemeiner Überblick

Bei der Vermietung von Beförderungsmitteln ist zunächst einmal zu unterscheiden, ob eine langfristige oder kurzfristige Vermietung vorliegt. Darüber hinaus sind Besonderheiten im Verhältnis zum Drittland zu beachten (s. Abb. 14).

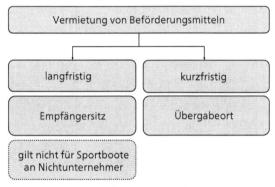

Abb. 18: Übersicht Vermietung von Beförderungsmitteln
(Quelle: Eigene Darstellung)

„Kürzerer Zeitraum" bedeutet der Besitz oder die Verwendung von Beförderungsmitteln während eines ununterbrochenen Zeitraums von nicht mehr als 30 Tagen bzw. bei Wasserfahrzeugen von nicht mehr als 90 Tagen (§ 3a Abs. 3 Nr. 2 S. 2 UStG). Dabei ist die tatsächliche, nicht die vereinbarte Dauer maßgeblich.[429] Der dazu gehörende Vertrag begründet eine widerlegbare Vermutung (Art. 39 Abs. 1 MwStVO). Wird ein Beförderungsmittel mehrfach unmittelbar hintereinander an denselben Leistungsempfänger vermietet, liegt eine kurzfristige Vermietung grds. nur dann vor, wenn der ununterbrochene Vermietungszeitraum von nicht mehr als 90 Tagen bzw. 30 insgesamt nicht überschritten wird, d. h., bei aufeinanderfolgenden Mietverträgen für ein und dasselbe Beförderungsmittel ist die Gesamtlaufzeit aller Verträge maßgebend (Art. 39 Abs. 2 MwStVO). Wird ein zunächst kurzfristig angelegter Mietvertrag aufgrund einer

---

429 Abschn. 3a.5 Abs. 1 UStAE.

neuen Entscheidung in einen langfristigen umgewandelt, wird der kurzfristige Mietvertrag regelmäßig nicht in Frage gestellt, wenn keine Missbrauchsgestaltung vorliegt. Entsprechendes gilt bei aufeinanderfolgenden Mietverträgen für unterschiedliche Beförderungsmittel (Art. 39 Abs. 2 und 3 MwStVO).[430]

Als **Beförderungsmittel** sind Gegenstände anzusehen, deren Hauptzweck auf die Beförderung von Personen und Gütern zu Lande, zu Wasser oder in der Luft gerichtet ist und die sich auch tatsächlich fortbewegen. Daher gelten insbesondere motorbetriebene Fahrzeuge oder Fahrzeuge ohne Motor und sonstige Ausrüstungen und Vorrichtungen, die zur Beförderung von Gegenständen oder Personen von einem Ort an einen anderen konzipiert wurden und von Fahrzeugen gezogen oder geschoben werden können und die normalerweise für die Beförderung von Gegenständen oder Personen konzipiert und tatsächlich geeignet sind, als Beförderungsmittel (Art. 38 Abs. 1 MwStVO). Zu den Beförderungsmitteln gehören auch Auflieger, Sattelanhänger, Fahrzeuganhänger, Eisenbahnwaggons, Elektro-Caddywagen, Transportbetonmischer, Segelboote, Ruderboote, Paddelboote, Motorboote, Sportflugzeuge, Segelflugzeuge, Wohnmobile, Wohnwagen sowie landwirtschaftliche Zugmaschinen und andere landwirtschaftliche Fahrzeuge, Fahrzeuge, die speziell für den Transport von kranken oder verletzten Menschen konzipiert sind, und Rollstühle und ähnliche Fahrzeuge mit mechanischen oder elektrischen Vorrichtungen zur Fortbewegung kranker oder körperbehinderter Menschen. Keine Beförderungsmittel sind z. B. Bagger, Planierraupen, Bergungskräne, Schwertransportkräne, Transportbänder, Gabelstapler, Elektrokarren, Rohrleitungen, Ladekräne, Schwimmkräne, Schwimmrammen, Container, Panzer sowie Fahrzeuge, die dauerhaft stillgelegt sind (Art. 38 Abs. 3 MwStVO),[431] auch wenn mit diesen Gegenständen eine Beförderungsleistung ausgeführt wird.

Hinweis:

Das Vermieten von Wohnwagen, die auf Campingplätzen abgestellt sind und ausschließlich zum stationären Gebrauch überlassen werden, ist nach Auffassung der Finanzverwaltung eine sonstige Leistung im Zusammenhang mit einem Grundstück und nicht als Vermietung eines Beförderungsmittels anzusehen.[432] Diese Regelung – so praxisnah und sinnvoll sie auch erscheint – steht nicht mit Art. 38 MwStVO im Einklang, da es danach nur auf die Eignung, nicht auf die Nutzung als Beförderungsmittel ankommt.

Wird eine Segel- oder Motoryacht oder ein Luftfahrzeug ohne Besatzung verchartert, ist eine Vermietung eines Beförderungsmittels anzunehmen.[433] Gleiches gilt bei der Vercharterung mit Besatzung ohne festgelegte Reiseroute. Dagegen ist eine Beförderungsleistung anzunehmen, wenn die Yacht oder das

---

430 Abschn. 3a.5 Abs. 1 UStAE.
431 Abschn. 3a.5 Abs. 2 UStAE.
432 Abschn. 3a.3 Abs. 5 S. 2 UStAE.
433 FG München vom 13. 10. 2011, 14 K 1703/09, DStRE 2012 S. 1270.

Luftfahrzeug mit Besatzung an eine geschlossene Gruppe vermietet wird, die mit dem Vercharterer vorher die Reiseroute festgelegt hat, die Reiseroute aber im Verlauf der Reise ändern oder in anderer Weise auf den Ablauf der Reise Einfluss nehmen kann. Dies gilt auch, wenn nach dem Chartervertrag eine bestimmte Beförderung geschuldet wird und der Unternehmer diese unter eigener Verantwortung vornimmt, z. B. bei einer vom Vercharterer organisierten Rundreise mit Teilnehmern, die auf Ablauf und nähere Ausgestaltung der Reise keinen Einfluss haben.[434] Die Überlassung eines Fahrzeugs mit Chauffeur zu im Voraus vereinbarten und für zusätzliche fakultative Fahrstrecken ist dagegen eine Beförderungsleistung.[435] Keine Vermietung eines Beförderungsmittels liegt vor, wenn ein Unternehmer einen vollständigen Rennservice mit Fahrzeug für Motorrennen zur Verfügung stellt.[436]

b) Ort der Dienstleistung bei kurzfristiger Vermietung von Beförderungsmitteln
Bei einer Vermietung eines Beförderungsmittels über einen kürzeren Zeitraum gilt als Ort der Leistung der Ort, an dem das Beförderungsmittel dem Leistungsempfänger tatsächlich zur Verfügung gestellt wird (§ 3a Abs. 3 Nr. 2 S. 1 UStG). Dies ist der Ort, an dem das Beförderungsmittel dem Leistungsempfänger unmittelbar physisch übergeben wird, da der Unternehmer in der Praxis kaum nachvollziehen kann, wo das Fahrzeug tatsächlich genutzt wird (Art. 40 MwStVO).[437] **Diese Regelung gilt für Vermietungen sowohl an Unternehmer als auch an Nichtunternehmer.**[438] Darüber hinaus sind Besonderheiten bei der kurzfristigen Fahrzeugvermietung zur Nutzung im Drittlandsgebiet (§ 3a Abs. 7 UStG) und bei der kurzfristigen Vermietung eines Beförderungsmittels durch einen im Drittlandsgebiet ansässigen Unternehmer zu beachten (§ 3a Abs. 6 S. 1 Nr. 1 UStG).

Beispiel 1:
Autovermieter U mit Sitz in Hamburg vermietet an einen Touristen aus Australien für eine Woche einen Pkw. Der Tourist ist soeben am Hamburger Flughafen angekommen und will mit dem Auto Verwandte besuchen.

Der Mitarbeiter des Autovermieters wird kaum prüfen können, wohin der Tourist mit dem Auto fährt und ob er mit dem Fahrzeug im Inland verbleibt. Die MwStVO geht daher aus Vereinfachungsgründen davon aus, dass am Ort der körperlichen Übergabe des Fahrzeugs dasselbe auch zur Verfügung gestellt wird. Der Ort der Leistung liegt somit bei dieser Betrachtung in Hamburg, ungeachtet der Verwendung des Fahrzeugs.

---

434 Abschn. 3a.5 Abs. 3 UStAE.
435 BFH vom 08. 09. 2011, V R 5/10, BStBl. II 2012 S. 620.
436 BFH vom 01. 12. 2010, XI R 27/09, BStBl. II 2011 S. 458.
437 Abschn. 3a.5 Abs. 6 S. 1 UStAE.
438 Abschn. 3a.5 Abs. 5 UStAE.

Beispiel 2:

U mit Sitz in Hamburg vermietet an den Unternehmer A aus Aachen eine Jacht für drei Wochen. Die Übergabe der Jacht erfolgt in einem italienischen Hafen, wo das Boot dauernd vor Anker liegt.

Der Leistungsort für die kurzfristige Vermietung der Jacht ist Italien, dem Ort, an dem das vermietete Boot dem Leistungsempfänger tatsächlich übergeben wird.

c) Ort der Dienstleistung bei langfristiger Vermietung von Beförderungsmitteln

Bei der Vermietung von Beförderungsmitteln über einen längeren Zeitraum gilt unabhängig vom Leistungsempfänger das Empfängersitzprinzip, sei es bei der Vermietung an Unternehmer nach § 3a Abs. 2 UStG oder bei der Vermietung an Nichtunternehmer nach § 3a Abs. 3 Nr. 2 S. 3 UStG. Leistungsort ist der Ort, an dem der Leistungsempfänger seinen Wohnsitz, seinen gewöhnlichen Aufenthalt oder seinen Sitz hat.[439]

Als Beweismittel für den Wohnsitz des Leistungsempfängers gelten insbesondere (vgl. Art. 24e MwStVO):

– die Rechnungsanschrift des Leistungsempfängers,
– Bankangaben, wie der Ort, an dem das bei der unbaren Zahlung der Gegenleistung verwendete Bankkonto geführt wird, oder die der Bank vorliegende Rechnungsanschrift des Leistungsempfängers,
– die Zulassungsdaten des vom Leistungsempfänger gemieteten Beförderungsmittels, wenn dieses in dem Staat, in dem es genutzt wird, zugelassen sein muss, oder vergleichbare Informationen,
– sonstige für die Vermietung wirtschaftlich wichtige Informationen.

Hinweis:

Liegen Hinweise vor, dass der leistende Unternehmer den Ort danach falsch oder missbräuchlich festgelegt hat, kann das für den leistenden Unternehmer zuständige Finanzamt die Vermutungen widerlegen (Art. 24d Abs. 2 MwStVO).

Während insbesondere gewerbliche Autovermieter einschließlich der Leasingunternehmer innerhalb der Europäischen Union bei langfristiger Vermietung von Fahrzeugen an ausländische Unternehmer wegen des zwingenden Übergangs der Steuerschuldnerschaft im anderen Mitgliedstaat lediglich Nettorechnungen mit dem Hinweis auf den Übergang der Steuerschuldnerschaft auf den Leistungsempfänger erteilen, werden sie bei privaten Leistungsempfängern zwangsläufig in einem anderen EU-Land registrierungspflichtig oder können optional am besonderen Besteuerungsverfahren teilnehmen.

---

439 Abschn. 3a.5 Abs. 8 UStAE.

Beispiel:

Ein italienischer Geschäftsmann mietet für eine Europareise einen Pkw bei einem Unternehmer aus Hamburg für 4 Monate. Er nutzt das Fahrzeug in mehreren Ländern im Gemeinschaftsgebiet.

Es handelt sich um eine langfristige Vermietung von Beförderungsmitteln, § 3a Abs. 3 Nr. 2 S. 1 UStG ist nicht anwendbar. Da die Vermietung an einen Unternehmer und nicht an eine Privatperson erfolgt, kommt auch § 3a Abs. 3 Nr. 2 S. 3 UStG nicht zur Anwendung. Folglich bestimmt sich der Ort der Dienstleistung nach § 3a Abs. 2 UStG und liegt somit in Italien. Der Vorgang ist daher im Inland nicht steuerbar. Der Vermietungsunternehmer erteilt eine Nettorechnung und weist den Kunden auf den Übergang der Steuerschuldnerschaft hin.

Abwandlung:

Ein italienischer Tourist mietet für eine Europareise einen Pkw bei einem Unternehmer aus Hamburg für 4 Monate. Er nutzt das Fahrzeug in mehreren Ländern im Gemeinschaftsgebiet.

Es handelt sich um eine langfristige Vermietung von Beförderungsmitteln, § 3a Abs. 3 Nr. 2 S. 1 UStG ist nicht anwendbar. Da die Vermietungsleistung an einen Nichtunternehmer erfolgt, bestimmt sich der Ort der Vermietungsleistung nach § 3a Abs. 3 Nr. 2 S. 3 UStG und liegt dort, wo der Leistungsempfänger seinen Wohnsitz hat, mithin in Italien. Der Vorgang ist zwar im Inland nicht steuerbar, der Vermietungsunternehmer hat sich entweder in Italien umsatzsteuerlich registrieren zu lassen oder im Inland das besondere Besteuerungsverfahren zu wählen (§ 18j UStG).

Die langfristige Vermietung von Sportbooten an Nichtunternehmer ist ausdrücklich ausgenommen (§ 3a Abs. 3 Nr. 2 S. 4 UStG).

d) Fahrzeugüberlassung an Mitarbeiter aus dem übrigen Gemeinschaftsgebiet
Überlässt ein Unternehmer seinem Personal arbeitsrechtlich langfristig ein Fahrzeug auch zur privaten Nutzung, stellt sich die Frage, ob eine langfristige Vermietung eines Beförderungsmittels vorliegt oder eine unentgeltliche Wertabgabe.

Beispiel:

Unternehmer U aus Luxemburg überlässt seinem Außendienstmitarbeiter T aus Trier einen betrieblichen Pkw auch für private Zwecke, die Fahrzeugüberlassung ist Gegenstand des Arbeitsvertrages.

U führt nach deutscher Rechtsauffassung mit der Überlassung des Fahrzeugs an seinen Mitarbeiter zur privaten Nutzung eine Vermietungsleistung aus, es handelt sich um einen tauschähnlichen Umsatz (§ 3 Abs. 12 UStG).[440] Die Überlassung des Fahrzeugs ist nach deutscher Rechtsauffassung als Vergütung für geleistete Dienste und damit als entgeltlich anzusehen, wenn sie im Arbeitsvertrag

---

440 BFH vom 10.06.1999, V R 87/98, BStBl 1999 II S. 580; BFH vom 12.01.2011, XI R 9/08, BStBl 2012 II S. 58.

geregelt ist oder sonstigen Umständen des Arbeitsverhältnisses beruht.[441] Der Ort dieser langfristigen Vermietung eines Beförderungsmittels an eine Privatperson liegt dann folgerichtig nach § 3a Abs. 3 Nr. 2 Satz 3 UStG dort, wo der Leistungsempfänger seinen Wohnsitz hat, mithin in Trier. Der Vorgang unterliegt daher nach deutscher Rechtsauffassung in Deutschland der Umsatzsteuer, nicht in Luxemburg. U hat sich daher in Deutschland umsatzsteuerlich registrieren lassen, auch wenn es sich bei diesem Vorgang um den einzig umsatzsteuerlich relevanten Vorgang für ihn in Deutschland handelt, denn bei Dienstleistungen gibt es keine Schwellenwerte wie bei z. B. bei Lieferungen (vgl. § 3c UStG).

Da die Finanzverwaltung in Luxemburg in diesen Fällen die Rechtsauffassung vertritt, es liegt insoweit eine unentgeltliche Wertabgabe und keine entgeltliche Leistung vor, wonach dann folgerichtig das Besteuerungsrecht am Sitz des Unternehmens in Luxemburg liegt (§ 3a Abs. 1 UStG), kam es folgerichtig zum Besteuerungsstreit zwischen diesen Ländern, die der EuGH richten musste.[442]

Der EuGH führt dazu nun aus, dass der Begriff „Vermietung eines Beförderungsmittels" einen autonomen Begriff des Unionsrechts darstellt, der unabhängig von den Wertungen in den Mitgliedstaaten in der gesamten Union eine einheitliche Auslegung erhalten muss. Und da eine Vermietung nach ständiger Rechtsprechung des EuGHs voraussetzt, dass der Eigentümer des Gegenstands gegen die Zahlung eines Mietzinses für eine vereinbarte Dauer das Recht überträgt, den Gegenstand zu nutzen und andere davon auszuschließen, kann bei der Überlassung von Beförderungsmitteln an Mietarbeiter regelmäßig eben keine Vermietungsleistung erbracht worden sein. Die bloße Überlassung eines Beförderungsmittels auch für private Zwecke des Mitarbeiters im Arbeitsvertrag fällt damit nicht unter den Begriff einer Vermietung. Dies gilt auch dann, wenn für einkommensteuerliche und sozialversicherungsrechtliche Zwecke ein quantifizierter geldwerter Vorteil und somit in gewisser Weise die Überlassung als ein Teil der Vergütung für die Arbeitsleistung zu sehen ist. Ausnahmsweise ist auch bei der Überlassung von Beförderungsmitteln an das Personal von einer Vermietungsleistung auszugehen, wenn die Pkw-Überlassung ausdrücklich gegen Gehaltsverzicht mit separatem Mietvertrag erfolgt.

Wird daher die Überlassung eines Beförderungsmittels nicht mit separatem Mietvertrag geregelt und kann der Mitarbeiter die Nutzung des Fahrzeugs durch andere nicht ausschließen, liegt ungeachtet der ertragsteuerlichen oder sozialversicherungsrechtlichen Sichtweise regelmäßig umsatzsteuerliche eine unentgeltliche Wertabgabe im Sinne des § 3 Abs. 9a UStG vor. Der Ort der Leistung bestimmt sich folglich nach § 3a Abs. 1 UStG und nicht nach § 3a Abs. 3 Nr. 3 UStG.

---

441 Abschn. 15.23 Abs. 9 UStAE.
442 EuGH vom 20.01.2021, C-288/16, DStR 2021 S. 154 aufgrund des Vorlageverfahrens des FGs Saarland vom 18.03.2019, 1 K 1208/16, EFG 2019 S. 986.

> *Hinweis:*
> Damit werden nun Umsatzsteuer, Lohnsteuer und Sozialversicherungsbei-
> träge einheitlich am Sitzort des Unternehmens erhoben.

Von einer **unentgeltlichen Fahrzeugüberlassung** an das Personal zu Privat-
zwecken kann stets ausgegangen werden, wenn die vereinbarte private Nutzung des Fahrzeugs derart gering ist, dass sie für die Gehaltsbemessung keine
wirtschaftliche Rolle spielt und nach den objektiven Gegebenheiten eine
weitergehende private Nutzungsmöglichkeit ausscheidet. Danach kann Unent-
geltlichkeit angenommen werden, wenn dem Arbeitnehmer das Fahrzeug aus
besonderem Anlass oder zu einem besonderen Zweck nur gelegentlich ohne
Vereinbarung eines Mietzinses für private Zwecke überlassen wird.

Beispiel:
Elektromeister U aus Aachen überlässt einen Transporter seines Unternehmens
für ein Wochenende einem niederländischen Mitarbeiter, damit dieser den
Umzug seiner Schwiegermutter von Maastricht nach Amsterdam durchführen
kann.

Da U das Fahrzeug nicht auf Dauer oder regelmäßig seinem Mitarbeiter überlässt,
liegt eine unentgeltliche Wertabgabe i. S. d. § 3 Abs. 9a Nr. 1 S. 1 UStG vor. Der Ort
dieser unentgeltlichen Wertabgabe liegt in Aachen § 3a Abs. 1 UStG. Der Umsatz
ist daher in Deutschland steuerbar und steuerpflichtig.

e) Langfristige Überlassung eines Sportbootes
Bei der Vermietung von Sportbooten an einen Nichtunternehmer wird die
Vermietungsleistung dort ausgeführt, wo dem Empfänger das Sportboot tatsächlich zur Verfügung gestellt wird, d. h., ihm übergeben wird, wenn sich auch
der Sitz oder eine feste Niederlassung des Unternehmers an diesem Ort befindet
(§ 3a Abs. 3 Nr. 2 S. 4 UStG).[443]

Beispiel:
Der Bootsvermieter H mit Sitz in Hamburg vermietet an den Nichtunternehmer
K aus Köln eine Yacht für 4 Monate. Die Yacht liegt in einem italienischen
Adriahafen an der festen Niederlassung des H und wird auch hier übergeben.

Der Leistungsort für H liegt nach § 3a Abs. 3 Nr. 2 S. 4 UStG in Italien, da hier das
Sportboot tatsächlich körperlich übergeben wird und sich in Italien eine feste
Niederlassung des H befindet.

Sportboote i. S. dieser Regelung sind unabhängig von der Antriebsart sämtliche
Boote mit einer Rumpflänge von 2,5 bis 24 Metern, die ihrer Bauart nach für
Sport- oder Freizeitzwecke bestimmt sind, insbesondere Segelyachten, Motor-
yachten, Segelboote, Ruderboote, Paddelboote oder Motorboote.[444]

---

443 Abschn. 3a.5 Abs. 11 UStAE.
444 Abschn. 3a.5 Abs. 12 UStAE.

f) Besonderheiten im Verhältnis zum Drittlandsgebiet
Wird ein Beförderungsmittel durch einen **im Drittlandsgebiet ansässigen Unternehmer** kurzfristig an einen anderen Unternehmer vermietet, bestimmt sich der Leistungsort grds. nach § 3a Abs. 3 Nr. 2 S. 1 UStG und liegt dort, wo das Beförderungsmittel körperlich übergeben wird. Wird ein Beförderungsmittel durch einen im Drittlandsgebiet ansässigen Unternehmer langfristig an einen anderen Unternehmer vermietet, bestimmt sich der Leistungsort grds. nach § 3a Abs. 2 UStG und liegt beim Leistungsempfänger, da § 3a Abs. 3 Nr. 2 S. 3 UStG bei Unternehmern als Leistungsempfänger nicht greift.

Hat der Leistungsempfänger seinen Sitz im Inland, liegt häufig schon nach diesen Grundregelungen der Ort der Leistung im Inland. Sollte er dagegen nach diesen Grundregelungen nicht im Inland liegen, verlagert sich der Ort der Leistung ins Inland, falls das Beförderungsmittel im Inland genutzt wird (§ 3 Abs. 6 S. 1 Nr. 1 UStG).

Werden Beförderungsmittel langfristig durch einen im Drittlandsgebiet ansässigen Unternehmer an Nichtunternehmer zur Nutzung im Inland vermietet, bestimmt sich der Leistungsort nach § 3a Abs. 6 S. 1 Nr. 1 UStG, falls er nicht schon nach der Grundregelung des § 3a Abs. 3 Nr. 2 S. 3 UStG im Inland liegt.

Vermietet ein Unternehmer **aus dem Inland** kurzfristig ein Schienenfahrzeug, einen Kraftomnibus oder ein ausschließlich zur Beförderung von Gegenständen bestimmtes Straßenfahrzeug an einen Drittlandsunternehmer und wird der Gegenstand im Drittland genutzt, gilt die Leistung als im Drittland ausgeführt (§ 3a Abs. 7 UStG). Bei langfristiger Nutzung liegt der Ort der Leistung ebenfalls im Drittlandsgebiet, allerdings bereits nach der Grundregelung des § 3a Abs. 2 UStG.

Beispiel:

Unternehmer Z aus Zürich vermietet einen Reisebus an Unternehmer F aus Freiburg, der den Bus als Schulbus nutzt. Bei Abholung des Busses in der Schweiz durch U steht die Dauer der Verwendung noch nicht fest.

Bei einer langfristigen Vermietung von Beförderungsmitteln durch Z läge der Ort der Dienstleistung in Freiburg (§ 3a Abs. 2 UStG). F hätte den Übergang der Steuerschuldnerschaft zu beachten (§ 13b Abs. 2 Nr. 1 i. V. m. Abs. 5 S. 1 UStG), Z hätte eine Rechnung ohne deutsche Umsatzsteuer zu erteilen.

Bei einer kurzfristigen Vermietung des Beförderungsmittels läge der Ort der Dienstleistung grds. in der Schweiz, dem Übergabeort (§ 3a Abs. 3 Nr. 2 S. 1 UStG). Da Z aber seinen Sitz im Drittland hat, verlagert sich der Ort der Leistung ins Inland (§ 3a Abs. 6 S. 1 Nr. 1 UStG). F hätte den Übergang der Steuerschuldnerschaft zu beachten (§ 13b Abs. 2 Nr. 1 i. V. m. Abs. 5 S. 1 UStG), Z hätte eine Rechnung ohne deutsche Umsatzsteuer zu erteilen.

In der Praxis bedeutet dies de facto, dass die Beteiligten bei Übergabe des Fahrzeugs die Dauer der Nutzungsüberlassung tatsächlich gar nicht kennen und festlegen müssen.

3. **Kulturelle, künstlerische, wissenschaftliche, unterrichtende, sportliche und unterhaltende Tätigkeiten einschließlich der Veranstaltungsleistungen**

a) Allgemeiner Überblick

Bei bestimmten sonstigen Leistungen, die in einem aktiven Tun bestehen, bestimmt die Leistung selbst den Leistungsort, wenn sie an einen Nichtunternehmer erbracht wird (§ 3a Abs. 3 Nr. 3 Buchst. a UStG). Bei diesen Leistungen bestimmt sich der Leistungsort nach dem Ort, an dem die sonstige Leistung tatsächlich bewirkt wird.[445]

Wird die Leistung dagegen an einen Unternehmer erbracht, gilt mangels Ausnahmeregelung das Empfängersitzprinzip (§ 3a Abs. 2 UStG).

Leistungen, die darin bestehen, die **Eintrittsberechtigung** zu derartigen Veranstaltungen einzuräumen, werden dagegen stets am Veranstaltungsort erbracht, unabhängig davon, ob der Leistungsempfänger ein Nichtunternehmer (§ 3a Abs. 3 Nr. 3 Buchst. a UStG) oder ein Unternehmer (§ 3a Abs. 3 Nr. 5 UStG) ist.

Hinweis:

Darüber hinaus ist für Veranstaltungsleistungen bei Messen und Ausstellungen eine Ausnahmeregelung für Veranstaltungen im Drittlandsgebiet zu beachten (§ 3a Abs. 8 UStG).

b) Dienstleistungen an Unternehmer

Für Leistungen in der Unternehmerkette (also insbesondere für Dienstleistungen zur Vorbereitung der Veranstaltungen) gilt mangels Ausnahmeregelung die Grundregelung des **Empfängersitzprinzips** (§ 3a Abs. 2 UStG). Diese Leistungen gelten mithin als am Ort des Leistungsempfängers erbracht, wenn er die Leistung für sein Unternehmen bezieht.

Dienstleistungen, die darin bestehen, die **Eintrittsberechtigung** zu derartigen Veranstaltungen einzuräumen, werden jedoch stets am Veranstaltungsort ausgeführt (§ 3a Abs. 3 Nr. 5 UStG).

Beispiel:

Eine Popband aus Amsterdam tritt in der Dortmunder Westfalenhalle auf, Veranstalter ist ein Unternehmer aus Hamburg, der auch das Honorar gegenüber der Band schuldet. Die Ton- und Lichttechnik wird von einem Unternehmen aus der Schweiz im Auftrag des Veranstalters durchgeführt.

Der Ort der Leistung des Veranstalters bestimmt sich nach § 3a Abs. 3 Nr. 3 Buchst. a bzw. § 3a Abs. 3 Nr. 5 UStG nach dem sog. Veranstaltungsort und wurde somit in Dortmund ausgeführt. Der Verkauf der Eintrittskarten an die Konzertbesucher unterliegt somit der deutschen Umsatzsteuer. Dies gilt auch, wenn die Konzertbesucher Unternehmer sind und die Leistung für ihr Unternehmen bezo-

---

445 Abschn. 3a.6 Abs. 1 UStAE.

gen haben. Steuerschuldner ist der Veranstalter (§ 13a Abs. 1 Nr. 1 UStG), die Regelungen über den Übergang der Steuerschuldnerschaft gelten aus Praktikabilitätsgründen insoweit nicht (§ 13b Abs. 6 Nr. 4 UStG).

Die Leistung der Band erfolgt an einen anderen Unternehmer (Veranstalter) und wurde folglich nach dem Empfängersitzprinzip in Hamburg ausgeführt (§ 3a Abs. 2 UStG). Der Veranstalter aus Hamburg hat bei der Abrechnung den Übergang der Steuerschuldnerschaft zu beachten (§ 13b Abs. 1 i. V. m. Abs. 5 S. 1 UStG). Die Band erhält in der Praxis ihr Honorar regelmäßig im Wege der Gutschrift (vgl. § 14 Abs. 2 S. 2 UStG), diese hat folglich netto zu erfolgen.

Die Leistungen des Unternehmers aus der Schweiz werden ebenfalls in Hamburg ausgeführt, auch insoweit gilt das Empfängersitzprinzip einschließlich des Übergangs der Steuerschuldnerschaft auf den Veranstalter für diese Leistung (§ 3a Abs. 2 i. V. m. § 13b Abs. 2 Nr. 1 i. V. m. Abs. 5 S. 1 UStG). Auch insoweit ist folglich netto abzurechnen.

c) Dienstleistungen an Nichtunternehmer

Als Ort der Dienstleistungen auf dem Gebiet der Kultur, der Künste, des Sports, der Wissenschaften, des Unterrichts, der Unterhaltung oder ähnlicher Leistungen wie Leistungen im Zusammenhang mit Messen und Ausstellungen einschließlich der Dienstleistungen der Veranstalter solcher Tätigkeiten sowie der damit zusammenhängenden Tätigkeiten, die für die Ausübung der Leistungen unerlässlich sind, gilt als Leistungsort der Ort, an dem diese Leistungen tatsächlich ausgeübt werden, wenn der Empfänger kein Unternehmer bzw. juristische Person mit USt-IdNr. ist (§ 3a Abs. 3 Buchst. a UStG). Unter die genannten Leistungen fallen auch Dienstleistungen, die darin bestehen, die Eintrittsberechtigung zu derartigen Veranstaltungen einzuräumen. Die Regelung ist auch anzuwenden beim Verkauf von Eintrittskarten für derartige Veranstaltungen durch einen anderen Unternehmer als den Veranstalter, nicht aber bei bloßen Vermittlungsleistungen.[446] So gehören auch die Leistungen von Gastspielagenturen, die den auftretenden Künstler im eigenen Namen und als eigene Leistung am Markt anbieten, zu den sonstigen Leistungen eines auftretenden Künstlers. Auch die Einräumung der Berechtigung, auf mehreren Golfplätzen im In- und Ausland Golf zu spielen, richtet sich nach dieser Vorschrift.[447]

Bei diesen Leistungen ist maßgebend, wo die entscheidenden Bedingungen zum Erfolg gesetzt werden. Es kommt nicht darauf an, wo der Unternehmer im Rahmen seiner Gesamttätigkeit überwiegend tätig wird, sondern wo er den einzelnen zu beurteilenden Umsatz ausführt, also regelmäßig am Veranstaltungsort. Dies gilt auch für die Leistungen der Veranstalter und für Unternehmer, die die tontechnischen Leistungen (z. B. Akustik) dieser Veranstaltungen übernehmen.[448]

---

446 Abschn. 3a.6 Abs. 2 UStAE.
447 Abschn. 3a.6 Abs. 5a UStAE; BFH vom 12. 10. 2016, XI R 5/14, BStBl. II 2017 S. 500.
448 Abschn. 3a.6 Abs. 3 UStAE; EuGH vom 26. 09. 1996, C-327/94, BStBl. II 1998 S. 313.

Beispiel:

Ein selbständiger Artist aus Pisa tritt auf einem Kindergeburtstag in Rosenheim auf und erteilt den Eltern eine Rechnung über 400 €. Seine Darbietungen, die er auf solchen Feierlichkeiten anbietet, hat er ausnahmslos in Italien einstudiert und erprobt.

Der Ort der sonstigen Leistung liegt in Rosenheim am Veranstaltungsort (§ 3a Abs. 3 Nr. 3 Buchst. a UStG).

Insbesondere bei künstlerischen und wissenschaftlichen Leistungen ist zu beachten, dass sich im Falle der reinen **Übertragung von Nutzungsrechten** wie Urheberrechten und ähnlichen Rechten an Abnehmer, die keine Unternehmer sind, der Leistungsort nicht nach § 3a Abs. 3 Nr. 3 Buchst. a UStG richtet, sondern nach § 3a Abs. 1 oder Abs. 4 UStG.[449]

Die Frage, ob bei einem wissenschaftlichen **Gutachten** eine wissenschaftliche Leistung nach § 3a Abs. 3 Nr. 3 Buchst. a UStG oder eine Beratungsleistung vorliegt, ist nach dem Zweck zu beurteilen, den der Auftraggeber mit dem von ihm bestellten Gutachten verfolgt. Eine wissenschaftliche Leistung setzt voraus, dass das erstellte Gutachten nicht auf Beratung des Auftraggebers gerichtet ist; dies ist der Fall, wenn das Gutachten nach seinem Zweck keine konkrete Entscheidungshilfe für den Auftraggeber darstellt. Soll das Gutachten dem Auftraggeber dagegen als Entscheidungshilfe für die Lösung konkreter technischer, wirtschaftlicher oder rechtlicher Fragen dienen, liegt eine Beratungsleistung vor. Der Leistungsort bestimmt sich dann nach § 3a Abs. 1, Abs. 2 oder Abs. 4 S. 1 UStG.[450]

Beispiel:

Ein Wirtschaftsforschungsunternehmen aus Den Haag erhält von einer inländischen juristischen Person des öffentlichen Rechts, die nicht unternehmerisch tätig und der keine USt-IdNr. erteilt worden ist, den Auftrag, in Form eines Gutachtens Struktur- und Standortanalysen für die Errichtung von Gewerbebetrieben zu erstellen.

Auch wenn das Gutachten nach wissenschaftlichen Grundsätzen erstellt worden ist, handelt es sich um eine Beratung, da das Gutachten zur Lösung konkreter wirtschaftlicher Fragen verwendet werden soll. Der Leistungsort bestimmt sich nach § 3a Abs. 1 UStG und liegt folglich in Den Haag.

Eine sonstige Leistung, die darin besteht, der Allgemeinheit gegen Entgelt die **Benutzung von Geldspielautomaten** zu ermöglichen, die in Spielhallen aufgestellt sind, ist als unterhaltende oder ähnliche Tätigkeit nach § 3a Abs. 3 Nr. 3 Buchst. a UStG anzusehen.[451] Für die Benutzung von Geldspielautomaten außerhalb von Spielhallen richtet sich der Leistungsort nach § 3a Abs. 1 UStG.[452]

---

449 Abschn. 3a.6 Abs. 4 UStAE.
450 Abschn. 3a.6 Abs. 5 UStAE.
451 EuGH, Urteil vom 12.05.2005, C-452/03, UR 2005 S. 443.
452 EuGH, Urteil vom 04.07.1985, C-168/84, EuGHE 1985 S. 2251.

d) Eintrittsberechtigung zu entsprechenden Veranstaltungen

Dienstleistungen, die darin bestehen, die Eintrittsberechtigungen zu Veranstaltungen einzuräumen, werden stets am Veranstaltungsort ausgeführt, ungeachtet der Frage, ob der Leistungsempfänger Nichtunternehmer (§ 3a Abs. 3 Nr. 3 Buchst. a UStG) oder Unternehmer (§ 3a Abs. 3 Nr. 5 UStG) ist.

Zu den Dienstleistungen betreffend die Eintrittsberechtigung zu entsprechenden Veranstaltungen gehören Dienstleistungen, deren wesentliche Merkmale darin bestehen, gegen eine Eintrittskarte oder eine Vergütung, auch in Form eines Abonnements oder einer regelmäßigen Gebühr, das Recht auf Eintritt zu einer Veranstaltung zu gewähren (Art. 32 MwStVO). Zu den Eintrittsberechtigungen i. S. d. § 3a Abs. 3 Nr. 3 Buchst. a UStG bzw. § 3a Abs. 3 Nr. 5 UStG gehören demnach insbesondere:[453]

- das Recht auf Zugang zu Darbietungen, Theateraufführungen, Zirkusvorstellungen, Freizeitparks, Konzerten, Ausstellungen sowie zu anderen ähnlichen kulturellen Veranstaltungen, auch wenn das Entgelt in Form eines Abonnements oder eines Jahresbeitrags entrichtet wird;
- das Recht auf Zugang zu Sportveranstaltungen wie Spiele und Wettkämpfe gegen Entgelt, auch wenn das Entgelt in Form einer Zahlung für einen bestimmten Zeitraum oder eine festgelegte Anzahl von Veranstaltungen in einem Betrag erfolgt;
- das Recht auf Zugang zu Veranstaltungen auf dem Gebiet des Unterrichts und der Wissenschaft, wie bspw. Konferenzen und Seminare (Art. 32 Abs. 2 Buchst. c MwStVO). Dies gilt unabhängig davon, ob der Unternehmer selbst oder ein Arbeitnehmer an der Veranstaltung teilnimmt und das Entgelt vom Unternehmer (Arbeitgeber) entrichtet wird. Zu den damit zusammenhängenden Dienstleistungen gehören insbesondere die Nutzung der Garderobe oder von sanitären Einrichtungen, nicht aber bloße Vermittlungsleistungen im Zusammenhang mit dem Verkauf der Eintrittskarten (Art. 33 MwStVO).

Beispiel:

Ein deutscher Seminaranbieter schult die Mitarbeiter eines niederländischen Unternehmens während ihres Aufenthaltes in Barcelona.

Der Ort der Dienstleistung des Seminaranbieters gegenüber dem niederländischen Unternehmer liegt in Barcelona, denn das Honorar des niederländischen Kunden stellt die „Eintrittsberechtigung" für das Seminar dar (§ 3a Abs. 3 Nr. 5 UStG). Folglich hat der deutsche Seminaranbieter gegenüber dem niederländischen Kunden nach spanischem Recht abzurechnen.

Abwandlung 1:

Wie vor, es handelt sich um deutsche Seminarteilnehmer, der deutsche Seminaranbieter rechnet mit dem deutschen Unternehmen ab.

---

453 Abschn. 3a.7 Abs. 2 UStAE.

Der Ort der Dienstleistung liegt wiederum in Barcelona, d. h., der deutsche Seminaranbieter hat gegenüber dem deutschen Kunden nach spanischem Recht abzurechnen. Da sich der Ort der Dienstleistung gerade nicht nach der Grundregelung des § 3a Abs. 2 UStG richtet, wäre eine Abrechnung mit deutscher Umsatzsteuer zwischen den beiden deutschen Unternehmen unzutreffend. Ob und für wen in der Kette dieser Leistungen eine Registrierungspflicht in Spanien besteht oder ob und dann ggf. für wen der Übergang der Steuerschuldnerschaft zur Anwendung kommt, richtet sich ausschließlich nach spanischem Recht und muss daher von den Beteiligten in der Praxis erfragt werden.

Abwandlung 2:

Wie vor, der deutsche Dozent D schult im Auftrag des deutschen Seminaranbieters die Mitarbeiter des deutschen Unternehmens während des Aufenthalts in Barcelona.

Der Ort der Leistung des Dozenten gegenüber dem deutschen Seminaranbieter liegt nicht am Veranstaltungsort in Barcelona, da § 3a Abs. 3 Nr. 3 Buchst. a UStG für derartige Leistungen in der Unternehmerkette nicht zur Anwendung kommt. Der Dozent erbringt keine Veranstaltungsleistung, sondern eine Dienstleistung gegenüber dem deutschen Seminaranbieter. Der Ort der Leistung bestimmt sich nach § 3a Abs. 2 UStG und liegt in Deutschland.

Zu den Eintrittsberechtigungen für Messen, Ausstellungen und Kongresse gehören auch die damit im Zusammenhang stehenden Nebenleistungen, wie z. B. Beförderungsleistungen, Vermietung von Fahrzeugen oder Unterbringung, wenn diese Leistungen vom Veranstalter einer Messe, der Ausstellung oder des Kongresses zusammen mit der Einräumung der Eintrittsberechtigung als einheitliche Leistung angeboten werden.[454]

Fachtagungen und Fachseminare fallen unter § 3a Abs. 3 Nr. 5 UStG, auch wenn sich diese Seminare naturgemäß nur an ein entsprechend begrenztes Fachpublikum richten.

Die Regelung in § 3a Abs. 3 Nr. 3 Buchst. a bzw. in § 3a Abs. 3 Nr. 5 UStG ist auch anzuwenden beim Verkauf von Eintrittskarten durch einen anderen Unternehmer als den Veranstalter, denn durch den Verkauf von Eintrittskarten wird dem Erwerber das Recht auf Zugang zu den jeweiligen Veranstaltungen verschafft.[455] Dies gilt nicht für die Vermittlung von Eintrittsberechtigungen (Art. 33 S. 2 MwStVO).[456]

Nicht unter § 3a Abs. 3 Nr. 5 UStG fallen Leistungen, die die ausschließliche Nutzung von Räumlichkeiten zum Inhalt haben, z. B. die Anmietung von Turnhallen (Art. 32 Abs. 3 MwStVO).[457]

---

454 Abschn. 3a.7a Abs. 2 Satz 2 UStAE.
455 Abschn. 3a.6 Abs. 2 S. 2 i. V. m. Abschn. 3a.71 Abs. 2 Satz 2 UStAE.
456 Abschn. 3a.6 Abs. 2 S. 4 i. V. m. Abschn. 3a.7a Abs. 3 UStAE.
457 Abschn. 3a.7a Abs. 3 UStAE.

Eine Veranstaltung erfordert nach Auffassung der Verwaltung die physische Anwesenheit des Leistungsempfängers bei dieser; die Vorschrift gilt daher nicht in den Fällen der Online-Teilnahme des Leistungsempfängers.[458]

4. Dienstleistungen im Zusammenhang mit Messen, Ausstellungen und Kongressen

a) Leistungen im Zusammenhang mit einem Grundstück

Bei der Überlassung von Standflächen auf Messen und Ausstellungen an die Aussteller handelt es sich regelmäßig um sonstige Leistungen im Zusammenhang mit einem Grundstück. Diese Leistungen werden dort ausgeführt, wo die Standflächen liegen. Dies gilt entsprechend für die Überlassung von Räumen und ihren Einrichtungen an die Aussteller auf dem Messegelände für Informationsveranstaltungen einschließlich der üblichen Nebenleistungen sowie die Überlassung von Parkplätzen auf dem Messegelände. Übliche Nebenleistungen sind z. B. die Überlassung von Mikrofonanlagen und Simultandolmetscheranlagen sowie Bestuhlungsdienste, Garderobendienste und Hinweisdienste.[459]

> *Hinweis:*
>
> Die Vermietung eines Messestandes allein stellt dagegen die Vermietung von beweglichen körperlichen Gegenständen dar,[460] die nach dem Empfängersitzprinzip des § 3a Abs. 2 UStG zu versteuern ist. Wird der Messestand zusammen mit der Standfläche überlassen, gilt wiederum das Belegenheitsprinzip des § 3a Abs. 3 Nr. 1 UStG.

b) Einheitliche Veranstaltungsleistungen

Leistungen bei Messen, Ausstellungen und Kongressen werden regelmäßig im Rahmen eines Vertrages besonderer Art erbracht. In der Regel erbringen Unternehmer neben der Überlassung von Standflächen eine Reihe weiterer Leistungen an die Aussteller, z. B. die technische Versorgung der überlassenen Stände, die Standbetreuung und die Reinigung der Stände. Erbringen Dienstleistungsunternehmen eine Vielzahl von sonstigen Leistungen an Messeaussteller, liegt regelmäßig eine **einheitliche Veranstaltungsleistung** vor.[461] Der Ort dieser einheitlichen Dienstleistung bestimmt sich grds. nach dem Empfängersitzprinzip i. S. d. § 3a Abs. 2 UStG, wenn der Leistungsempfänger Unternehmer oder ein vergleichbarer Leistungsempfänger ist. Ist in den Fällen einer einheitlichen Veranstaltungsleistung der Leistungsempfänger ein Nichtunternehmer, richtet sich der Leistungsort nach § 3a Abs. 3 Nr. 3 Buchst. a UStG. Gleiches gilt für die

---

458 Abschn. 3a.7a Abs. 1 Satz 4 UStAE.
459 Abschn. 3a.4 Abs. 1 UStAE.
460 Abschn. 3a.9 Abs. 19 UStAE.
461 EuGH vom 09.03.2006, C-114/05, UR 2006 S. 350.

Überlassung von Flächen in einem Hotel einschließlich der Konferenztechnik.[462]

Eine derartige einheitliche Veranstaltungsleistung kann zur Vereinfachung nach Auffassung der Finanzverwaltung angenommen werden, wenn neben der Überlassung von Standflächen zumindest noch drei weitere Leistungen vertraglich vereinbart worden sind und auch tatsächlich erbracht werden. Werden nachträglich die Erbringung weiterer Leistungen zwischen Auftragnehmer und Auftraggeber vereinbart, gilt dies als Vertragsergänzung und wird in die Beurteilung für das Vorliegen einer einheitlichen Veranstaltungsleistung einbezogen.[463]

c) Erbringung einzelner Leistungen

Werden im Zusammenhang mit Messen, Ausstellungen und Kongressen Leistungen als selbständige Leistungen *einzeln* erbracht, so sind diese Leistungen auch nach ihrem Inhalt einzeln zu beurteilen. Dabei gilt nach Auffassung der Finanzverwaltung folgende Rechtsauffassung:[464]

- Der Leistungsort bei der Abgabe von Energie als Nebenleistung zur Überlassung der Standflächen (Strom, Gas, Wasser und Druckluft) bestimmt sich nach § 3a Abs. 3 Nr. 1 Buchst. a UStG, wenn diese Leistungen umsatzsteuerlich Nebenleistungen zur Hauptleistung der Überlassung der Standflächen darstellen.[465]

- Bei der Herstellung der Anschlüsse für Strom, Gas, Wasser, Wärme, Druckluft, Telefon, Telefax, Internetzugang und Lautsprecheranlagen für die überlassenen Stände richtet sich der Leistungsort nach den Grundregeln des § 3a Abs. 1 und 2 UStG.[466]

- Der Leistungsort bei der Planung, Gestaltung sowie dem Aufbau, Umbau und Abbau von Ständen bestimmt sich nach den Grundregeln des § 3a Abs. 2 und Abs. 1 UStG, ggf. auch nach § 3a Abs. 3 Nr. 3 Buchst. a oder § 3a Abs. 4 Nr. 2 UStG. Unter „Planung" fallen auch insbesondere Architektenleistungen, z. B. der Entwurf für einen Stand, zur „Gestaltung" zählt z. B. die Leistung eines Gartengestalters oder eines Beleuchtungsfachmanns.[467]

- Der Leistungsort bei der Standbetreuung und -überwachung, bei der bei der Reinigung der Stände, bei der Überlassung von Garderoben und Schließfächern auf dem Messegelände, bei der Überlassung von Informationssystemen, z. B. von Bildschirmgeräten oder Lautsprecheranlagen, mit deren Hilfe die Besucher der Messen oder Ausstellungen unterrichtet werden sollen, und bei der Zurverfügungstellung von Schreibdiensten und ähnlichen Leis-

---

462 Abschn. 3a.4 Abs. 2a UStAE.
463 Abschn. 3a.4 Abs. 2 S. 5 und 6 UStAE.
464 Abschn. 3a.4 Abs. 3 UStAE.
465 Abschn. 3a.4 Abs. 2 Nr. 1 Buchst. b UStAE, Abschn. 3a.4 Abs. 1 UStAE.
466 Abschn. 3a.4 Abs. 2 Nr. 1 Buchst. a UStAE, Abschn. 3a.4 Abs. 3 Nr. 1 UStAE.
467 Abschn. 3a.4 Abs. 2 Nr. 2 UStAE, Abschn. 3a.4 Abs. 3 Nr. 2 UStAE, Abschn. 3a.6 Abs. 7 UStAE, Abschn. 3a.9 Abs. 8a UStAE.

tungen auf dem Messegelände wird nach den Grundregeln des § 3a Abs. 2 und Abs. 1 UStG bestimmt.[468]

- Hinsichtlich der Überlassung von Standbauteilen und Einrichtungsgegenständen bestimmt sich der Ort der sonstigen Leistung nach den Grundregeln des § 3a Abs. 2 und Abs. 1 UStG, ggf. auch nach § 3a Abs. 4 Nr. 10 UStG.[469]

- Bei der Überlassung von Telefonapparaten, Telefaxgeräten und sonstigen Kommunikationsmitteln zur Nutzung durch die Aufsteller richtet sich der Leistungsort nach den Grundregeln des § 3a Abs. 2 UStG, ggf. auch nach § 3a Abs. 5 oder § 3a Abs. 6 Nr. 3 UStG.[470]

- Bei der Beförderung und Lagerung von Ausstellungsgegenständen wie Exponaten und Standausrüstungen richtet sich der Leistungsort nach der Grundregelung des § 3a Abs. 2 UStG, ggf. nach § 3a Abs. 8 UStG, bei Nichtunternehmern als Leistungsempfänger ggf. nach § 3b UStG.[471]

- Bei Übersetzungsdiensten richtet sich der Ort der Dienstleistungen nach den Grundregeln in § 3a Abs. 2 und Abs. 1 UStG, ggf. auch nach § 3a Abs. 4 Nr. 3 und Abs. 6 Nr. 2 UStG.[472]

- Bei Leistungen im Zusammenhang mit Eintragungen in Messekatalogen, der Aufnahme von Werbeanzeigen usw. in Messekatalogen, Zeitungen, Zeitschriften usw., Anbringen von Werbeplakaten, Verteilung von Werbeprospekten und ähnliche Werbemaßnahmen richtet sich der Leistungsort nach den Grundregeln des § 3a Abs. 2 und Abs. 1 UStG, ggf. auch nach § 3a Abs. 4 Nr. 2 und Abs. 6 Nr. 2 UStG.[473]

- Bei Leistungen im Zusammenhang mit dem Besuchermarketing sowie der Vorbereitung und Durchführung von Foren und Sonderschauen, von Pressekonferenzen von Eröffnungsveranstaltungen und Ausstellerabenden und dergleichen richtet sich die Bestimmung des Leistungsortes nach den Grundregeln des § 3a Abs. 2 und Abs. 1 UStG, ggf. auch nach § 3a Abs. 4 Nr. 2 und Abs. 6 Nr. 2 UStG.[474]

- Bei der Gestellung von Personal, insbesondere Hosts und Hostessen, richtet sich der Leistungsort nach den Grundregeln in § 3a Abs. 2 und 1 UStG, ggf. nach § 3a Abs. 4 Nr. 7 oder § 3a Abs. 6 Nr. 2 UStG.[475]

---

468 Abschn. 3a.4 Abs. 2 Nr. 4, 5, 6, 9 und 10 UStAE, Abschn. 3a.4 Abs. 3 Nr. 1 UStAE.
469 Abschn. 3a.4 Abs. 2 Nr. 3 UStAE, Abschn. 3a.4 Abs. 3 Nr. 3 UStAE i. V. m. Abschn. 3a.2 Abs. 16 UStAE, Abschn. 3a.9 Abs. 19 UStAE.
470 Abschn. 3a.4 Abs. 2 Nr. 8 UStAE, Abschn. 3a.4 Abs. 3 Nr. 5 UStAE.
471 Abschn. 3a.4 Abs. 2 Nr. 11 UStAE, Abschn. 3a Abs. 3 Nr. 6 und 7 UStAE.
472 Abschn. 3a.4 Abs. 2 Nr. 12 UStAE, Abschn. 3a.4 Abs. 3 Nr. 8 UStAE.
473 Abschn. 3a.4 Abs. 2 Nr. 13 UStAE, Abschn. 3a Abs. 3 Nr. 9 UStAE.
474 Abschn. 3a.4 Abs. 2 Nr. 14 und 15 UStAE, Abschn. 3a.4 Abs. 3 Nr. 10 UStAE.
475 Abschn. 3a.4 Abs. 2 Nr. 16 UStAE, Abschn. 3a.4 Abs. 3 Nr. 11 UStAE.

> **Hinweis:**
>
> Messebauer, die lediglich Stände auf- und abbauen und ihre Leistung gegenüber anderen Unternehmen erbringen, haben daher ihre Leistungen nach den Grundregelungen des Empfängersitzprinzips zu versteuern (§ 3a Abs. 2 UStG); Leistungen gegenüber Nichtunternehmern unterliegen der Sonderregelung des § 3a Abs. 3 Nr. 3 Buchst. b UStG.[476]
>
> Bei der Planung und Gestaltung von Ständen im Zusammenhang mit Messen und Ausstellungen liegt eine Leistung i. S. d. § 3a Abs. 3 Nr. 3 Buchst. a UStG vor, wenn dieser Stand für eine bestimmte Messe oder Ausstellung im Bereich der Kultur, der Künste, des Sports, der Wissenschaften, des Unterrichts, der Unterhaltung oder einem ähnlichen Gebiet bestimmt ist.[477]

Übernachtungs- und Verpflegungsleistungen sind stets als eigenständige Leistungen zu beurteilen.[478]

Im Rahmen von Messen und Ausstellungen werden häufig auch Gemeinschaftsausstellungen durchgeführt, z. B. von Ausstellern, die in demselben ausländischen Staat ansässig sind. Vielfach ist in diesen zwischen dem Veranstalter und den Ausstellern ein Unternehmen zwischengeschaltet, das im eigenen Namen die Gemeinschaftsausstellung organisiert (sog. **Durchführungsgesellschaft**). In diesen Fällen erbringt der Veranstalter seine sonstigen Leistungen an die zwischengeschaltete Durchführungsgesellschaft, diese wiederum erbringt die sonstigen Leistungen an die an der Gemeinschaftsausstellung beteiligten Aussteller. Für die umsatzsteuerliche Behandlung der Leistungen der Durchführungsgesellschaften gelten die Ausführungen entsprechend.[479]

Beauftragen ausländische Staaten mit der Organisation von Gemeinschaftsausstellungen keine Durchführungsgesellschaft, sondern eine staatliche Stelle, sind diese Stellen als Unternehmer und damit de facto als Durchführungsgesellschaft anzusehen.[480]

> **Beispiel:**
>
> Ein Messeveranstalter aus Ungarn organisiert eine Messe in Köln und lässt sich durch eine Durchführungsgesellschaft aus Frankreich alle dazu notwendigen Dienstleistungen besorgen.
>
> Der Ort der Leistung für die Leistung des Veranstalters aus Ungarn liegt in Köln, da alle derartige Leistungen („Eintrittsberechtigungen") am Veranstaltungsort als ausgeführt gelten (§ 3a Abs. 3 Nr. 3 Buchst. a bzw. § 3a Abs. 3 Nr. 5 UStG). Die

---

476 EuGH vom 27. 10. 2011, C-530/09, BStBl. II 2012 S. 160.
477 Abschn. 3a.6 Abs. 7 UStAE, EuGH vom 27. 10. 2011, C-530/09, BStBl. II 2012 S. 160.
478 Abschn. 3a.4 Abs. 2 S. 7 UStAE.
479 Abschn. 3a.4 Abs. 4 UStAE.
480 Abschn. 3a.4 Abs. 5 UStAE.

Dienstleistungen der französischen Durchführungsgesellschaft an den Veranstalter aus Ungarn gelten beim Leistungsempfänger in Ungarn als erbracht (§ 3a Abs. 2 UStG).

Hinweis:

Ist die Festlegung des Leistungsorts bei Veranstaltungsleistungen auf Grund des Rechts eines anderen Mitgliedstaates ausnahmsweise abweichend von diesen Grundsätzen vorgenommen worden, lässt die Finanzverwaltung zu, dass dieser Ortsregelung gefolgt wird.[481]

---

d) Veranstaltungsleistungen im Drittlandsgebiet
Bei Messen, Ausstellungen und Kongressen, die im Drittlandsgebiet stattfinden, ist dagegen der Veranstaltungsort maßgebend (§ 3a Abs. 8 UStG). Unternehmer, die neben der Überlassung von Standflächen noch weitere Leistungen ausführen (z. B. technische Versorgung der Stände, Auf- und Abbau der Stände, Betreuung und Reinigung der Stände und dergleichen), haben danach ihre sog. einheitlichen Veranstaltungsleistungen abweichend von § 3a Abs. 2 UStG nicht beim Leistungsempfänger, sondern doch wieder am Veranstaltungsort erbracht, wenn dieser im Drittland liegt. Die Regelung gilt nur für Veranstaltungsleistungen und nur für Leistungsempfänger i. S. d. § 3a Abs. 2 UStG, also regelmäßig andere Unternehmer. Ausgenommen hiervon sind Leistungen, die in einem der in § 1 Abs. 3 UStG genannten Gebiete (insbesondere Freihäfen) erbracht werden (§ 3a Abs. 8 S. 2 UStG).[482]

5. Restaurationsleistungen
a) Grundregelung
Als Restaurations- und Verpflegedienstleistungen gelten die Abgabe zubereiteter oder nicht zubereiteter Speisen und/oder Getränke, zusammen mit ausreichend unterstützenden Dienstleistungen, die deren sofortigen Verzehr ermöglichen. Die Abgabe von Speisen und Getränken ist nur eine Komponente der gesamten Leistung, bei der der Dienstleistungsanteil überwiegt. Restaurationsleistungen sind die Erbringung solcher Dienstleistungen in den Räumlichkeiten des Dienstleistungserbringers, Verpflegedienstleistungen sind die Erbringung solcher Dienstleistungen an einem anderen Ort als den Räumlichkeiten des Dienstleistungserbringers (Art. 6 Abs. 1 MwStVO). Die Regelung umfasst auch Cateringunternehmen, sofern sie Dienstleistungen und keine Lieferungen erbringen. Die Abgabe von zubereiteten Speisen oder nicht zubereiteten Speisen und/oder Getränken mit oder ohne Beförderung, jedoch ohne andere unterstützende Dienstleistungen, gilt nicht als Restaurations- oder Verpflegedienstleistung; insoweit liegen Lieferungen vor (Art. 6 Abs. 2 MwStVO).[483]

---

481 Abschn. 3a.4 Abs. 6 UStAE.
482 Abschn. 3a.14 Abs. 5 UStAE.
483 BMF vom 16. 10. 2008, BStBl. I 2008 S. 949; BMF vom 29. 03. 2010, BStBl. I 2010 S. 330.

Als Ort der einer Restaurations- oder Verpflegedienstleistung gilt der Ort, an dem die Leistungen tatsächlich erbracht werden (§ 3a Abs. 3 Nr. 3 Buchst. b UStG). **Die Ortsbestimmung gilt für Restaurantleistungen sowohl an Unternehmer als auch an Nichtunternehmer.**[484]

Beispiel:

Ein Cateringunternehmen aus Borken erbringt eine Bewirtungsleistung in Winterswijk (NL) und liefert ein warmes Buffet für eine größere Feier. Geschirr und Personal werden gestellt. Der Leistungsempfänger ist

a) Unternehmer,
b) Privatperson.

Es liegt eine sonstige Leistung vor, da bei einem Catering-Unternehmen die Dienstleistungselemente überwiegen.[485] Der Ort der sonstigen Leistung ist in den Niederlanden (§ 3a Abs. 3 Nr. 3 Buchst. b UStG), unabhängig von der Person des Leistungsempfängers.

b) Sonderregel für Restaurations- und Verpflegungsdienstleistungen an Bord eines Schiffes, eines Flugzeugs oder in der Eisenbahn

Als Ort der Abgabe von Speisen und Getränken zum Verzehr an Ort und Stelle (Restaurationsleistungen), die an Bord eines Schiffes, eines Flugzeugs oder in der Eisenbahn während des innerhalb der EU stattfinden Teils einer Personenbeförderung tatsächlich erbracht werden, gilt der Abgangsort der Personenbeförderung (§ 3e Abs. 1 UStG). Die Regelung gilt nur für Restaurationsleistungen, die selbständige Hauptleistungen darstellen.[486] **Die Vorschrift gilt für Leistungen sowohl an Unternehmer als auch an Nichtunternehmer.**

Werden Restaurant- oder Verpflegedienstleistungen an Bord eines Beförderungsmittels erbracht, ist die Reisestrecke des Beförderungsmittels, nicht die der beförderten Personen für die Ortsbestimmung maßgebend (Art. 35 MwStVO). Als „innerhalb der Gemeinschaft stattfindender Teil einer Personenbeförderung" gilt der Teil einer Beförderung zwischen dem Abgangsort und dem Ankunftsort einer Personenbeförderung, der ohne Zwischenaufenthalt außerhalb der Gemeinschaft erfolgt. „Abgangsort einer Personenbeförderung" ist der erste Ort innerhalb der Gemeinschaft, an dem Reisende in das Beförderungsmittel einsteigen können, gegebenenfalls nach einem Zwischenaufenthalt außerhalb der Gemeinschaft. „Ankunftsort einer Personenbeförderung" ist der letzte Ort innerhalb der Gemeinschaft, an dem in der Gemeinschaft zugestiegene Reisende das Beförderungsmittel verlassen können, ggf. vor einem Zwischenaufenthalt außerhalb der Gemeinschaft. Im Falle einer Hin- und Rückfahrt gilt die Rückfahrt als gesonderte Beförderung (§ 3e Abs. 2 UStG).

---

484 Abschn. 3a.6 Abs. 8 UStAE.
485 EuGH vom 10.03.2011, C-497/09, C-501/09, C-502/09, DStR 2011 S. 515.
486 BFH vom 27.02.2014, V R 14/13, BStBl. II 2014 S. 869.

Beispiel:

In Frankfurt steigt ein Passagier in den TGV von Paris nach Basel und isst ausgiebig im Speisewagen.

Als Ort der Dienstleistung gilt Paris, da hier die Beförderungsstrecke begonnen hat. Maßgebend ist der Abgangsort des Beförderungsmittels, nicht des beförderten Passagiers. Dies gilt auch dann, wenn eine Mahlzeit über die Grenze zum Drittland (hier Schweiz) hinweg fortdauert.

Ausgenommen sind lediglich Restaurationsleistungen während eines Zwischenaufenthalts eines Schiffs im Drittland, bei denen die Reisenden das Schiff, und sei es nur für kurze Zeit, verlassen können, sowie während des Aufenthalts des Schiffs im Hoheitsgebiet dieses Staates. Restaurationsleistungen auf einem Schiff während eines solchen Zwischenaufenthalts und im Verlauf der Beförderung im Hoheitsgebiet dieses Staates unterliegen der Besteuerungskompetenz des Staates, in dem der Zwischenaufenthalt erfolgt.[487]

Hinweis:

Restaurationsleistungen an Bord von Schiffen, in Luftfahrzeugen oder in einer Eisenbahn sind aus dem Anwendungsbereich der Steuerschuldnerschaft des Leistungsempfängers herausgenommen (§ 13b Abs. 6 Nr. 6 UStG). Steuerschuldner ist daher insoweit der leistende ausländische Unternehmer.

---

6. Personenbeförderungen

Eine selbständige Beförderungsleistung liegt vor, wenn ein Unternehmer eine bestimmte Beförderung von Personen schuldet und der Unternehmer diese unter eigener Verantwortung vornimmt. In den Fällen, in denen der mit der Beförderung beauftragte Unternehmer die Beförderung durch einen anderen Unternehmer (Subunternehmer) ausführen lässt, werden sowohl die Beförderungsleistung des Hauptunternehmers als auch diejenige des Subunternehmers dort ausgeführt, wo der Subunternehmer die Beförderung bewirkt. Die Sonderregelung für Reiseleistungen (§ 25 UStG) bleibt davon unberührt.

Bei einer Personenbeförderungsleistung gilt stets die Ausnahmeregelung des § 3b Abs. 1 UStG, unabhängig davon, ob der Leistungsempfänger Unternehmer oder Nichtunternehmer ist.[488] Als Ort einer Personenbeförderungsleistung gilt der Ort, an dem die Beförderung nach Maßgabe der zurückgelegten Beförderungsstrecke jeweils stattfindet (§ 3b Abs. 1 S. 1 UStG). Entsprechend wird eine Beförderungsleistung im Inland erbracht, wenn die Beförderungsstrecke nur im Inland liegt (z. B. Taxifahrt im Inland). Die Beförderungsleistung ist folglich

---

487 EuGH vom 15. 09. 2005, C-58/04, BStBl. II 2007 S. 150, BFH vom 20. 12. 2005, V R 30/02, BStBl. II 2007 S. 139.
488 Abschn. 3b.1 Abs. 1 UStAE.

aufzuteilen, wenn sich die Beförderungsstrecke über mehrere Länder erstreckt (§ 3b Abs. 1 S. 2 UStG).

Beispiel:

Der Reiseveranstalter A veranstaltet im eigenen Namen und für eigene Rechnung einen Tagesausflug für Privatpersonen ins benachbarte Ausland. Er befördert die teilnehmenden Reisenden (Nichtunternehmer) jedoch nicht selbst, sondern bedient sich zur Ausführung der Beförderung des Omnibusunternehmers B.

B bewirkt an A eine Beförderungsleistung, indem er die Beförderung im eigenen Namen, unter eigener Verantwortung und für eigene Rechnung durchführt. Der Ort der Beförderungsleistung des B liegt dort, wo dieser die Beförderung bewirkt (§ 3b Abs. 1 UStG), die Grundregelung des § 3a Abs. 2 UStG kommt bei der Personenbeförderung nicht zur Anwendung. Die Beförderungsleistung des B ist daher aufzuteilen (§ 3b Abs. 1 S. 2 UStG). Für A stellt die Beförderungsleistung des B eine Reisevorleistung dar. A führt deshalb umsatzsteuerrechtlich keine Beförderungsleistung, sondern eine sonstige Leistung i. S. d. § 25 Abs. 1 UStG aus. Diese sonstige Leistung wird dort ausgeführt, von wo aus A sein Unternehmen betreibt (§ 25 Abs. 1 S. 4 i. V. m. § 3a Abs. 1 UStG).

Bei einer Personenbeförderung, die sich auf das Inland und das Ausland (Drittland und übriges Gemeinschaftsgebiet) erstreckt, ist der inländische Anteil steuerbar und steuerpflichtig. Hinsichtlich des ausländischen (nicht steuerbaren) Streckenanteils wird nicht zwischen Mitgliedsstaaten der EU und Drittländern unterschieden. Maßgebend ist die Reisestrecke des Beförderungsmittels, nicht die der beförderten Personen (Art. 15 MwStVO). Die Aufteilung unterbleibt jedoch bei grenzüberschreitenden Beförderungen mit kurzen in- oder ausländischen Beförderungsstrecken, wenn diese Beförderungen entweder insgesamt als steuerbar oder insgesamt als nicht steuerbar zu behandeln sind.[489]

Bei Beförderungsleistungen, bei der nur ein Teil der Leistung steuerbar ist und bei der die Umsatzsteuer für diesen Teil auch erhoben wird, ist Bemessungsgrundlage das Entgelt, das auf diesen Teil der Leistung entfällt.[490] Bei Personenbeförderungen im Gelegenheitsverkehr mit Kraftomnibussen, die nicht im Inland zugelassen sind und die bei der Ein- oder Ausreise eine Grenze zu einem Drittland überqueren, ist ein Durchschnittsbeförderungsentgelt für den Streckenanteil im Inland maßgebend.[491] In allen übrigen Fällen ist das auf den steuerbaren Leistungsteil entfallende tatsächlich vereinbarte oder vereinnahmte Entgelt anhand des anteiligen Gesamtentgelts zu ermitteln.[492] Innerhalb eines Besteuerungszeitraums muss bei allen Beförderungen einer Verkehrsart, z. B. bei Personenbeförderungen im Gelegenheitsverkehr mit Kraftfahrzeugen, nach ein und derselben Berechnungsmethode verfahren werden.[493] Im Ausland ansässige Unternehmer haben dem im Inland zuständigen

---

489 Abschn. 3b.1 Abs. 4 S. 2 UStAE; Abschn. 3b.1 Abs. 7 bis 17 UStAE.
490 Abschn. 3b.1 Abs. 5 UStAE.
491 Abschnitte 3b.1 Abs. 4 ff, Abschn. 10.8, Abschn. 16.2 UStAE.
492 Abschn. 3b.1 Abs. 6 UStAE.
493 Abschn. 3b.1 Abs. 6 S. 3 UStAE.

Finanzamt anzuzeigen, wenn sie grenzüberschreitende Personenbeförderungsleistungen ausführen. Das Finanzamt erteilt darüber eine **Bescheinigung**, die während jeder Fahrt mitzuführen ist (§ 18 Abs. 12 UStG). Kann diese Bescheinigung auf Verlangen des Zolls nicht vorgelegt werden, kann dieser eine Sicherheitsleistung in Höhe der für die einzelne Beförderungsleistung voraussichtlich zu entrichtenden Steuer erheben, die im Veranlagungsverfahren anzurechnen ist. Zugleich ist das Nichtvorlegen der Bescheinigung eine Ordnungswidrigkeit, die mit einer Geldbuße von bis zu 5.000 € geahndet werden kann (§ 26a Abs. 1 Nr. 1a UStG).

Beispiel:

Unternehmer U fährt im Auftrag eines Reiseveranstalters mit seinem Bus Touristen von Köln nach Zürich bzw. nach Paris.

Die Beförderungsleistung des U ist in einen inländischen und damit steuerbaren und einen ausländischen und damit nicht steuerbaren Teil aufzuteilen, das Beförderungsentgelt unterliegt nur insoweit der deutschen Umsatzsteuer, als es auf den inländischen Streckenanteil entfällt. Dieser Anteil ist steuerbar und steuerpflichtig zu 19 % (§ 12 Abs. 1 UStG). Dabei ist es ohne Bedeutung, ob die Fahrt in das Drittlandsgebiet oder das übrige Gemeinschaftsgebiet erfolgt, lediglich bei Güterbeförderungen sind insoweit unterschiedliche Regelungen zu beachten. U hat daher auch in der Schweiz bzw. in Frankreich Umsatzsteuer für seine anteiligen Beförderungsleistungen zu entrichten (vgl. auch § 16 Abs. 5 i. V. m. § 18 Abs. 5 UStG). In der Schweiz geschieht dies regelmäßig beim Zoll an der Grenze, in Frankreich hat sich der deutsche Unternehmer zwangsläufig umsatzsteuerlich registrieren zu lassen.

Die Aufteilung der Leistung erfolgt regelmäßig nach dem Verhältnis der jeweils in den einzelnen Staaten zurückgelegten Strecken. Es ist grds. nicht zu beanstanden, wenn zur Ermittlung des auf den inländischen Streckenanteil entfallenden Entgelts von dem für die Gesamtstrecke vereinbarten oder vereinnahmten Bruttobeförderungspreis ausgegangen und dieser Betrag nach dem Anteil der gefahrenen Kilometer aufgeteilt wird.

Hinweis:

Die §§ 2 bis 7 UStDV enthalten Vereinfachungsregeln, wenn der inländische bzw. ausländische Anteil geringfügig ist.[494]

7. Arbeiten an beweglichen Gegenständen

a) Allgemeiner Überblick

Arbeiten an beweglichen körperlichen Gegenständen sind insbesondere Werkleistungen in Gestalt der Be- oder Verarbeitung von beweglichen körperlichen Gegenständen. Hierzu ist grds. eine Veränderung des beweglichen Gegenstands

---

494 Abschn. 3b.1 Abs. 4 bis 18 UStAE.

erforderlich.[495] Werkleistungen sind Leistungen, bei denen der Unternehmer aufgrund eines Werkvertrages Gegenstände be- oder verarbeitet, ohne dabei selbstbeschaffte Hauptstoffe zu verwenden (vgl. § 3 Abs. 4 UStG). Typische Werkleistungen sind Wartungs- und Inspektionsarbeiten und Reparaturen an beweglichen Sachen. Wartungsleistungen an Anlagen, Maschinen und Kraftfahrzeugen können als Werkleistungen angesehen werden, nicht aber das bloße Bergen und Abschleppen von Fahrzeugen.[496] Die Werkleistung kann auch von einem Subunternehmer als Erfüllungsgehilfen erbracht werden. Als Werkleistung gilt auch der Sonderfall der Leistung nach § 3 Abs. 10 UStG.[497]

Bei der **Begutachtung** körperlicher Gegenstände durch Sachverständige hat § 3a Abs. 3 Nr. 3 Buchst. c UStG Vorrang vor § 3a Abs. 4 S. 2 Nr. 3 UStG. Ein Gutachter erbringt daher seine Leistung dort, wo er die wesentliche Arbeit erbringt, also in aller Regel bei der Begutachtung vor Ort.[498]

Werkleistungen an **unbeweglichen Sachen** werden naturgemäß am Belegenheitsort erbracht (§ 3a Abs. 3 Nr. 1 Buchst. c UStG, Art. 34 MwStVO). Baut aber der leistende Unternehmer die ihm vom Leistungsempfänger sämtlich zur Verfügung gestellten Teile einer Maschine nur zusammen und wird die zusammengebaute Maschine nicht Bestandteil eines Grundstücks, liegen wieder Arbeiten an beweglichen körperlichen Gegenständen i. S. d. § 3a Abs. 3 Nr. 3 Buchst. c UStG vor.

> *Hinweis:*
>
> Verwendet der Unternehmer bei der Be- oder Verarbeitung eines Gegenstands selbstbeschaffte Stoffe, die nicht nur Zutaten oder sonstige Nebensachen sind, ist keine Werkleistung, sondern eine Lieferung gegeben (§ 3 Abs. 4 UStG), eine Ortsbestimmung nach § 3a UStG scheidet aus.

b) Dienstleistungen an Unternehmer
Arbeiten an körperlichen beweglichen Gegenständen und deren Begutachtung an Unternehmer fallen unter die Grundregel des § 3a Abs. 2 UStG und gelten als am Ort des Leistungsempfängers erbracht.[499]

> *Beispiel:*
>
> Der belgische Unternehmer B bittet den deutschen Unternehmer A aus Aachen, eine Maschine in dessen Werkstatt in Aachen zu reparieren. Hauptstoffe werden dabei nicht verwendet.

---

495 Abschn. 3a.6 Abs. 11 UStAE.
496 LFD Thüringen vom 18. 12. 2008, UR 2009 S. 174.
497 Abschn. 3a.6 Abs. 11 UStAE.
498 Abschn. 3a.6 Abs. 12 UStAE.
499 Abschn. 3a.6 Abs. 10 S. 2 UStAE.

Der Ort der Werkleistung liegt in Belgien (§ 3a Abs. 2 UStG). A erbringt somit in Belgien eine steuerbare und steuerpflichtige Leistung, die USt schuldet jedoch B als in Belgien umsatzsteuerlich registrierter Auftraggeber (Art. 196 MwStSystRL), da sich die Bestimmung des Ortes der Dienstleistung nach der Grundregel des Art. 44 MwStSystRL richtet.

Verlagert sich der Ort der Leistung bei einer Leistung durch einen inländischen Unternehmer in das übrige Gemeinschaftsgebiet, so unterliegt diese Leistung folglich dem Umsatzsteuerrecht des anderen Staates. Die Steuerschuld geht jedoch in diesen Fällen zwingend vom leistenden Unternehmer auf den Leistungsempfänger über (Art. 44 i. V. m. Art. 196 MwStSystRL). Der leistende Unternehmer erteilt eine Nettorechnung und muss sich nicht im übrigen Gemeinschaftsgebiet registrieren lassen.

Verlagert sich der Ort der Leistung bei einer entsprechenden von einem ausländischen Unternehmer erbrachten Leistung nach § 3a Abs. 2 UStG vom übrigen Gemeinschaftsgebiet in das Inland, so unterliegt diese Leistung demzufolge dem deutschen Umsatzsteuerrecht. Dabei haben die inländischen Auftraggeber in aller Regel den Übergang der Steuerschuldnerschaft zu beachten (§ 13b Abs. 1 i. V. m. Abs. 5 S. 1 UStG).

Wird eine derartige Leistung gegenüber einem Unternehmer tatsächlich **ausschließlich im Drittlandsgebiet** erbracht, so liegt der Ort der Dienstleistung abweichend von § 3a Abs. 2 UStG im Drittlandsgebiet (§ 3a Abs. 8 S. 1 UStG). Diese Verlagerungsregelung gilt nicht, wenn die vorgenannte Leistung tatsächlich in einem der in § 1 Abs. 3 UStG genannten Gebiete ausgeführt wird, z. B. in einem Freihafen (§ 3a Abs. 8 S. 2 UStG).

c) Dienstleistungen an Nichtunternehmer

Ist der Leistungsempfänger ein Nichtunternehmer, gilt als Ort der Arbeiten an körperlichen beweglichen Gegenständen und der Begutachtung solcher Gegenstände der Ort, an dem sie tatsächlich erbracht werden (Art. 34 MwStVO, § 3a Abs. 3 Nr. 3 Buchst. c UStG).[500]

Beispiel 1:

Die Autowerkstatt A aus Ahaus schleppt einen Pkw eines niederländischen Touristen nach einem Defekt in Deutschland ab und repariert das Fahrzeug in der Werkstatt in Ahaus.

Die Werkleistung wird in Deutschland ausgeführt (§ 3a Abs. 3 Nr. 3 Buchst. c UStG).

Beispiel 2:

Die Autowerkstatt R aus Rosenheim repariert einen Pkw eines niederländischen Touristen nach einem Defekt in Österreich auf einem Autobahnrastplatz in Österreich.

---

500 Abschn. 3a.6 Abs. 10 S. 1 UStAE.

> Die Werkleistung wird in Österreich ausgeführt, da hier die Leistung tatsächlich erbracht wurde.

8. Vermittlungsleistungen

a) Allgemeiner Überblick

Unter den Begriff der Vermittlungsleistung fallen sowohl Vermittlungsleistungen, die im Namen und für Rechnung des Empfängers vermittelt werden, als auch Vermittlungsleistungen, die im Namen und für Rechnung des Unternehmers erbracht werden, der die vermittelte Leistung ausführt. Der Begriff der Vermittlungsleistung ist daher nicht davon abhängig, ob der Vermittler durch den leistenden Unternehmer oder durch den Leistungsempfänger beauftragt wurde (Art. 30 MwStVO).

Bei der Vermittlung von Vermietungen von **Grundstücken** gilt jedoch unabhängig vom Leistungsempfänger grds. vorrangig § 3a Abs. 3 Nr. 1 UStG. Unter das sog. Belegenheitsprinzip fällt daher regelmäßig auch die Vermittlung der Vermietung von Grundstücken. Aufgrund der ausdrücklichen Sonderregelung in Art. 31 MwStVO fällt jedoch die Vermittlung von Beherbergungsleistungen in der Hotelbranche oder in Branchen ähnlicher Funktion nicht unter § 3a Abs. 3 Nr. 1 UStG, sondern unter die üblichen Regelungen.

Hinweis:

Tritt der Unternehmer bei einer Vermietung von fremden Grundstücken im eigenen Namen und für eigene Rechnung auf, erbringt er umsatzsteuerlich eine Vermietungs-, keine Vermittlungsleistung (sog. Leistungskommission § 3 Abs. 11 UStG).[501]

Bei der Werbung von Mitgliedschaften liegt keine Vermittlung eines Umsatzes vor, weil die Begründung der Mitgliedschaft in einem Verein keinen Leistungsaustausch darstellt; der Leistungsort dieser Leistung richtet sich somit nach den Grundregelungen des § 3a Abs. 1 und Abs. 2 UStG.[502]

b) Dienstleistungen an Unternehmer

Bei Leistungen an einen anderen Unternehmer gilt die Grundregel des § 3a Abs. 2 UStG, mithin das Bestimmungslandprinzip.

Beispiel:

Handelsvertreter V aus Köln vermittelt für einen Auftraggeber Lieferungen von Kanada nach Mexiko. Dieser Auftraggeber hat seinen Sitz

a) in Deutschland,

b) in Italien.

---

501 OFD Magdeburg vom 26.08.2012, DStR 2012 S. 2083.
502 Abschn. 3a.7 Abs. 2 S. 2 UStAE.

Der Ort der Vermittlungsleistung bestimmt sich nach § 3a Abs. 2 UStG und liegt im Fall a im Inland. Die Vermittlungsleistungen sind somit im Inland steuerbar, aber steuerfrei (§ 4 Nr. 5 Buchst. a UStG).

Im Fall b liegt der Ort der Vermittlungsleistung des V in Italien. Die Vermittlungsleistung ist im Inland nicht steuerbar. Die Besteuerung dieser sonstigen Leistung erfolgt im Wege des Übergangs der Steuerschuldnerschaft durch den italienischen Auftraggeber (Art. 44 i. V. m. Art. 196 MwStSystRL entsprechen § 3a Abs. 2 und § 13b Abs. 1 UStG).

Hinweis:
Bei der Vermittlung von Vermietungen von Grundstücken gilt unabhängig vom Leistungsempfänger grds. vorrangig § 3a Abs. 3 Nr. 1 UStG. Aufgrund der ausdrücklichen Sonderregelung in Art. 31 Buchst. a MwStVO fällt jedoch die Vermittlung von Beherbergungsleistungen in der Hotelbranche oder in Branchen ähnlicher Funktion nicht unter § 3a Abs. 3 Nr. 1 UStG, sondern unter die üblichen Regelungen. Dies bedeutet, dass die Vermittlung der kurzfristigen Vermietung von Zimmern in Hotels, Pensionen und Ferienhäusern an Unternehmer unter das Empfängersitzprinzip des § 3a Abs. 2 UStG fallen.[503]

c) Dienstleistungen an Nichtunternehmer

Erbringt ein Vermittler Dienstleistungen im Namen und für Rechnung eines Dritten an einen Nichtunternehmer, so bestimmt sich der Ort der Vermittlungsleistung nach dem Ort, an dem die vermittelte Leistung als ausgeführt gilt (§ 3a Abs. 3 Nr. 4 UStG). Vermittlungsleistungen an Privatpersonen werden daher dort erbracht, wo auch der zugrunde liegende Umsatz ausgeführt wird. Daher ist bei diesen Vermittlungsleistungen zunächst der Ort des zugrunde liegenden Umsatzes zu bestimmen, unabhängig davon, ob eine Lieferung oder sonstige Leistung vermittelt wurde. Bei der Vermittlung von Warenlieferungen ist daher der Ort der Vermittlungsleistung dort, wo die Warenlieferung bewirkt wird (§ 3 Abs. 6 bis 8 sowie § 3c und § 3e UStG), bei der Vermittlung von sonstigen Leistungen bestimmt sich der Leistungsort folglich grds. nach §§ 3a, 3b und 3e UStG. Bei der Vermittlung von Reiseleistungen durch ein Reisebüro i. S. d. § 25 UStG ist der Ort der Leistung am Sitz des Reiseveranstalters (§ 25 Abs. 1 S. 4 i. V. m. § 3a Abs. 1 i. V. m. § 3a Abs. 3 Nr. 4 S. 1 UStG).

Die Vermittlung einer nicht steuerbaren Leistung zwischen Nichtunternehmern wird an dem Ort erbracht, an dem die vermittelte Leistung ausgeführt wird.[504]

---

503 Abschn. 3a.7 Abs. 1 S. 4 UStAE.
504 EuGH vom 27.05.2004, C-68/03, DStRE 2004 S. 987, Abschn. 3a.7 Abs. 2 S. 1 UStAE.

Beispiel:

Millionär N aus den Niederlanden beauftragt den deutschen Vermittler D mit der Beschaffung einer seltenen Skulptur. D findet diese bei der Galerie A in Österreich und vermittelt den Verkauf und die Lieferung des Gegenstandes von Österreich an den Abnehmer in den Niederlanden.

Die Lieferung der Skulptur ist in Österreich steuerbar und steuerpflichtig, da eine Lieferung an eine Privatperson erfolgt. Die Vermittlungsleistung folgt dem Ort der vermittelten Leistung und liegt ebenfalls in Österreich (§ 3a Abs. 3 Nr. 4 UStG). Die Grundregelung des § 3a Abs. 1 UStG kommt bei Vermittlungsleistungen an Privatpersonen nicht zur Anwendung. D hat daher in Österreich registrieren zu lassen.

Hinweis:

Bei der Vermittlung von Vermietungen von Grundstücken gilt unabhängig vom Leistungsempfänger grds. vorrangig § 3a Abs. 3 Nr. 1 UStG. Aufgrund der ausdrücklichen Sonderregelung in Art. 31 Buchst. b MwStVO fällt jedoch die Vermittlung von Beherbergungsleistungen in der Hotelbranche oder in Branchen ähnlicher Funktion nicht unter § 3a Abs. 3 Nr. 1 UStG, sondern unter die üblichen Regelungen. Dies bedeutet, dass die Vermittlung der kurzfristigen Vermietung von Zimmern in Hotels, Pensionen und Ferienhäusern an Nichtunternehmer unter die Sonderregelung für Vermittlungsleistungen i. S. d. Art. 46 MwStSystRL bzw. § 3a Abs. 3 Nr. 4 UStG fallen.[505]

d) Steuerbefreiung der Vermittlungsleistung

Die Vermittlung steuerfreier Ausfuhrlieferungen in das Drittlandsgebiet (§ 4 Nr. 1 Buchst. a UStG) ist ebenso steuerfrei wie die nach § 4 Nr. 2–4b, 6 und 7 UStG befreiten Leistungen (§ 4 Nr. 5 Buchst. a UStG). Steuerfrei ist zudem die Vermittlung von grenzüberschreitenden Personenbeförderungsleistungen mit Luftfahrzeugen oder Seeschiffen (§ 4 Nr. 5 Buchst. b UStG), die Vermittlung von Umsätzen, die ausschließlich im Drittlandsgebiet bewirkt werden (§ 4 Nr. 5 Buchst. c UStG) sowie die Vermittlung von Lieferungen, die nach § 3 Abs. 8 UStG als im Inland ausgeführt gelten. Die Vermittlung innergemeinschaftlicher Lieferungen (§ 4 Nr. 1 Buchst. b UStG) ist ebenso wenig von der Umsatzsteuer befreit wie die Vermittlung von innergemeinschaftlichen Güterbeförderungen.

---

505 Abschn. 3a.7 Abs. 1 S. 3 UStAE.

9. Telekommunikationsdienstleistungen, Rundfunk- und Fernsehdienstleistungen und elektronische Dienstleistungen an Nichtsteuerpflichtige

a) Allgemeiner Überblick

aa) Empfängersitzprinzip

§ 3a Abs. 5 UStG enthält eine Sonderregelung für

- sonstige Leistungen auf dem Gebiet der Telekommunikation,
- Rundfunk- und Fernsehdienstleistungen und
- auf elektronischem Weg erbrachte sonstige Leistungen

an Empfänger, die nicht Unternehmer sind oder einem vergleichbaren Personenkreis i. S. d. § 3a Abs. 2 UStG angehören (§ 3a Abs. 5 S. 2 UStG). Diese Leistungen werden nach § 3a Abs. 5 S. 1 UStG an dem Ort ausgeführt, an dem der Leistungsempfänger seinen Wohnsitz oder Sitz hat, unabhängig davon, wo der leistende Unternehmer selbst seinen Sitz hat. Zur Vermeidung der Registrierungspflicht in allen Mitgliedstaaten der Leistungserbringung wurde für diese Unternehmer optional ein besonderes Besteuerungsverfahren geschaffen, nach dem sie sich in nur einem Mitgliedstaat umsatzsteuerlich registrieren lassen und dort die Umsatzsteuer aller Mitgliedstaaten, in denen sie umsatzsteuerpflichtige Dienstleistungen dieser Art erbringen und deren Umsatzsteuer sie schulden, abführen können (Art. 358 bis 369k MwStSystRL). Für inländische Unternehmer ist in § 18h UStG das vereinfachte Verfahren geregelt.

Wird eine in § 3a Abs. 5 S. 2 UStG bezeichnete sonstige Leistung an Orten wie Telefonzellen, Kiosk-Telefonen, WLAN-Hotspots, Internetcafés, Restaurants oder Hotels erbracht und muss der Leistungsempfänger an diesem Ort physisch anwesend sein, damit ihm der leistende Unternehmer die sonstige Leistung erbringen kann, gilt der Leistungsempfänger insoweit als an diesem Ort ansässig. Werden diese Leistungen an Bord eines Schiffs, eines Flugzeugs oder in einer Eisenbahn währen des innerhalb des Gemeinschaftsgebiets stattfindenden Teils einer Personenbeförderung erbracht (vgl. § 3e UStG), gilt der Abgangsort des jeweiligen Beförderungsmittels im Gemeinschaftsgebiet als Leistungsort (Art. 24a Abs. 2 MwStVO). Roamingleistungen, die von einem im Drittland ansässigen Mobilfunkbetreiber an seine ebenfalls in diesem Drittland ansässige Kunden, die sich vorübergehend in einem Mitgliedstaat aufhalten, werden im Mitgliedstaat des vorübergehenden Aufenthalts erbracht.[506]

Diese Fiktion des Empfängersitzes gilt sowohl bei Unternehmern[507] als auch bei Nichtunternehmern[508] als Leistungsempfänger. Während aber bei Leistungsempfängern, die Unternehmer sind, regelmäßig das Reverse-Charge-Verfahren im anderen Mitgliedstaat greift und den leistenden Unternehmer so von der

---

506 EuGH vom 15.04.2021, C-593/19, DStRE 2021 S. 683.
507 Abschn. 3a.2 Abs. 5a UStAE.
508 Abschn. 3a.9a Abs. 3 UStAE.

Registrierungspflicht in diesem Land befreit, muss der leistende Unternehmer bei privaten Leistungsempfängern die Umsatzsteuer für einen anderen Mitgliedstaat selbst abführen.

Wird an einen Nichtunternehmer neben der kurzfristigen Vermietung von Wohn- und Schlafräumen oder Campingplätzen noch eine in § 3a Abs. 5 S. 2 UStG bezeichnete sonstige Leistung erbracht, gilt diese Leistung als am Ort der Vermietungsleistung erbracht (Art. 31c MwStVO).[509]

bb) Dienstleistungen auf dem Gebiet der Telekommunikation

Als sonstige Leistungen auf dem Gebiet der Telekommunikation sind solche Leistungen anzusehen, mit denen die Übertragung, die Ausstrahlung oder der Empfang von Signalen, Schrift, Bild und Ton oder Informationen jeglicher Art über Draht, Funk, optische oder sonstige elektromagnetische Medien ermöglicht und gewährleistet werden, einschließlich der damit im Zusammenhang stehenden Abtretung und Einräumung von Nutzungsrechten an Einrichtungen zur Übertragung, zur Ausstrahlung oder zum Empfang (Art. 6a MwStVO).

Wird eine in § 3a Abs. 5 S. 2 UStG bezeichnete sonstige Leistung an einen Nichtunternehmer über dessen Festnetzanschluss erbracht, gilt der Leistungsempfänger an dem Ort als ansässig, an dem sich dieser Anschluss befindet (Art. 24b Buchst. a MwStVO).[510] Wird die Leistung über ein mobiles Telekommunikationsnetz erbracht, gilt der Leistungsempfänger in dem Land als ansässig, das durch den Ländercode bei der Inanspruchnahme dieser Leistung verwendeten SIM-Karte bezeichnet wird (Art. 24b Buchst. b MwStVO).[511]

Hinweis:

Die Finanzverwaltung hat zur Erläuterung einen umfangreichen Katalog der Telekommunikationsdienstleistungen aufgestellt:[512]

- die Übertragung von Signalen, Schrift, Bild, Ton, Sprache oder Informationen jeglicher Art,
- die Bereitstellung von Leitungskapazitäten oder Frequenzen im Zusammenhang mit der Einräumung von Übertragungskapazitäten,
- die Verschaffung von Zugangsberechtigungen,
- die Vermietung und das Zurverfügungstellen von Telekommunikationsanlagen im Zusammenhang mit der Einräumung von Nutzungsmöglichkeiten der verschiedenen Übertragungskapazitäten,
- die Einrichtung von „Voice-Mailbox-Systemen".

Nicht zu den Telekommunikationsdienstleistungen gehören nach Auffassung der Finanzverwaltung insbesondere Angebote im Bereich Onlinebanking und Datenaustausch, Angebote zur Information, Angebote zur Nut-

---

509 Abschn. 3a.9a Abs. 8 UStAE.
510 Abschn. 3a.9a Abs. 4 Nr. 1 UStAE.
511 Abschn. 3a.9a Abs. 4 Nr. 2 UStAE.
512 Abschn. 3a.10 Abs. 2 und Abs. 3 UStAE.

zung des Internets, Angebote zur Nutzung von Onlinespielen sowie Angebote von Waren und Dienstleistungen in elektronisch abrufbaren Datenbanken mit interaktivem Zugriff und unmittelbarer Bestellmöglichkeit.[513]

Die **Anbieter globaler Informationsdienste** erbringen häufig ein Bündel sonstiger Leistungen an ihre Abnehmer. Zu den Dienstleistungen auf dem Gebiet der Telekommunikation gehören insoweit die Einräumung des Zugangs zum Internet, die Ermöglichung des Bewegens im Internet, die Übertragung elektronischer Post sowie die Einrichtung einer Mailbox. Besteht die vom Online-Anbieter als sog. Zugangsanbieter erbrachte Leistung vornehmlich darin, dem Abnehmer den Zugang zum Internet zu ermöglichen, handelt es sich bei daneben erbrachten Dienstleistungen aus Vereinfachungsgründen um unselbständige Nebenleistungen, die das Schicksal der Hauptleistung (Telekommunikationsdienstleistung) teilen. Erbringt der Online-Anbieter dagegen als Zugangs- und sog. Inhalts-Anbieter (Misch-Anbieter) neben den Telekommunikationsdienstleistungen weitere sonstige Leistungen, die nicht als Nebenleistungen anzusehen sind, handelt es sich um selbstständige Nebenleistungen, die gesondert zu beurteilen sind. Wird insoweit jeweils ein gesondertes Entgelt berechnet, ist es den jeweiligen sonstigen Leistungen zuzuordnen, ein einheitliches Entgelt ist ggf. aufzuteilen, dies kann auch im Schätzungswege geschehen.[514] Dies ist immer dann erforderlich, wenn der Leistungsort unterschiedlich zu beurteilen ist, die erbrachten Leistungen verschiedenen Steuersätzen unterliegen oder teilweise steuerfrei sind.

cc) Rundfunk- und Fernsehdienstleistungen

Rundfunk- und Fernsehdienstleistungen sind Rundfunk- und Fernsehprogramme, die auf der Grundlage eines Sendeplans über Kommunikationsnetze, wie Kabel, Antenne oder Satellit, durch einen Mediendienstanbieter unter dessen redaktioneller Verantwortung der Öffentlichkeit zum zeitgleichen Anhören oder Ansehen verbreitet werden (Art. 6b MwStVO). Dies gilt auch dann, wenn gleichzeitig über das Internet verbreitet wird.[515]

Ein Rundfunk- und Fernsehprogramm, das dagegen nur über das Internet oder ein ähnliches elektronisches Netz verbreitet und nicht zeitgleich durch herkömmliche Rundfunk- oder Fernsehdienstleister übertragen wird, gehört nicht zu den Rundfunk- und Fernsehdienstleistungen, sondern gilt als eine auf elektronischem Weg erbrachte sonstige Leistung. Die Bereitstellung von Sendungen und Veranstaltungen aus den Bereichen Politik, Kultur, Sport, Wissenschaft und Unterhaltung ist ebenfalls eine auf elektronischem Weg erbrachte sonstige Leistung. Hierunter fällt u. a. der Web-Rundfunk.[516] Auch die Bereitstellung von Informationen über bestimmte auf Abruf erhältliche Programme, die Übertra-

---

513 Abschn. 3a.10 Abs. 4 UStAE.
514 Abschn. 3a.10 Abs. 6 bis 8 UStAE.
515 Abschn. 3a.11 Abs. 1 UStAE.
516 Abschn. 3a.11 Abs. 2 UStAE.

gung von Sende- und Verbreitungsrechten sowie das Leasing von Geräten und technischer Ausrüstung zum Empfang von Rundfunk- und Fernsehdienstleistungen gehören nicht zu den Rundfunk- und Fernsehdienstleistungen i. s. d. § 3a Abs. 5 S. 1 UStG.

Wird eine in § 3a Abs. 5 S. 2 UStG bezeichnete sonstige Leistung an einen Nichtunternehmer erbracht, für die ein Decoder oder ein ähnliches Gerät, eine Programm- oder Satellitenkarte verwendet wird, gilt der Leistungsempfänger an dem Ort als ansässig, an dem sich der Decoder befindet. Ist dieser Ort unbekannt, gilt der Leistungsempfänger an dem Ort als ansässig, an den die Programm- oder Satellitenkarte vom leistenden Unternehmer zur Verwendung gesendet worden ist (Art. 24b Buchst. c MwStVO).[517]

dd) Elektronisch erbrachte Dienstleistungen

Eine auf elektronischem Weg erbrachte Dienstleistung ist eine Leistung, die über das Internet oder ein elektronisches Netz, einschließlich Netze zur Übermittlung digitaler Inhalte, erbracht wird und deren Erbringung auf Grund der Merkmale der sonstigen Leistung in hohem Maße auf Informationstechnologie angewiesen ist. Elektronisch erbrachte Dienstleistungen sind dadurch gekennzeichnet, dass sie im Wesentlichen automatisiert und nur mit minimaler menschlicher Beteiligung erbracht werden und ohne Informationstechnologie gar nicht möglich wären (Art. 7 Abs. 1 MwStVO). Maßgeblich ist insoweit, ob eine „menschliche Beteiligung" den eigentlichen Leistungsvorgang betrifft. Deshalb stellen weder die (ursprüngliche) Inbetriebnahme noch die Wartung des elektronischen Systems eine wesentliche „menschliche Beteiligung" dar. Auf Leistungselemente, welche nur der Vorbereitung und der Sicherung der Hauptleistung dienen, kommt es dabei nicht an. Die menschliche Betätigung durch die Nutzer ist dabei nicht zu berücksichtigen. Eine auf elektronischem Weg erbrachte Dienstleistung ist nicht deshalb ausgeschlossen, weil dieselbe Nutzung auch ohne Internetzugang denkbar wäre, maßgeblich ist nur, wie die Ausführung der Leistung tatsächlich geschieht.[518]

Auf die Nutzung oder Auswertung der Leistung kommt es grds. nicht an. Damit erfolgt eine systemgerechte Umsatzbesteuerung dieser Leistungen am Verbrauchsort. Die Ortsregelung gilt auch dann, wenn die sonstige Leistung auf elektronischem Weg tatsächlich von einer sich im Drittlandsgebiet befindlichen festen Niederlassung oder Betriebsstätte eines Unternehmers ausgeführt wird. Ein im Drittland befindlicher Server ist jedenfalls für umsatzsteuerliche Zwecke nicht als feste Niederlassung oder Betriebsstätte anzusehen.

Zu den auf elektronischem Weg erbrachten sonstigen Leistungen gehören insbesondere der Verkauf von Software und dazugehörige Update im sog. Download, Internetservice-Pakete und die Bereitstellung von Internet-Online-Marktplätzen und dergleichen (Art. 7 Abs. 2 MwStVO). Von der Regelung betroffen

---

517 Abschn. 3a.9a Abs. 4 Nr. 3 UStAE.
518 Abschn. 3a.12 Abs. 1 UStAE.

sind elektronische Dienstleistungen wie die Bereitstellung von Websites, Webhosting, Fernwartung von Programmen und Ausrüstungen, die Bereitstellung von Bildern, Texten und Informationen zum Download (z. B. Hintergrundbilder, Bildschirmschoner, E-Books), die Bereitstellung von Datenbanken und Suchmaschinen, die Bereitstellung von Filmen, Spielen und Musik einschließlich der Glücksspiele und Lotterien, die Bereitstellung von Sendungen und Veranstaltungen aus den Bereichen Politik, Kultur, Kunst, Sport, Wissenschaft und Unterhaltung, die Erbringung von Audio und audiovisuellen Inhalten über Kommunikationsnetze, die Erbringung von Fernunterrichtsleistungen, Online-Versteigerungen oder Fernsehen auf Abruf bzw. Video-on-Demand (Art. 7 Abs. 2 Buchst. f und Anhang I Nr. 4 Buchst. g MwStVO).[519]

Von den auf elektronischem Weg erbrachten sonstigen Leistungen sind die Leistungen zu unterscheiden, bei denen es sich um Lieferungen oder um andere sonstige Leistungen handelt, z. B. die Lieferung von Gegenständen nach elektronischer Bestellung, die Lieferung von Datenträgern, die Lieferung von Programmen und Spielen auf CD-ROM und die Lieferung von Druckerzeugnissen. In diesen Fällen wird das Internet oder ein elektronisches Netz ggf. als Kommunikationsmittel genutzt, ohne aber die Qualität der Leistung selbst zu beeinflussen. Beratungsleistungen, die lediglich per E-Mail verschickt werden, fallen daher nicht unter den Begriff der elektronischen Dienstleistung (Art. 7 Abs. 3 MwStVO). Auch die Anpassung von Software an die besonderen Bedürfnisse des Abnehmers, die Internettelefonie, Telefon-Helpdesks, die Zugangsgewährung zum Internet, Rundfunk- und Fernsehdienstleistungen, online gebuchte Eintrittskarten, online gebuchte Beherbergungsleistungen, online gebuchte Restaurationsleistungen, online gebuchte Personenbeförderungen und online gemietete Beförderungsmittel fallen nicht unter die Begriffsbestimmung der elektronisch erbrachten Dienstleistung. Allerdings ist eine auf elektronischem Weg erbrachte Dienstleistung nicht schon deshalb ausgeschlossen, weil dieselbe Leistung auch ohne Internetzugang denkbar wäre.[520]

Hinweis:

Die Finanzverwaltung hat zur Erläuterung einen umfangreichen Katalog der elektronischen Dienstleistungen und der davon abzugrenzenden Leistungen aufgestellt.[521]

---

b) Dienstleistungen an Unternehmer
Werden die genannten Dienstleistungen an andere Unternehmer für ihr Unternehmen bzw. vergleichbare Leistungsempfänger i. S. d. § 3a Abs. 2 UStG erbracht, liegt der Ort der sonstigen Leistung nach der Grundregelung des § 3a Abs. 2 UStG dort, wo diese Leistungsempfänger ihren Sitz haben. Dies gilt unab-

---

519 Abschn. 3a.12 Abs. 2 UStAE.
520 Abschn. 3a.12 Abs. 6 UStAE.
521 Abschn. 3a.12 Abs. 2 bis 6 UStAE.

hängig davon, ob der leistende Unternehmer im Inland, im übrigen Gemeinschaftsgebiet oder im Drittland seinen Sitz hat. Erbringen inländische Unternehmer danach ihre Dienstleistungen an Unternehmer aus dem übrigen Gemeinschaftsgebiet, geht die Steuerschuldnerschaft auf den Leistungsempfänger im jeweils anderen Mitgliedstaat über (Art. 44, Art. 196 MwStSystRL).

Hinweis:

Der leistende Unternehmer kann regelmäßig davon ausgehen, dass der Leistungsempfänger ein im übrigen Gemeinschaftsgebiet ansässiger Unternehmer ist, wenn dieser dem leistenden Unternehmer gegenüber eine gültige USt-IdNr. dieses Mitgliedstaates verwendet.[522]

Beispiel:

U aus München unterhält ein E-Mail-Konto und einen Webservice bei einem Dienstleistungsunternehmen mit Sitz in den USA bzw. Frankreich. Dafür zahlt er monatlich pauschal 25 €, der Betrag wird von seinem Konto eingezogen. Eine weitere Abrechnung erhält U nicht. U ist.

a) regelbesteuerter Unternehmer,
b) Arzt,
c) Privatperson.

Der leistende Unternehmer erbringt eine sonstige Leistung, es liegt eine sog. elektronische Dienstleistung vor (§ 3a Abs. 5 S. 2 Nr. 3 UStG). Werden derartige Leistungen an andere Unternehmer erbracht (Fälle a und b), liegt der Ort der sonstigen Leistung nach § 3a Abs. 2 UStG im Inland beim Leistungsempfänger. Diese Umsätze des leistenden Unternehmers sind folglich im Inland steuerbar und steuerpflichtig. Die Umsatzsteuer wird jeweils vom Leistungsempfänger im Wege des Übergangs der Steuerschuldnerschaft geschuldet (§ 13b Abs. 1 UStG beim leistenden Unternehmer aus Frankreich bzw. § 13b Abs. 2 Nr. 1 UStG beim leistenden Unternehmer mit Sitz in den USA, jeweils in Verbindung mit § 13b Abs. 5 S. 1 UStG). U hat daher in den Fällen a und b jeden Monat 4,75 € bei seinem Finanzamt als Umsatzsteuerbetrag anzumelden, in gleicher Höhe steht ihm grds. auch der Vorsteuerabzug zu (§ 15 Abs. 1 S. 1 Nr. 4 UStG). Eine Belastung für U ergibt sich im Fall a folglich nicht. Im Abwandlungsfall b hat er ebenfalls die Umsatzsteuer im Wege des Übergangs der Steuerschuldnerschaft nach § 13b UStG mit monatlich 4,75 € anzumelden. Da er jedoch als Arzt steuerfreie Umsätze ausführt (§ 4 Nr. 14 UStG), ist er nicht zum Vorsteuerabzug berechtigt (§ 15 Abs. 2 Nr. 1 UStG). Die Umsatzsteuer, die er für die Leistung durch das ausländische Unternehmen schuldet, wird daher für ihn zu einer echten wirtschaftlichen Belastung, da auch Vorsteuerbeträge nach § 15 Abs. 1 S. 1 Nr. 4 UStG den allgemeinen Voraussetzungen für den Vorsteuerabzug unterliegen. Im Fall c kommt § 3a Abs. 2 UStG nicht zur Anwendung, weil Leistungsempfänger U eine Privatperson ist. Unabhängig davon, ob der leistende Unternehmer in den USA oder in Frankreich sitzt, gilt insoweit als Ort der sonstigen Leistung das Inland (§ 3a Abs. 5 S. 1 UStG). Beide ausländischen Unternehmer haben sich dazu in einem

---

522 Abschn. 3a.9a Abs. 1 S. 2 UStAE.

Mitgliedstaat der EU registrieren zu lassen. Für Drittlandsunternehmer gilt insoweit § 16 Abs. 1a i. V. m. § 18 Abs. 4c UStG, für Unternehmer aus dem übrigen Gemeinschaftsgebiet gelten ähnliche Regelungen nach § 16 Abs. 1b i. V. m. § 18 Abs. 4e UStG. Da bei privaten Abnehmern die Steuerschuldnerschaft regelmäßig nicht auf den Leistungsempfänger übergeht (vgl. § 13b Abs. 5 UStG), schuldet der leistende Unternehmer die Umsatzsteuer für diese Leistungen selbst und muss sich daher im Gemeinschaftsgebiet umsatzsteuerlich registrieren lassen.

Hinweis:

Zum 01. 07. 2021 wurde das bereits bestehende besondere Besteuerungsverfahren des Mini-One-Stop-Shops (MOSS) für die genannten Dienstleistungen auf alle Arten von sonstigen Leistungen an Nichtunternehmer übertragen (One-Stop-Shop, OSS, § 18j UStG). Es gilt sinngemäß auch für Unternehmer aus dem Drittland, die innerhalb des Gemeinschaftsgebiets entsprechende Dienstleistungen an Nichtunternehmer ausführen (§ 18i UStG). Das besondere Besteuerungsverfahren MOSS (im Inland § 18h UStG) läuft zum 30. 06. 2021 aus und geht in das Verfahren nach § 18i UStG ein.

---

c) Dienstleistungen an Nichtunternehmer

Werden die genannten Dienstleistungen an Nichtunternehmer erbracht, liegt der Ort der sonstigen Leistung nach § 3a Abs. 5 S. 1 UStG dort, wo diese Leistungsempfänger ihren Wohnsitz oder Sitz haben. Der leistende Unternehmer kann regelmäßig davon ausgehen, dass ein im Inland oder im übrigen Gemeinschaftsgebiet ansässiger Leistungsempfänger ein Nichtunternehmer ist, wenn dieser dem leistenden Unternehmer keine USt-IdNr. mitgeteilt hat (Art. 18 Abs. 2 Unterabs. 2 MwStVO).[523]

Beispiel:

Internetprovider D aus Deutschland bietet verschiedene Internetleistungen (Einrichten von privaten Websites, E-Mail-Adressen) an private Abnehmer aus dem Inland und dem übrigen Gemeinschaftsgebiet an.

D erbringt elektronische Dienstleistungen i. S. d. § 3a Abs. 5 S. 2 Nr. 3 UStG, sie gelten als dort ausgeführt, wo der Leistungsempfänger seinen Wohnsitz hat (§ 3a Abs. 5 S. 1 UStG).

Wird eine der genannten Leistungen an einen Nichtunternehmer erbracht, der in verschiedenen Ländern ansässig ist oder einen Wohnsitz in einem Land und seinen gewöhnlichen Aufenthaltsort in einem anderen Land hat, ist

– bei Leistungen an eine natürliche Person der Leistungsort vorrangig an deren gewöhnlichen Aufenthaltsort, soweit keine Anhaltspunkte dafür vorliegen, dass die Leistung an deren Wohnsitz genutzt oder ausgewertet wird (Art. 24 Buchst. b MwStVO),

---

523 Abschn. 3a.9a Abs. 1 S. 2 UStAE.

– bei Leistungen an eine nicht unternehmerisch tätige juristische Person, der keine USt-IdNr. erteilt worden ist, der Leistungsort vorrangig an dem Ort, an dem die Handlungen zur zentralen Verwaltung der juristischen Person vorgenommen werden, soweit keine Anhaltspunkte dafür vorliegen, dass die Leistung an deren festen Niederlassung oder Betriebsstätte genutzt oder ausgewertet wird (Art. 24 Buchst. a MwStVO).[524]

Zur Verfahrensvereinfachung gilt die Vermutung, dass der Leistungsempfänger an dem Ort ansässig ist, der vom leistenden Unternehmer unter Darlegung von drei sich nicht widersprechenden Beweismitteln als solcher bestimmt worden ist (Art. 24b Buchst. d, Art. 24d Abs. 1, Art. 24f MwStVO). Dabei gelten insbesondere folgende Beweismittel:[525]

– Rechnungsanschrift des Leistungsempfängers,
– Internet-Protokolladresse des vom Leistungsempfänger verwendeten Geräts oder jedes Verfahren der Geolokalisierung,
– Bankangaben des Leistungsempfängers, wie z. B. der Ort, an dem das bei der unbaren Zahlung der Gegenleistung verwendete Bankkonto geführt wird, oder die der Bank vorliegende Rechnungsanschrift des Leistungsempfängers,
– Mobilfunk-Ländercode, der auf der vom Leistungsempfänger verwendeten SIM-Karte gespeichert ist,
– Ort des Festnetzanschlusses des Dienstleistungsempfängers,
– sonstige für die Leistungserbringung wirtschaftlich wichtige Informationen.

Das Finanzamt kann die Vermutungen widerlegen, wenn ihm Hinweise vorliegen, dass der leistende Unternehmer den Leistungsort falsch oder missbräuchlich festgelegt hat.[526]

d) Dienstleistungskommission im Telekommunikationsbereich
In den Fällen, in denen elektronische Dienstleistungen über ein Telekommunikationsnetz, eine Schnittstelle oder ein Portal wie z. B. einen App-Store erbracht werden, ist davon auszugehen, dass ein an dieser Erbringung beteiligter Unternehmer im eigenen Namen, aber für Rechnung des leistenden Unternehmers der elektronischen Dienstleistung tätig ist (Art. 9a Abs. 1 S. 1 MwStVO). Die im Inland in § 3 Abs. 11a UStG umgesetzte Regelung dient dem Zweck, den für die Besteuerung maßgeblichen leistenden Unternehmer zu bestimmen.[527]

Nach Sinn und Zweck der Regelung ist es eine reine Branchenlösung. Daher sind unter § 3 Abs. 11a UStG sämtliche sonstige Leistungen erfasst, die über den Anschluss eines Teilnehmernetzbetreibers in Anspruch genommen werden.

---

524 Abschn. 3a.9a Abs. 2 UStAE.
525 Abschn. 3a.9a Abs. 5 bis 7 UStAE.
526 Abschn. 3a.9a Abs. 7 UStAE.
527 Bestätigt durch FG Hamburg vom 25. 02. 2020, 6 K 111/18, DStR 2020, S. 1252; Revision eingelegt, Az. des BFH: XI R 10/20.

Unter § 3 Abs. 11a UStG fallen ausschließlich Telekommunikationsdienste, Auskunftsdienste und telekommunikationsgestützte Dienste i. S. d. Telekommunikationsgesetzes, also z. B. die Einräumung des Zugangs zum Internet, die Nutzung von Onlinespielen oder Beratungsleistungen unter Nutzung einer Service-Nummer. Reine Inhaltsleistungen werden nicht erfasst. Werden Inhaltsleistungen jedoch während der Telekommunikationsverbindung erbracht, stellen diese Leistungen i. S. dieser Regelung dar.

Die Ausnahme von der Anwendung der Branchenlösung ergibt sich aus Art. 9a Abs. 1 S. 2 MwStVO, wonach die Vermutung dann widerlegt werden kann, wenn der Anbieter der elektronischen Dienstleistung von dem Unternehmer ausdrücklich als Leistungserbringer genannt wird und dies in den vertraglichen Vereinbarungen zwischen den Parteien zum Ausdruck kommt. Die Widerlegbarkeit ist an erhebliche Voraussetzungen sowohl in Bezug auf die Rechnungstellung als auch die tatsächliche Durchführung dieser Leistung geknüpft. Die Widerlegbarkeit der Vermutungsreglung gilt insoweit für alle fraglichen Leistungen, an deren Erbringung der Unternehmer i. s. der Branchenlösung eingeschaltet wird.

Die Rückausnahme in § 3 Abs. 11a S. 4 UStG entspricht inhaltlich Art. 9a Abs. 1 S. 3 MwStVO, nach dem es einem Steuerpflichtigen nicht gestattet ist, eine andere Person ausdrücklich als Erbringer von elektronischen Dienstleistungen anzugeben, wenn er hinsichtlich der Erbringung dieser Dienstleistungen die Abrechnung mit dem Dienstleistungsempfänger autorisiert oder die Erbringung der Dienstleistungen genehmigt oder die allgemeinen Bedingungen der Erbringung festlegt. Von einer Autorisierung der Abrechnung ist auszugehen, wenn der Unternehmer die Abrechnung gegenüber dem Leistungsempfänger entscheidend beeinflusst. Dies beinhaltet insbesondere die Beeinflussung des Zeitpunktes der Zahlungen und die eigentliche Belastung des Kundenkontos. So autorisiert regelmäßig der Plattforminhaber, über dessen Plattform die Leistung bezogen worden ist, die Zahlung, wenn er hierfür entsprechende Zahlungsmodalitäten auf elektronischem Weg zur Verfügung stellt. Die gleichen Schlussfolgerungen gelten hinsichtlich der Genehmigung der Erbringung der sonstigen Leistung. So gilt die Vermutung als nicht widerlegbar, wenn der Unternehmer die Erbringung der sonstigen Leistung genehmigt oder die Erbringung selbst übernimmt oder einen Dritten damit beauftragt. Hiervon ist regelmäßig auszugehen, wenn der Unternehmer als Inhaber der Plattform, über die die Leistung bezogen werden kann, auftritt. Der Unternehmer legt die allgemeinen Bedingungen hinsichtlich der Leistungserbringung fest, wenn die Erbringung der sonstigen Leistung zwischen den beteiligten Unternehmen in der Kette oder an den eigentlichen Endverbraucher auf Grundlage der allgemeinen Geschäftsbedingungen des Unternehmers von seiner Entscheidung abhängig wird.

10. Güterbeförderungen

a) Allgemeiner Überblick

Eine selbständige Güterbeförderungsleistung liegt vor, wenn ein Unternehmer eine bestimmte Beförderung von Gütern schuldet und der Unternehmer diese unter eigener Verantwortung vornimmt. In den Fällen, in denen der mit der Beförderung beauftragte Unternehmer die Beförderung durch einen anderen Unternehmer (Subunternehmer) ausführen lässt, werden sowohl die Beförderungsleistung des Hauptunternehmers als auch diejenige des Subunternehmers dort ausgeführt, wo der Subunternehmer die Beförderung bewirkt. Im Falle der Besorgung einer Beförderungsleistung, z. B. durch einen Spediteur, liegt der Ort der Leistung dort, wo auch die besorgte Beförderung, z. B. von dem beauftragten Frachtführer, bewirkt wird (§ 3 Abs. 11 UStG).[528]

Gerade bei Beförderungsleistungen ist sorgfältig zu unterscheiden, wer oder was befördert wird und wer der Empfänger der Leistung ist. Während bei einer **Personenbeförderungsleistung** stets die Ausnahmeregelung des § 3b Abs. 1 UStG gilt, unabhängig davon, ob der Leistungsempfänger Unternehmer oder Nichtunternehmer ist, ist bei einer **Güterbeförderung** zu unterscheiden, wer Leistungsempfänger ist. Für Güterbeförderungen an einen anderen Unternehmer gilt regelmäßig die Grundregel des § 3a Abs. 2 UStG, während bei einer Güterbeförderung an einen Nichtunternehmer dagegen vielfältige Sonderregelungen in § 3b UStG bestehen.

Hinweis:

Darüber hinaus gilt eine Sonderregelung für Güterbeförderungen, die ausschließlich im Drittlandsgebiet bewirkt werden (§ 3a Abs. 8 UStG).

---

b) Güterbeförderungen an Unternehmer

Beförderungsleistungen an Unternehmer fallen unter die **Grundregel** des § 3a Abs. 2 UStG und sind daher regelmäßig am Ort des Leistungsempfängers steuerbar. Entsprechendes gilt für selbständige Nebenleistungen. Eine Sonderregelung besteht nur für Güterbeförderungsleistungen, die ausschließlich im Drittlandsgebiet bewirkt werden (§ 3a Abs. 8 UStG).

Beispiel:

Der belgische Unternehmer B beauftragt den ebenfalls in Belgien ansässigen Frachtführer F, die Beförderung einer Ware von Deutschland nach Belgien auszuführen. F bittet den deutschen Frachtführer D, die Ware von Berlin nach Aachen zu transportieren. Die Beförderung von Aachen zum Zielort Antwerpen übernimmt F selbst.

Die Beförderungsleistung des F umfasst die gesamte Beförderung von Berlin nach Antwerpen, denn er schuldet B gegenüber die gesamte Leistung, unabhängig davon, ob er sie selbst tatsächlich ausführt oder teilweise durch einen ande-

---

528 Abschn. 3a.15 UStAE, Abschn. 3b.1 Abs. 2 UStAE.

ren Unternehmer (Unterfrachtführer) besorgt. Der Ort der Beförderungsleistung des F liegt in Belgien (§ 3a Abs. 2 UStG), da der Auftraggeber seinen Sitz in Belgien hat. Steuerschuldner in Belgien ist der leistende Unternehmer F, da er auch in Belgien ansässig ist.

Die Güterbeförderung des D wird zwar wirtschaftlich im Inland ausgeführt, der Auftraggeber des D ist jedoch in Belgien ansässig. Folglich liegt der Ort dieser Beförderungsleistung auch in Belgien (§ 3a Abs. 2 UStG). D erbringt eine im Inland nicht steuerbare Leistung, die Leistung ist in Belgien steuerbar und steuerpflichtig. Die Umsatzsteuer für diese Leistung schuldet jedoch F als Auftraggeber (Art. 196 MwStSystRL). D erteilt eine Nettorechnung.

Die vorgenannten Regelungen gelten auch, wenn ein Leistungsaustausch zwischen zwei inländischen Unternehmern vorliegt.

Beispiel:

Der deutsche Unternehmer D aus Münster bittet den deutschen Frachtführer DF, eine Ware von Rotterdam nach Deutschland zu transportieren. DF wiederum bittet den deutschen Frachtführer UF, die Ware in Rotterdam abzuholen und sie nach Eindhoven zu bringen. Dort wird sie von DF in Empfang genommen und nach Münster weiter transportiert.

Die Beförderungsleistung des DF gegenüber D wurde in Deutschland ausgeführt (§ 3a Abs. 2 UStG). Den Übergang der Steuerschuldnerschaft hat D nicht zu beachten, da auch DF inländischer Unternehmer ist. DF hat eine Rechnung mit deutscher Umsatzsteuer zu erteilen. Aus diesem Grund ist auch keine Erklärung in der Zusammenfassenden Meldung erforderlich, denn es werden nur im Inland nicht steuerbare (also unversteuerte) Leistungen gemeldet.

Die Beförderungsleistung des UF an DF wurde ebenfalls in Deutschland ausgeführt (§ 3a Abs. 2 UStG). Damit ist auch die Leistung des UF in Deutschland steuerbar und steuerpflichtig, auch in diesem Fall ist der Übergang der Steuerschuldnerschaft ohne Bedeutung. Auch UF hat eine Rechnung mit deutscher Umsatzsteuer zu erteilen.

Bei **Frachtnachnahmen** wird regelmäßig vereinbart, dass der Beförderungsunternehmer die Kosten der Beförderung dem Empfänger der Sendung in Rechnung stellt und dieser die Transportkosten zahlt. Dieser Empfänger ist umsatzsteuerlich für diese Fälle als Leistungsempfänger anzusehen, auch wenn er den Transportauftrag nicht erteilt hat.

Beispiel:

Frachtführer F aus Deutschland befördert auf Bitten des deutschen Lieferanten eine Ware von Deutschland nach Belgien. Der belgische Abnehmer B (ebenfalls Unternehmer) zahlt vereinbarungsgemäß die Transportkosten, die F diesem in Rechnung stellt.

Der belgische Abnehmer B gilt als Auftraggeber, obwohl er mit F keine Absprachen getroffen hat. F erteilt daher dem belgischen Abnehmer eine Rechnung über die Transportleistung. Da der Abnehmer Unternehmer ist, liegt der Leistungsort in Belgien (§ 3a Abs. 2 UStG). Es ist eine Nettorechnung zu erteilen und der Vorgang ist in der Zusammenfassenden Meldung des F anzugeben.

Werden besondere **Frankaturen** (Abrechnungsmodalitäten) vereinbart, so sind diese als vereinbarte und durchgeführte Leistungen anzusehen, auch wenn der Beförderungsunternehmer regelmäßig nur mit einem Auftraggeber Absprachen getroffen hat.

Beispiel:

Frachtführer F befördert im Auftrag des belgischen Herstellers eine Ware von Belgien nach Deutschland. Dabei wurde zwischen dem Lieferanten und dem Hersteller „frei belgisch-deutsche Grenze" vereinbart.

F erbringt bei der Frankatur „frei belgisch-deutsche Grenze" zwei Beförderungsleistungen, nämlich eine Beförderungsleistung in Belgien vom Sitz des Herstellers bis zur Grenze im Auftrag des Herstellers und eine Beförderungsleistung von Belgien nach Deutschland im Auftrag des deutschen Abnehmers, auch wenn dieser möglicherweise gar keine vertraglichen Vereinbarungen mit F getroffen hat. Die erste Leistung ist in Belgien, die zweite in Deutschland zu versteuern (§ 3a Abs. 2 UStG), wenn beide Auftraggeber Unternehmer sind. Über die Leistung im Inland hat F eine Rechnung mit offenem Steuerausweis zu erteilen, der Empfänger ist insoweit zum Vorsteuerabzug berechtigt (§ 40 UStDV).

Wird eine Güterbeförderungsleistung gegenüber einem Unternehmer tatsächlich **ausschließlich im Drittlandsgebiet erbracht,** so liegt der Ort der Dienstleistung abweichend von § 3a Abs. 2 UStG im Drittlandsgebiet (§ 3a Abs. 8 S. 1 UStG). Diese Verlagerungsregelung gilt nicht, wenn die vorgenannte Leistung tatsächlich in einem der § 1 Abs. 3 UStG genannten Gebiete ausgeführt wird, z. B. in einem Freihafen (§ 3a Abs. 8 S. 2 UStG).

Für Güterbeförderungen vom Inland ins Drittland oder umgekehrt gilt dagegen wiederum § 3a Abs. 2 UStG, da kein Fall des § 3a Abs. 8 UStG vorliegt. Sollte der Ort der Leistung danach im Inland liegen, ist die Güterbeförderungsleistung regelmäßig **steuerfrei** nach § 4 Nr. 3a Doppelbuchst. aa UStG).[529] Bei Güterbeförderungen vom Drittland in das Inland wird die inländische Besteuerung indirekt dadurch vorgenommen, dass die Kosten für die Beförderung bis zum ersten inländischen Bestimmungsort in die Bemessungsgrundlage für die Einfuhr einbezogen werden (§ 11 Abs. 3 Nr. 3 und 4 UStG). Die Steuerbefreiung gilt nicht für innergemeinschaftliche Güterbeförderungen.

---

529 Abschnitt 4.3.4 Abs. 7 UStAE, Abschnitt 3b.1 UStAE.

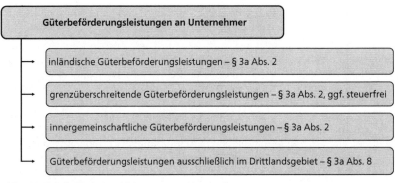

Abb. 19: Güterbeförderungsleistungen an Unternehmer
(Quelle: Eigene Darstellung)

c) Güterbeförderungen an Nichtunternehmer
Bei Güterbeförderungsleistungen an Nichtunternehmer ist zu prüfen, ob eine

- inländische Güterbeförderung i. S. d. § 3b Abs. 1 S. 1 UStG,
- eine grenzüberschreitende Güterbeförderung i. S. d. § 3b Abs. 1 S. 2 UStG oder
- eine innergemeinschaftliche Güterbeförderung nach § 3b Abs. 3 UStG

vorliegt.[530]

Inländische Güterbeförderungen sind naturgemäß im Inland vollumfänglich steuerbar, innergemeinschaftliche Güterbeförderungen sind im Abgangsland vollumfänglich steuerbar, während grenzüberschreitende Güterbeförderungsleistungen aufzuteilen sind, wenn sich die Beförderungsstrecke über mehrere Länder erstreckt (§ 3b Abs. 1 S. 2 und 3 UStG).

Bei einer **grenzüberschreitenden Güterbeförderung** (Beförderungen vom Inland ins Drittland oder umgekehrt) ist die Beförderungsleistung in einen inländischen (steuerbaren) und einen ausländischen (nicht steuerbaren) Anteil aufzuteilen, die vorstehenden Ausführungen zu Personenbeförderungen gelten entsprechend. Aus Vereinfachungsgründen kann eine Aufteilung unterbleiben bei Beförderungen mit kurzen in- oder ausländischen Beförderungsstrecken.[531]

Der inländische Anteil einer grenzüberschreitenden Güterbeförderung ist **steuerfrei** (§ 4 Nr. 3a Doppelbuchst. aa UStG).[532] Bei Güterbeförderungen vom Drittland in das Inland wird die inländische Besteuerung indirekt dadurch vorgenommen, dass die Kosten für die Beförderung bis zum ersten inländischen Bestimmungsort in die Bemessungsgrundlage für die Einfuhr einbezogen wer-

---

530 Abschn. 3b.1 Abs. 3 UStAE.
531 Abschn. 3b.1 Abs. 4 S. 2 UStAE, Abschn. 3b.1 Abs. 7 bis 17 UStAE.
532 Abschn. 4.3.4 Abs. 7 UStAE, Abschn. 3b.1 UStAE.

den (§ 11 Abs. 3 Nr. 3 und 4 UStG). Die Steuerbefreiung gilt nicht für innergemeinschaftliche Güterbeförderungen.

Bei Beförderungsleistungen, bei der nur ein Teil der Leistung steuerbar ist und bei der die Umsatzsteuer für diesen Teil auch erhoben wird, ist Bemessungsgrundlage das Entgelt, das auf diesen Teil der Leistung entfällt,[533] es ist anhand des anteiligen Gesamtentgelts zu ermitteln.[534] Die Aufteilung der Leistung erfolgt regelmäßig nach dem Verhältnis der jeweils in den einzelnen Staaten zurückgelegten Strecken. Es ist grds. nicht zu beanstanden, wenn zur Ermittlung des auf den inländischen Streckenanteil entfallenden Entgelts von dem für die Gesamtstrecke vereinbarten oder vereinnahmten Bruttobeförderungspreis ausgegangen und dieser Betrag nach dem Anteil der gefahrenen Kilometer aufgeteilt wird. Die §§ 2 bis 7 UStDV enthalten Vereinfachungsregeln, wenn der inländische bzw. ausländische Anteil geringfügig ist. Das Finanzamt kann Unternehmer, die nach § 4 Nr. 3 UStG steuerfreie Umsätze bewirken, von der Verpflichtung befreien, die Entgelte für die vorbezeichneten steuerfreien Umsätze und die Entgelte für nicht steuerbare Beförderungen getrennt aufzuzeichnen.[535]

> **Hinweis:**
>
> Einzelheiten mit zahlreichen Beispielen insbesondere zur Aufteilung des Entgelts, zum Begriff der kurzen Straßenstrecken sowie zu den Besonderheiten im Schienenbahnverkehr, im Passagier- und Fährverkehr mit Wasserfahrzeugen und ähnlichen Problemfeldern enthält der Anwendungserlass.[536]

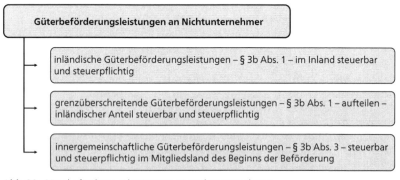

Abb. 20: Güterbeförderungsleistungen an Nichtunternehmer
(Quelle: Eigene Darstellung)

---

533 Abschn. 3b.1 Abs. 5 UStAE.
534 Abschn. 3b.1 Abs. 6 UStAE.
535 Abschn. 3b.1 Abs. 5 S. 4 UStAE, Abschn. 22.6 Abs. 18 und 19 UStAE.
536 Abschn. 3b Abs. 1 Abs. 4 bis 8 UStAE.

Als Ort einer **innergemeinschaftlichen Güterbeförderung an Nichtunternehmer** gilt der Abgangsort der Beförderung (§ 3b Abs. 3 UStG), d. h., sie wird stets dort ausgeführt, wo die Beförderung beginnt. Die Beförderungsleistung ist nicht in einen nicht steuerbaren und einen steuerbaren Anteil aufzuteilen. Als innergemeinschaftliche Güterbeförderung gilt die Beförderung von Gegenständen, bei der Abgangs- und Ankunftsort in zwei verschiedenen Mitgliedstaaten liegen.[537] „Abgangsort" ist der Ort, an dem die Beförderung tatsächlich beginnt, ungeachtet der Strecken, die bis zu dem Ort zurückzulegen sind, an dem sich die Gegenstände ggf. befinden, und „Ankunftsort" ist der Ort, an dem die Güterbeförderung tatsächlich endet.

Eine Anfahrt des Beförderungsunternehmers zum Abgangsort ist ebenso unmaßgeblich wie die Durchfuhr durch ein Drittland oder der Sitz des leistenden Unternehmers. Für die Annahme einer innergemeinschaftlichen Güterbeförderung ist es unerheblich, ob die Beförderungsstrecke ausschließlich über Gemeinschaftsgebiet oder auch über Drittlandsgebiet führt. Die deutschen Freihäfen gehören unionsrechtlich zum Gebiet der Bundesrepublik Deutschland. Deshalb ist eine innergemeinschaftliche Güterbeförderung auch dann gegeben, wenn die Beförderung in einem deutschen Freihafen beginnt und in einem anderen EU-Mitgliedstaat endet oder umgekehrt.[538] Weil die Freihäfen aber nicht zum umsatzsteuerlichen Inland gehören (§ 1 Abs. 2 S. 1 UStG), ist eine innergemeinschaftliche Güterbeförderung, die in einem deutschen Freihafen beginnt, ggf. nicht steuerbar (§ 3b Abs. 2 S. 1 UStG).

Die Voraussetzungen einer innergemeinschaftlichen Güterbeförderung sind für jeden Beförderungsauftrag gesondert zu prüfen; sie müssen sich aus den im Beförderungs- oder Speditionsgewerbe üblicherweise verwendeten Unterlagen (z. B. schriftlicher Speditionsauftrag oder Frachtbrief) ergeben.[539]

> *Beispiel:*
>
> Ein Privatmann zieht von Eindhoven nach Ahaus um und beauftragt einen deutschen Unternehmer mit der Durchführung des Umzugs.
>
> Die sonstige Leistung ist in den Niederlanden zu versteuern, da die Beförderung dort beginnt. Der Sitz des leistenden Unternehmers ist ohne Bedeutung.

Keine innergemeinschaftliche Güterbeförderung liegt vor, wenn die Beförderung in Deutschland beginnt und endet und dabei das Ausland durchfahren wird, auch wenn es sich dabei um ein Mitgliedsland der Europäischen Union handelt. Insoweit gelten die allgemeinen Grundsätze des § 3b Abs. 1 UStG. Somit ist der inländische Streckenanteil steuerbar und steuerpflichtig. Die bei Drittländern grds. mögliche Befreiung nach § 4 Nr. 3 UStG ist nicht anwendbar. Der ausländische Streckenanteil ist im Ausland steuerpflichtig und vom Beför-

---

537 Abschn. 3b.3 Abs. 2 UStAE.
538 Abschn. 3b.3 Abs. 3 UStAE.
539 Abschn. 3b.3 Abs. 2 UStAE.

derungsunternehmer im Ausland der Besteuerung zu unterwerfen, sofern er nicht geringfügig ist.[540]

Beispiel:

Die Privatperson P aus Italien beauftragt den in der Schweiz ansässigen Frachtführer F, Güter von Deutschland über die Schweiz nach Italien zu befördern.

Bei der Beförderungsleistung des F handelt es sich um eine innergemeinschaftliche Güterbeförderung, weil der Transport in zwei verschiedenen EU-Mitgliedstaaten beginnt und endet. Der Ort dieser Leistung bestimmt sich nach dem inländischen Abgangsort (§ 3b Abs. 3 UStG). Die Leistung ist in Deutschland steuerbar und steuerpflichtig. Unbeachtlich ist dabei, dass ein Teil der Beförderungsstrecke auf das Drittland Schweiz entfällt. Der leistende Unternehmer F ist Steuerschuldner (§ 13a Abs. 1 Nr. 1 UStG) und hat den Umsatz im Rahmen des allgemeinen Besteuerungsverfahrens (§ 18 Abs. 1–4 UStG) zu versteuern und muss sich folglich in Deutschland umsatzsteuerlich registrieren lassen.

d) Gebrochene Güterbeförderungen

Eine gebrochene innergemeinschaftliche Güterbeförderung liegt vor, wenn einem Beförderungsunternehmer für eine Güterbeförderung über die gesamte Beförderungsstrecke ein Auftrag erteilt wird, jedoch bei der Durchführung der Beförderung mehrere Beförderungsunternehmer nacheinander mitwirken. Liegen Beginn und Ende der gesamten Beförderung in den Gebieten verschiedener EU-Mitgliedstaaten, ist hinsichtlich der Beförderungsleistung des Beförderungsunternehmers an den Auftraggeber eine innergemeinschaftliche Güterbeförderung nach § 3b Abs. 3 UStG gegeben, wenn der Auftraggeber ein Nichtunternehmer ist. Die Beförderungsleistungen der vom Auftragnehmer eingeschalteten weiteren Beförderungsunternehmer sind für sich zu beurteilen. Da es sich insoweit jeweils um Leistungen an einen anderen Unternehmer für dessen unternehmerischen Bereich handelt, richtet sich der Leistungsort für diese Beförderungsleistungen nicht nach § 3b Abs. 1 Sätze 1–3 oder Abs. 3 UStG, sondern nach § 3a Abs. 2 UStG.[541]

Beispiel 1:

Die in Deutschland ansässige Privatperson P beauftragt den in Frankreich ansässigen Frachtführer S, Güter von Paris nach Rostock zu befördern. S befördert die Güter von Paris nach Aachen und beauftragt für die Strecke von Aachen nach Rostock den in Köln ansässigen Unterfrachtführer F mit der Beförderung. Dabei teilt S im Frachtbrief an F den Abgangsort und den Bestimmungsort der Gesamtbeförderung mit.

Die Beförderungsleistung des S an seinen Auftraggeber P umfasst die Gesamtbeförderung von Paris nach Rostock. Die Leistung ist in Deutschland nicht steuerbar, da eine innergemeinschaftliche Güterbeförderung an eine Privatperson vorliegt und der Abgangsort in Frankreich liegt (§ 3b Abs. 3 UStG).

---

540 Abschn. 3b.1 Abs. 9 UStAE.
541 Abschn. 3b.4 Abs. 1 UStAE.

Hinsichtlich der Beförderungsleistung des F von Aachen nach Rostock an seinen Auftraggeber S ist zu beachten, dass § 3b UStG nicht zu prüfen ist. Da der Auftraggeber S Unternehmer ist, liegt der Leistungsort insoweit in Frankreich (§ 3a Abs. 2 UStG). Steuerschuldner der französischen Umsatzsteuer ist der Leistungsempfänger S, da der leistende Unternehmer F den Ort der Dienstleistung nach der Grundregel bestimmt (Art. 44 MwStSystRL) und nicht in Frankreich ansässig ist (vgl. Art. 196 MwStSystRL). In der Rechnung an S darf keine französische Umsatzsteuer enthalten sein.

Beispiel 2:

Die deutsche Privatperson P beauftragt den in Deutschland ansässigen Frachtführer S, Güter von Amsterdam nach Dresden zu befördern. S beauftragt den in den Niederlanden ansässigen Unterfrachtführer F, die Güter von Amsterdam nach Venlo zu bringen. Dort übernimmt S die Güter und befördert sie weiter nach Dresden. Dabei teilt S im Frachtbrief an F den Abgangsort und den Bestimmungsort der Gesamtbeförderung mit.

Die Beförderungsleistung des S an seinen Auftraggeber P umfasst die Gesamtbeförderung von Amsterdam nach Dresden und ist eine innergemeinschaftliche Güterbeförderung. Die Leistung ist in Deutschland nicht steuerbar, der Leistungsort ist am Abgangsort in den Niederlanden (§ 3b Abs. 3 UStG). Steuerschuldner in den Niederlanden ist der leistende Unternehmer S.

Die Beförderungsleistung des F an seinen Auftraggeber S von Amsterdam nach Venlo wurde im Inland ausgeführt, da der Leistungsempfänger S Unternehmer ist (§ 3a Abs. 2 UStG). Steuerschuldner in Deutschland ist der Leistungsempfänger S (§ 13b Abs. 1 und Abs. 5 S. 1 UStG). F darf in der Rechnung an S die deutsche Umsatzsteuer nicht gesondert ausweisen.

Wird bei Vertragsabschluss einer gebrochenen innergemeinschaftlichen Güterbeförderung eine „unfreie Versendung" bzw. „Nachnahme der Fracht beim Empfänger" vereinbart, trägt der Empfänger der Frachtsendung die gesamten Beförderungskosten. Dabei erhält jeder nachfolgende Beförderungsunternehmer die Rechnung des vorhergehenden Beförderungsunternehmers über die Kosten der bisherigen Teilbeförderung. Der letzte Beförderungsunternehmer rechnet beim Empfänger der Ware über die Gesamtbeförderung ab. In diesen Fällen ist aus Vereinfachungsgründen jeder Rechnungsempfänger als Leistungsempfänger i. S. d. § 3b Abs. 3 bzw. § 3a Abs. 2 UStG anzusehen.[542]

Die Mitgliedstaaten haben die Möglichkeit, auf den Teil der Mehrwertsteuer zu verzichten, der auf den Teil der innergemeinschaftlichen Güterbeförderung an Nichtsteuerpflichtige entfällt, der den Beförderungsstrecken über Gewässer entspricht, die nicht zum Gebiet der Gemeinschaft gehören.

---

542 Abschn. 3b.4 Abs. 2 UStAE.

e) *Dienstleistungen im Zusammenhang mit Güterbeförderungen*

aa) Dienstleistungen an Unternehmer
Selbständige Leistungen zur Beförderung wie Beladen, Entladen, Umschlagen und ähnliche Tätigkeiten **an andere Unternehmer** fallen unter die **Grundregel** des § 3a Abs. 2 UStG und gelten als am Ort des Leistungsempfängers erbracht.

> *Hinweis:*
>
> Sofern das Beladen, das Entladen, der Umschlag, die Lagerung oder eine andere sonstige Leistung Nebenleistungen zu einer Güterbeförderung darstellen, teilen sie deren umsatzsteuerliches Schicksal.[543]

Wird eine im Zusammenhang mit einer Güterbeförderung stehende Leistung gegenüber einem Unternehmer tatsächlich **ausschließlich im Drittlandsgebiet** erbracht, so liegt der Ort der Dienstleistung abweichend von § 3a Abs. 2 UStG im Drittlandsgebiet (§ 3a Abs. 8 S. 1 UStG). Diese Verlagerungsregelung gilt nicht, wenn die vorgenannte Leistung tatsächlich in einem der in § 1 Abs. 3 UStG genannten Gebiete ausgeführt wird (z. B. in einem Freihafen).

bb) Dienstleistungen an Nichtunternehmer
Die genannten Dienstleistungen an Nichtunternehmer gelten als an dem Ort ausgeführt, an dem sie tatsächlich erbracht werden (§ 3b Abs. 2 UStG). Bei der Anwendung der Ortsregelung kommt es nicht darauf an, ob die Leistung mit einer rein inländischen, einer grenzüberschreitenden oder einer innergemeinschaftlichen Güterbeförderung im Zusammenhang steht.[544]

> *Beispiel:*
>
> Der deutsche Unternehmer U liefert Ware an eine nichtunternehmerische juristische Person des öffentlichen Rechts F in Frankreich. Er beauftragt das belgische Unternehmen B mit dem Umladen der Ware vom Schiff auf einen Lkw in Belgien im Hafen von Antwerpen.
>
> Als Ort der sonstigen Leistung des B ist wirtschaftlich sicherlich Antwerpen anzusehen. Er richtet sich tatsächlich aber danach, mit wem ein Leistungsaustausch anzunehmen ist. Erteilt B seine Rechnung vereinbarungsgemäß an U aus Deutschland, liegt insoweit der Ort der Leistung in Deutschland (§ 3a Abs. 2 UStG), B erteilt eine Nettorechnung, U hat den Übergang der Steuerschuldnerschaft zu beachten (§ 13b Abs. 1 i. V. m. Abs. 5 S. 1 UStG).
>
> Ist die Rechnung dagegen vereinbarungsgemäß von F zu übernehmen, liegt der Ort der sonstigen Leitung des B in Belgien (vgl. sinngemäß § 3b Abs. 1 UStG). B schuldet belgische Umsatzsteuer.

---

543 Abschn. 3b.2 Abs. 3 UStAE.
544 Abschn. 3b.2 Abs. 2 UStAE.

IV. Besonderheiten im Verhältnis zum Drittlandsgebiet

1. Allgemeines

Die MwStSystRL kennt einige Besonderheiten bei Leistungsbeziehungen im Verhältnis zum Drittlandsgebiet. Sie räumt den Mitgliedstaaten die Möglichkeit ein, den Ort einer Dienstleistung abweichend von den allgemeinen Regelungen nach der tatsächlichen Nutzung oder Auswertung der Leistung zu verlagern (Art. 59a MwStSystRL). Von dieser Möglichkeit hat Deutschland in § 3a Abs. 4 sowie 6 bis 8 UStG Gebrauch gemacht.

2. Katalogleistungen an Nichtunternehmer aus dem Drittlandsgebiet

Bestimmte Dienstleistungen an einen Nichtunternehmer, der seinen Wohnsitz außerhalb des Gemeinschaftsgebiets (also im Drittlandsgebiet) hat, gelten an dem Ort als erbracht, an dem dieser Nichtsteuerpflichtige ansässig ist (§ 3a Abs. 4 S. 1 UStG). Der Katalog der Leistungen, für den diese Ortsverlagerung vom Sitz des leistenden Unternehmers an den Wohnsitz des Leistungsempfängers gilt, ist abschließend geregelt (§ 3a Abs. 4 S. 2 UStG):

- Einräumung, Übertragung und Wahrnehmung von Patenten und Urheberrechten, Markenrechten, Gebrauchsmuster- und Verlagsrechte u. ä. Rechte (§ 3a Abs. 4 S. 2 Nr. 1 UStG).[545]
- Leistungen der Werbung und der Öffentlichkeitsarbeit (§ 3a Abs. 4 S. 2 Nr. 2 UStG), die Ortsbestimmung gilt auch für Werbungsmittler und Werbeagenturen.[546] Darunter sind Leistungen zu verstehen, die bei den Werbeadressaten den Entschluss zum Erwerb von Gegenständen oder zur Inanspruchnahme von sonstigen Leistungen auslösen sollen. Unter den Begriff fallen auch die Leistungen, die bei den Werbeadressaten ein bestimmtes außerwirtschaftliches, z. B. politisches, soziales, religiöses Verhalten herbeiführen sollen. Es ist nicht erforderlich, dass die Leistungen üblicherweise und ausschließlich der Werbung dienen. Eine Leistung in diesem Sinne liegt auch vor bei der Planung, Gestaltung sowie Aufbau, Umbau und Abbau von Ständen im Zusammenhang mit Messen und Ausstellungen, wenn dieser Stand für Werbezwecke verwendet wird.[547]
- **Beratungsleistungen,** insbesondere die Tätigkeit als Rechtsanwalt, Patentanwalt, Steuerberater, Wirtschaftsprüfer, vereidigter Buchprüfer, Ingenieur, Aufsichtsratsmitglied, Dolmetscher und Übersetzer und dergleichen (§ 3a Abs. 4 S. 2 Nr. 3 UStG). Auch Dienstleistungen, die in der Beantragung der Vereinnahmung von Vorsteuervergütungen bestehen, fallen unter diese Regelung (Art. 27 MwStVO). Keine berufstypische Leistung eines Rechtsanwalts oder Steuerberaters ist die Tätigkeit als Testamentsvollstrecker oder

---

545 Abschn. 3a.9 Abs. 1 und 2 UStAE.
546 Abschn. 3a.9 Abs. 3 bis 8a UStAE.
547 Abschn. 3a.9 Abs. 3 bis 8a UStAE.

Nachlasspfleger.[548] Buchhaltungsleistungen, die das Erfassen und Kontieren von Belegen sowie die Vorbereitung der Abschlusserstellung umfassen, gehören nicht zu den Beratungsleistungen im Sinne dieser Regelung.[549] Notare erbringen nur dann selbständige Beratungsleistungen i. S. d. § 3a Abs. 4 UStG, wenn die Beratungen nicht im Zusammenhang mit einer Beurkundung stehen. Leistungen i. S. d. § 3a Abs. 3 Nr. 1 UStG (Grundstücksleistungen) gehen den Beratungsleistungen in dieser Regelung vor.[550] Unter § 3a Abs. 4 S. 2 Nr. 3 UStG fallen auch die Beratungsleistungen von Sachverständigen. Hierzu gehören z. B. die Anfertigung von rechtlichen, wirtschaftlichen und technischen Gutachten, soweit letztere nicht in engem Zusammenhang mit einem Grundstück (§ 3a Abs. 3 Nr. 1 UStG) oder mit beweglichen Gegenständen (§ 3a Abs. 3 Nr. 3 Buchst. c UStG) stehen, sowie die Aufstellung von Finanzierungsplänen, die Auswahl von Herstellungsverfahren und die Prüfung ihrer Wirtschaftlichkeit. Leistungen von Handelschemikern sind als Beratungsleistungen zu beurteilen, wenn sie Auftraggeber neben der chemischen Analyse von Warenproben insbesondere über Kennzeichnungsfragen beraten.[551] Ingenieurleistungen sind alle sonstigen Leistungen, die zum Berufsbild eines Ingenieurs gehören, also nicht nur beratende Tätigkeiten.[552] Die Ausübung von Ingenieurleistungen ist dadurch gekennzeichnet, Kenntnisse und bestehende Prozesse auf konkrete Probleme anzuwenden sowie neue Erkenntnisse zu erwerben und neue Prozesse zur Lösung dieser und neuer Probleme zu entwickeln.[553] Es ist nicht erforderlich, dass der leistende Unternehmer Ingenieur ist. Ingenieurleistungen, die in engem Zusammenhang mit einem Grundstück stehen, fallen unter § 3a Abs. 3 Nr. 1 UStG. Die Anpassung von Software an die besonderen Bedürfnisse des Abnehmers gehört zu den sonstigen Leistungen, die von Ingenieuren erbracht werden oder zu denen, die Ingenieurleistungen ähnlich sind.[554] Auch berufstypische Beratungsleistungen sog. Personalberater, die diese im Rahmen der Suche nach Führungskräften für ihre Auftraggeber erbringen, stellen Beratungsleistungen dar.[555] Dienstleistungen, die darin bestehen, Forschungs- und Entwicklungsarbeiten im Umwelt- und Technologiebereich auszuführen, sind als Leistungen von Ingenieuren anzusehen.[556] Auch Textübersetzer fallen unter diese Regelung (Art. 41 MwStVO).[557]

– Unter **Datenverarbeitung** i. S. d. § 3a Abs. 4 S. 2 Nr. 4 UStG ist die manuelle, mechanische oder elektronische Speicherung, Umwandlung, Verknüpfung

---

548 BFH vom 03. 04. 2008, V R 62/05, BStBl. II 2008 S. 900.
549 BFH vom 09. 02. 2012, V R 20/11, BFH/NV 2012 S. 1336.
550 Abschn. 3a.9 Abs. 11 UStAE.
551 Abschn. 3a.9 Abs. 12 UStAE.
552 Abschn. 3a.9 Abs. 13 UStAE.
553 BFH vom 13. 01. 2011, V R 63/09, BStBl. II 2011 S. 461.
554 EuGH vom 27. 10. 2005, C-41/04, DStRE 2006 S. 41.
555 BFH vom 18. 06. 2009, V R 57/07, BStBl. II 2010 S. 83.
556 EuGH vom 07. 10. 2010, C-222/09, UR 2010 S. 854.
557 Abschn. 3a.9 Abs. 14 UStAE.

und Verarbeitung von Daten zu verstehen. Hierzu gehören insbesondere die Automatisierung von gleichförmig wiederholbaren Abläufen, die Sammlung, Aufbereitung, Organisation, Speicherung und Wiedergewinnung von Informationsmengen sowie die Verknüpfung von Datenmengen oder Datenstrukturen mit der Verarbeitung dieser Informationen auf Grund computerorientierter Verfahren. Die Erstellung von Datenverarbeitungsprogrammen (Software) ist keine Datenverarbeitung in diesem Sinne.[558]

- **Überlassung von Informationen** und Know-how (§ 3a Abs. 4 S. 2 Nr. 5 UStG). Gewerbliche Verfahren und Erfahrungen können im Rahmen der laufenden Produktion oder der laufenden Handelsgeschäfte gesammelt werden und daher bei einer Auftragserteilung bereits vorliegen, z. B. Überlassung von Betriebsvorschriften, Unterrichtung über Fabrikationsverbesserungen, Unterweisung von Arbeitern des Auftraggebers im Betrieb des Unternehmers. Gewerbliche Verfahren und Erfahrungen können auch auf Grund besonderer Auftragsforschung gewonnen werden, z. B. Analysen für chemische Produkte, Methoden der Stahlgewinnung, Formeln für die Automation. Es ist ohne Belang, in welcher Weise die Verfahren und Erfahrungen übermittelt werden, z. B. durch Vortrag, Zeichnungen, Gutachten oder durch Übergabe von Mustern und Prototypen. Unter die Vorschrift fällt die Überlassung aller Erkenntnisse, die ihrer Art nach geeignet sind, technisch oder wirtschaftlich verwendet zu werden. Dies gilt z. B. auch für die Informationen durch Journalisten oder Pressedienste, soweit es sich nicht um die Überlassung urheberrechtlich geschützter Rechte handelt. Auch bei den sonstigen Leistungen der Detektive handelt es sich um Überlassung von Informationen, dagegen stellt die Unterrichtung des Erben über den Erbfall durch einen Erbermittler keine Überlassung von Informationen dar.[559]

- **Finanzumsätze,** unabhängig davon, ob diese unter die Befreiungsvorschrift des § 4 Nr. 8 UStG fallen, sowie **Versicherungsumsätze,** aber nur, wenn sie unter die Befreiungsvorschrift des § 4 Nr. 11 UStG fallen (§ 3a Abs. 4 S. 2 Nr. 6 UStG).[560]

- **Überlassung von Arbeitnehmern** (§ 3a Abs. 4 S. 2 Nr. 7 UStG). Unter einer Gestellung von Personal ist die entgeltliche Überlassung von weiterhin beim leistenden Unternehmer angestellten Arbeitnehmern an einen Dritten zu verstehen, welcher das Personal für seine Zwecke einsetzt. Dabei muss der Leistungsempfänger in der Lage sein, das Personal entsprechend seines Weisungsrechts einzusetzen. Die Verantwortung für die Durchführung der Arbeiten muss beim Leistungsempfänger liegen. Schuldet hingegen der leistende Unternehmer den Eintritt eines bestimmten Erfolges oder Ereignisses,

---

558 Abschn. 3a.9 Abs. 15 UStAE.
559 Abschn. 3a.9 Abs. 16 UStAE.
560 Abschn. 3a.9 Abs. 17 und 18 UStAE; vgl. auch EuGH vom 19. 07. 2012, C-44/11, BStBl. II 2012 S. 945.

steht nicht die Überlassung von Personal, sondern die Ausführung einer anderen Art der Leistung im Vordergrund.[561]

- **Verzicht** auf die Ausübung von Patenten und Urheberrechten (§ 3a Abs. 4 S. 2 Nr. 8 UStG).
- **Verzicht** auf die Ausübung einer gewerblichen oder beruflichen Tätigkeit (§ 3a Abs. 4 S. 2 Nr. 9 UStG).
- **Vermietung beweglicher körperlicher Gegenstände** mit Ausnahme von Beförderungsmitteln (§ 3a Abs. 4 S. 2 Nr. 10 UStG). Eine Vermietung von beweglichen körperlichen Gegenständen liegt auch vor, wenn ein bestehender Messestand oder wesentliche Teile eines Standes im Zusammenhang mit Messen oder Ausstellungen an Aussteller vermietet werden und die Vermietung ein wesentliches Element dieser Dienstleistung ist.[562]
- Die **Gewährung des Zugangs zu Erdgas- und Elektrizitätsnetzen** oder zu Wärme- und Kältenetzen und damit zusammenhängender Leistungen wie die Fernleitung, die Übertragung oder die Verteilung über diese Netze sowie andere mit diesen Leistungen unmittelbar zusammenhängende Leistungen in Bezug auf Gas für alle Druckstufen und in Bezug auf Elektrizität für alle Spannungsstufen sowie in Bezug auf Wärme und auf Kälte (§ 3a Abs. 4 S. 2 Nr. 14 UStG). Zu den mit der Gewährung des Zugangs zu Erdgas-, Elektrizitäts-, Wärme- oder Kältenetzen und der Fernleitung, der Übertragung oder der Verteilung über diese Netze unmittelbar zusammenhängenden Umsätzen gehören insbesondere Serviceleistungen wie Überwachung, Netzoptimierung und Notrufbereitschaften.[563]

Ist der Empfänger einer in § 3a Abs. 4 S. 2 UStG genannten Dienstleistung ein Nichtunternehmer und hat er seinen Wohnsitz oder Sitz im Gemeinschaftsgebiet, gilt die Sonderregelung des § 3a Abs. 4 UStG nicht und die sonstige Leistung wird nach der Grundregel dort ausgeführt, wo der leistende Unternehmer sein Unternehmen betreibt (§ 3a Abs. 1 UStG). Werden die genannten Leistungen an einen anderen Unternehmer für dessen Unternehmen ausgeführt, gilt die Sonderregelung ebenfalls nicht und es verbleibt bei der Grundregelung des § 3a Abs. 2 UStG.

---

561 Abschn. 3a.9 Abs. 18a UStAE.
562 Abschn. 3a.9 Abs. 19 UStAE; EuGH vom 27. 10. 2011, C-530/09, BStBl. II 2012 S. 160.
563 Abschn. 3a.13 UStAE.

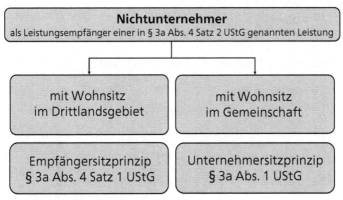

Abb. 21: Nichtunternehmer als Leistunsempfänger einer Katalogleistung
(Quelle: Eigene Darstellung)

Beispiel:

Ein Rechtsanwalt aus Köln berät einen Mandanten in einer Scheidungsangelegenheit. Der ehemals in Deutschland wohnende Mandant lebt zwischenzeitlich seit seiner Trennung von seiner deutschen Ehefrau in der Schweiz bzw. in Griechenland.

Die sonstige Leistung des Rechtsanwalts fällt unter § 3a Abs. 4 S. 2 Nr. 3 UStG und wurde im Hinblick auf seinen schweizer Mandanten im Drittland erbracht (§ 3a Abs. 4 S. 1 UStG). Die Leistung gegenüber dem griechischen Mandanten gilt als in Deutschland erbracht (§ 3a Abs. 4 S. 1 i. V. m. § 3a Abs. 1 UStG).

Wird die sonstige Leistung an einen Nichtunternehmer erbracht, der in verschiedenen Ländern ansässig ist oder seinen Wohnsitz in einem Land und seinen gewöhnlichen Aufenthalt in einem anderen Land hat, ist bei Leistungen an eine natürliche Person der Leistungsort vorrangig an deren gewöhnlichen Aufenthaltsort, soweit keine Anhaltspunkte dafür vorliegen, dass die Leistung an deren Wohnsitz genutzt oder ausgewertet wird (Art. 24 Buchst. b MwStVO). Bei Leistungen an eine nicht unternehmerisch tätige juristische Person, der keine USt-IdNr. erteilt worden ist, ist der Leistungsort vorrangig an dem Ort, an dem die Handlungen zur zentralen Verwaltung der juristischen Person vorgenommen werden, soweit keine Anhaltspunkte dafür vorliegen, dass die Leistung an deren festen Niederlassung genutzt oder ausgewertet wird (Art. 24 Buchst. a MwStVO).[564]

---

564 Abschn. 3a.8 Nr. 2a UStAE.

3. Im Inland genutzte Leistungen eines Unternehmers aus dem Drittland

a) Allgemeiner Überblick

Die Sonderregelung des § 3a Abs. 6 UStG betrifft sonstige Leistungen, die von einem im Drittlandsgebiet ansässigen Unternehmer erbracht und im Inland genutzt oder verwertet werden.[565] Es handelt sich dabei um folgende Leistungen:

- die kurzfristige Vermietung eines Beförderungsmittels an einen Unternehmer oder einen Nichtunternehmer (§ 3a Abs. 6 S. 1 Nr. 1 i. V. m. § 3a Abs. 3 Nr. 2 S. 1 UStG),
- die langfristige Vermietung eines Beförderungsmittels an einen Nichtunternehmer (§ 3a Abs. 6 S. 1 Nr. 1 i. V. m. § 3a Abs. 3 Nr. 2 S. 3 UStG),
- eine in § 3a Abs. 4 S. 2 Nr. 1 bis 10 UStG bezeichnete Katalogleistung an eine im Inland ansässige juristische Person des öffentlichen Rechts (§ 3a Abs. 6 S. 1 Nr. 2 i. V. m. § 3a Abs. 4 S. 2 UStG),
- Dienstleistungen auf dem Gebiet der Telekommunikation oder Rundfunk- und Fernsehdienstleistungen (§ 3a Abs. 6 S. 1 Nr. 3 i. V. m. § 3a Abs. 5 S. 2 Nr. 1 und Nr. 2 UStG).

b) Vermietung eines Beförderungsmittels

Vermietet ein Drittlandsunternehmer ein Beförderungsmittel, das im Inland genutzt wird, gilt somit Folgendes:[566]

- Liegt eine kurzfristige Vermietung eines Beförderungsmittels an einen Unternehmer vor, ist der Ort der Dienstleistung abweichend von § 3a Abs. 3 Nr. 2 S. 1 UStG nach § 3a Abs. 6 S. 1 UStG zu bestimmen und liegt im Inland.
- Liegt eine kurzfristige Vermietung eines Beförderungsmittels an einen Nichtunternehmer vor, ist der Ort der Dienstleistung abweichend von § 3a Abs. 3 Nr. 2 S. 1 UStG nach § 3a Abs. 6 S. 1 UStG zu bestimmen und liegt im Inland.
- Liegt eine langfristige Vermietung eines Beförderungsmittels an einen Nichtunternehmer vor, ist der Ort der sonstigen Leistung abweichend von § 3a Abs. 3 Nr. 2 S. 3 nach § 3a Abs. 6 S. 1 UStG zu bestimmen und liegt im Inland.
- Liegt eine langfristige Vermietung eines Beförderungsmittels an einen Unternehmer vor, bestimmt sich der Ort der sonstigen Leistung nach § 3a Abs. 2 UStG und liegt am Ort des Leistungsempfängers. Obwohl der Gesetzestext ganz allgemein von „langfristiger Vermietung" spricht und zunächst nicht hinsichtlich der Leistungsempfänger unterscheidet, fehlt im zweiten Halbsatz die Negativabgrenzung zu § 3a Abs. 2 UStG, so dass die langfristige

---

565 Abschn. 3a.14 Abs. 1 UStAE.
566 Abschn. 3a.14 Abs. 2 UStAE.

Vermietung eines Beförderungsmittels an einen Unternehmer eben nicht von der Sonderregelung des § 3a Abs. 6 UStG erfasst wird.

Beispiel:

Privatmann P aus Potsdam mietet einen Pkw von einem in der Schweiz ansässigen Autovermieter:

a) für ein Jahr,

b) für eine Woche.

Das Fahrzeug wird dem P in Potsdam durch einen Mitarbeiter des Schweizers übergeben.

Der Ort der Vermietungsleistung bestimmt sich im Fall a grds. nach § 3a Abs. 1 UStG und liegt somit in der Schweiz. Aufgrund der Sonderregelung in § 3a Abs. 3 Nr. 2 S. 3 UStG liegt der Ort der sonstigen Leistung jedoch im Inland. Da der Ort der sonstigen Leistung nunmehr bereits im Inland liegt, kommt der weiteren Sonderregelung in § 3a Abs. 6 Nr. 1 UStG keine weitere Bedeutung mehr zu. Steuerschuldner der deutschen Umsatzsteuer ist der schweizer Unternehmer.

Im Fall b) bestimmt sich der Ort der Dienstleistung wegen der kurzfristigen Vermietung nach § 3a Abs. 3 Nr. 2 S. 1 UStG und liegt ebenfalls im Inland. Steuerschuldner ist auch insoweit der Unternehmer aus der Schweiz.

c) Erbringung einer Katalogleistung an eine juristische Person des öffentlichen Rechts

Erbringt ein Unternehmer aus dem Drittland eine Katalogleistung i. S. d. § 3a Abs. 4 S. 2 Nr. 1–10 UStG an eine im Inland ansässige juristische Person des öffentlichen Rechts (§ 3a Abs. 6 Nr. 2 UStG), so gilt die Dienstleistung als im Inland ausgeführt, wenn sie dort genutzt oder ausgewertet wird (§ 3a Abs. 6 Nr. 3 UStG). Die Regelung gilt nur für juristische Personen des öffentlichen Rechts, wenn diese Nichtunternehmer sind. Die Leistungen eines Aufsichtsratsmitglieds werden am Sitz der Gesellschaft genutzt oder ausgewertet. Sonstige Leistungen, die der Werbung oder der Öffentlichkeitsarbeit dienen, werden dort genutzt oder ausgewertet, wo die Werbung oder Öffentlichkeitsarbeit wahrgenommen werden soll. Wird eine sonstige Leistung sowohl im Inland als auch im Ausland genutzt oder ausgewertet, ist darauf abzustellen, wo die Leistung überwiegend genutzt oder ausgewertet wird.[567]

d) Telekommunikationsdienstleistungen und Rundfunk- und Fernsehdienstleistungen durch Unternehmer aus dem Drittland

Erbringt ein Unternehmer aus dem Drittland Telekommunikationsdienstleistungen bzw. Rundfunk- und Fernsehdienstleistungen i. S. d. § 3a Abs. 5 S. 2 Nr. 1 und 2 UStG an einen privaten Abnehmer, so gilt die Dienstleistung als im Inland ausgeführt, wenn sie dort genutzt oder ausgewertet wird (§ 3a Abs. 6 Nr. 3

---

567 Abschn. 3a.14 Abs. 3 UStAE.

UStG).[568] Diese Regelung gilt nur für Nichtunternehmer als Leistungsempfänger.

4. Kurzfristige Vermietung von Fahrzeugen zur Nutzung im Drittland

Vermietet ein Unternehmer **aus dem Inland** kurzfristig ein Schienenfahrzeug, einen Kraftomnibus oder ein ausschließlich zur Beförderung von Gegenständen bestimmtes Straßenfahrzeug an einen Drittlandsunternehmer und wird der Gegenstand im Drittland genutzt, gilt die Leistung als im Drittland ausgeführt (§ 3a Abs. 7 UStG). Die Regelung gilt auch, sofern eine feste Niederlassung eines Unternehmers im Drittlandsgebiet Leistungsempfänger ist.

Beispiel:

U aus Ulm vermietet an einen in der Schweiz ansässigen Vermieter S einen Lkw für drei Wochen. Der Lkw wird von S bei U abgeholt. Der Lkw wird ausschließlich in der Schweiz genutzt.

Der Ort der Leistung bei der kurzfristigen Vermietung des Beförderungsmittels richtet sich grds. nach § 3a Abs. 3 Nr. 2 UStG und liegt im Land der Übergabe des Fahrzeugs, mithin in Deutschland. Da der Lkw aber nicht im Inland, sondern in der Schweiz genutzt wird, ist die Leistung nach § 3a Abs. 7 UStG als in der Schweiz ausgeführt zu behandeln.

Wird eine sonstige Leistung sowohl im Inland als auch im Drittlandsgebiet genutzt, ist darauf abzustellen, wo die Leistung überwiegend genutzt wird.

Bei langfristiger Nutzung liegt der Ort der Leistung bereits nach der Grundregelung in § 3a Abs. 2 UStG im Drittlandsgebiet.[569]

5. Ausschließlich im Drittlandsgebiet erbrachte Leistungen

Werden bestimmte **Leistungen an Unternehmer** tatsächlich im Drittlandsgebiet erbracht, so gilt die Leistung abweichend von der Grundregelung des § 3a Abs. 2 UStG als im Drittland ausgeführt, wenn die Leistung tatsächlich im Drittlandsgebiet genutzt oder ausgewertet wird (§ 3a Abs. 8 UStG). Zu diesen Leistungen gehören

- Güterbeförderungsleistungen,
- Beladen, Entladen, Umschlagen oder ähnliche mit einer Güterbeförderung zusammenhängende Leistungen i. s. d. § 3b UStG,
- Arbeiten an beweglichen Gegenständen,
- Begutachtung von beweglichen Gegenständen,
- Veranstaltungsleistungen im Zusammenhang mit Messen und Ausstellungen,
- Reisevorleistungen i. s. d. § 25 Abs. 1 S. 5 UStG.

---

568 Abschn. 3a.14 Abs. 3 UStAE.
569 Abschn. 3a.14 Abs. 4 UStAE.

Die Regelung gilt nur für Leistungsempfänger i. S. d. § 3a Abs. 2 UStG. Güterbeförderungsleistungen, im Zusammenhang mit einer Güterbeförderung stehende sonstige Leistungen wie Beladen, Entladen, Umschlagen oder ähnliche mit der Beförderung eines Gegenstands stehende Leistungen, Arbeit an und die Begutachtung von beweglichen körperlichen Gegenständen, Reisevorleistungen und Veranstaltungsleistungen im Zusammenhang mit Messen und Ausstellungen werden regelmäßig im Drittlandsgebiet genutzt oder ausgewertet, wenn sie tatsächlich ausschließlich dort in Anspruch genommen werden können.

Hinweis:
Die Ausnahmeregelung gilt nicht für Drittlandsgebiet i. S. d. § 1 Abs. 3 UStG, z. B. für Freihäfen (§ 3a Abs. 8 S. 2 UStG).

V. Besteuerungsverfahren für grenzüberschreitende Dienstleistungen

1. Allgemeines

Grds. schuldet die Mehrwertsteuer der Steuerpflichtige, der eine steuerpflichtige Lieferung von Gegenständen ausführt bzw. eine steuerpflichtige Dienstleistung erbringt (Art. 193 MwStSystRL). Diese Steuerschuldnerschaft des leistenden Unternehmers wurde im Inland umgesetzt durch § 13a Abs. 1 Nr. 1 UStG. Erbringt ein Unternehmer seine Leistungen im Ausland, so richtet sich folglich die Besteuerung nach ausländischem Recht. Daher hat z. B. ein deutscher Unternehmer grds. in anderen Mitgliedstaaten Steuererklärungen abzugeben und die Steuer zu entrichten, wenn er in diesem Land Leistungen erbringt. Natürlich hat er dann die Steuer nach dem Steuersatz und den umsatzsteuerlichen Regelungen dieses Landes zu berechnen und abzuführen.

Um eine Registrierung von ausländischen Unternehmern und den damit verbundenen erhöhten Verwaltungsaufwand zu vermeiden, wurden im Laufe der Jahre verschiedene Instrumente geschaffen:

– Übergang der Steuerschuldnerschaft vom leistenden Unternehmer auf den Leistungsempfänger, wenn dieser Unternehmer oder eine juristische Person ist (Reverse-Charge-Verfahren), sowie ein
– besonderes Besteuerungsverfahren für den leistenden Unternehmer mit Anmeldung der ausländischen Umsatzsteuer im eigenen Ansässigkeitsstaat bei privaten Leistungsempfängern (One-Stop-Shop).

2. Übergang der Steuerschuldnerschaft

a) Sinn und Zweck des sog. Reverse-Charge-Verfahrens
Um eine Registrierung in einem anderen Mitgliedstaat zu vermeiden, kennt die MwStSystRL das Instrument des Übergangs der Steuerschuldnerschaft, wonach die Steuerschuld auf den Leistungsempfänger übergeht, wenn die steuerpflichtige Leistung von einem Steuerpflichtigen bewirkt wurde, der nicht in dem

Mitgliedstaat ansässig ist, in dem die Mehrwertsteuer geschuldet wird (Art. 194 Abs. 1 MwStSystRL). Bei einigen Leistungen geht die Steuerschuldnerschaft zwingend auf den Leistungsempfänger über (Art. 195 bis 198 MwStSystRL), bei anderen Umsätzen wiederum können die Mitgliedstaaten selbst festlegen, ob der leistende Unternehmer oder die Person, für die die Lieferung oder Dienstleistung bestimmt ist, die Steuer schuldet (Art. 199 MwStSystRL). Die inhaltlichen Bedingungen für die Anwendung des sog. Reverse-Charge-Verfahrens legen die Mitgliedstaaten dabei zudem selbst fest (Art. 194 Abs. 2 MwStSystRL), folglich sind die Regelungen insoweit nicht EU-einheitlich und können in den einzelnen Mitgliedstaaten differieren.[570] Auch viele Drittländer kennen zwischenzeitlich diese Form der Verlagerung der Steuerschuldnerschaft vom leistenden (ausländischen) Unternehmer auf den (inländischen) Leistungsempfänger.

Gerade die Bestimmung des Ortes der sonstigen Leistungen steht im Gemeinschaftsgebiet in engem Zusammenhang mit diesem Übergang der Steuerschuldnerschaft. Ist der leistende Unternehmer bei Dienstleistungen i. S. der Grundregelung „B2B" des Art. 44 MwStSystRL nicht im Land der Leistung, sondern im Ausland ansässig, schuldet **zwingend** der Leistungsempfänger die Steuer, wenn er ein Unternehmer oder eine juristische Person mit einer USt-IdNr. ist (Art. 196 MwStSystRL). In der (Netto-)Rechnung des leistenden Unternehmers ist auf den Übergang der Steuerschuldnerschaft des Leistungsempfängers hinzuweisen (§ 14a Abs. 1 S. 1 UStG).[571]

> *Beispiel:*
>
> Die Vermittlungsagentur V aus Deutschland vermittelt die Lieferung einer Maschine des deutschen Herstellers H aus Hannover von Hannover nach Belgien. Sie wurde durch den belgischen Abnehmer B mit der Vermittlung beauftragt.
>
> Der Ort der Vermittlungsleistung liegt in Belgien (§ 3a Abs. 2 UStG). Die Besteuerung richtet sich grds. nach belgischem Recht. V kann B eine Nettorechnung erteilen mit dem Hinweis auf das „Reverse-Charge-Verfahren". Die Steuerschuld geht auf B über. Außerdem hat er einen entsprechenden Vorsteueranspruch. In Deutschland hat V seinen Umsatz im Rahmen der USt-Voranmeldung und der USt-Jahreserklärung als „nichtsteuerbaren Umsatz" auszuweisen, er hat über diesen Umsatz eine Zusammenfassende Meldung abzugeben.

Bei Ortsbestimmungen nach anderen Vorschriften als der Grundregel des Art. 44 MwStSystRL muss die Steuerschuldnerschaft jedoch nicht zwingend auf den Leistungsempfänger übergehen, so dass insoweit abweichende Regelungen in den einzelnen Mitgliedstaaten bestehen können und sich der leistende Unternehmer ggf. doch in einem anderen Mitgliedstaat registrieren lassen muss. Ist der Leistungsempfänger ein Nichtunternehmer, so hat der ausländi-

---

570 FG Hamburg vom 04.12.2008, 5 K 32/07, DStRE 2009 S. 1262; Nichtzulassungsbeschwerde zurückgewiesen durch BFH vom 06.04.2010, XI B 1/09, BFH/NV 2010 S. 2131.
571 Abschn. 3a.16 Abs. 6 UStAE.

sche Unternehmer den Umsatz stets selbst zu versteuern, ein Übergang der Steuerschuldnerschaft ist regelmäßig nicht möglich.[572]

> *Hinweis:*
> Im Inland gilt das Reverse-Charge-Verfahren nicht nur Dienstleistungen nach der Grundregelung des § 3a Abs. 2 UStG (§ 13b Abs. 1 i. V. m. Abs. 5 S. 1 UStG), sondern auch für alle anderen Dienstleistungen für Unternehmer sowohl aus dem übrigen Gemeinschaftsgebiet als auch für Unternehmer aus dem Drittlandsgebiet (§ 13b Abs. 2 Nr. 1 i. V. m. Abs. 5 S. 1 UStG).

Führt ein im Inland ansässiger Unternehmer eine sonstige Leistung aufgrund der Grundregel in § 3a Abs. 2 UStG in einem anderen Mitgliedstaat an einen anderen Unternehmer aus, schuldet regelmäßig der Leistungsempfänger die Umsatzsteuer nach Art. 196 MwStSystRL. In der Netto-Rechnung des leistenden Unternehmers ist auf den Übergang der Steuerschuldnerschaft hinzuweisen (§ 14a Abs. 1 Satz 1 UStG).[573]

Die Umsatzsteuer beim Übergang der Steuerschuldnerschaft entsteht kraft Gesetzes und ist damit nicht frei disponibel, d. h., die beteiligten Unternehmer haben kein Wahlrecht, wie sie untereinander abrechnen. In Höhe der Steuerschuld entsteht zudem kraft Gesetzes ein entsprechender Vorsteueranspruch beim Leistungsempfänger. Ein Unternehmer ist somit durch den Übergang der Steuerschuldnerschaft nur belastet, wenn die Vorsteuer letztlich nicht abzugsfähig ist. Die nicht abzugsfähigen Vorsteuerbeträge gehören dann wie andere nicht abzugsfähige Vorsteuerbeträge auch zu den Kosten des Betriebs bzw. bei Wirtschaftsgütern des Anlagevermögens zu den Anschaffungs- oder Herstellungskosten.

Zur Sicherung des Systems müssen die vom Mitgliedstaat des Dienstleistungserbringers erhobenen Daten dem Mitgliedstaat, in dem der Dienstleistungsempfänger einer innergemeinschaftlichen Dienstleistung ansässig ist, mitgeteilt werden. Dazu hat der leistende Unternehmer die innergemeinschaftlichen Dienstleistungen, die unter das Empfängersitzprinzip des § 3a Abs. 2 UStG fallen, in seinem Mitgliedstaat im Rahmen einer **Zusammenfassenden Meldung** zu erklären (§ 18a Abs. 2 UStG).[574] Innergemeinschaftliche Dienstleistungen sind zudem vom Unternehmer in Voranmeldungen und in der Jahreserklärung gesondert auszuweisen (§ 18b S. 1 Nr. 2 UStG).

Es sind nur die Umsätze zu melden, die unter die Grundregelung für sonstige Leistungen an Unternehmer nach § 3a Abs. 2 UStG fallen, nicht jedoch die weiteren Umsätze, bei denen sich der Ort der Dienstleistung nach einer anderen Vorschrift bestimmt, z. B. Grundstücksumsätze (§ 3a Abs. 3 Nr. 1 UStG).[575] Diese

---

572 Abschn. 3a.16 Abs. 2 UStAE.
573 Abschn. 3a.16 Abs. 4–6 UStAE.
574 Abschn. 3a.16 Abs. 7 UStAE.
575 Abschn. 18a.3 Abs. 1 UStAE.

Umsätze sind auch dann nicht in der Zusammenfassenden Meldung zu erklären, wenn diese individuell in diesem Mitgliedstaat ggf. nach dem Reverse-Charge-Verfahren zu versteuern sind.

Hinweis:

Eine ausführliche Darstellung des Thema „Übergang der Steuerschuldnerschaft" auch für rein „inländische" Leistungen enthält der Band „Spezialwissen Umsatzsteuer" vom gleichen Autor.

---

b) *Eingangsleistungen für die Anwendung des Reverse-Charge-Verfahrens im Inland*

In Deutschland wurden die Regelungen über den Übergang der Steuerschuldnerschaft in § 13b UStG umgesetzt. Um die Registrierung von ausländischen Unternehmern größtenteils zu vermeiden und zur Sicherung des Steueranspruchs geht bei bestimmten im Inland steuerpflichtigen Leistungen die Steuerschuld vom leistenden Unternehmer auf den Leistungsempfänger über, insbesondere wenn der Leistungsempfänger Unternehmer oder eine juristische Person ist (§ 13b Abs. 5 UStG). Auch Kleinunternehmer, pauschalversteuernde Land- und Forstwirte und Unternehmer, die ausschließlich steuerfreie Umsätze tätigen, schulden die Umsatzsteuer aus dem Übergang der Steuerschuldnerschaft.[576] Da das wesentliche Tatbestandsmerkmal die Unternehmereigenschaft des Leistungsempfängers ist, nicht aber der Leistungsbezug für das Unternehmen, geht die Steuerschuldnerschaft ggf. auch dann über, wenn der Leistungsempfänger entsprechende Leistungen für seinen privaten Bereich bezieht (§ 13b Abs. 5 S. 6 UStG). Echte Privatpersonen bleiben vom Anwendungsbereich des § 13b UStG unberührt, ebenso in einigen im Gesetz abschließend aufgezählten Fällen juristische Personen des öffentlichen Rechts, die Leistungen für den nichtunternehmerischen Bereich beziehen (§ 13b Abs. 5 S. 10 UStG).

---

576 Abschn. 13b.1 Abs. 1 S. 3 UStAE.

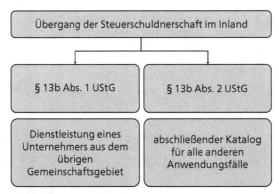

Abb. 22: Übergang der Steuerschuldnerschaft
(Quelle: Eigene Darstellung)

Für die nach § 3a Abs. 2 UStG im Inland steuerbaren und steuerpflichtigen **Dienstleistungen** eines im **übrigen Gemeinschaftsgebiet** ansässigen Unternehmers geht die Steuerschuldnerschaft regelmäßig auf den Leistungsempfänger über, wenn dieser ein Unternehmer oder eine juristische Person ist (§ 13b Abs. 1 i. V. m. § 13b Abs. 5 S. 1 UStG).

Ob bei anderen Leistungen die Steuerschuldnerschaft auf den Leistungsempfänger übergeht, regelt im Inland § 13b Abs. 2 UStG. Die Vorschrift ist aus Art. 198, 199, 199a MwStSystRL abgeleitet, wonach die Mitgliedstaaten selbst bestimmen können, ob sie den Übergang der Steuerschuldnerschaft insoweit anwenden wollen oder nicht. Gerade hinsichtlich dieser Anwendungsregeln bestehen starke Unterschiede in den einzelnen Mitgliedstaaten. In Deutschland gelten insoweit folgende Anwendungsfälle für den Übergang der Steuerschuldnerschaft auf den Leistungsempfänger:

– **Werklieferungen** eines im **Ausland ansässigen Unternehmers** (§ 13b Abs. 2 Nr. 1 UStG), unabhängig davon, ob der Unternehmer im übrigen Gemeinschaftsgebiet oder im Drittlandsgebiet seinen Sitz hat;

– **sonstige Leistungen** eines im **Ausland ansässigen Unternehmers,** sofern diese Leistungen nicht bereits unter § 13b Abs. 1 UStG fallen (§ 13b Abs. 2 Nr. 1 UStG), also Dienstleistungen durch Drittlandsunternehmer sowie Dienstleistungen durch Unternehmer aus dem übrigen Gemeinschaftsgebiet, die nicht unter die Grundregelung der Ortsbestimmung nach § 3a Abs. 2 UStG („Empfängersitzprinzip") fallen;

- Lieferungen **sicherungsübereigneter Gegenstände** durch den Sicherungs-geber an den Sicherungsnehmer außerhalb des Insolvenzverfahrens (§ 13b Abs. 2 Nr. 2 UStG);[577]
- Umsätze, die unter das **Grunderwerbsteuergesetz** fallen (§ 13b Abs. 2 Nr. 3 UStG).
- Werklieferungen und sonstige Leistungen im Zusammenhang mit **Bauwer-ken** (§ 13b Abs. 2 Nr. 4 UStG);
- Lieferung von **Gas, Elektrizität, Wärme oder Kälte** eines im Ausland ansäs-sigen Unternehmers unter den Bedingungen des § 3g UStG (§ 13b Abs. 2 Nr. 5 Buchst. a UStG);
- Lieferung von **Gas oder Elektrizität** durch einen im Inland ansässigen Unternehmer (§ 13b Abs. 2 Nr. 5 Buchst. b UStG);
- Übertragung von Berechtigungen nach dem **Treibhaus-Emissionshandels-gesetz**, Übertragungen von Gas- und Elektrizitätszertifikaten sowie Tele-kommunikationsdienstleistungen (§ 13b Abs. 2 Nr. 6 UStG);
- Lieferung von **Industrieschrott, Altmetallen und sonstigen Abfallstoffen** (§ 13b Abs. 2 Nr. 7 UStG i. V. m. Anlage 3 zum UStG);[578]
- **Reinigen** von Gebäuden und Gebäudeteilen (§ 13b Abs. 2 Nr. 8 UStG);
- Lieferung von **Gold oder Goldplattierungen** mit einem Feingoldgehalt von mindestens 325 Tausendstel (§ 13b Abs. 2 Nr. 9 UStG);[579]
- Lieferung von **Mobilfunkgeräten, Tablet-Computern und Spielekonsolen** sowie von **integrierten Schaltkreisen** (§ 13b Abs. 2 Nr. 10 UStG);[580]
- Lieferung von **Edelmetallen und unedlen Metallen** (§ 13b Abs. 2 Nr. 11 UStG i. V. m. Anlage 4 zum UStG);[581]
- Sonstige Leistungen auf dem Gebiet der **Telekommunikation** (§ 13b Abs. 2 Nr. 12 UStG).

Hinweis:

Bei der Lieferung von sicherungsübereigneten Gegenständen, von Indus-trieschrott, Altmetallen und sonstigen Abfallstoffen, von Gold, Mobilfunk-geräten, Tablet-Computern, Spielekonsolen und von integrierten Schalt-kreisen sowie bei der Lieferung von Edelmetallen und unedlen Metallen ist vorrangig § 25a UStG zu beachten, d. h. die Regelungen über den Übergang der Steuerschuldnerschaft sind nicht zu beachten, wenn die Differenzbe-steuerung zur Anwendung kommt (§ 13b Abs. 5 S. 9 UStG).

---

577 Abschn. 13b.1 Abs. 2 Nr. 4 UStAE.
578 Abschn. 13b.1 Abs. 2 Nr. 9 UStAE.
579 Abschn. 13b.1 Abs. 2 Nr. 11 UStAE.
580 Abschn. 13b.1 Abs. 2 Nr. 12 UStAE.
581 Abschn. 13b.1 Abs. 2 Nr. 13 UStAE.

Die **steuerlichen Pflichten** im Inland hat nicht der leistende ausländische Unternehmer, sondern der Leistungsempfänger zu übernehmen. Geht die Steuerschuldnerschaft auf den Leistungsempfänger über, obliegt diesem folglich auch die umsatzsteuerliche Würdigung des Sachverhalts, d.h. die Prüfung der Steuerbarkeit und Steuerpflicht, die Ermittlung der Bemessungsgrundlage und des Steuersatzes. Werte in fremder Währung sind in Euro umzurechnen (§ 16 Abs. 6 UStG). Der leistende Unternehmer bewirkt zwar einen steuerbaren und steuerpflichtigen Umsatz, hat aber die verfahrensrechtlichen Folgen daraus nicht zu ziehen. Er wird mit diesem Vorgang grds. nicht erklärungspflichtig. Ein inländischer Unternehmer erklärt diesen Vorgang nur nachrichtlich in seiner Steuererklärung, ein ausländischer Unternehmer muss folglich im Inland umsatzsteuerlich nicht registriert werden. Aus diesem Grund erteilt der leistende Unternehmer eine Nettorechnung, die Umsatzsteuer wird vom Leistungsempfänger im Rahmen seiner USt-Voranmeldung angemeldet, selbst dann, wenn dieser für seine eigenen Umsätze keine Steueranmeldung abzugeben hat (§ 18 Abs. 4a UStG). Bei regelbesteuerten Unternehmern als Leistungsempfänger ist die im Rahmen des Übergangs der Steuerschuldnerschaft anzumeldende Umsatzsteuer zeitgleich wieder als Vorsteuer abzugsfähig (§ 15 Abs. 1 S. 1 Nr. 4 UStG), sofern keine Ausschlussumsätze i.S.d. § 15 Abs. 2 UStG ausgeführt werden. Die Vorsteuer entsteht zeitgleich mit der Umsatzsteuer, die der Leistungsempfänger nach § 13b Abs. 5 UStG schuldet.

Beispiel:

Architekt B aus Belgien plant für A aus Aachen die Errichtung eines Gebäudes in Aachen, das A nach Fertigstellung zu 80 % für steuerpflichtige und zu 20 % für steuerfreie Umsätze verwenden will. B stellt am 05.05. eine Rechnung über 20.000 € aus. A überweist den Betrag am 06.06. an B.

B erbringt im Inland (§ 3a Abs. 3 Nr. 1 Buchst. c UStG) eine steuerbare und steuerpflichtige sonstige Leistung. Die Bemessungsgrundlage beträgt 20.000 € (§ 10 Abs. 1 UStG), die Umsatzsteuer mithin 3.800 € (§ 12 Abs. 1 UStG). Sie ist mit Ausstellung der Rechnung entstanden, also im Voranmeldungszeitraum Mai (§ 13b Abs. 2 UStG). Schuldner der Umsatzsteuer ist nicht der leistende Unternehmer B, sondern A als Leistungsempfänger, weil er Empfänger einer im Inland steuerpflichtigen sonstigen Leistung eines ausländischen Unternehmers ist (§ 13b Abs. 2 i.V.m. Abs. 5 S. 1 UStG). Die nach § 13b UStG geschuldete Umsatzsteuer ist als Vorsteuer bei A abzugsfähig (§ 15 Abs. 1 S. 1 Nr. 4 UStG), allerdings nur i.H.v. 80 % von 3.800 € = 3.040 €, da A zu 20 % steuerfreie Umsätze ausführt (§ 15 Abs. 2 Nr. 1 UStG). Die Regelung des § 13b Abs. 2 Nr. 4 UStG ist für die Beteiligten wegen des Vorrangs von § 13b Abs. 2 Nr. 1 UStG ohne Bedeutung (§ 13b Abs. 2 Nr. 4 Satz 3 UStG).

Der leistende Unternehmer ist zur Erteilung einer Rechnung mit dem Hinweis „Steuerschuldnerschaft des Leistungsempfängers" verpflichtet (§ 14a Abs. 1 S. 1 bzw. § 14a Abs. 5 S. 1 UStG). Fehlt diese Angabe in der Rechnung, wird der Leistungsempfänger gleichwohl von der Steuerschuldnerschaft nicht entbunden, denn die Steuerschuldnerschaft geht kraft Gesetzes über, nicht aufgrund eines Hinweises oder fehlenden Hinweises in einer Rechnung.[582] Weist der Unternehmer in derartigen Fällen entgegen § 14a Abs. 5 S. 2 UStG die Steuer gesondert aus, wird diese Steuer von ihm nach § 14c Abs. 1 UStG geschuldet.[583] Ausländische Unternehmer müssen die Rechnungsvorschriften des § 14 Abs. 1 bis 6 UStG und des § 14a UStG nicht beachten, für sie gilt das Recht ihres Heimatlandes (§ 14 Abs. 7 S. 1 UStG). Da die Vorschriften über die Rechnungserteilung in allen Ländern der EU harmonisiert sind, erteilt der leistende Unternehmer folglich regelmäßig eine Nettorechnung, da er die Umsatzsteuer ja nicht selbst schuldet. Erteilt dagegen der inländische Leistungsempfänger eine Gutschrift über die erbrachte Leistung, gelten die inländischen Rechnungsvorschriften (§ 14 Abs. 7 S. 3 UStG).

Werden Leistungen durch **Kleinunternehmer** erbracht, hat der Leistungsempfänger den Übergang der Steuerschuldnerschaft nicht zu beachten (§ 13b Abs. 5 S. 4 UStG), während ein Kleinunternehmer als Leistungsempfänger dagegen ebenfalls Steuerschuldner i. s. d. § 13b UStG wird (§ 13b Abs. 8 UStG). Insoweit gibt es auch keine Wertgrenzen.

Für sonstige Leistungen, die dauerhaft für einen Zeitraum von mehr als einem Jahr erbracht werden, wird als Entstehungszeitpunkt jeweils der Ablauf eines jeden Kalenderjahres geregelt (§ 13b Abs. 3 UStG). In diesen Fällen der Dauerleistung entsteht die Umsatzsteuer mit Ablauf eines jeden Kalenderjahres, in dem die Leistung (anteilig) erbracht wurde, unabhängig davon, wann die Leistung tatsächlich endet und ausgeführt wurde.

Bei der Vereinnahmung von Vorauszahlungen oder Anzahlungen entsteht die Umsatzsteuer entsprechend mit der Vereinnahmung der Beträge, § 13 Abs. 1 Nr. 1 Buchst. a Satz 2 und 3 UStG geltend entsprechend (§ 13b Abs. 4 UStG).

c) Übergang der Steuerschuldnerschaft bei grenzüberschreitenden Leistungen

aa) Dienstleistungen eines im übrigen Gemeinschaftsgebiets ansässigen Unternehmers nach dem Empfängersitzprinzip

Für die nach § 3a Abs. 2 UStG im Inland steuerbaren und steuerpflichtigen Dienstleistungen eines im übrigen Gemeinschaftsgebiet ansässigen Unternehmers geht die Steuerschuldnerschaft auf den Leistungsempfänger über, wenn dieser ein Unternehmer oder eine juristische Person ist (§ 13b Abs. 1 i. V. m. Abs. 5 S. 1 UStG). Die Steuer entsteht mit Ablauf des Voranmeldungszeitraums, in dem die Leistungen ausgeführt worden sind, spätestens jedoch mit Ablauf des der Ausführung der Leistung folgenden Kalendermonats.

---

582 Abschn. 13b.14 Abs. 1 S. 4 UStAE.
583 Abschn. 13b.14 Abs. 1 S. 5 UStAE, bestätigt durch BFH v. 31.05.2017, V B 5/17, BFH/NV 2017 S. 1202.

Beispiel:

Der niederländische Rechtsanwalt N berät einen deutschen Unternehmer wegen eines Verkehrsdelikts eines Außendienstmitarbeiters in den Niederlanden.

Der Ort der durch den niederländischen Anwalt erbrachten sonstigen Leistung liegt im Inland (§ 3a Abs. 2 UStG). Die Steuerschuld für diese steuerbare und steuerpflichtige Leistung geht auf den deutschen Unternehmer über (§ 13b Abs. 1 i. V. m. Abs. 5 S. 1 UStG). Er schuldet für den Niederländer die Umsatzsteuer, ist aber regelmäßig in gleicher Höhe zum Vorsteuerabzug berechtigt (§ 15 Abs. 1 S. 1 Nr. 4 UStG), sofern keine Ausschlussumsätze i. S. d. § 15 Abs. 2 UStG vorliegen.

bb) Andere Dienstleistungen oder Werklieferungen eines ausländischen Unternehmers

Darüber hinaus geht die Steuerschuldnerschaft über bei im Inland ausgeführten steuerbaren und steuerpflichtigen **Werklieferungen** und nicht unter § 13b Abs. 1 UStG fallenden **sonstigen Leistungen eines ausländischen Unternehmers,** wenn der Leistungsempfänger Unternehmer oder eine juristische Person ist (§ 13b Abs. 2 Nr. 1 i. V. m. Abs. 5 S. 1 UStG). Die Regelung ist vorrangig gegenüber der Regelung in § 13b Abs. 2 Nr. 4 UStG, d. h. Bauleistungen ausländischer Unternehmer fallen unter § 13b Abs. 2 Nr. 1 UStG, nicht unter § 13b Abs. 2 Nr. 4 S. 1 UStG (§ 13b Abs. 2 Nr. 4 S. 3 UStG). Die Einordnung ist wichtig wegen des unterschiedlichen Abnehmerkreises, denn bei Leistungen durch ausländische Unternehmer ist jeder Leistungsempfänger, der Unternehmer oder eine juristische Person ist, verpflichtet, den Übergang der Steuerschuldnerschaft zu beachten (§ 13b Abs. 5 S. 1 UStG), während bei Bauleistungen i. S. d. § 13b Abs. 2 Nr. 4 S. 1 UStG nur Unternehmer, die selbst Bauleistungen erbringen, Steuerschuldner sein können (§ 13b Abs. 5 S. 2 UStG).

Zu den **Werklieferungen** gehören insbesondere die Werklieferungen der Bauunternehmer, der Montagefirmen und anderer Handwerksbetriebe, wie die Errichtung eines Gebäudes oder einer Betriebsanlage sowie die Anfertigung spezieller Maschinen und Geräte aus vom Lieferer selbst beschafften Materialien. Ort der Werklieferung ist der Ort der Verschaffung der Verfügungsmacht.

Beispiel:

Der Dortmunder Bauunternehmer D hat den Auftrag erhalten, in Unna ein Geschäftshaus zu errichten. Lieferung und Einbau der Fenster lässt er von einem niederländischen Subunternehmen ausführen.

D erbringt eine Werklieferung an seinen Auftraggeber, der Vorgang unterliegt den allgemeinen Regelungen des UStG. Der niederländische Subunternehmer erbringt im Inland eine steuerpflichtige Werklieferung an D. Die Umsatzsteuer für diese Werklieferung i. S. d. § 13b Abs. 2 Nr. 1 UStG schuldet D als Leistungsempfänger (§ 13b Abs. 5 S. 1 UStG). Die Regelung in § 13b Abs. 2 Nr. 4 UStG („Bauleistungen") ist bedeutungslos, da § 13b Abs. 2 Nr. 1 UStG vorgeht, löst aber hier die gleichen Rechtsfolgen aus.

Darüber hinaus fallen fast sämtliche **sonstigen Leistungen** ausländischer Unternehmer, die sie im Inland erbringen, unter die Regelungen des Übergangs der Steuerschuldnerschaft, ausgenommen die in § 13b Abs. 6 UStG genannten Leistungen. Da die Dienstleistungen von Unternehmern aus dem übrigen Gemeinschaftsgebiet nach der Grundregelung des § 3a Abs. 2 UStG bereits unter den Übergang der Steuerschuldnerschaft nach § 13b Abs. 1 UStG fallen, kommen für die Anwendung des § 13b Abs. 2 Nr. 1 UStG nur Dienstleistungen von Unternehmern aus dem übrigen Gemeinschaftsgebiet in Betracht, bei denen sich der Ort der sonstigen Leistung nicht nach der Grundregelung des § 3a Abs. 2 UStG, sondern nach anderen Vorschriften über die Ortsbestimmung von Dienstleistungen richtet. Außerdem fallen Dienstleistungen von Unternehmern aus dem Drittlandsgebiet unter diese Vorschrift.

Beispiel:

Ein Schweizer Frachtführer befördert im Auftrag eines deutschen Unternehmers Waren von Belgien nach Deutschland.

Der Schweizer Unternehmer erbringt eine Beförderungsleistung, die nach § 3a Abs. 2 UStG in Deutschland steuerbar (§ 1 Abs. 1 Nr. 1 UStG) und zu 19 % (§ 12 Abs. 1 UStG) steuerpflichtig ist. Da somit ein ausländischer Unternehmer gegenüber einem deutschen Unternehmer eine steuerpflichtige sonstige Leistung im Inland erbracht hat, ist der Auftraggeber Schuldner der aus dieser Leistung entstandenen Umsatzsteuer (§ 13b Abs. 2 Nr. 1 i. V. m. Abs. 5 S. 1 UStG). Der Unternehmer hat dazu eine Nettorechnung zu erteilen und auf die Steuerschuldnerschaft hinzuweisen (§ 14a Abs. 5 UStG). Der deutsche Auftraggeber hat von diesem Nettobetrag die Umsatzsteuer im Inland zu berechnen und bei seinem Finanzamt anzumelden (§§ 16–18 UStG). Die nach § 13b UStG geschuldete Umsatzsteuer stellt unter den sonstigen Voraussetzungen für den Auftraggeber zugleich einen abziehbaren Vorsteuerbetrag dar (§ 15 Abs. 1 S. 1 Nr. 4 UStG). Bei einem regelbesteuerten Abnehmer ergibt sich somit de facto keine steuerliche Auswirkung.

cc) Ausländischer Unternehmer

Ein im Ausland ansässiger Unternehmer ist ein Unternehmer, der weder im Inland noch auf der Insel Helgoland oder in einem Freihafen seinen Wohnsitz oder Sitz hat (§ 13b Abs. 7 S. 1 UStG). Er gilt auch dann als ausländischer Unternehmer, wenn er im Inland seinen Wohnsitz, den Sitz seiner Geschäftsleitung aber im Ausland hat. Ein im übrigen Gemeinschaftsgebiet ansässiger Unternehmer ist ein Unternehmer, der in den Gebieten der anderen EU-Mitgliedstaaten, die nach dem Unionsrecht als Inland dieser Mitgliedstaaten gelten, seinen Wohnsitz oder seinen Sitz hat. Dies gilt nicht, wenn der Unternehmer ausschließlich eine Wohnsitz im übrigen Gemeinschaftsgebiet, aber seinen Sitz oder den Ort seiner Geschäftsleitung im Drittlandsgebiet hat (§ 13b Abs. 7 S. 2 UStG).[584] Für die Frage, ob ein Unternehmer im Ausland ansässig ist, ist der Zeitpunkt maßgebend, in dem die Leistung ausgeführt wird (§ 13b Abs. 7 S. 4 UStG). Die Tatsache, dass ein Unternehmer bei einem Finanzamt im Inland steuerlich geführt wird, ist allein kein Merkmal dafür, dass er im Inland ansäs-

---

584 Abschn. 13b.11 Abs. 1 UStAE.

sig ist. Dies gilt auch insbesondere dann, wenn einem ausländischen Unternehmer eine deutsche USt-IdNr. erteilt wurde.[585] Ist es für den Leistungsempfänger nach den Umständen des Einzelfalls ungewiss, ob der leistende Unternehmer im Zeitpunkt der Gegenleistung **im Inland ansässig** ist, schuldet der Leistungsempfänger die Steuer nur dann nicht, wenn ihm der leistende Unternehmer durch eine Bescheinigung des nach den abgaberechtlichen Vorschriften für die Besteuerung seiner Umsätze zuständigen Finanzamts nachweist, dass er kein Unternehmer i. S. d. § 13b Abs. 7 S. 1 UStG ist (§ 13b Abs. 7 S. 5 UStG). Für diese Bescheinigung hat die Finanzverwaltung ein eigenständiges Vordruckmuster eingeführt (USt 1 TS – Bescheinigung über die Ansässigkeit im Inland), der leistende Unternehmer kann diese beim Finanzamt beantragen.[586] Auch dabei ist ausschließlich der Zeitpunkt der Leistungserbringung und nicht der Zeitpunkt der Entgeltzahlung maßgebend.

Verfügt ein Unternehmer im Gebiet des Mitgliedstaates, in dem die Steuer geschuldet wird, über eine **feste Niederlassung im Inland,** gilt er gleichwohl als ausländischer Unternehmer, wenn

– er im Gebiet dieses Mitgliedstaates eine steuerpflichtige Leistung ausführt und

– die Niederlassung des Leistenden im Gebiet dieses Mitgliedstaates nicht an der Leistung beteiligt ist (Art. 192a MwStSystRL).

Dies bedeutet, dass ein ausländischer Unternehmer, der in Deutschland über eine feste Zulassung verfügt, trotzdem für Zwecke des Reverse-Charge-Verfahrens als nicht in Deutschland ansässig betrachtet wird, wenn eine von ihm ausgeführte in Deutschland steuerpflichtige Leistung nicht über eine inländische feste Niederlassung erbracht wird. Dies ist regelmäßig dann der Fall, wenn der Unternehmer hierfür nicht die technische und personelle Ausstattung dieser Betriebsstätte nutzt. Nicht als Nutzung der technischen und personellen Ausstattung dieser Betriebsstätte gelten unterstützende Arbeiten durch die Betriebsstätte wie Buchhaltung, Rechnungsausstellung oder Einziehung von Forderungen. Folglich ist genau zu hinterfragen, ob der ausländische oder der inländische Unternehmensteil die Leistung erbracht hat (§ 13b Abs. 7 S. 3 UStG). Die operative Beteiligung an der Leistungserbringung reicht wohl regelmäßig aus, die Leistung muss nicht ausschließlich von der Niederlassung ausgeführt werden. Die Verwendung der USt-IdNr. der Niederlassung ist allein als Nachweis nicht ausreichend, aber ein Indiz für eine widerlegbare Vermutung.[587] Eine entsprechende Dokumentation ist in der Praxis unentbehrlich. Den Begriff der festen Niederlassung, der nicht dem ertragsteuerlichen Begriff der Betriebsstätte entspricht, regelt die MwStVO.[588] Auf einen möglichen Wohnsitz im

585 Abschn. 13b.11 Abs. 2 S. 5 und 6 UStAE.
586 Art. 10, 11 und 21 MwStVO, Abschn. 13b.11 Abs. 3 UStAE; BMF vom 10. 10. 2013, BStBl. II 2013 I S. 1623.
587 Abschn. 13b.11 Abs. 1 UStAE.
588 Verordnung (EU) vom 15. 03. 2011, ABl EU 2011 Nr. L 77 S. 1.

Inland kommt es bei natürlichen Personen nicht an, wenn der Ort ihrer wirtschaftlichen Tätigkeit im Ausland liegt.[589]

Hinweis:

Unternehmer, die ein im Inland belegenes Grundstück besitzen und steuerpflichtig vermieten, werden von der Finanzverwaltung systemwidrig *insoweit* als im Inland ansässig behandelt. Auf die Vermietungsleistungen ist der Übergang der Steuerschuldnerschaft daher nicht anzuwenden und befreit insbesondere gewerbliche Mieter von der Anwendung des Reverse-Charge-Verfahrens.[590]

dd) Der Leistungsempfänger

Voraussetzung für den Übergang der Steuerschuldnerschaft ist bei Leistungen durch ausländische Unternehmer regelmäßig, dass der Abnehmer der Leistung **Unternehmer** oder eine **juristische Person** ist (§ 13b Abs. 5 S. 1 UStG). Daher sind auch juristische Personen des öffentlichen Rechts sowie juristische Personen des privaten Rechts, die keine Unternehmer sind, zur Beachtung des Übergangs der Steuerschuldnerschaft verpflichtet. Lediglich in den Fällen des § 13b Abs. 2 Nr. 4, Nr. 5 Buchst. b und Nr. 7 bis 11 UStG schulden juristische Personen des öffentlichen Rechts die Steuer nicht, wenn sie die Leistung für den nicht-unternehmerischen Bereich beziehen (§ 13b Abs. 5 S. 10 UStG). Auch Kleinunternehmer (§ 19 UStG) sowie Land- und Forstwirte, deren Umsätze der Besteuerung nach allgemeinen Durchschnittssätzen unterliegen (§ 24 UStG) und Unternehmer, die ausschließlich steuerfreie Umsätze erbringen, schulden diese Steuer (§ 13b Abs. 8 UStG). Die Umsatzsteuer wird zudem sowohl von im Inland ansässigen als auch von im Ausland ansässigen Leistungsempfängern geschuldet. Unbeachtlich ist auch, ob ein ausländischer Leistungsempfänger im Inland selbst steuerpflichtige Umsätze bewirkt, die dem allgemeinen Besteuerungsverfahren unterliegen.

Die Steuerschuldnerschaft erstreckt sich sowohl auf die Umsätze für den unternehmerischen als auch auf Umsätze für den **nichtunternehmerischen Bereich** (§ 13b Abs. 5 S. 6 und S. 10 UStG). Lediglich Privatpersonen sind daher völlig vom Übergang der Steuerschuldnerschaft ausgenommen.

Beispiel:

Vermieter V, der im Inland eine Wohnung steuerfrei vermietet, hat von einem im Ausland ansässigen Handwerker eine im Inland steuerpflichtige Werklieferung für sein privates Einfamilienhaus bezogen.

---

589 EuGH vom 06.10.2011, C-421/10, DStR 2011 S. 1947.
590 Abschn. 13b.11 Abs. 2 Sätze 2 bis 4 UStAE, bedenklich wegen EuGH vom 03.06.2021, C-931/19, BB 2021 S. 1493.

V ist Steuerschuldner nach § 13b Abs. 2 Nr. 1 i. V. m. Abs. 5 S. 1 UStG, aber mangels Bezugs für das Unternehmen nicht zum Vorsteuerabzug berechtigt (§ 15 Abs. 1 S. 1 Nr. 4 UStG). Er hat die Steuer gem. § 18 Abs. 4a UStG anzumelden (= Abgabe USt-Voranmeldung für das betreffende Quartal und zusätzlich Abgabe einer USt-Jahreserklärung für das betreffende Kalenderjahr).

3. Besonderes Besteuerungsverfahren

a) Allgemeiner Überblick

Telekommunikationsdienstleistungen, Rundfunk- und Fernsehdienstleistungen und auf elektronischem Weg erbrachte Dienstleistungen an Leistungsempfänger, die nicht Unternehmer sind, unterliegen dem Empfängersitzprinzip (§ 3a Abs. 5 UStG). Insoweit wurde schon zum 01.01.2015 ein besonderes Besteuerungsverfahren eingeführt, wonach Unternehmer wählen konnten, ob sie die Regelbesteuerung mit einer Registrierung im Mitgliedstaat der Leistungserbringung oder dieses besondere Besteuerungsverfahren (sog. Mini-One-Stop-Shop – MOSS) anwenden wollten. Wesentlicher Inhalt dieser Sonderregelung war es, dass sich Unternehmer dafür entscheiden konnten, sich nur in einem Mitgliedstaat der EU registrieren zu lassen und dort die Umsatzsteuer aller Mitgliedstaaten, in denen sie entsprechende steuerpflichtige Dienstleistungen erbringen und deren Umsatzsteuer sie schulden, abzuführen, anstatt in allen Mitgliedstaaten registriert zu sein und die Umsatzsteuer in jedem einzelnen Mitgliedstaat gesondert anzumelden.

Zum 01.07.2021 wurde dieser bisherige Mini-One-Stop-Shop (MOSS) auf alle Dienstleistungen ausländischer Unternehmer ausgeweitet und damit zu einem allgemeinen One-Stop-Shop (OSS). Das bisherige besondere Besteuerungsverfahren MOSS (im Inland § 18h UStG) endete zum 30.06.2021 und fließt in die Neuregelungen der § 18i und § 18j UStG zum OSS ein. Dabei wurden besondere Besteuerungsverfahren geschaffen für

- alle sonstigen Leistungen, die von **Unternehmern aus dem Inland** an Nichtunternehmer am Ort des Verbrauchs im übrigen Gemeinschaftsgebiet erbracht werden (§ 18j UStG),
- alle sonstigen Leistungen, die von **Unternehmern aus dem übrigen Gemeinschaftsgebiet** an Nichtunternehmer am Ort des Verbrauchs im Gemeinschaftsgebiet erbracht werden (§ 18j UStG),
- alle sonstigen Leistungen, die von **Unternehmer aus dem Drittlandsgebiet** an Nichtunternehmer am Ort des Verbrauchs im Gemeinschaftsgebiet erbracht werden (§ 18j UStG).

In diesem Zusammenhang wurde die Verordnung über die Zusammenarbeit der Verwaltungsbehörden und der Betrugsbekämpfung auf dem Gebiet der Mehrwertsteuer zum 01.07.2021 angepasst.[591]

---

591 Verordnung (EU) 2017/2454 des Rates vom 05.12.2017, ABl. EU Nr. L 348 S. 1.

Kerninhalt der besonderen Besteuerungsverfahren ist es, Unternehmer in die Lage zu versetzen, in einem oder gar mehreren Mitgliedstaaten der Europäischen Union geschuldete Umsatzsteuer losgelöst vom allgemeinen Besteuerungsverfahren zentral nur in einem Mitgliedstaat anzumelden und zu entrichten. Dadurch können ausländische Unternehmer insbesondere eine Registrierung in mehreren Mitgliedstaaten vermeiden. In der Europäischen Union ansässige Unternehmer haben so die Möglichkeit, ihre Melde- und Zahlungspflichten für andere Mitgliedstaaten im Mitgliedstaat ihrer Ansässigkeit zu erfüllen. Unternehmer aus dem Drittland können sich einen Mitgliedstaat auswählen, in dem sie sich anmelden. Die Verteilung der Umsatzsteuer auf die einzelnen Mitgliedstaaten der Leistungserbringung ist nicht Sache des Unternehmers.

Die Teilnahme an diesem besonderen Besteuerungsverfahren ist nur einheitlich für alle EU-Mitgliedsstaaten möglich, in denen der Unternehmer keine Betriebsstätte hat. Die Sonderregelung gilt aber auch dann, wenn der Unternehmer im Verbrauchsmitgliedstaat auch andere Umsätze erbringt, die nicht der Sonderregelung unterliegen und für die er die Umsatzsteuer schuldet.

Für das Verfahren, soweit es vom Bundeszentralamts für Steuern (BZSt) durchgeführt wird, gelten die angeführten Vorschriften der AO und der FGO. Aufgrund EU-rechtlicher Vorgaben sind insbesondere die Regelungen zum Verspätungszuschlag (§ 152 AO), zum Säumniszuschlag (§ 240 AO) sowie zum Vollstreckungs- und zum Strafverfahren von der Anwendung ausgeschlossen.

Beispiel:

U aus München unterhält einen Webservice bei einem Dienstleistungsunternehmen mit Sitz in den USA (Abwandlung: Frankreich). Dafür zahlt er monatlich pauschal 25 €, der Betrag wird von seinem Konto eingezogen. Eine weitere Abrechnung erhält U nicht. U ist

a) regelbesteuerter Unternehmer
b) Arzt
c) Privatperson.

Der leistende Unternehmer erbringt eine sonstige Leistung, es liegt eine sog. elektronische Dienstleistung vor (§ 3a Abs. 5 Satz 2 Nr. 3 UStG). Werden derartige Leistungen an andere Unternehmer erbracht (Fälle a und b), liegt der Ort der sonstigen Leistung nach § 3a Abs. 2 UStG im Inland beim Leistungsempfänger. Diese Umsätze des leistenden Unternehmers sind folglich im Inland steuerbar und steuerpflichtig. Die Umsatzsteuer wird aber vom Leistungsempfänger im Wege des Übergangs der Steuerschuldnerschaft geschuldet (§ 13b Abs. 5 Satz 1 UStG), unabhängig davon, ob der leistende Unternehmer in Frankreich (§ 13b Abs. 1 UStG) oder in den USA (§ 13b Abs. 2 Nr. 1 UStG) seinen Sitz hat. U hat daher in den Fällen a) und b) jeden Monat 4,75 € (19 % auf 25 €) bei seinem Finanzamt als Umsatzsteuerbetrag anzumelden, in gleicher Höhe steht ihm grds. auch der Vorsteuerabzug zu (§ 15 Abs. 1 Satz 1 Nr. 4 UStG). Eine Belastung für U ergibt sich im Fall a) folglich nicht. Im Abwandlungsfall b) hat er ebenfalls die Umsatzsteuer im Wege des Übergangs der Steuerschuldnerschaft nach § 13b UStG mit monatlich 4,75 € anzumelden. Da er jedoch als Arzt steuerfreie Umsätze ausführt (§ 4

Nr. 14 UStG), ist er nicht zum Vorsteuerabzug berechtigt (§ 15 Abs. 2 Nr. 1 UStG). Die Umsatzsteuer, die er für die Leistung durch das ausländische Unternehmen schuldet, wird daher für ihn zu einer echten wirtschaftlichen Belastung, da auch Vorsteuerbeträge nach § 15 Abs. 1 Satz 1 Nr. 4 UStG den allgemeinen Voraussetzungen für den Vorsteuerabzug unterliegen.

Im Fall c) kommt § 3a Abs. 2 UStG nicht zur Anwendung, weil der Leistungsempfänger U eine Privatperson ist. Unabhängig davon, ob der leistende Unternehmer in den USA oder in Frankreich sitzt, gilt insoweit als Ort der sonstigen Leistung aber wiederum das Inland, diesmal nach § 3a Abs. 5 Satz 1 UStG, folglich sind auch diese Leistungen im Inland steuerbar und steuerpflichtig. Da aber bei privaten Abnehmern die Steuerschuldnerschaft regelmäßig nicht auf den Leistungsempfänger übergeht (vgl. § 13b Abs. 5 UStG), schuldet der leistende Unternehmer die Umsatzsteuer für diese Leistungen selbst und muss sich daher grds. im Land des jeweiligen Leistungsempfängers umsatzsteuerlich registrieren lassen. Zur Vereinfachung können sich die ausländischen Unternehmer aber auch entscheiden, am besonderen Besteuerungsverfahren teilzunehmen (OSS). Der Unternehmer mit Sitz in Frankreich meldet sich dazu in seinem Heimatland zu diesem besonderen Besteuerungsverfahren an, der Unternehmer aus den USA kann sich dazu einen Mitgliedstaat zur einmaligen Erfassung in der EU auswählen.

b) Dienstleistungen durch inländische Unternehmer im übrigen Gemeinschaftsgebiet

Erbringen Unternehmer aus dem Inland aufgrund der gesetzlichen Vorgaben zur Bestimmung des Ortes der sonstigen Leistungen Dienstleistungen an Nichtunternehmer im übrigen Gemeinschaftsgebiet, sind sie grundsätzlich in den entsprechenden Mitgliedstaaten registrierungspflichtig. Dabei ist zu beachten, dass der in § 3a Abs. 5 S. 3 UStG genannte Schwellenwert von 10.000 € für Telekommunikationsdienstleistungen, Rundfunk- und Fernsehdienstleistungen und auf elektronischem Weg erbrachte Dienstleistungen (einschließlich der Umsätze aus innergemeinschaftlichen Fernumsätzen) nicht auf alle anderen sonstigen Leistungen übertragbar ist, d. h. bei anderen als den genannten Dienstleistungen wird der Unternehmer schon bei Erbringung einer einzigen im übrigen Gemeinschaftsgebiet steuerpflichtigen Leistung im Ausland regelmäßig registrierungspflichtig. Es gibt keine Bagatellgrenze. Zur Vermeidung dieser Registrierungspflicht können Unternehmer, die entsprechende Dienstleistungen erbringen, ab dem 01.07.2021 auch optional am besonderen Besteuerungsverfahren teilnehmen (§ 18j Abs. 1 Nr. 2 UStG).

Beispiel:

Der deutsche Unternehmer U vermietet eine Ferienwohnung in Spanien an Privatpersonen, die Gäste wechseln ständig.

Die sonstigen Leistungen des U werden in Spanien ausgeführt (§ 3a Abs. 3 Nr. 1 Buchst. a UStG), sind dort steuerbar und mangels Steuerbefreiung (Ferienwohnung an wechselnde Gäste) steuerpflichtig. U muss sich grds. in Spanien registrieren lassen, dort Steuererklärungen abgeben und die entsprechenden Umsatzsteuerbeträge abführen. Alternativ kann er ab dem 01.07.2021 das besondere Besteuerungsverfahren nach § 18j UStG wählen. Dazu muss er sich aber vor Ausführung der Leistung anmelden.

Um den Verwaltungsaufwand zu verringern, können Unternehmer anstelle der Regelbesteuerung für das besondere Besteuerungsverfahren optieren. Es versetzt betroffene Unternehmer in die Lage, in einem oder gar mehreren Mitgliedstaaten der Europäischen Union geschuldete Umsatzsteuer zentral in nur einem Mitgliedstaat anzumelden und zu entrichten, zudem losgelöst vom allgemeinen Besteuerungsverfahren. Im Inland ansässige Unternehmer können die Teilnahme am besonderen Besteuerungsverfahren nur im Inland anzeigen (§ 18j Abs. 2 Satz 2 UStG). Dies gilt auch für Kleinunternehmer im Sinne des § 19 UStG. Im Fall der umsatzsteuerlichen Organschaft kann das Wahlrecht nur durch den Organträger ausgeübt werden.[592] Eine Teilnahme am besonderen Besteuerungsverfahren ist einem Unternehmer nur einheitlich für alle Mitgliedstaaten der Europäischen Union und alle in Betracht kommenden Umsätze möglich.[593] Der inländische Unternehmer hat dann für seine entsprechenden Dienstleistungen Steuererklärungen beim BZSt abzugeben und für seine übrigen Umsätze Steuererklärungen beim zuständigen Finanzamt.

Soweit ein Unternehmer im Inland entsprechende Umsätze erbringt und am besonderen Besteuerungsverfahren teilnimmt, ist das allgemeine Besteuerungsverfahren nicht anzuwenden. Gleichwohl schließen sich das allgemeine Besteuerungsverfahren und das besondere Besteuerungsverfahren im Übrigen nicht aus.[594]

Die Sonderregelung gilt auch dann, wenn der Unternehmer im Verbrauchsmitgliedstaat auch andere Umsätze erbringt, die nicht der Sonderregelung unterliegen und für die er die Umsatzsteuer schuldet.

Diese Unternehmer haben anzuzeigen, dass sie am besonderen Besteuerungsverfahren teilnehmen wollen. Die Anzeige ist beim Bundeszentralamt für Steuern vor Beginn des Besteuerungszeitraums, ab dessen Beginn der Unternehmer von diesem besonderen Besteuerungsverfahren Gebrauch machen will, durch Datenfernübertragung zu übermitteln (§ 18j Abs. 1 UStG).

Abweichend von § 16 Abs. 1 UStG ist **Besteuerungszeitraum das Kalendervierteljahr** (§ 16 Abs. 1d Satz 1 UStG), es muss keine weitere Steuererklärung für das Kalenderjahr mehr abgegeben werden. Die vorgenannten Unternehmer melden in ihrer Steuererklärung die Umsätze und die darauf entfallende Steuer an. Ihre mit diesen Umsätzen zusammenhängenden Vorsteuerbeträge können sie nur im allgemeinen Besteuerungsverfahren (§ 16 Abs. 1, 2 bis 4 und 6 i. V. m. § 18 Abs. 1 bis 4 UStG) oder im Vorsteuer-Vergütungsverfahren (§ 18 Abs. 9

---

592 Abschn. 18j.1 Abs. 1 UStAE.
593 Abschn. 18j.1 Abs. 1 Satz 4 UStAE.
594 Abschn. 18j.1 Abs. 2 Satz 6 UStAE.

UStG, §§ 59 ff UStDV) geltend machen. Die Steuerberechnung darf folglich keine Vorsteueranrechnung enthalten.[595]

Der Unternehmer hat für jeden Besteuerungszeitraum eine Umsatzsteuererklärung innerhalb eines Monats nach Ablauf des Besteuerungszeitraums der Finanzbehörde, bei der er die Teilnahme an dem besonderen Besteuerungsverfahren angezeigt hat, elektronisch zu übermitteln; dies gilt auch, wenn er in einem Besteuerungszeitraum keine entsprechenden Umsätze erbracht hat.[596] Bei der Berechnung der Steuer ist von der Summe der Lieferungen nach § 3 Abs. 3a Satz 1 innerhalb eines Mitgliedstaates und der Summe der innergemeinschaftlichen Fernverkäufe nach § 3c Abs. 1 Satz 2 und 3 UStG, die im Gemeinschaftsgebiet steuerbar sind, auszugehen (§ 16 Abs. 1d UStG). Er hat die auf den jeweiligen EU-Mitgliedstaat entfallenden Umsätze zu trennen und dem im betreffenden EU-Mitgliedstaat geltenden Steuersatz zu unterwerfen. Werte in fremder Währung sind nach den Kursen umzurechnen, die für den letzten Tag des Besteuerungszeitraums von der Europäischen Zentralbank feststellt worden sind (§ 16 Abs. 6 Satz 4 und 5 UStG).[597] Der Unternehmer hat die Steuer selbst zu berechnen.

Der Unternehmer kann die Inanspruchnahme der Sonderregelung nach § 18j UStG vor Beginn des nächsten Besteuerungszeitraums mit Wirkung ab diesem Zeitraum widerrufen. Dadurch wird vermieden, dass der Unternehmer für ein Kalendervierteljahr sowohl Voranmeldungen nach § 18 Abs. 1 UStG als auch eine Steuererklärung nach § 18j UStG abgeben muss. Der Widerruf ist gegenüber dem BZSt zu erklären.[598]

Der Unternehmer kann von diesem Besteuerungsverfahren ausgeschlossen werden, wenn er seinen Verpflichtungen in diesem Verfahren wiederholt nicht oder nicht rechtzeitig nachkommt (§ 18j Abs. 6 UStG). Der **Ausschluss** hat durch das BZSt zu erfolgen. Der Ausschluss kann auch dann erfolgen, wenn der Unternehmer seinen Aufzeichnungspflichten und der Verpflichtung, die Aufzeichnungen der zuständigen Finanzbehörde auf elektronischem Weg zur Verfügung zu stellen, nicht nachkommt. Der Ausschluss gilt ab dem Besteuerungszeitraum, der nach dem Zeitpunkt der Bekanntgabe des Ausschlusses gegenüber dem Unternehmer beginnt. Ist der Ausschluss jedoch auf eine Änderung des Ortes des Sitzes oder der Betriebsstätte oder des Ortes zurückzuführen, von dem aus die Beförderung oder Versendung von Gegenständen ausgeht, ist der Ausschluss ab dem Tag dieser Änderung wirksam. Der Ausschluss wegen eines wiederholten Verstoßes gegen die oben genannten Verpflichtungen hat auch den Ausschluss von den besonderen Verfahren nach den §§ 18i und 18k UStG zur Folge.[599]

---

595 Abschn. 18j.1 Abs. 8 UStAE.
596 Abschn. 18j.1 Abs. 2 UStAE.
597 Abschn. 18j.1 Abs. 4 UStAE.
598 Abschn. 18j.1 Abs. 6 UStAE.
599 Abschn. 18j.1 Abs. 7 UStAE.

c) Dienstleistungen durch im übrigen Gemeinschaftsgebiet ansässige Unternehmer

Während bei sonstigen Leistungen in der Unternehmerkette das Empfängersitzprinzip einschließlich des Übergangs der Steuerschuldnerschaft auf den Leistungsempfänger gilt (§ 3a Abs. 2 i. V. m. § 13b Abs. 1 UStG), muss sich der leistende ausländische Unternehmer bei Erbringung von Dienstleistungen an Nichtunternehmer ggf. im Land des Leistungsempfängers registrieren lassen, bei Beachtung der Regelbesteuerung somit in allen Ländern, in denen Privatkunden dieses Unternehmers ansässig sind. Diese Unternehmer können aber optional anstelle der Regelbesteuerung ein besonderes Besteuerungsverfahren anwenden (§ 18j UStG).

Wesentlicher Inhalt der Sonderregelung ist es, dass sich diese Unternehmer dafür entscheiden können, sich **nur in einem Mitgliedstaat** der EU registrieren zu lassen und dort die Umsatzsteuer aller Mitgliedstaaten, in denen sie entsprechende steuerpflichtige Dienstleistungen erbringen und deren Umsatzsteuer sie schulden, anzumelden, anstatt in allen Mitgliedstaaten registriert zu sein und die Umsatzsteuer in jedem einzelnen Mitgliedstaat gesondert anzumelden und abzuführen. In der Europäischen Union ansässige Unternehmer haben so die Möglichkeit, ihre Melde- und Zahlungspflichten für andere Mitgliedstaaten im Mitgliedstaat ihrer Ansässigkeit zu erfüllen (§ 18j Abs. 2 Satz 1 UStG). Eine Teilnahme am besonderen Besteuerungsverfahren ist einem Unternehmer nur einheitlich für alle Mitgliedstaaten der Europäischen Union und alle in Betracht kommenden Umsätze möglich.[600]

Soweit ein Unternehmer im Inland entsprechende Umsätze erbringt und am besonderen Besteuerungsverfahren teilnimmt, ist das allgemeine Besteuerungsverfahren nicht anzuwenden. Gleichwohl schließen sich das allgemeine Besteuerungsverfahren und das besondere Besteuerungsverfahren im Übrigen nicht aus.[601]

Die betroffenen Unternehmer haben ihrer zuständigen Finanzbehörde anzuzeigen, dass sie am besonderen Besteuerungsverfahren teilnehmen wollen. Die Anzeige ist im Mitgliedstaat der Ansässigkeit des Unternehmers vor Beginn des Besteuerungszeitraums, ab dessen Beginn der Unternehmer von diesem besonderen Besteuerungsverfahren Gebrauch machen will, durch Datenfernübertragung zu übermitteln (vgl. sinngemäß § 18j Abs. 1 UStG).

Besteuerungszeitraum ist das Kalendervierteljahr. Die vorgenannten Unternehmer melden in ihrer Steuererklärung die Umsätze und die darauf entfallende Steuer an. Ihre mit diesen Umsätzen zusammenhängenden Vorsteuerbeträge können sie nur im allgemeinen Besteuerungsverfahren oder im Vorsteuer-Vergütungsverfahren geltend machen. Die Steuerberechnung darf folglich keine Vorsteueranrechnung enthalten.

---

600 Abschn. 18j.1 Abs. 1 Satz 4 UStAE.
601 Abschn. 18j.1 Abs. 2 Satz 6 UStAE.

Der Unternehmer kann die Inanspruchnahme der Sonderregelung vor Beginn des nächsten Besteuerungszeitraums mit Wirkung ab diesem Zeitraum widerrufen. Der **Widerruf** ist gegenüber der für dieses Besteuerungsverfahren zuständigen Finanzbehörde, gegenüber der der Unternehmer die Teilnahme an der Sonderregelung angezeigt hat, zu erklären.[602]

Der Unternehmer kann von diesem Besteuerungsverfahren ausgeschlossen werden, wenn er seinen Verpflichtungen in diesem Verfahren wiederholt nicht oder nicht rechtzeitig nachkommt. Der **Ausschluss** hat durch die für dieses Besteuerungsverfahren zuständige Finanzbehörde, gegenüber der der Unternehmer die Teilnahme an der Sonderregelung angezeigt hat, zu erfolgen. Der Ausschluss kann auch dann erfolgen, wenn der Unternehmer seinen Aufzeichnungspflichten und der Verpflichtung, die Aufzeichnungen der zuständigen Finanzbehörde auf elektronischem Weg zur Verfügung zu stellen, nicht nachkommt. Der Ausschluss gilt ab dem Besteuerungszeitraum, der nach dem Zeitpunkt der Bekanntgabe des Ausschlusses gegenüber dem Unternehmer beginnt. Ist der Ausschluss jedoch auf eine Änderung des Ortes des Sitzes oder der Betriebsstätte oder des Ortes zurückzuführen, von dem aus die Beförderung oder Versendung von Gegenständen ausgeht, ist der Ausschluss ab dem Tag dieser Änderung wirksam.

d) Dienstleistungen durch im Drittland ansässige Unternehmer

Während bei sonstigen Leistungen in der Unternehmerkette auch bei Drittlandsunternehmern das Empfängersitzprinzip einschließlich des Übergangs der Steuerschuldnerschaft auf den Leistungsempfänger gilt (§ 3a Abs. 2 i. V. m. § 13b Abs. 2 Nr. 1 UStG), muss sich der leistende Unternehmer bei Erbringung von Dienstleistungen an Nichtunternehmer innerhalb der Europäischen Union ggf. im Land des Leistungsempfängers registrieren lassen, bei Beachtung der Regelbesteuerung somit in allen Ländern, in denen Privatkunden dieses Unternehmers ansässig sind. Diese Unternehmer können optional die Teilnahme an einem besonderen Besteuerungsverfahren wählen (§ 18i UStG).

Wesentlicher Inhalt der Sonderregelung ist es, dass sich Unternehmer aus dem Drittland dafür entscheiden können, sich **nur in einem Mitgliedstaat** der EU registrieren zu lassen und dort die Umsatzsteuer aller Mitgliedstaaten, in denen sie entsprechende steuerpflichtige Dienstleistungen erbringen und deren Umsatzsteuer sie schulden, anzumelden, anstatt in allen Mitgliedstaaten registriert zu sein und die Umsatzsteuer in jedem einzelnen Mitgliedstaat gesondert abzuführen.

> *Beispiel:*
>
> Unternehmer A aus den USA erbringt in der Zeit vom 01.10.01 bis zum 31.12.01 elektronische Dienstleistungen ausschließlich an Privatpersonen:
> – in Deutschland für 50.000 €,

---

602 Abschn. 18j.1 Abs. 6 UStAE.

- in den Niederlanden für 40.000 €,
- in Dänemark für 100.000 DKK.

In Deutschland sind 5.000 € Vorsteuern angefallen.

A hat sonstige Leistungen i. S. d. § 3a Abs. 5 S. 2 Nr. 3 UStG erbracht, der Ort seiner Leistungen liegt in Deutschland, den Niederlanden und Dänemark (§ 3a Abs. 5 S. 1 UStG). A hat grds. unter Beachtung der Regelbesteuerung in all diesen Ländern Steuererklärungen abzugeben und die genannten Leistungen nach dem dort geltenden Recht zu versteuern. Er hat jedoch auch die Möglichkeit, sich ein Registrierungsland auszusuchen und nur dort Steuererklärungen einzureichen. Sollte sich A in Deutschland registrieren lassen, hat er seine Umsätze dem BZSt elektronisch zu übermitteln und die Umsatzsteuerbeträge anhand der für die jeweiligen Mitgliedstaaten geltenden Steuersätze zu berechnen:

- Deutschland 50.000 € × 19 % = 9.500 €,
- Niederlande 40.000 € × 21 % = 8.400 €,
- Dänemark 100.000 DKK × 25 % = 25.000 DKK.

Den gesamten Steuerbetrag hat er in Deutschland zu zahlen und dabei die dänische Krone in Euro umzurechnen (§ 16 Abs. 6 UStG). Deutschland hat Dänemark und den Niederlanden die zustehenden Beträge jeweils weiterzuleiten. Die Vorsteuerbeträge aus Deutschland kann A nicht im Rahmen dieses Verfahrens berücksichtigen, sondern hat die Auszahlung im Vergütungsverfahren zu beantragen.

Wählt ein Unternehmer aus dem Drittland als einzige Anlaufstelle innerhalb der Europäischen Union Deutschland aus, ist zuständige Finanzbehörde für die Registrierung insoweit das Bundeszentralamt für Steuern (§ 18i Abs. 1 S. 2 UStG). Eine Teilnahme an diesem besonderen Besteuerungsverfahren ist dem Unternehmer nur einheitlich für alle EU-Mitgliedstaaten möglich.

Besteuerungszeitraum in diesem Verfahren ist das **Kalendervierteljahr** (§ 16 Abs. 1c Satz 1 UStG). Eine Umsatzsteuer-Erklärung ist innerhalb eines Monats nach Ablauf des Besteuerungszeitraums dem BZSt elektronisch zu übermitteln. Dies gilt auch, wenn keine entsprechenden Leistungen erbracht wurden.[603] Hierbei hat der Unternehmer die auf den jeweiligen Mitgliedstaat entfallenden Umsätze zu trennen und dem im betreffenden EU-Mitgliedstaat geltenden Steuersatz zu unterwerfen. Der Unternehmer hat die Steuer selbst zu berechnen (§ 18i Abs. 3 Satz 2 i. V. m. § 16 Abs. 1c Satz 2 und 3 UStG). Für den Fall, dass der Unternehmer sich entschieden hat, sich nur in Deutschland erfassen zu lassen, sind Informationen zur elektronischen Übermittlung auf den Internetseiten des BZSt abrufbar, der Datenübermittler muss authentifiziert sein. Die Steuer ist am letzten Tag des auf den Besteuerungszeitraum folgenden Monats fällig und bis dahin an die Finanzbehörde zu entrichten (§ 18i Abs. 3 Satz 3 UStG). Soweit der Unternehmer im Inland entsprechende Dienstleistungen erbringt und an dem besonderen Besteuerungsverfahren teilnimmt, ist das allgemeine Besteuerungsverfahren (§ 18 Abs. 1 bis 4 UStG) nicht anzuwenden. Das allgemeine

---

603 Abschn. 18.1 Abs. 2 UStAE.

Besteuerungsverfahren und das besondere Besteuerungsverfahren schließen sich im Übrigen jedoch gegenseitig nicht aus.

Die vorgenannten Unternehmer melden in ihrer Steuererklärung jeweils nur die Umsätze und die darauf entfallende Steuer an, ihre mit diesen Umsätzen ggf. zusammenhängenden Vorsteuerbeträge können sie nur im allgemeinen Besteuerungsverfahren (§ 18 Abs. 1 bis 4 UStG) oder im Vorsteuer-Vergütungsverfahren (§ 18 Abs. 9 UStG, §§ 59 ff UStDV) geltend machen.[604] Die Steuerberechnung im besonderen Besteuerungsverfahren darf keine Vorsteuerbeträge enthalten.

Die Beträge in der Steuererklärung sind in Euro anzugeben, es sei denn, der Mitgliedstaat, in dessen Gebiet der Leistungsort liegt, sieht die Angabe der Beträge in seiner Landeswährung vor. In diesen Fällen muss der Unternehmer bei der Umrechnung von Werten einheitlich den von der Europäischen Zentralbank festgestellten Umrechnungskurs des letzten Tags des Besteuerungszeitraums anwenden (§ 16 Abs. 6 Sätze 4 und 5 UStG). Die Anwendung eines monatlichen Durchschnittskurses ist ausdrücklich gesetzlich ausgeschlossen (§ 16 Abs. 6 Sätze 1 und 2 UStG).[605]

Der Unternehmer kann die Inanspruchnahme der Sonderregelung vor Beginn des nächsten Besteuerungszeitraums mit Wirkung ab diesem Zeitraum **widerrufen** (§ 18i Abs. 1 Sätze 5 und 6 UStG).

Der Unternehmer kann von diesem Besteuerungsverfahren ausgeschlossen werden, wenn er seinen Verpflichtungen in diesem Verfahren wiederholt nicht oder nicht rechtzeitig nachkommt. Der **Ausschluss** hat durch die für dieses Besteuerungsverfahren zuständige Finanzbehörde, gegenüber der der Unternehmer die Teilnahme an der Sonderregelung angezeigt hat, zu erfolgen. Der Ausschluss kann auch dann erfolgen, wenn der Unternehmer seinen Aufzeichnungspflichten und der Verpflichtung, die Aufzeichnungen der zuständigen Finanzbehörde auf elektronischem Weg zur Verfügung zu stellen, nicht nachkommt. Der Ausschluss gilt ab dem Besteuerungszeitraum, der nach dem Zeitpunkt der Bekanntgabe des Ausschlusses gegenüber dem Unternehmer beginnt. Ist der Ausschluss jedoch auf eine Änderung des Ortes des Sitzes oder der Betriebsstätte oder des Ortes zurückzuführen, von dem aus die Beförderung oder Versendung von Gegenständen ausgeht, ist der Ausschluss ab dem Tag dieser Änderung wirksam.[606]

4. Registrierungspflicht im übrigen Gemeinschaftsgebiet

Erbringt ein Unternehmer aus dem Inland eine Dienstleistung gegenüber einem anderen Unternehmer aus dem übrigen Gemeinschaftsgebiet nach der **Grundregel** der „B2B"-Umsätze (§ 3a Abs. 2 UStG), geht die Steuerschuldner-

---

604 Abschn. 18i.1 Abs. 8 UStAE.
605 Abschn. 18i.1 Abs. 4 UStAE.
606 Abschn. 18i.1 Abs. 7 UStAE.

schaft in allen Mitgliedsländern der EU zwingend auf den Leistungsempfänger über (Art. 196 MwStSystRL). Der leistende Unternehmer hat außer seinen Aufzeichnungspflichten keine weiteren Pflichten, insbesondere muss er sich im Mitgliedsland der Leistung nicht registrieren lassen.

Bei Dienstleistungen mit einer Ortsbestimmung nach **anderen Vorschriften als der Grundregelung** des § 3a Abs. 2 UStG geht im anderen Mitgliedstaat die Steuerschuldnerschaft nicht zwingend auf den Leistungsempfänger über, auch wenn der Leistungsempfänger Unternehmer ist. Folglich muss sich der Praktiker zwangsläufig mit den Regelungen in den anderen EU-Staaten auseinandersetzen, um festzustellen, ob für diese Leistungen vielleicht Regelungen über den Übergang der Steuerschuldnerschaft in diesem anderen Mitgliedsland bestehen oder ob der leistende Unternehmer in diesem Land registriert werden muss. Gerade bei Dienstleistungen im Zusammenhang mit Grundstücken (§ 3a Abs. 3 Nr. 1 UStG) ist die Rechtslage in den einzelnen Mitgliedstaaten sehr unterschiedlich.

Beispiel:

Handwerker H aus Hannover erbringt eine Dienstleistung für seinen Auftraggeber M aus Münster auf einer Baustelle in Dänemark. Auftraggeber M nennt H nur seine deutsche USt-IdNr. und erbittet die Rechnungserteilung durch den Subunternehmer an seine Anschrift in Münster.

Der Ort der Leistung des H liegt in Dänemark (§ 3a Abs. 3 Nr. 1 Buchst. c UStG). Daher hat H dem M dänische Umsatzsteuer in Rechnung zu stellen. Ein Übergang der Steuerschuldnerschaft nach Art. 196 MwStSystRL ist nicht zwingend vorgesehen für derartige Leistungen. Ohne ausdrückliche gesetzliche Grundlage kann sich H nicht darauf verlassen, dass er dem M eine Nettorechnung erteilen kann. Er muss sich daher zwingend mit dem dänischen Umsatzsteuerrecht auseinandersetzen, das hinsichtlich des Übergangs der Steuerschuldnerschaft deutlich vom deutschen Umsatzsteuerrecht abweichen kann. Insbesondere die Tatsache, dass der Auftraggeber keine dänische USt-IdNr. besitzt, macht deutlich, dass dieser nicht in Dänemark für Mehrwertsteuerzwecke registriert ist. Aber selbst bei Einsatz einer dänischen USt-IdNr. durch M aus Münster müsste H aus Hannover vorab prüfen, ob Dänemark den Übergang der Steuerschuldnerschaft für derartige Leistungen überhaupt kennt. Eine Auseinandersetzung mit dem dänischen Recht ist daher unumgänglich.

Darüber hinaus ist zu beachten, dass bei **Dienstleistungen an Nichtunternehmer** in einem anderen Mitgliedstaat die Steuerschuldnerschaft überhaupt nicht übergehen kann, denn dazu ist die Unternehmereigenschaft des Leistungsempfängers zwingend erforderlich. Will der Unternehmer nicht am insoweit möglichen besonderen Besteuerungsverfahren (OSS) teilnehmen, hat er sich in den genannten Fällen zwingend im Land der umsatzsteuerlichen Leistung registrieren zu lassen.

> *Hinweis:*
>
> Es ist daher unverzichtbar, sich bei entsprechenden Umsätzen mit dem Steuerrecht des anderen Landes vertraut zu machen. Die Bundesstelle für Außenhandelsinformationen (bfai) und die Wirtschaftsförderungsgesellschaft „Germany Trade and Invest" (GTaI), Gesellschaft für Außenwirtschaft und Standortmarketing mbH, beide Agrippastraße 87–93, 50676 Köln, geben deutschen Unternehmern entsprechende Hilfestellung.

VI. Zusammenfassende Meldung

Über seine ausgeführten „innergemeinschaftlichen Dienstleistungen", die unter das Empfängersitzprinzip des § 3a Abs. 2 UStG fallen und für die die in anderen Mitgliedstaaten ansässigen Leistungsempfänger die Steuer schulden, hat der leistende Unternehmer **vierteljährliche** Zusammenfassende Meldungen abzugeben (§ 18a Abs. 2 UStG).

> *Hinweis:*
>
> Die Ausführungen zur Zusammenfassenden Meldung bei innergemeinschaftlichen Lieferungen zu Kapitel C Abschnitt VIII gelten entsprechend.

Die Abgabefrist endet am 25. Tag nach Ablauf jedes Kalendervierteljahres. Die erforderlichen Angaben sind für den Meldezeitraum zu machen, in dem die im übrigen Gemeinschaftsgebiet steuerpflichtige sonstige Leistung i. S. d. § 3a Abs. 2 UStG ausgeführt wurde (§ 18a Abs. 8 S. 2 UStG).[607] Ergibt sich die Pflicht zur Übermittlung einer Zusammenfassenden Meldung sowohl aus § 18a Abs. 1 UStG (innergemeinschaftliche Warenlieferungen) als auch aus § 18a Abs. 2 UStG (innergemeinschaftliche Dienstleistungen), ist für den letzten Monat des Quartals nur eine Zusammenfassende Meldung abzugeben (§ 18a Abs. 2 S. 2 UStG). Dabei sind die Angaben zu den sonstigen Leistungen i. S. d. § 18a Abs. 2 UStG jeweils in der Zusammenfassenden Meldung für den letzten Monat eines jeden Kalendervierteljahres zu machen (§ 18a Abs. 2 S. 2 UStG). Der Unternehmer kann dem Bundeszentralamt für Steuern aber auch anzeigen, dass er von der Sonderregelung des § 18a Abs. 3 UStG Gebrauch machen und auch die Angaben über innergemeinschaftliche Dienstleistungen monatlich übermitteln will.[608] Er gibt dann jeweils monatlich nur eine gemeinsame Meldung ab.

Bei innergemeinschaftlichen Dienstleistungen sind alle sonstigen Leistungen, die im EU-Mitgliedstaat des Leistungsempfängers steuerbar sind und für die das Reverse-Charge-Verfahren anzuwenden ist, zu melden (§ 18a Abs. 1 S. 2 UStG). Anzugeben ist jeweils die Summe der Bemessungsgrundlagen der erbrachten Umsätze pro USt-IdNr. der Leistungsempfänger (§ 18a Abs. 7 Nr. 3 UStG):

---

607 Abschn. 18a.2 Abs. 4 UStAE.
608 Abschn. 18a.2 Abs. 5 und 6 UStAE.

- **USt-IdNr.** jedes Leistungsempfängers, unter der der Unternehmer innergemeinschaftliche Dienstleistungen an ihn erbracht hat;
- für jeden Leistungsempfänger die **Summe der Bemessungsgrundlagen** (Nettoentgelte ohne Umsatzsteuer) der an ihn erbrachten steuerpflichtigen sonstigen Leistungen;
- einen Hinweis auf das Vorliegen einer innergemeinschaftlichen Dienstleistung mit Übergang der Steuerschuldnerschaft.

Es sind jedoch nur die Umsätze zu melden, die unter die Grundregelung für sonstige Leistungen an Unternehmer nach Art. 44 MwStSysRL (im Inland § 3a Abs. 2 UStG) fallen, nicht jedoch die weiteren Umsätze, bei denen sich der Ort der Dienstleistung nach einer anderen Vorschrift bestimmt, z. B. Grundstücksleistungen. Diese Umsätze sind auch dann nicht in der zusammenfassenden Meldung zu erklären, wenn diese individuell in diesem Mitgliedstaat nach dem Reverse-Charge-Verfahren zu versteuern sind.[609]

Für Meldezeiträume, in denen keine der bezeichneten Lieferungen oder Dienstleistungen ausgeführt wurden, ist eine Zusammenfassende Meldung nicht zu übermitteln.[610]

Kleinunternehmer sind von Abgabe von Zusammenfassenden Meldungen befreit (§ 18a Abs. 4 UStG).[611] Dagegen sind pauschal versteuernde Land- und Forstwirte zur Abgabe einer Zusammenfassenden Meldung verpflichtet.[612]

---

609 Abschn. 18a.3 Abs. 1 UStAE.
610 Abschn. 18a.1 Abs. 1 S. 4 UStAE.
611 Abschn. 18a.1 Abs. 1 Satz 2 UStAE.
612 Abschn. 18a.1 Abs. 3 UStAE.

Abbildungsverzeichnis